HISTÓRIA DA AMAZÔNIA

MÁRCIO SOUZA

HISTÓRIA DA
AMAZÔNIA
DO PERÍODO PRÉ-COLOMBIANO
AOS DESAFIOS DO SÉCULO XXI

4ª edição

EDITORA RECORD
RIO DE JANEIRO • SÃO PAULO
2023

CIP-BRASIL. CATALOGAÇÃO NA PUBLICAÇÃO
SINDICATO NACIONAL DOS EDITORES DE LIVROS, RJ

S716h
4ª ed.

Souza, Márcio
História da Amazônia: do período pré-colombiano aos desafios do século XXI / Márcio Souza. – 4ª ed. – Rio de Janeiro: Record, 2023.

Inclui bibliografia
ISBN 978-85-01-11466-2

1. Amazônia – História. 2. Amazônia – Geografia. 3. Amazônia – Cultura – Aspectos sociais. I. Título.

18-48734

CDD: 981.1098113
CDU: 94(811.3)

Meri Gleice Rodrigues de Souza – Bibliotecária –CRB-7/6439

Copyright © Márcio Souza, 2019

Todos os direitos reservados. Proibida a reprodução, armazenamento ou transmissão de partes deste livro, através de quaisquer meios, sem prévia autorização por escrito.

Texto revisado segundo o Acordo Ortográfico da Língua Portuguesa de 1990.

Direitos exclusivos desta edição reservados pela
EDITORA RECORD LTDA.
Rua Argentina, 171 – Rio de Janeiro, RJ – 20921-380 – Tel.: (21) 2585-2000.

Impresso no Brasil

ISBN 978-85-01-11466-2

Seja um leitor preferencial Record.
Cadastre-se no site www.record.com.br
e receba informações sobre nossos
lançamentos e nossas promoções.

Atendimento e venda direta ao leitor:
sac@record.com.br

Para minha mãe, América, e meu irmão, Deocleciano, *in memoriam*.

É tempo de partirmos para o espanto desmedido.
Do que fomos, fizemos ou cantamos,
Ficará, apenas, o invisível traço
Do voo da ave indivisível
Que se consumiu no espaço.

L. Ruas (Manaus, 1931-2000)

Agradecimentos

A pesquisa para este livro foi realizada através do Instituto de Estudo e Pesquisas Sociais (Iepes), sob a orientação do professor doutor Francisco Weffort, meu mestre desde os tempos de graduação na USP, a quem agradeço com especial ênfase. Este trabalho não chegaria a bom termo sem o apoio financeiro da Secretaria Executiva de Cultura do Estado do Pará, na pessoa do arquiteto Paulo Chaves; da Secretaria de Estado de Cultura do Amazonas, na pessoa do historiador Robério dos Santos Braga, e do Banco da Amazônia (Basa). Um agradecimento muito especial vai para meu falecido agente literário, dr. Henrique Gandelman, que acreditou no projeto desde o início, e para meu atual agente literário, Stéphane Chao, que achou importante manter o livro presente nas livrarias.

Agradecemos também a colaboração das seguintes instituições e pessoas:

Arquivo Público do Pará
Bancroft Library, University of California, Berkeley
Biblioteca Pública de Manaus
Bibliothèque Nationale de France
British Museum, Library and Archives in the Department of Africa, Oceania and the Americas
Fundação Biblioteca Nacional
Instituto Geográfico e Histórico do Amazonas
Museu Amazônico, Universidade do Amazonas

Museu de Arte de Belém, Fundação Cultural do Município de Belém
Sistema Estadual de Bibliotecas Públicas do Pará
Tenório Telles
University of Texas at Austin, Brazil Center

Sumário

Prefácio, por Brigitte Thiérion — 15

Introdução — 21

1. Geografia do subcontinente — 29

    A Hileia Amazônica • Amazônia legal • A floresta tropical • Pulmão do mundo? • O zoneamento ecológico

2. A Amazônia antes dos europeus (15000 a.C. – 1500 d.C.) — 37

    Origens do homem amazônico • As teorias fantásticas • Os chineses chegaram antes dos europeus? • As sociedades complexas da Amazônia • Os grupos de caçadores-coletores • Os primeiros horticultores • A Amazônia não era um vazio demográfico • O que é a cultura da floresta tropical? • As línguas amazônicas • O passado na memória dos mitos e das lendas • O legado econômico do passado • Os povos indígenas ontem, hoje e amanhã • Um mito da criação: os sopros

3. A conquista — 75

    Inventando a Amazônia • O primeiro europeu • O segundo europeu • Francisco Orellana • O El Dorado • As primeiras tentativas espanholas na Amazônia • A expedição de Gonzalo Pizarro • O cronista da expedição • A descida pelo reino dos tuxauas guerreiros • A revelação da Amazônia • Os alemães: primeiros colonos • Outras tentativas espanholas • Pedro de Ursúa, Guzmán e Lope de Aguirre • Antecedentes de um bárbaro • Importância dos relatos • Os Andes barram os espanhóis • Novas investidas europeias • A reação lusitana: Francisco Caldeira Castelo Branco • Bento Maciel Parente • A expedição de Pedro Teixeira • O choque cultural não cessará jamais • A lógica da conquista formou a colonização • As diferenças entre os conquistadores espanhóis e portugueses • A explicação teológica do direito colonial • A inquietante presença dos índios • O padre Antônio Vieira • O legado dos cronistas e relatores • A consolidação do domínio europeu na Amazônia: as monções do norte

4. A colonização — 119

O cenário da economia colonial • O modelo colonial holandês • O modelo francês • O modelo espanhol • O modelo português • A evolução da administração portuguesa • Consolidação do território • O estado do Maranhão e Grão-Pará • O alto Orinoco e rio Negro • O forte de São José da Barra do Rio Negro • Samuel Fritz • Os portugueses buscam uma economia livre do extrativismo • Os muras • Ajuricaba • Outras rebeliões na Amazônia • A era pombalina • A visitação do Santo Ofício ao Pará • O esforço modernizador tardio • A experiência na capitania do rio Negro • A colônia letárgica • A colonização lusitana recalcada na cultura

5. Soldados, cientistas e viajantes — 161

A posse legitimada pela cultura • A escritura da redenção • Montando o quebra-cabeça tropical • Charles Marie de La Condamine • Os outros cientistas • Os seduzidos pela selva • As transformações do discurso colonial

6. A Amazônia e o Império do Brasil 185

O continente quer a independência • Como estava a Amazônia portuguesa? • O cenário político no processo da independência • A repressão às ideias exóticas • Felipe Patroni • A notícia da independência do Brasil chega a Belém do Pará • Independência e continuísmo • A independência chega ao Rio Negro • Temor e hesitação • A navegação do Amazonas • A abolição precoce • O contraditório século XIX na Amazônia

7. A Cabanagem 205

Amnésia histórica • Fabricando o descontentamento geral • Efeitos da Regência no Grão-Pará e rio Negro • Um golpe derruba o visconde de Goiana • Prisão do cônego Batista Campos • Fuga de Batista Campos • Rebelião na Barra do Rio Negro • A Regência nomeia dois homens sanguinários • Conflito ideológico com a Igreja Católica • Nova fuga de Batista Campos • Começa a guerra civil • Morte de Batista Campos • A queda de Belém do Pará • Os revolucionários divididos • O governo de Eduardo Angelim • A Cabanagem espalha--se pela Amazônia • A reação do regime do Rio de Janeiro • Lições de um banho de sangue

8. O ciclo da borracha 229

A Amazônia republicana • A matéria-prima • A indústria primitiva • Uma nova matéria-prima dos trópicos • Efeitos da economia do látex nas outras Amazônias • A guerra da borracha no deserto ocidental • A estrada de ferro Madeira-Mamoré • O começo de uma era de riquezas • A ideologia do ciclo da borracha • Os componentes humanos da sociedade do látex • Um capitalismo de fronteira • A Amazônia e a administração federal brasileira • *Belle époque* tropical • Uma moral elástica • O lado oculto do fastígio • A ostentação • Um novo perfil populacional • Intérpretes da Idade do Ouro

9. A sociedade extrativista — 263

A economia extrativista na Venezuela, na Colômbia, no Peru e no Equador • O fim das ilusões • A quebra do monopólio • Retrato de um desastre • A reintegração difícil • A experiência da Ford Motor Company • Medidas de pouco impacto • Reflexos do tenentismo na Amazônia • A Amazônia ultrapassa as possibilidades do Brasil • Solidão e abandono • Getúlio Vargas na Amazônia • Os novos territórios: futuros estados • A batalha da borracha • Sinais de recuperação • A Amazônia da redemocratização • Aspectos culturais

10. A fronteira econômica — 303

Subdesenvolvendo a Amazônia • Os estados de segurança nacional • A operação Amazônia • Avanços das lutas sociais na Amazônia colombiana • O retalhamento da Amazônia brasileira • Na contramão da ditadura • O Instituto do Trópico Úmido • Os primeiros grandes projetos • A Transamazônica • A Zona Franca de Manaus • A institucionalização do genocídio • A agressão ao ecossistema • A guerrilha do Araguaia • Os conflitos de terra • A cultura popular na pátria do mito: o Festival Folclórico de Parintins • A culinária amazônica • O narcotráfico • Crises da modernidade • Do seringal à favela • Seja feita a vontade do Senhor • A teoria da sustentabilidade econômica

Bibliografia — 359

Índice onomástico — 381

Prefácio

A Amazônia desde sempre atraiu os viajantes e exploradores como um lugar desconhecido e misterioso. Se é verdade que a ficção pode superar a realidade, podemos afirmar que a "realidade" da Amazônia contém em si uma boa dose de ficção que a assemelha à trama dos melhores romances. Júlio Verne ou Arthur Conan Doyle, sem nunca terem ido lá, mas inspirados pelos relatos de exploradores conhecidos, ambientaram na selva alguns de seus romances inesquecíveis, num misto de realismo e fantasia.

Na obra de Márcio Souza, a Amazônia ocupa um lugar privilegiado. Dono de uma produção ampla e reconhecida, o escritor elegeu a terra natal como um dos seus temas prediletos, seja como ficção ou como assunto de reflexão em ensaios literários ou históricos do tipo de *A expressão amazonense* (1977), ou esta *História da Amazônia*. Ele une as perspectivas diferenciadas de sociólogo, historiador e crítico literário, tornando-se, deste modo, um dos intérpretes esclarecidos da região.

Convém definir o conceito de Amazônia, que o escritor se recusa a restringir às fronteiras da federação. O olhar crítico de Márcio Souza abrange a totalidade de uma região geográfica e histórica, movida por uma coerência interna, resultando da conformação de uma paisagem em que dominam a mata e a água. Nesta terra, que se revela, de forma paradoxal, coerente em sua diversidade, vivem algumas etnias descendentes dos povos originários, testemunhas da presença das ricas civilizações, anteriores às colonizações espanhola e portuguesa, que atuaram a partir do chamado Século dos Descobrimentos.

A conformação do vale ao longo do curso potente do rio Amazonas e dos seus não menos poderosos afluentes foi o berço civilizatório destes povos ameaçados de extinção desde os primeiros contatos com os europeus, e que ainda hoje buscam desesperadamente um meio de sobreviver às consequências do desastre ecológico que atinge a floresta.

É esta história conhecida, quando muito, dentro dos limites da região, mas ignorada ou esquecida do resto do país, que o escritor se propõe a desvendar. Não o faz como se fosse uma história do passado, mas como um processo que favorece a compreensão do presente, e cujas forças atuantes orientam os movimentos da sociedade contemporânea.

Não é sem certa amargura que o autor, nativo de Manaus, observa o papel periférico na representação pública reservado a duas das maiores cidades do Brasil: Manaus e Belém, megalópoles que abrigam milhões de habitantes. A própria história da colonização, a precedência espanhola na região, as relações privilegiadas mantidas com a corte portuguesa e uma tentativa separatista frente às vontades hegemônicas do império brasileiro em formação explicam em grande parte este afastamento dos centros decisórios e a atitude condescendente e colonizadora do resto da federação.

Num momento de recrudescimento dos estigmas visando às diferenças de qualquer tipo, os "outros" de modo geral e especialmente os povos indígenas, o autor de *Teatro indígena do Amazonas* (1979), livro que tive o prazer de traduzir para o francês em 2015, e de *Amazônia indígena* (2015), obra publicada nesta mesma Editora Record, reescreve a história, incorporando a perspectiva dos povos nativos, e pleiteia para o reconhecimento de outros modos de se relacionar com as fontes históricas, levando em consideração, como documentos históricos, as narrativas orais e outros elementos culturais descartados da história oficial até os nossos dias, em virtude de uma perspectiva etnocêntrica e da lógica excludente do pensamento ocidental em que prevalece a escrita.

Isto não quer dizer que a perspectiva adotada pelo ensaísta desconsidere o impacto da herança ocidental na cultura e no desenvolvimento regional. Antes, pelo contrário, salienta o choque de duas lógicas, criando uma contradição insolúvel, não superada até os dias atuais.

Tomara, como deseja o escritor, que este livro de história, inspirado pela falta de um livro único sobre a história da Amazônia, seja capaz de suprir a ausência de obras críticas de fácil acesso sobre o assunto e reafirme a importância do resgate da memória para a formação das gerações vindouras. Tomara que estimule o pensamento crítico dos leitores, por ser este o único baluarte frente às derivas totalitárias cada vez mais presentes nos discursos oficiais.

Escrever uma história da Amazônia não se limita a favorecer a compreensão de um povo em sua dimensão geopolítica e cultural; significa também defender valores democráticos e humanistas, defender a diferença, a pluralidade étnica e cultural, como bens inalienáveis da humanidade. Significa valorizar a pluralidade das línguas que constituem uma das maiores provas do gênio humano, como afirma Jean Malaurie, ardente defensor dos povos autóctones do grande Norte no prefácio ao livro *La chute du ciel* (2010) (publicado em português como *A queda do céu*, em 2015), de autoria do líder ianomâmi xamã Davi Kopenawa e do etnólogo suíço Bruce Albert. A Amazônia, afirma Márcio Souza, pode nos ensinar mais ainda sobre a nossa condição humana. Ouvir as vozes dos pajés possibilita o entendimento de um pensamento que valoriza o diálogo com a natureza, e respeita o meio ambiente para que a humanidade possa sonhar num futuro possível.

Essas civilizações que desenvolveram uma forma de conhecimento peculiar, desprezado pela lógica ocidental, revelam hoje o requinte de suas culturas e, num gesto de generosidade, procuram um meio de salvaguardar o nosso planeta para o bem da humanidade em seu conjunto, sem distinção de origem ou de cor.

Falar da Amazônia é falar da história do mundo em processo de globalização, porque o interesse pelo famoso Eldorado favoreceu desde sempre o contato com os representantes dos diversos povos que tentaram anexar este território.

Falar da Amazônia é falar das loucuras e pretensões desmedidas de aventureiros como Pizarro, Lope de Aguirre e outros tantos depois deles que se distinguiram por sua ganância e crueldade... ou falar das vítimas da miséria, possuídas pela febre do ouro, reveladas pelas fotografias de Sebastião Salgado.

Falar da Amazônia significa apontar o descaso para com os povos que, depois de terem sido expulsos da condição humana, foram reintegrados nesta condição mediante o abandono de suas crenças e sofrendo toda sorte de dominações físicas e morais. Falar da Amazônia leva a salientar a capacidade de resistência desenvolvida frente aos opressores, bem como os requintes de crueldade usados para reprimir qualquer forma de protesto. A igreja, como demonstra o autor, também movida pela lógica mercantilista, assumiu um papel relevante neste processo integrador.

Figuras da resistência indígena, como Ajuricaba, o grande tuxaua aruaque, distinguem-se pelas suas qualidades de diplomacia e capacidade de congregar um grande número de etnias na luta contra o opressor.

Falar da Amazônia é também falar do processo de miscigenação que resultou do contato entre indígenas e negros, ambos vítimas de opressão. O caboclo, fruto desta mistura, iria se rebelar contra a anexação forçada ao império brasileiro em formação.

A Cabanagem constituiu um grande momento de tomada de consciência popular contra o vizinho e irmão brasileiro. No entanto, a revolta seria esmagada, deixando a região despovoada e em ruínas. Este episódio sangrento forneceu ao escritor o tema da tetralogia *Crônicas do Grão-Pará e Rio Negro* (2001-2005). A capacidade de resistência dos habitantes leva o autor a discorrer sobre um comportamento peculiar, uma aptidão desenvolvida, segundo ele, em consequência desta história dramática: a leseira seria uma carapaça protetora para resistir aos projetos mais descabidos inventados pelos sucessivos governos ao longo do tempo, e em particular durante a ditadura militar.

Depois do grande *boom* da borracha, que justificou todas as excentricidades da nova classe burguesa extrativista, e de novos episódios de exploração selvagem, a profunda depressão causada no início do século XX pelo *crash* do mercado, posto em xeque pela concorrência da seringa asiática, provocaria um colapso e a rejeição das mesmas elites prestes a abandonar a região.

As esperanças que haviam movido as levas de imigrantes famintos vindos do Nordeste ou do Oriente Médio seriam cruelmente decepcionadas. Seria preciso esperar o golpe de 1964 para que os militares, preocupados em combater o comunismo, voltassem novamente os olhos para este território longínquo, no intento de quadrilhar a selva. A floresta adormecida seria novamente dilacerada pelos projetos megalomaníacos idealizados pelos militares. Datam desta época o faraônico projeto da Transamazônica e a inútil BR-174, ambos impraticáveis, que justificaram os assaltos contra os waimiri-atroaris e depois os ianomâmis, considerados obstáculos ao progresso.

Quantos episódios constituem a história da Amazônia, injustamente qualificada de "terra sem história" ou "à margem da história" pelo grande escritor Euclides da Cunha, que descreve de forma contundente a exploração dos seringueiros nordestinos nos limites de um país sem fé nem lei. Quantos heróis, homens anônimos e esquecidos, viveram, lutaram e morreram nesta terra apresentada como um vazio demográfico ou como uma outra versão do deserto.

Esta história da Amazônia, que vai do período pré-colombiano até os dias atuais, intitulada *Breve História da Amazônia* em sua primeira edição, acompanha a vida do escritor e, neste processo, ampliou-se de tal forma que merece hoje plenamente o título de *História da Amazônia*. Uma história sombria por muitos aspectos, que diz muito das capacidades predatórias da civilização norteada pela ideia do progresso a todo custo e pelo gosto imoderado do poder. Os genocídios perpetrados pelos próprios cientistas em nome da ciência revelam a barbárie de nossa civilização. Os ataques perpetrados ao meio ambiente incentivam uma reflexão sobre o que seria uma economia sustentável e a necessidade de buscar alternativas.

Brigitte Thiérion
Maître de conférences
Université Sorbonne Nouvelle – Paris 3

Introdução

Tudo o que se escreve sobre a Amazônia tem certo sabor de relativismo. A delimitação de suas fronteiras, a formação de seu espaço geográfico e a emergência das sociedades humanas são conceitos tão carregados de significados distintos que cada hipótese vem embebida com doses de relativismo. Uma data, por exemplo, guarda vários significados. Vejamos o ano de 1492. Para os europeus é o ano surpreendente do descobrimento de um mundo novo. Já para os povos americanos, é o começo de um holocausto. Assim, aqui não teremos datas nem centraremos nas efemérides, pois o combate à tentação do relativismo arbitrário estará justamente na capacidade de abranger o máximo do espaço e do tempo, ressaltando as forças históricas dominantes, as linhas de tensões no contexto internacional e o pluralismo das opções sociais, mesmo aquelas que foram derrotadas pelas contingências.

A ideia deste livro começou na Universidade da Califórnia, Berkeley, quando fui convidado como professor adjunto para ministrar duas matérias: O Moderno Romance Brasileiro, em português, e Images of the Amazon, em inglês. Para este último, necessitei organizar uma lista de livros de leitura obrigatória para meus alunos do curso e defrontei-me com o fato de não existir um único livro de história da Amazônia. Para cobrir o assunto, fui obrigado a selecionar vários títulos, todos parciais, o que dificultou e aumentou a carga de trabalho dos estudantes. Existem obras de história do Amazonas, do Pará, do Acre, das regiões amazônicas dos países hispânicos, algumas delas excelentes, mas a dispersão complicava a vida daqueles que desejam apenas uma introdução geral e não pretendem se tornar especialistas. Creio que é muito desestimulante para os leitores em geral, se estes desejarem conhecer os grandes traços do processo histórico da Amazônia. Essa lacuna é uma prova do quanto precisávamos avançar nos estudos amazônicos.

Foi pensando nos alunos dos meus cursos e nos muitos leitores que continuamente me pediam a indicação de um livro sobre o tema — pedido sempre frustrado — que me apressei a escrever *Breve História da Amazônia*. Mas vou logo afirmando que tal trabalho não vinha a preencher, nem de longe, a lacuna existente. Uma verdadeira história da Amazônia, abrangendo não apenas a Amazônia brasileira, mas também aquelas que falam espanhol, inglês e holandês, seria uma obra de mais fôlego e exigiria bem mais esforço que aquele texto, deliberadamente sintético, modestamente escrito e destinado apenas a servir de introdução aos alunos. Por isso mesmo o texto ganhou uma edição em mimeógrafo em Berkeley e uma primeira edição pela Editora Marco Zero. Mais tarde, uma nova edição, revista, foi publicada no Rio de Janeiro, pela Agir. Esta *História da Amazônia*, portanto, é uma ampliação daquela, que de tanto crescer já não pode ser chamada de breve.

Ultimamente, a prática tradicional da história vem atravessando uma série de crises, provocadas pela invasão na comunidade acadêmica de diversos conceitos antes circunscritos apenas aos campos da literatura e a certas teorias sociais. Ao contrário do que se pensava, de que a verdade estava sempre ao alcance dos historiadores, atualmente se acredita que é impossível dizer a verdade e inútil usar a história para produzir qualquer conhecimento de forma objetiva. Aparentemente, a prática da história está sofrendo um assalto letal porque supostamente o passado só poderia ser revisitado a partir da perspectiva de nossas idiossincrasias culturais, portanto o resultado não seria mais que um reflexo de nossos próprios preconceitos reverberando de volta. Tais ideias, que parecem muito avançadas e modernas, são bem antigas e começaram no século XIX, com Friedrich Nietzsche, que argumentava não haver distinção entre mito e história.

A última coisa que se pretende nesta introdução é levar os leitores para o lodaçal teórico desse debate, mas não há como deixar de ressaltar o problema, na medida em que agora se apresenta uma edição da *História da Amazônia.* O relativismo cultural que hoje grassa parece querer provar que epistemologicamente jamais conseguimos conhecer o passado, mas é preciso insistir que há fatos concernentes à história que não apresentam nenhuma incerteza. É claro que muitos textos históricos torcem a verdade e apresentam conclusões tendenciosas. Outros padecem de falta de objetividade, porque escrever história é também exercer escolhas, e escolher nem sempre é submeter os fatos aos caprichos do narrador. Porque selecionar é uma contingência, não a mera escuta de um eco débil que vem do passado. Especialmente quando estamos falando de Amazônia, um tema com tantos protagonistas diferentes e de sociedades distintas, que não pode ser interpretado de um só ponto de vista. Mas o relativismo não nos ajuda aqui, muito pelo contrário. Embora a tentação relativista tenha começado como uma crítica bem-intencionada à civilização ocidental, entendida como sinônimo de eurocentrismo e ações imperialistas, não podemos esquecer que somos ocidentais, queiramos ou não. Assim, os únicos valores a que se pode recorrer para fugir ao tribalismo ou ao espírito de seita são aqueles universais, os quais, embora tenham surgido na Europa do Século das Luzes, ganharam aceitação global, pois são valores concernentes à sociedade democrática e à prática dos direitos humanos. Uma vez que tenhamos tais valores em mente, e tenhamos entendido que o método histórico está disponível para todo mundo, é preciso insistir na nossa própria história, olhar de frente as nossas verdades, as nossas opções ou a falta delas.

Atualmente, os jovens passam pela escola, em especial no ensino elementar, com um contato mínimo com as disciplinas da história. Estão condenados a viver num eterno presente, porque não contarão com as perspectivas do antigamente. Não se trata de um fenômeno exclusivamente brasileiro; nos Estados Unidos e na Europa, há um declínio no número de alunos do segundo grau que estudam história em qualquer uma de suas variantes. Nas universidades, entre os cursos de graduação em decadência, estão os de história, substituídos pelas disciplinas de estudos culturais. Ora, tal afastamento dos jovens dos fatos do passado leva a uma sociedade do momento, do imediato, reducionista, que não deseja mudar. Se uma geração inteira perde o contato com a história, perde qualquer atitude crítica em relação ao presente, nem sequer pode canalizar o seu desespero pelos descaminhos da atual sociedade. Tudo isso pode ser bem moderno, ou pós-moderno; porém, no fundo, não passa do requentado cinismo de sempre. Certamente, essa juventude sem ontem pensa que é moderna. E, como todo mundo quer ser moderno, insistimos em perfilar uma história para a Amazônia, pelo bem dos jovens de hoje.

Outro aspecto a ser ressaltado é que a história da Amazônia necessita ser abordada e trabalhada o mais urgentemente possível, e se hoje mestres como Hegel e Marx precisam ser seguidos com cautela, e mesmo os historiadores conservadores devem ser observados, há certamente linhas históricas e processos sociais que devem ser apreciados e identificados. Especialmente porque a Amazônia é um subcontinente, onde a partir do século XVI se estabeleceu uma marcha incansável rumo ao Estado-Nação, derivativo do mesmo fenômeno europeu, compondo no novo espaço geográfico um conjunto de sociedade que reivindicava possuir o monopólio da força política legítima, cada uma propondo um destino para seus povos e suas fronteiras. O drama da Amazônia é que ela se pulverizou nesses estados emergentes, cada um deles organizado em muitas formas constitucionais, onde a região se inseriu como periferia ou fronteira econômica. Nos últimos tempos, quase todas as opiniões e propostas — algumas absurdas — para o futuro e o desenvolvimento da Amazônia foram sendo afoitamente apresentadas por gente sem nenhuma ou quase nenhuma experiência amazônica. Um recente historiador norte-americano, por exemplo, em livro que pretendia fazer a história do rio Amazonas, ignorou solenemente aspectos cruciais da conturbada vida política da Amazônia no alvorecer do século XX e introduziu um capítulo inteiro sobre as caçadas e as aventuras de Theodore Roosevelt, ex-presidente norte-americano que esteve pelas selvas de Mato Grosso e Rondônia no começo do século, como se isso fosse um importante momento da história regional. Diga-se de passagem, o feito do senhor Roosevelt foi descobrir certo rio que todo mundo já conhecia.

De todas as afrontas que a Amazônia sofre, a mais escorregadia é exatamente essa das opiniões apressadas. Ao mesmo tempo, é a mais simples de superar. O mesmo afã salvacionista pôs a Amazônia no centro do mercado capitalista, e tudo virou mercadoria. Como observou Chico Mendes, querem colocar uma etiqueta de preço em cada pedaço da região. No entanto, como pôr no mercado a identidade do povo da Amazônia, identidade que hoje não se dissocia da cultura e do processo histórico?

E como escrever a história da Amazônia? A história é como a geografia. Forma-se no interior dos povos, por lentos movimentos sísmicos, através da erosão, do sibilar contínuo dos ventos polindo a pedra ou na aluvião das enchentes sazonais dos rios. A história mostra-se sempre como uma geografia retrospectiva, um registro das eras e um repositório de memórias humanas. Pode mesmo se dizer que, através da história, é possível traçar as linhas que formam o passado de um povo, ressaltando suas diversidades e mostrando suas fronteiras. Porque cada momento da história é uma perfeita fusão do plural e do singular.

Por isso, ter uma história significa existir. O Brasil desde muito cedo expressou um espírito nacional. Na curta história do continente americano, o povo brasileiro engendrou uma história particular, contínua e extensa, que se reconhece brasileira em cada um de seus momentos. Isso quer dizer que, desde cedo, somos um povo com visão do mundo próprio, mesmo antes de existirmos de modo formal. No começo, foi um processo histórico herdado, imposto, como a própria língua pela qual ela se materializa. Assim, na Amazônia, a história foi fruto de um impacto colonial, a história do povo amazônico foi sendo construída até se tornar uma real expressão de identidade. É a trajetória que vai da chegada do homem na região aos dias atuais. Mas, como sabemos, a Amazônia é um enorme subcontinente. Não poderia contar com uma história sem que esta fosse ao mesmo tempo uma das formas da diversidade nacional. Porque o subcontinente amazônico é o resultado de um inverossímil amálgama de diferenças microrregionais, cada uma com sua cultura particular, com a sua própria história.

Devido ao tamanho da região e as suas divisões políticas, escrever a história da Amazônia é como escrever a história do oceano Atlântico. Quase se pode dizer que as proporções subcontinentais devoraram qualquer possibilidade de síntese, porque as diversas Amazônias não podem, por esse mesmo motivo, perder sua personalidade — é o caráter de cada uma delas que faz a diversidade do grande vale. Porque a Amazônia é a diversidade.

O processo histórico da Amazônia, nesse sentido, tem sido como o instinto do animal livre que defende o seu território, que delimita o seu domicílio e repele as investidas da desinformação e do preconceito. Cada momento da história, ao correr o risco de cair no esquecimento ou de sofrer uma explicação mistificadora, deve ser como uma prova do ato coletivo de existir, como um marco da presença afirmada ao longo do tempo. Por isso, há livros de história com o mesmo prestígio de uma vitória bélica. E são essas obras que acompanham a construção da personalidade de um povo, como um testemunho de potência, de seu desejo afirmativo.

A história da Amazônia faz parte da diversidade da América do Sul. Uma cultura com expressão própria como a da Amazônia, embora de extração mais recente que a expressão cultural de outras regiões do planeta, já foi capaz de assimilar a linguagem da região, a voz de seu povo, sem deixar de ser americana. É um fenômeno comum a todos os países amazônicos, tal qual os muçulmanos do romance de Milton Hatoum, *Relato de um certo Oriente*, uma das mais recentes manifestações da grande literatura amazônica. Aqueles muçulmanos vinham para a distante Manaus, este "certo Oriente" incrustado nos confins do Ocidente, mas nunca perdiam totalmente suas raízes.

Um personagem relata o seu espanto, ao constatar esta verdade:

> Eu mesma relutei em acreditar que um corpo em Manaus estivesse voltado para Meca, como se o espaço da crença fosse quase tão vasto quanto o Universo: um corpo se inclina diante de um templo, de um oráculo, de uma estátua ou de uma figura, e então todas as geografias desaparecem ou confluem para a pedra negra que repousa no íntimo de cada um.[1]

Assim é a identidade da Amazônia. Um corpo formado pelos rios enormes, pelas selvas brutalmente dilaceradas, pelos povos indígenas dizimados, pela saga dos homens na conquista da natureza. Mas, ao mesmo tempo, não deixa de estar perenemente voltado para Meca, que é a própria Amazônia, um espaço tão vasto como a crença, capaz de fazer a geografia confluir para a pedra negra que dentro de nós indica que somos da Amazônia, filhos da mata, filhos das águas.

---

1. HATOUM, 1989, p. 159.

INTRODUÇÃO

História da Amazônia é um livro que vejo destinado aos professores, aos seus alunos, aos universitários brasileiros, como uma espécie de roteiro de chegada a um pedaço imenso, mas pouco conhecido, da América do Sul. As forças históricas que criaram a Amazônia vieram da expansão da Europa no mundo, mas logo outros vetores econômicos e sociais se impuseram e plasmaram novas perspectivas. No entanto, nem sempre as sociedades se adaptam quando as mudanças se fazem necessárias. No caso da Amazônia, ela entrou muito tarde nas cogitações dos diversos Estados-Nação, quase sempre considerada uma questão territorial, jamais um espaço político a ser integrado no corpo da nacionalidade. Infelizmente, essa integração sempre foi buscada sem que se reconhecesse a complexidade das sociedades amazônicas, seu meio ambiente e seu espaço cultural. O tempo exato para essa integração não foi obedecido e o resultado foram os desastres sucessivos. Conhecer melhor a Amazônia talvez seja a forma mais eficiente de superar os erros e até sarar as feridas. Por fim, espero que seja um livro para aqueles leitores curiosos, que desejam sinceramente entrar em contato com uma tradição magnífica e dolorosa escrita com emoção e simpatia aos agentes sociais quase sempre esquecidos: o povo amazônico e as etnias indígenas.

1. Geografia de um subcontinente

A HILEIA AMAZÔNICA

A história da Amazônia é um processo social entrecortado pelas relações sociais e de poder político de nove Estados-Nação e centenas de etnias, sem esquecer os diversos grupos sociais de interesse, de todos os tamanhos, nacionais e internacionais. Até agora é uma história contada, de forma fragmentária, por gente da metrópole, por cientistas da América do Norte e da Europa, por professores oriundos das universidades nacionais, marcando para sempre a forma de ler os fenômenos sociais da região. Mas a história da Amazônia é algo que interessa a todos que decidiram se envolver na sua construção, sejam intérpretes, coadjuvantes ou protagonistas. A região não é apenas uma geografia, e sua história é muito mais que um viveiro de criaturas exóticas de futuro incerto. É a história de uma parte do planeta habitada por seres humanos, que, sendo geografia, também é um espaço em que a humanidade pode aprender um pouco mais sobre si mesma. E esse mundo tem suas fronteiras assim definidas: a oeste do oceano Atlântico, a leste dos Andes, ao sul do escudo guianense e ao norte do planalto central brasileiro, está a maior floresta tropical do mundo, conhecida pelo nome de Hileia Amazônica. Como um útero prolífico, essa região guarda mais biomassa que qualquer outro hábitat da Terra. É de longe o mais rico meio ambiente terrestre, e ficou praticamente intocado desde os tempos pré-históricos. Andar em certas partes da área equivale a saber como era o nosso planeta

70 milhões de anos atrás, e foi na Amazônia que há 120 milhões de anos, durante o período Cretáceo, as primeiras flores se abriram.

O nome "Amazonas" foi dado inicialmente ao poderoso rio que corta a planície, o maior e mais caudaloso do planeta, senhor de uma fantástica bacia hidrográfica que de certa forma dita o destino de todo o subcontinente. Porém, tantas são as peculiaridades, diferenças e semelhanças entre as diversas conformações regionais que o vale banhado pelo rio-mar acabou recebendo o nome de Amazônia, território multinacional e pluricultural, formado por bilhões de anos de mutações geológicas e que serve de casa para milhares de espécimes vegetais e animais, bem como de muitos povos.

Localizada ao norte da América do Sul, a Amazônia compreende toda a bacia Amazônica formada pelos seguintes países: Brasil, Bolívia, Colômbia, Peru, Guiana, Venezuela, Suriname, Equador e França. A porcentagem de Amazônia em cada país está distribuída da seguinte forma: o Brasil tem 68%; Peru tem 10%; a Bolívia tem 10%; a Colômbia, 8%; o Equador, 2%; a Venezuela, 1%; e as Guianas, 1%. A proporção de ecossistema amazônico em relação à totalidade do território de cada país é a seguinte: 70% do território da Bolívia; 65% do território do Peru; 55% do território do Brasil; 50% do território do Equador; 35% do território da Colômbia; 8% do território da Venezuela; e 3% do território das Guianas. O sistema da bacia do rio Amazonas começa a 100 quilômetros do oceano Pacífico e se estende por 5 mil quilômetros para o leste, até o oceano Atlântico. O rio Tocantins não é considerado por alguns geógrafos como tributário do rio Amazonas, porque deságua no rio Pará, ao sul da ilha de Marajó; no entanto, uma pequena parcela de água do rio Amazonas corre ao sul da ilha de Marajó e se mistura com as águas do Tocantins, o que pode perfeitamente justificar a inclusão deste rio à bacia do Amazonas. Para completar, geográfica e ecologicamente, não há diferenças entre o Tocantins e a bacia do Amazonas.

A bacia do rio Amazonas abrange as altas montanhas dos Andes, os geologicamente mais antigos altiplanos do Brasil Central e do escudo guianense, e imensas terras baixas que formam a zona de aluvião e as terras baixas centrais da Amazônia. Essas zonas determinam a composição química dos afluentes amazônicos e servem de palco para o processo evolutivo dos seres vivos. Como a cordilheira dos Andes continua subindo, tem sido a parte que mais sofreu transformações durante a recente era geológica. Ocupando mais de 6,8 milhões de quilômetros quadrados, a bacia do rio Amazonas é a maior bacia fluvial do mundo, superando em duas vezes a segunda colocada, a do rio Congo, na África. A bacia do rio Madeira é a maior entre os afluentes e se estende por mais de 1,4 milhão de quilômetros quadrados, ocupando partes do território do Brasil, da Bolívia e do Peru. As florestas cobrem a maior parte da bacia do rio Amazonas, e os biólogos e geógrafos a denominam de Floresta Amazônica, embora existam savanas e outros nichos ecológicos diversificados.

AMAZÔNIA LEGAL

Com o intento de estabelecer políticas específicas para a região Norte, tendo como base a extensão da Floresta Amazônica, o presidente Getúlio Vargas promulgou a Lei nº 1.806, de 6 de janeiro de 1953, que abrange a área referente hoje aos estados do Pará, Amazonas, Acre, Amapá, Rondônia, Roraima, oeste do Maranhão, Mato Grosso e Tocantins, representando 59% do território brasileiro e 65% da Amazônia como um todo. Os ideais de planejar e executar projetos econômicos na região foram pouco efetivos, especialmente com a extinção da Superintendência do Plano de Valorização da Amazônia (SPVEA), que havia, em 1964, apresentado ao Congresso Nacional um projeto de desenvolvimento amazônico a partir das próprias aspirações regionais, infelizmente nem ao menos apreciado, por chegar a Brasília justamente no momento do golpe de 1964. A SPVEA foi substituída pela Superintendência do Desenvolvimento da Amazônia (Sudam), limitada a financiar empreendimentos privados especulativos que em geral fracassaram fraudulentamente, enquanto a região era repartida entre grandes grupos econômicos nacionais e internacionais, sem qualquer ingerência da autarquia, na chamada Operação Amazônia.

A proposta de ação unificada da região, contida na ideia original do decreto de Getúlio Vargas, nunca se cumpriu. As administrações estaduais e suas representações políticas ainda agem separadamente, usufruindo de alguns dos benefícios, mas jamais se movimentaram em bloco unidas pelos grandes objetivos. Assim, sem densidade política, a Amazônia como um todo é tratada até hoje pelo governo federal brasileiro como um território colonial e uma área vazia de inteligência.

A FLORESTA TROPICAL

A fisionomia da Amazônia é caracterizada pela densa floresta. Uma vasta planície coberta de árvores, bastante uniforme. Na verdade, o complexo ecossistema da Amazônia não pode ser analisado como uma única entidade. A cobertura mais extensa, de qualquer modo, é de floresta tropical, presente na faixa equatorial do planeta, caracterizada por um número grande de espécies de árvores por área, com profundas inter-relações entre si e associações com a fauna e o ambiente físico. A alta variabilidade genética é outra característica da floresta tropical, produzida pela competitividade, pelo parasitismo e por simbioses. A floresta densa de terra firme cobria mais de 5 milhões de quilômetros quadrados da Amazônia. Cerca de 20% desse manto vegetal foi destruído depois de 1960. Com os rios envenenados, não há vegetação. Sem vegetação, não há floresta. Com as árvores queimadas ou cortadas para o comércio, não haverá selva. Sem a selva, não haverá Amazônia. Sem a Amazônia, não haverá o planeta Terra.

PULMÃO DO MUNDO?

Oito bilhões de toneladas de carbono emitidas anualmente na atmosfera do planeta, pela queima de combustíveis fósseis e outros usos da terra, são apenas parcialmente absorvidos pelos oceanos e pela biota da Terra. Em um balanço realizado entre 1980 e 1990, recentemente publicado, fica claro que a biota terrestre é o principal sumidouro do excesso de carbono atmosférico, responsável pelo aquecimento global.[1] As florestas, tanto as temperadas como as tropicais, estão absorvendo parte desse excesso. Embora a floresta

---

1. NOBRE; NOBRE, 2002.

amazônica venha sendo uma das fontes de carbono jogado na atmosfera, devido às queimadas e aos desmatamentos que crescem em torno de 15 a 20 mil quilômetros quadrados ao ano, estudos indicam que essa mesma floresta continua a desempenhar um relevante papel de absorção do carbono. Mas a questão de a floresta amazônica ser fonte ou sumidouro de carbono permanece em aberto.

> Como o bioma amazônico é um complexíssimo mosaico de ambientes em diferentes graus de alteração, cada um com comportamentos distintos em relação às trocas de carbono com a atmosfera, uma visão completa e crível do papel real de toda a região para atmosfera somente poderá emergir quando os vários estudos integrarem seus resultados e quando os mecanismos físicos e biogeoquímicos forem mais bem compreendidos em sua extensão e complexidade.[2]

O ZONEAMENTO ECOLÓGICO

O professor Aziz Nacib Ab'saber é um dos mais importantes especialistas em meio ambiente e Amazônia. Em seu livro *Amazônia, do discurso à práxis*, ele chama a atenção para a necessidade de reconhecer os erros cometidos no passado, através de um conhecimento mais aprofundado da geografia física, humana e cultural da região, estabelecendo áreas de zoneamento ecológico. Ele também reconhece que o trabalho não será fácil, pois a região tem proporções continentais — as grandes planícies e os baixios, como já vimos, perfazem uma área superior a 2 milhões de quilômetros quadrados.

> A região amazônica constitui o único conjunto de terras baixas brasileiras de escala realmente subcontinental. Trata-se de um anfiteatro de planícies aluviais e colinas labuliformes apenas passível de ser visualizado quando cartografados na escala de *mapas*. Para se ter uma ideia da sua grandiosidade espacial bastaria lembrar que foram necessárias mais de uma dúzia de qua-

---

2. Idem, p. 87.

drículas da *Carta do Brasil ao Milionésimo* para abranger todo o conjunto representado por planícies, tabuleiros e colinas. Note-se, entrementes, que para circunscrever o chamado Pantanal Mato-grossense — porção brasileira das planícies chacopantaneiras — foram necessárias menos de duas quadrículas da aludida série de cartas.[3]

A proposta de Ab'saber é original, na medida em que não se prende a um conservacionismo catastrofista ou místico, ao contrário; na verdade, abre a região ao verdadeiro desenvolvimento sustentável e responde a inquietações apresentadas pelos cientistas, preocupados com a degradação do planeta. Para a maioria dos cientistas, há uma série de questões mais significativas no que diz respeito à destruição do bioma do planeta. Cerca de dois terços dessas questões são significativas há muito tempo, mas um terço está pondo em risco o futuro da humanidade. São ameaças que partem da questão energética, da cobertura fotossintética em desagregação, dos produtos químicos tóxicos e das mudanças atmosféricas. No caso de um terço das questões mais antigas, temos o problema da destruição dos recursos naturais e as dificuldades de manutenção desses recursos, a produção de artefatos danosos à natureza, aos rios, por exemplo, e a questão do crescimento populacional.

A população do mundo está crescendo. Quanto mais gente, mais comida, casa, água, energia e outros recursos. Os índices de crescimento populacional são altos neste começo de milênio, além do próprio direcionamento desse crescimento. Nos países mais pobres, a taxa atinge 4% ou mais por ano, enquanto nos países mais ricos as taxas não chegam a 1%, quando não são negativas, como na Itália e no Japão. Em alguns países e regiões, há queda de crescimento populacional motivada por questões de saúde, como na Rússia, e por epidemia de aids, como em certos países africanos. Mas é unânime a opinião de que a população mundial está crescendo rapidamente. O que não se sabe é se a população vai estabilizar em algum patamar ou se continuará crescendo.

Em qualquer dos casos, dificilmente o planeta suportará o impacto necessário para manter tanta gente. Um cidadão dos Estados Unidos, ou

---

3. AB'SABER, 1996, p. 31.

de algum país europeu, consome 32 vezes mais combustível e descarta 32 vezes mais lixo que a maioria das pessoas que vivem nos países pobres. Mas essa gente de baixo impacto quer se tornar gente de alto impacto, quer ver seus padrões de vida subir aos padrões dos países industrializados, daí a crescente e desesperada imigração do Hemisfério Sul rumo ao Hemisfério Norte, das caminhadas desesperadas pelos desertos na fronteira do México com os Estados Unidos, ou as dramáticas travessias do Mediterrâneo rumo às praias da Espanha e da Itália. O mais grave é que para os economistas a tragédia não está no alto índice de natalidade de Ruanda ou do Nordeste brasileiro, em si um problema exclusivo desses países, mas no impacto que adviria da ascensão dos países pobres aos padrões dos países ricos. E por que seria essa uma tragédia? Porque o sistema capitalista, o sistema de mercado e da livre-iniciativa, não pode aceitar a ascensão dos países pobres da miséria para uma vida digna sem levantar a bandeira da impossibilidade. Na lógica desses economistas, a partilha ideal do mundo já está feita, e essas populações pobres devem continuar a manter os padrões dos países ricos, como tem sido desde o começo dos tempos. Mas as sociedades, como a vida, estão sempre enfrentando questões inarredáveis. A civilização como a conhecemos, para prosseguir, terá de encontrar um caminho em que haja igualdade de qualidade de vida em todos os quadrantes do planeta, sem que tal igualdade seja ameaçada pela exaustão dos recursos naturais. Escreve o professor Ab'saber:

> Estabelecer as bases de um zoneamento ecológico e econômico em uma determinada conjuntura geográfica equivale a realizar um estudo para determinar a vocação de todos os subespaços que compõem um certo território, e efetuar o levantamento de suas potencialidades econômicas, sob um critério basicamente ecodesenvolvimentista. Para tanto, existe um feixe de metodologias aplicáveis, elaboradas por agrônomos, geógrafos, ecólogos, engenheiros florestais e cartógrafos, na condição de alguém entre eles possuir uma boa noção de planejamento regional.[4]

---

4. Idem, p. 29.

Fica claro que não há uma única saída para a preservação e o desenvolvimento da Amazônia, como não há uma solução única para o planeta. Aqueles que se arrogam a propor soluções gerais para a Amazônia desconhecem o funcionamento e a estrutura das partes que a compõem, e tratam a região como se fosse uma coisa só e conhecida.

2. A Amazônia antes dos europeus (15000 a.C. – 1500 d.C.)

ORIGENS DO HOMEM AMAZÔNICO

Desde o início tema de especulação, a origem do homem na Amazônia foi cercada de muitas fantasias e teorias imaginosas. Tal qual a tentativa de explicar a presença humana no Novo Mundo, as marcas deixadas pelos homens na Amazônia suscitaram inúmeras hipóteses.

A teoria mais aceita é a de que o homem chegou ao Novo Mundo através da Ásia, e, como a geologia mostra que o continente americano já se encontrava em sua forma atual quando o *Homo sapiens* apareceu, pode-se aceitar a hipótese de que, há 24 mil anos, grupos nômades atravessaram o estreito de Bering, ocupando e colonizando as Américas.

Algumas dessas levas de migrantes asiáticos, ou seus descendentes, acabaram chegando ao vale do rio Amazonas. É provável que esses primeiros grupos tenham cruzado a grande floresta por volta de 15 mil anos atrás, dando início à colonização humana da Amazônia.

AS TEORIAS FANTÁSTICAS

Muitas hipóteses imaginosas foram levantadas a propósito da ocupação humana da Amazônia. As mais curiosas, por exemplo, falam das audaciosas viagens de navegantes do Oriente Próximo, como os fenícios, hebreus e árabes, além dos chineses, sem esquecer o suposto comércio que os habitantes da desaparecida Atlântida teriam mantido com a região.

Além das explicações baseadas no espírito aventureiro dos antigos marinheiros, havia aquelas que apelavam para a especulação filosófica e religiosa, como a elaborada pelo teólogo espanhol dom Arius Montanus, que criou, em 1571, uma teoria baseada na Bíblia. Segundo ele, descendentes de Noé receberam de herança o Novo Mundo: Ofir ficou com o Peru, e Obal, com o Brasil.

Em 1607, o fidalgo Gregorio Garcia, também espanhol, escreveu alentado estudo mostrando as afinidades morais, intelectuais e linguísticas entre os judeus e os índios. Para Garcia, os índios eram descendentes das dez tribos perdidas quando os assírios atacaram Israel, em 721 a.C. Para outros, a Amazônia teria sido alcançada pela expedição chinesa comandada pelo monge budista Hoei-Shin, em 499 d.C., daí o aspecto físico oriental apresentado pelos índios.

Na verdade, ainda que a fisionomia da população amazônica evidencie o seu estoque genético asiático, ela resultou numa constelação bastante diferenciada de tipos físicos, produto de uma diversificada contribuição biológica e cultural, gerando um conjunto de comunidades humanas, cada uma delas distinta e nítida em sua identidade, como afirmou o antropólogo Claude Lévi-Strauss:

> Este grande e isolado segmento da humanidade consistiu de uma multitude de sociedades, maiores ou menores, que tiveram pouco contato entre si e, para completar as diferenças causadas pela separação, há outras diferenças igualmente importantes causadas pela proximidade: o desejo de se distinguirem, de se colocarem à parte, de serem cada uma elas mesmas.[1]

OS CHINESES CHEGARAM ANTES DOS EUROPEUS?

De todas as lendas mais extraordinárias sobre os visitantes antigos da região amazônica, esta é a que conta a suposta passagem da uma expedição chinesa.

---

1. LÉVI-STRAUSS, 1993, p. 7.

É também a que tem o maior número de detalhes e dados especulativos. Segundo a narrativa, há uma inscrição em pedra num memorial erigido nas margens do estuário do rio Yang-Tsé, em homenagem ao almirante Zheng He, que diz o seguinte: "Os países além do horizonte e no final do mundo se tornaram súditos ao mais ocidental dos ocidentais ou o nortista mais nortista dos países, estejam em que distância estiverem." Essa inscrição, datada de 1431, celebra e perpetua a circum-navegação do planeta por quatro frotas chinesas, nos anos de 1421 e 1423, que passou pela América e por outras partes do planeta, legando mapas detalhados que mais tarde serviriam para os europeus "descobrirem" o Novo Mundo.

É certo que, no começo do século XVI, o império da China não tinha rival no mundo. De acordo com a lenda, nos festejos do ano novo chinês, dignitários da Ásia, Arábia e do oceano Índico se apresentavam com riquíssimos presentes no palácio da Cidade Proibida, em Beijing, para render homenagem ao imperador Zhu Di, Filho do Paraíso. No ano de 1421, depois de um longo período em que se construiu a mais formidável frota de navios em toda a história da humanidade, os almirantes chineses estavam prontos a levantar vela. A bordo, os monges budistas Sheng Hui, Ha San e Pu He Ri. A armada era uma das consequências da ciência e da cultura da China, desenvolvida em milênios de experiência e no trabalho de matemáticos, engenheiros, cientistas naturais e arquitetos. Era uma frota tão incrível e portentosa que nenhum país europeu poderia ao menos sonhar. Tão incrível que somente 350 anos depois é que a expedição do capitão James Cook chegaria perto.

Cada navio era tão grande e com uma capacidade de carga tão expressiva que poderia navegar mais de 4,5 mil milhas náuticas sem precisar aportar. Em 1421, a maior frota europeia pertencia a Veneza, com cerca de cem galeões, bastante leves, que também podiam ser manobrados com remos. O maior galeão veneziano tinha cerca de 350 metros de comprimento por 60 metros de largura, carregando 50 toneladas de carga. Um navio chinês tinha mais de 100 metros de altura e carregava mais de 2 mil toneladas de carga; podia atingir Málaga em cinco semanas e o estreito de Ormuz, no golfo Pérsico, em doze semanas, e navegar em qualquer oceano, enquanto a frota veneziana se limitava ao Mediterrâneo. Muitos navios chineses naufragaram durante a expedição, menos pela resistência de sua construção que pela viagem em águas desconhecidas. Embarcações se chocaram com costas rochosas em dias de nevoeiro denso, tiveram seus cascos cortados por bancos de corais ou por icebergs nas águas geladas do Ártico. Os galeões venezianos eram defendidos por arqueiros, enquanto os navios chineses eram defendidos por armas de fogo, por canhões de ferro e bronze, e morteiros. O almirante Zheng He, comandante em chefe da armada, não teria a menor dificuldade de aniquilar qualquer outra frota que lhe cruzasse o caminho. No dia 4 de março de 1421, por volta das 4 da madrugada, foi feita uma oração a Matsu, deusa taoista dos mares, e as imensas velas de seda vermelha foram levantadas. Era como se uma cidade estivesse se deslocando sob o vento das monções de noroeste. Muitos tripulantes jamais regressariam à China; alguns morreriam na viagem, outros em naufrágios e uns poucos seriam deixados em terras estranhas, onde construiriam colônias. Aqueles de sorte que regressariam após dois anos e meio, encontrariam o país irreconhecível. Naquela madrugada, a armada deixava a China e se dirigia ao desconhecido. O timoneiro da nau capitânia mantinha a popa do navio direcionada para a estrela polar, Polaris, enquanto o navegador media a altitude da estrela com o sextante.

Na Biblioteca Nazionale Marciana, em Veneza, está uma das provas da jornada dos chineses. Um mapa, de autoria do cartógrafo Fra Mauro, datado de 1459, registra com precisão o Cabo da Boa Esperança, setenta anos antes de Bartolomeu Dias e Vasco da Gama realizarem seus feitos. Em notas, Fra Mauro revela:

> Por volta do ano de 1420, um junko vindo da Índia numa viagem direta pelo oceano Índico passou pela Ilha dos Homens e Mulheres e circum-navegou para além do Cap Diab [Cabo da Boa Esperança] e através da Ilha Verde e outras obscuras ilhas no oeste e foram por 40 dias para sudoeste e oeste, nada encontrando a não ser mar e céu.

Ao lado da nota, Fra Mauro desenhou um junco chinês. Mas um junco não faz uma frota, nem um desenho uma prova.

A frota, comandada por Hong Bao e Zhou Man, avistou terra após três semanas de viagem das ilhas do Cabo Verde. No ano de 499 d.C., um monge budista, Hoei-Shin, regressou de uma terra que distava 8 mil milhas náuticas do leste da China. Chamou aquela terra de Fusang, porque as árvores dali eram imensas e o povo não conhecia o ferro. Não se sabe se a terra visitada por Hoei-Shin era a América, mas os aventureiros de 1421 pensaram que estavam desembarcando em Fusang. Quando exploraram aquele emaranhado de rios da Amazônia, sentiram os odores das flores e dos frutos, conheceram pássaros e outros animais estranhos, e contataram os habitantes que viviam despidos. Seria ali a terra de Fusang? A terra do povo sem ferro? Seriam aquelas imensas árvores as descritas pelo monge Hoei-Shin 922 anos antes? E os chineses desembarcaram no delta do rio Orinoco, na Amazônia, exatamente 75 anos antes de Vicente Pinzón. Não demoraram muito tempo, como fizeram no Canadá e na Califórnia, fundaram colônias, que resultaram em inusitada mistura racial e curiosos traços culturais que ficaram na memória dos povos indígenas da América do Norte. No delta do Orinoco, eles velejaram rio adentro, repuseram seu estoque de água potável e de alimentos, e levantaram velas para o sul, através da costa do Brasil, até o cabo Blanco, no sul da Argentina. Uma das supostas provas da passagem dos chineses pela Amazônia estaria na presença de certas doenças, existentes apenas na China e no sudeste da Ásia, encontradas em testes de DNA de alguns povos indígenas (não esqueçamos a migração do *Homo sapiens* em sua caminhada da Ásia através do estreito de Bering). Outra argumentação é que quando os europeus chegaram já encontraram arroz selvagem e cavalos na América do Sul. Evidentemente, essa fantasiosa história nada diz sobre a passagem dos chineses na Amazônia, que impressão lhes causou ou se aqui deixaram alguns tripulantes. Providencialmente, a falta de documentação é explicada pelos tumultos que levaram à queda da dinastia Ming. Tal qual o mito de navegantes africanos que supostamente também foram pioneiros no novo continente, essas narrativas parecem querer apagar o pioneirismo dos vikings, dos espanhóis e dos portugueses, que se aqui chegaram apenas estiveram seguindo os passos — e os mapas — de civilizações superiores, sufocadas pela arrogância da civilização ocidental. Civilizações superiores como a do imperador Zhu Di, que mandou seus almirantes viajarem pelo mundo não em busca de ouro, especiarias e escravos, mas para enriquecer o conhecimento, as artes e a ciência do grande Império do Centro. Pena que não passe de uma lenda.

Talvez alguns se perguntem a desproporção deste capítulo sobre a viagem marítima chinesa em relação às outras conjecturas fantasiosas. É que nitidamente o caso chinês é de outra cepa. Trata-se de um claro exemplo da ascensão do irracionalismo típico desses tempos pós-modernos. Enquanto as antigas narrativas transitavam por um discurso de base piedosa, geralmente escritas por sacerdotes cristãos em busca de estabelecer uma escatologia, o exemplo dos chineses quer ser factual. É a "mitologia pop" em estado de ideologia explícita, sendo a Amazônia o caso perfeito para esse tipo de irracionalismo new age.

Tomemos a sacralização da natureza por certas correntes ecológicas, as propostas redentoras das reservas extrativistas, ou a magia vistosa da sustentabilidade sem sustentação na realidade, os avistamentos e ataques de discos voadores, o chupa-chupa, a busca de cidades megalíticas perdidas, o sincretismo de rituais com beberagens exclusivas de pajés democratizados por seitas bem organizadas — todos estes discursos místicos fariam a alegria daquele jesuíta que tentou arduamente explicar aquela sociedade de primitivos naturistas antes de Sodoma, mas em nada ajudam a mudar a atitude do agronegócio, dos madeireiros, das mineradoras em suas ações predadoras na região.

A aventura chinesa, bem detalhada, hoje faz parte de uma pseudociência histórica que tem excitado imaginações impressionáveis. É claro que a Amazônia não poderia deixar de figurar nesse catálogo de maravilhas.

AS SOCIEDADES COMPLEXAS DA AMAZÔNIA

Até bem pouco tempo, a região amazônica era considerada uma área de poucos recursos, o que limitava as possibilidades de os grupos humanos desenvolverem ali uma sociedade avançada. Ainda recentemente, as evidências arqueológicas ou documentais sobre as antigas sociedades complexas da Amazônia eram simplesmente negadas ou atribuídas à presença passageira de grupos andinos e mesoamericanos. Para completar, aceitava-se como prova de adaptação ao trópico úmido o estilo de vida dos atuais povos indígenas, que vivem em pequenas aldeias e se organizam a partir de uma economia de subsistência estabelecida sob o impacto da colonização europeia.

Nos últimos vinte anos, uma série de estudos começou a sacudir posições tidas como estabelecidas e a constatar que a Amazônia compôs, na pré-história, um rico e diversificado cenário de sociedades humanas. Pesquisas como as da arqueóloga Anna Roosevelt, sobre as culturas da ilha de Marajó e da calha amazônica, comprovam a existência de uma inequívoca ocupação desde o Pleistoceno, ou início do Holoceno, por sociedades de caçadores-coletores, donos de elaboradas culturas de tecnologia da pedra, além de algumas das mais antigas sociedades sedentárias, fabricantes de cerâmica e agricultores equatoriais. Um passado formado por sociedades de grande complexidade econômica e sofisticação cultural.

Os avanços da arqueologia amazônica nas últimas duas décadas mostraram a utilidade relativa dos estudos etnográficos e de etno-história para o conhecimento da realidade pré-colombiana da região. Os trabalhos arqueológicos realizados em diversas partes do grande vale deixaram mais nítidas as profundas distinções entre as sociedades contemporâneas da chegada dos europeus e aquelas anteriores. Os sinais da ocupação humana do Holoceno, que ocorreu entre 11000 e 7000 a.C., encontrados por meio de escavações e prospecções arqueológicas, mostram uma grande diversidade de técnicas na busca de recursos naturais e fontes de alimentos, bem como a domesticação de certos animais. Outra surpreendente característica do Holoceno na Amazônia exposta nos sítios arqueológicos foi a substancial mudança no meio ambiente provocada pelo ser humano. Pode-se dizer que essas sociedades exerceram uma verdadeira "domesticação da natureza", que difere substancialmente em resultados nas mudanças provocadas pelas sociedades agrícolas. O último milênio do período Holoceno foi de grandes transformações, que deixaram sinais aterradores.

OS GRUPOS DE CAÇADORES-COLETORES

Os escassos sinais de ocupação humana na Amazônia durante o Pleistoceno, ou Holoceno, foram encontrados em cavernas, abrigos naturais e sambaquis. É importante observar que os antigos caçadores-coletores da Amazônia não eram exatamente primitivos em termos de tecnologia e estética, mas também lembram bem pouco os povos indígenas atuais, que supostamente são seus descendentes.

Os primeiros habitantes da Amazônia formaram uma comunidade de alta sofisticação. Abrangeram desde os paleoindígenas até os pré-ceramistas arcaicos e ceramistas arcaicos avançados, estabelecendo vasta e variada rede de sociedades de subsistência, sustentadas por economias especializadas em pesca de larga escala e caça intensiva, além de agricultura de amplo espectro, cultivando plantas e também criando animais. A existência de artefatos fabricados por certos povos, encontrados em diversas áreas da região, é prova de que havia um intenso sistema de comércio, de viagens de longa distância e de comunicação.

Na localidade de Abrigo do Sol, no Mato Grosso, ferramentas utilizadas para cavar petróglifos nas cavernas foram datadas entre 10000 e 7000 a.C. Outros artefatos de pedra encontrados nos altiplanos das Guianas venezuelanas e na República da Guiana, bem como nas barrancas do rio Tapajós, foram datados, a partir de seus grupos estilísticos, como de um período entre 8000 e 4000 a.C.

OS PRIMEIROS HORTICULTORES

A lenta transição da caça e coleta para a agricultura ocupou o período de 4000 a 2000 a.C. Restos de alimentos, de plantas e de animais encontrados em cavernas e abrigos situados na Venezuela e no Brasil foram datados entre 6000 e 2000 a.C., registrando a presença de povos coletores nessas áreas.

Os principais sinais da transição foram localizados nos muitos sambaquis descobertos próximos à boca do Amazonas e no Orinoco, na costa do Suriname e em certas partes do baixo Amazonas. As camadas mais antigas não continham cerâmica, porém as mais recentes apresentavam um conjunto de formas surpreendentes datadas de aproximadamente 4000 a.C., nos sambaquis da Guiana, e 3000 a.C., e nos achados da localidade de Mina, também na boca do Amazonas. Esses achados e os exemplares de cerâmica, encontrados nos sambaquis da localidade de Taperinha, perto de Santarém, baixo Amazonas, são evidências de que as culturas amazônicas já cultivavam a arte da cerâmica pelo menos um milênio antes dos povos andinos. Foi por essa mesma época que as pequenas povoações de horticultores começaram a ganhar importância. E, aos poucos, congregaram um maior número a sua população graças aos avanços na tecnologia do cultivo.

Por volta de 3000 a.C., as sociedades de horticultores passaram a marcar sua presença na região. O estilo da cerâmica, por exemplo, recebeu fortes modificações, apresentando formas zoomórficas e decoração com figuras de animais, e utilizando técnicas de pintura e incisão. As figuras de animais são imediatamente reconhecíveis nessas cerâmicas de fortes conotações antropomórficas, associadas com uma cosmogonia que implicava em abundância de caça, fertilidade humana e poderes do xamã em se relacionar com as forças da natureza corporificadas por animais. É claro que pouco se sabe dos ritos antigos, mas lentamente esse passado está vindo à tona com as descobertas de sítios de enterros cerimoniais e restos de aglomerados humanos.

É muito provável que essas sociedades baseassem suas economias na plantação de raízes como a mandioca, que já vinha sendo cultivada desde pelo menos 5000 a.C., conforme provas encontradas no Orinoco. Por isso, as mais recentes teorias sobre a natureza das sociedades humanas de coletores e sua adaptação aos trópicos estão ganhando terreno a cada descoberta de novas evidências arqueológicas, além das provas etnográficas tradicionais.

Eis por que se pode afirmar hoje que a introdução do cultivo da mandioca na várzea, durante o primeiro milênio antes de Cristo, foi um fator decisivo, assim como a chegada da cultura do milho na mesma área de cultivo significou um excedente maior de alimentos para a estocagem. Mas a adição da várzea na economia dos povos horticultores, com os depósitos sazonais de fertilizantes naturais, criou um rico suprimento de alimentos, que incluía peixes, mamíferos aquáticos e quelônios.

Os primeiros amazônidas experimentaram um grande desenvolvimento por volta de 2000 a.C., transformando-se em sociedades hierarquizadas, densamente povoadas, que se estendiam por quilômetros ao longo das margens do rio Amazonas. Essas imensas populações, que contavam com milhares de habitantes, deixaram marcas arqueológicas conhecidas como locais de "terra preta indígena". O mais conhecido deles encontra-se nos arredores da cidade de Santarém, no Pará, exatamente um dos centros de uma poderosa sociedade de tuxauas, guerreiros que dominaram o rio Tapajós até o final do século XVII, já no período de colonização europeia.

Os tuxauas de Santarém, tais como os tuxauas de Marajó — senhores da boca do Amazonas —, os tupinambaranas, os muras, os mundurukus e omáguas, com suas cidades de 20 mil a 50 mil habitantes, recebiam tributos de seus súditos e contavam com numerosa força de trabalho, inclusive de escravos. Essa massa trabalhadora construiu enormes complexos defensivos, povoados e locais de culto, além de fazer canais e abrir lagos para viabilizar as comunicações fluviais. A maior estrutura de sítios arqueológicos indicando a existência dessas civilizações antigas pode ser encontrada nos altiplanos da Amazônia boliviana, no médio Orinoco e na ilha de Marajó.

Na ilha de Marajó, floresceu uma das mais admiráveis civilizações do grande vale, que provavelmente já estava extinta ou decadente por ocasião da chegada dos europeus. No entanto, os restos arqueológicos são impressionantes, com quarenta sítios descobertos numa superfície de 10 a 15 quilômetros quadrados. Embora poucos sítios tenham sido escavados e as áreas de cemitérios tenham atraído saqueadores em busca das soberbas cerâmicas que serviam de urnas funerárias, os resultados são intrigantes e surpreendentes.

Entre as escavações da ilha de Marajó, a que mais se destaca é a do monte de Teso dos Bichos. Ali, entre 400 a.C. e 1300 d.C., existiu uma população estimada entre quinhentas e mil pessoas. Fazia parte de um complexo de povoados pertencentes a uma sociedade de tuxauas. Essa sociedade apresentava um alto desenvolvimento tecnológico e uma ordem social bem definida. As mulheres se encarregavam dos trabalhos agrícolas, cuidavam do preparo da alimentação e habitavam casas coletivas. Os homens eram responsáveis pela caça, pela guerra, pelas atividades religiosas e viviam em habitações masculinas. Essas habitações ficavam próximas ao centro cerimonial da aldeia, numa plataforma de barro construída na ala oeste. Toda a povoação ocupava aproximadamente 2,5 hectares.

O estudo dos esqueletos encontrados em Teso dos Bichos mostra que os moradores da ilha guardavam traços físicos muito parecidos com os dos atuais povos indígenas, embora fossem centímetros mais altos. As mulheres eram baixas e bem proporcionadas, e os homens musculosos, indicando uma dieta rica de proteína animal e comida de origem vegetal. O formato craniano prova que eram amazônidas, não andinos.

 Teso dos Bichos deve ter mantido uma concentração humana por dois milênios sem maiores problemas, disputas ou superpopulação. Muitos dos hábitos e costumes posteriormente herdados pelos povos indígenas e pelas populações cabocas foram criados e desenvolvidos por essas sociedades antigas. A preferência por certos peixes, como o pirarucu, e o uso de refrescos fermentados, como o aluá, eram muito comuns entre as gentes de Marajó, de Tupinambarana, do Solimões ou do altiplano boliviano. Mas o processo de despopulação, ocorrido com a chegada dos europeus, fez com que os povos indígenas modernos retrocedessem para um tipo de vida anterior ao surgimento dessas economias intensivas comandadas por poderosos tuxauas.

A AMAZÔNIA NÃO ERA UM VAZIO DEMOGRÁFICO

Quando os europeus chegaram, no século XVI, a Amazônia era habitada por um conjunto de sociedades hierarquizadas, de alta densidade demográfica. Ocupavam o solo com povoações em escala urbana, contavam com um sistema intensivo de produção de ferramentas e cerâmicas, uma agricultura diversificada, uma cultura de rituais e de ideologia vinculada a um sistema político centralizado, e uma sociedade fortemente estratificada. Essas sociedades foram derrotadas pelos conquistadores, e seus remanescentes foram obrigados a buscar a resistência, o isolamento ou a subserviência. O que havia sido construído em pouco menos de 10 mil anos foi aniquilado em menos de 100, soterrado em pouco mais de 250 anos e negado em quase meio milênio de terror e morte.

 Foi durante os milênios que antecederam a chegada dos europeus que os povos da Amazônia desenvolveram o padrão cultural denominado de cultura da selva tropical. A Amazônia, como bem indicam os artefatos arqueológicos encontrados na região, nunca foi habitada por outra cultura que não essa. A cultura da selva tropical é um exemplo do sucesso adaptativo das populações amazônicas, assim como o são os padrões andino e caribenho de cultura, em seus respectivos nichos ambientais.

Já tivemos a oportunidade de observar que velhos preconceitos, arraigados num extremo determinismo ambiental, procuraram emprestar à cultura da selva tropical certo primitivismo, um estágio de barbárie que fixava a Amazônia num patamar abaixo do padrão caribenho e muito distante do padrão andino. De tal forma, esses preconceitos foram tão disseminados que até mesmo certos autores bem-intencionados acabaram sucumbindo a eles, ao tentar explicar a presença de populações complexas na região como fruto de migração ou influência dos Andes ou do Caribe. Os últimos avanços da arqueologia na Amazônia vêm corroborar a tese de que a cultura da selva tropical foi capaz não apenas de formar sociedades perfeitamente integradas às condições ambientais como também de estabelecer sociedades complexas e politicamente surpreendentes.

Assim, está provado que, ao chegar, os primeiros europeus encontraram sociedades compostas por comunidades populosas, com mais de mil habitantes, chefiadas por tuxauas com autoridade coercitiva e poder sobre muitos súditos e aldeias; técnicas de guerra sofisticadas; estrutura religiosa e hierárquica de divindades, simbolizadas por ídolos e mantidas em templos guardados por sacerdotes responsáveis pelo culto; uma economia com produção de excedente; e trabalho baseado num sistema de protoclasses sociais.

Essas sociedades foram registradas nas diversas crônicas e nos vários relatos de espanhóis e portugueses, que as contataram em suas primeiras viagens ao longo dos grandes rios. Tais sociedades, baseadas na economia do cultivo intensivo de tubérculos, floresceram por volta de 1500 d.C. e, por estarem localizadas nas margens do rio Amazonas e certos afluentes maiores, foram as primeiras a sofrer os efeitos do contato com os europeus, sendo derrotadas pelos arcabuzes, pela escravização, pelo cristianismo e pelas doenças.

Mas a cultura da selva tropical não se apresentava, em termos de evolução qualitativa, como uma coisa uniforme. Os povos da terra firme, os que viviam nas cabeceiras dos rios ou em terras menos férteis, mostravam-se mais modestos em comparação com as nações do rio Amazonas. Havia uma grande diferença entre a grande nação omágua, que dominou durante muitos séculos o rio Solimões, e os nômades e frágeis waiwai, habitantes dos altiplanos da Guiana. Embora ambas as nações partilhassem de uma economia comum, baseada na máxima exploração dos recursos alimentícios dos rios e lagos, e, secundariamente, na caça de animais e pássaros da floresta, as duas etnias apresentam grandes diferenças em organização social e cultura material.

O QUE É A CULTURA DA FLORESTA TROPICAL?

Mas o que é a cultura da floresta tropical? Como os níveis de complexidade cultural se estabeleceram de formas muito diferentes entre os povos das margens do Amazonas e aqueles do interior, a cultura da floresta tropical deve ser definida a partir dos elementos comuns mais compartilhados, que são os econômicos. A cultura da floresta tropical é um sistema social baseado na agricultura intensiva de tubérculos, e está tão profundamente vinculada ao cultivo que sua origem quase se torna indistinguível da origem da maioria das plantas cultivadas. Portanto, levando em consideração as afinidades entre os diversos povos, a cultura da floresta tropical é, pode-se dizer, a cultura da mandioca.

A mandioca (*Manihot utilissima*) é um arbusto alto, com folhas longas em forma de palmas, de cor verde-escura, que cresce até mais ou menos entre 1 e 1,5 m de altura. É um gênero exclusivo da América, sendo endêmico entre a baixa Califórnia e o norte da Argentina.

AS LÍNGUAS AMAZÔNICAS

A Amazônia é a região menos conhecida do ponto de vista linguístico em todo o mundo. Mapas dos idiomas da América do Sul dão a impressão de confusão, com suas porções coloridas para cada grupo genético, formando quase uma pintura abstrata. E, no caso das gramáticas das línguas amazônicas, estas estão repletas de imprecisão e estranhas propriedades, em nada ajudando na elucidação do problema. O idioma tukano, por exemplo, é conhecido pelo sofisticado sistema de evidências que faz de seu interlocutor o perfeito argumentador, capaz de articular seu raciocínio ao fazer uma afirmação, tornando-a irretorquível. Por isso nunca se deve negociar nada com os tukanos, sem que se tenha uma argumentação bem fundamentada em fatos. No entanto, a extensão do que conhecemos da gramática do idioma tukano não se reflete em outros idiomas, porque as gramáticas existentes são incompletas, apenas se debruçam sobre exotismos gramaticais e impedem que se compreenda a tipologia mais geral de tais idiomas. Se alguém deseja aprender um idioma amazônico através dessas gramáticas, é melhor esquecer, porque não têm essa finalidade.

A verdade é que nos idiomas amazônicos, a maioria das famílias linguísticas está distribuída de forma descontínua na região, muito mais do que em outras partes do planeta. Os idiomas tupi e aruaque ocupam cerca de dez regiões geográficas separadas, e o idioma caribe, pelo menos cinco. O tukano, uma das famílias mais homogêneas do ponto de vista linguístico, é falado em três regiões bem diferentes. E houve também um intenso processo de difusão linguística em toda a bacia amazônica, o que dificulta a determinação de similaridades entre idiomas falados nas áreas próximas e se há interpenetração de códigos genéticos linguísticos, ou simples apropriações.

Cada idioma amazônico tende a apresentar características de acordo com o tipo de território em que é falado, seguindo os métodos de produção de alimentos e a cultura material. Por isso, quase todas as etnias que falam os idiomas das famílias aruaque, caribe e tupi vivem na floresta, usam da agricultura, possuem canoas, redes, cerâmica e são os povos de organização social e cultural com mais complexidade. Os povos de idioma jê, por seu lado, pouco trabalham com agricultura, não têm canoas, redes ou cerâmicas, e são encontrados nas regiões de savana. E, espalhados entre as etnias agrícolas, no interior da selva densa, vivem os pequenos grupos linguísticos de caçadores-coletores, como os makus, mura-pirahãs e os guahibos.

A norma entre os povos da Amazônia é o multilinguismo, onde um indivíduo é capaz de falar quatro a cinco idiomas. O problema é que muitos desses idiomas estão em processo de desaparecimento. Da bela variante aruaque falada pelos manaus, sobrou apenas uma gramática compilada por um padre jesuíta. O desaparecimento de língua compromete a diversidade linguística do planeta e reduz severamente o campo do que é possível na expressão humana. O idioma palikur, da família aruaque, rompe a regra de uma língua com mais de um sistema de classificação de substantivos: apresenta um sistema de três gêneros e mais de vinte classificações de substantivos. E como os falantes de idiomas são repositórios de conhecimentos exclusivos, a perda da diversidade linguística vai mais além que um desastre para a ciência da linguagem, afeta o conhecimento científico e empobrece a natureza humana. Uma língua não é uma entidade autossustentada, ela só sobrevive onde há uma comunidade de pessoas que a falam e a transmitem às novas gerações. E essas comunidades humanas só podem existir onde possam ganhar a própria vida. Quando essas comunidades perdem seus territórios e formas de viver, seus idiomas começam a morrer. Quando uma língua perde seus falantes, morre. Já se afirmou que o mais apropriado seria usar a expressão "língua assassinada", ou "língua que se suicidou", pois as línguas não morrem de causas naturais. Em geral, são assassinadas junto com o povo que as falava. Assim, há línguas predadoras, como a língua inglesa, que quase matou o irlandês e o galês, tal qual o português e o espanhol estão matando os idiomas amazônicos. Apenas no século XX, 110 idiomas indígenas desapareceram na Amazônia.

O PASSADO NA MEMÓRIA DOS MITOS E DAS LENDAS

Durante quase todo o século XX, os estudiosos consideraram a Amazônia como a última fronteira para o estudo da história, porque ali aparentemente ainda era possível encontrar exemplos de povos "sem história", já que as condições e os desafios da selva tropical pareciam ter impedido a elaboração de culturas acima do sistema "tribal". A região amazônica seria então um espaço culturalmente marginal, em especial quando a região era superficialmente comparada com a América Central e o Peru. Esse caráter marginal da Amazônia não parecia menos verdadeiro nas diversas histórias nacionais dos países que a compõem, já que a região sempre aparecia num eterno e recorrente estado de descoberta e primeiro contato. Exemplos dessa situação anômala são muitos; como os três volumes de *Intérpretes do Brasil*, comissionados pelo Ministério da Cultura do Brasil para celebrar o V Centenário do Descobrimento, em que não há uma única linha sobre a Amazônia e seu organizador, Silviano Santiago, revela-se de uma ignorância mais caudalosa que o rio Amazonas. Outro exemplo é o volume do *Hispanic American Historical Review*, editado em novembro de 2000, sob o tema "Começos brasileiros", onde também a Amazônia é solenemente ignorada. A imensa dificuldade para reconstruir o passado dos povos da Amazônia não significa que se trata de uma terra onde a história foi inaugurada com a chegada dos europeus. Do ponto de vista epistemológico, as dificuldades da historiografia amazônica são exatamente iguais às de quaisquer outras áreas do planeta, mas o forte tropismo da historiografia ocidental e suas regras centradas no documento escrito só recentemente passaram a ser contestadas, permitindo que um conjunto soterrado de material pudesse ser apreciado como fonte primária.

Superando a falsa contraposição entre história e antropologia, um número expressivo de estudos de história nativa da Amazônia vem aparecendo nos últimos anos, a despeito do pouco desenvolvimento das pesquisas na região. Inicialmente alinhado sob a rubrica de etno-história, o que dificultava o reconhecimento da realidade histórica dos povos indígenas, aos poucos o passado histórico das sociedades tribais foi sendo revelado em trabalhos que escapavam da pura tradição etnográfica eurocentrista. Ensaios históricos como os de John Hemming, "Red Gold" (1978) e "Amazon Frontier" (1988), que reconhecem a historicidade dos povos indígenas da Amazônia, ou posturas mais radicais que debateram as relações da história indígena e a historiografia ocidental (Taussig, 1980, 1987), acabaram por trazer ao primeiro plano a questão do mito (ou seja, a narração indígena de coisas do passado) e da história (narrativa do passado que segue regras historiográficas), tomando o mito para além de sua usual utilização nas análises estruturais e sincrônicas e considerando-o plenamente histórico.

A impressão deixada pelos viajantes espanhóis, começando por Francisco Orellana e passando por Pedro de Ursúa, Francisco Pizarro, Pedro Teixeira e o padre Samuel Fritz, é de que as margens do Amazonas e de outros grandes rios estavam densamente povoadas. Mesmo descontando os exageros e as idiossincrasias dos narradores coloniais, todos eles, e num espaço de dois séculos, foram unânimes em registrar as aldeias e vilas densamente povoadas. "Todo esse mundo novo", registrou frei Gaspar de Carvajal, "é habitado por bárbaros em províncias e nações distintas. [...] Há mais de cento e cinquenta delas, cada uma com línguas diferentes, tão imensas e muito populosas quanto qualquer outra que vimos em toda a nossa rota". Cristóbal de Acuña, um século depois de Carvajal, diz que as terras de dentro são igualmente tão populosas que "se atirarmos uma agulha para cima ela irá cair fatalmente na cabeça de um índio". Enfim, a Amazônia estava ocupada por grupos tribais de diversos padrões e diferentes origens antes da chegada dos europeus.

Assim, os mitos e as lendas dos atuais povos indígenas ainda guardam certas lembranças de um passado que se perdeu na voragem da conquista. As rotas comerciais que ligavam a selva amazônica às grandes civilizações andinas ainda continuam traçadas nas entranhas da mata virgem, reconhecidas apenas pelo olhar dos que sabem distinguir antigas veredas dissimuladas pelas folhagens. Por essas rotas, um índio tukano do norte amazônico pode visitar seus parentes do sudoeste, seguindo o mesmo curso que levava produtos da floresta a Cusco e de lá trazia artefatos de ouro, tecidos e pontas de flecha de bronze.

Feitos heroicos dos tempos que se perdem nas brumas ressoam em épicos como a saga do tuxaua Buoopé, marco central da literatura oral dos índios tarianas, em que a conquista do norte amazônico pelos aruaques está fielmente descrita, como a mostrar que, assim como as culturas já haviam atingido alturas, os dramas humanos mais intensos, como as guerras, as paixões e a aventura aqui já se desenrolavam como em qualquer outra parte da Terra onde a humanidade escolheu para encenar seu drama.

Em 1970, frente às ameaças de desagregação social e extinção, o chefe Simeon Jimenez, da etnia ye'kuana, explicou como seu povo elaborava o senso de historicidade:

Meu povo, os ye'kuanas, acredita que o mundo social está em constante mudança e cai naturalmente na desordem e na decomposição. Mudanças inevitavelmente ocorrem e danificam as coisas, produzem dor, angústia e desespero, mas nunca perdemos a esperança na renovação, pois, quando a desordem finalmente termina, um dos ciclos de mudanças anuncia o começo de um tempo renovado num mundo renascido. Assim, a História é o resultado de muitos ciclos de vida que surgem, mudam, entram em decadência e se destroem para voltarem a renascer. Esta sabedoria nos foi transmitida por nossos ancestrais e reflete lições aprendidas porque vividas muito perto da natureza; pode-se dizer que os povos da Amazônia sempre souberam que o mundo está mudando e que cada ciclo exige respostas adequadas às contingências do momento.[2]

O massacre contra os ianomâmis, perpetrado em 1993 por garimpeiros brasileiros, deixou claro aos ye'kuanas que as reservas não lhes davam nenhuma garantia, mesmo quando oficialmente criadas pelos governos nacionais. Aliás, as sociedades nacionais, tanto venezuelanas quanto brasileiras, não mereciam confiança. Habitantes de um território vizinho ao Parque Nacional Yabarana, os ye'kuanas viram o governo venezuelano emitir concessões para a exploração de ouro no parque e uma crescente hostilidade aos povos indígenas por parte das burocracias do Amazonas e da Venezuela. Mas todas as mudanças estão perfeitamente explicadas na cosmologia e no repertório mítico. As histórias orais das etnias amazônicas registraram os eventos conflitantes por elas experimentados desde o primeiro contato, incluindo as relações comerciais, a chegada dos missionários e a evangelização, a interação com viajantes e cientistas. A cada uma dessas instâncias, as etnias desenvolveram estratégias e comportamentos, como a retirada para outra parte do território, a separação de aldeias, a alteração temporária de suas estruturas sociais e as táticas de resistência armada. Com isso não apenas resistiram às pressões, mas de maneira prática evitaram a quebra cultural e combinaram os recursos mitológicos e a consciência histórica. Eis a chave da sobrevivência frente aos invasores: coerência histórica. Para sociedades sem história, trata-se de um feito sem igual.

---

2. MEDINA, 2003, p. 13.

A questão que se levanta é que os processos culturais das etnias amazônicas desafiam alguns dos mais importantes conceitos da civilização ocidental, como o conceito de tempo/história e o conceito de espaço/lugar. Como as etnias resistem à imposição desses conceitos ocidentais, contestando a forma de interpretar o passado e até mesmo as formas de representações espaciais, como a elaboração de mapas, as representações externadas pelos povos amazônicos não são digeridas pela civilização ocidental a não ser como expressões do imaginário e da fantasia. Tanto a interpretação do passado como a feitura de mapas são formas de hierarquizar o tempo e o espaço. Mas enquanto a civilização ocidental interpreta o passado e se apropria do espaço pela historiografia e a cartografia, as etnias amazônicas codificam suas relações sociopolíticas na própria representação do espaço, ou seja, espaço e tempo se inscrevem na natureza numa única forma de conhecimento histórico. Desse modo, não apenas as narrativas míticas iluminam o passado, mas também os acidentes geográficos, que funcionam como os documentos tão caros à historiografia ocidental. A curva de um rio, a floração de uma árvore, bem como o episódio de uma narrativa são sinais que relembram o passado.

A partir de meados do século XIX, os historiadores se dedicaram a capturar a experiência dos oprimidos, daqueles não articulados, num esforço para corrigir a velha miopia provocada pelo foco excessivo nos poderosos e pela tentação do etnocentrismo. E esse esforço, deve-se dizer, não se trata de um mero revisionismo histórico ou uma busca por justiça, ou de satisfazer agendas políticas. O exame de circunstâncias vividas pelas grandes massas, a história perdida da gente comum e o estudo das formas de pensar e agir das multidões tornaram-se essenciais para preencher os vácuos causados pelas generalizações. Para tanto, os historiadores foram obrigados a superar dois preconceitos. O primeiro dizia que não havia fontes confiáveis para estudar as "classes baixas" ou as "regiões sem história". O segundo preconceito dizia que os oprimidos, incapazes de agir pela razão, e ao se deixar dominar pelas paixões, não se prestavam para a análise e se mostravam desprezíveis em todos os contextos. Só os ricos e bem-educados agiam pela razão, motivo pelo qual estavam aptos a tomar as decisões por toda a sociedade. A revelação de que os povos sem história e as massas inconscientes eram capazes de articulação e participação no processo histórico, de exercer influência tanto quanto as classes dirigentes e os economicamente poderosos, levou historiadores como E. J. Hobsbawm, E. P. Thompson e George Rude a reconceitualizar o comportamento das chamadas classes baixas e dos povos periféricos, levando a sério suas ações com atos políticos e ideológicos. E ao integrar as ações até então marginalizadas dos povos e das classes sociais periféricas ao processo geral da história, trouxeram para o centro da análise histórica o que era irracionalidade, superstição e emoção espontânea. Aliás, tais categorias também jogavam na historiografia tradicional, mas estavam disfarçadas como obra do acaso ou atos fortuitos, sancionados pelos documentos escritos. Assim, essa maneira de encarar o processo histórico como ação coletiva mergulha no individual, porque a vida real é vivida por todos, por reis e plebeus, gênios ou medíocres, heróis ou gente comum. Cada uma dessas individualidades viveu o seu dia a dia com os recursos disponíveis, com sabedoria e algum senso de humor. Na Amazônia, como em outros lugares, as pessoas lidaram com os fatos e as circunstâncias sociais de forma criativa, jamais com passividade. Como muitas pessoas que viveram neste mundo, a despeito de sua etnia, classe social e educação formal, os povos indígenas aprenderam através da experiência e, mesmo mergulhados na terrível tragédia do choque colonial, pouco a pouco foram desenvolvendo formas de sobreviver e resistir. É claro que nem todos conseguiram seus objetivos e desapareceram. E enquanto esse choque perdurar, seja qual for o prognóstico ou resultado, os dominadores jamais dominarão completamente. Ajuricaba, que liderou as etnias do rio Negro contra os portugueses, lutou por duas décadas e perdeu, levando seu povo à extinção. Mas seus parentes tarianas e baniwas estão aí para contar a história.

Um dos riscos de recuperar a história dos sem história, dos oprimidos, é a tentação de canonizar figuras num panteão de heróis populares. É claro que heróis existiram, mas a maioria das pessoas que compuseram as melhores páginas da história da Amazônia não era nada excepcional, heroica ou virtuosa. Mas foram essas pessoas simples que construíram os alicerces da sociedade que engendrou a Amazônia de hoje e que mal começamos a compreender.

Em 1739, uma índia escrava moveu nos tribunais de Belém do Pará uma ação para ganhar sua liberdade. Ela se chamava Francisca e é uma das poucas mulheres indígenas a deixar seu nome registrado em documentos oficiais em toda a história da Amazônia em quinhentos anos. A ação se baseou no fato de que ela teria sido ilegalmente vendida como escrava quando vivia na capitania do Rio Negro. Com o auxílio do defensor público dos índios, em Belém do Pará, Francisca juntou testemunhas e provas, fez um depoimento convincente perante os juízes e conseguiu vitória de sua demanda em primeira instância. O processo é um caso extraordinário, num tempo em que a escravização dos índios era coisa corriqueira e gente como ela vivia uma existência limitada por fome, ignorância, doenças e pela brutalidade de seus senhores. Geralmente, não duravam muito e morriam pouco tempo após escravizados. Francisca, no entanto, ficou livre por pouco tempo: voltou a ser escrava por decisão de instância superior.

Francisca nasceu e passou a infância na ilha de Timoni, no rio Negro, na aldeia manau comandada pelo tuxaua Amu. Seu nome manau não ficou registrado e sua mãe era uma das mulheres do chefe, provavelmente capturada de alguma tribo próxima. Nascida em 1700 ou 1701, no mesmo ano do tuxaua Ajuricaba, ela viveu uma infância típica das crianças manau, tomando banho duas vezes por dia no rio, brincando com as outras crianças e gozando da liberdade que meninos e meninas indígenas gozam até hoje. Francisca deve ter testemunhado a luta e a derrota de Ajuricaba contra os portugueses, e viu a insaciável busca por mão de obra escrava crescer. Em setembro de 1717, partiu de Belém o comerciante e preador de escravos Anacleto Ferreira, financiado pela firma de Nicolau da Costa. Rumava para o rio Negro e esperava aproveitar a safra do cacau e de outros produtos extrativos. Levava um estoque de alimentos, caixas de miçangas, tabaco, açúcar, louças, facas e munição.

Meses mais tarde, quando os viajantes pararam na ilha de Timoni e descansaram na aldeia manau, um deles, de nome Anacleto da Costa, capitão de canoa da expedição, caiu-se de amores pela filha do tuxaua Amu. Com a intenção de estabelecer laços de paz com os portugueses, Amu dá sua filha em casamento, mais tarde batizada com o nome de Rosaura, e manda que Francisca acompanhe a irmã até Belém, onde fixariam residência. Naqueles tempos, a lei estabelecia regras para a escravização de índios. Apenas aqueles que se levantassem contra os portugueses e fossem feitos prisioneiros, ou aqueles que caíssem prisioneiros de tribos "amigas", podiam ser vendidos como escravos. Era necessário que um jesuíta, examinando caso a caso, assinasse uma autorização para a escravidão. É claro que a lei não era impedimento para os portugueses, que a burlavam, e assim o comércio de escravos indígenas somente seria abolido oficialmente em 1755. No caso de Rosaura e Francisca, nenhum jesuíta estava presente para certificar se podiam ser escravizadas. Aos olhos do tuxaua Amu, elas eram sua propriedade pessoal e seus destinos dependiam de sua vontade, mas entre os manau não existia o conceito de escravidão. Aos olhos dos portugueses, elas eram tão escravas como quaisquer das mulheres aprisionadas naquelas brenhas. O certo é que Rosaura e Francisca eram propriedades de Anacleto da Costa, do dia em que as recebeu do tuxaua até morte de cada uma delas.

A viagem do rio Negro até Belém seguiu os padrões da época para esse tipo de empreendimento comercial: os escravos eram amarrados às canoas, mal alimentados e expostos aos elementos. Os mortos e os doentes eram atirados n'água. As duas mulheres tiveram sorte de sobreviver. Durante a viagem, Anacleto da Costa vendeu Francisca para Anacleto Ferreira, em troca de mercadorias consignadas por Nicolau da Costa. Quando estavam a meio caminho da viagem, e como a canoa de Anacleto Ferreira estava necessitando de remadores, ele comprou um escravo do comerciante Estevão Cardoso, que recebeu a incumbência de levar Francisca a Belém e lá entregá-la ao comerciante Nicolau. No começo de 1718, Francisca já estava servindo de escrava doméstica na casa da esposa de Nicolau da Costa, dona Anna da Fonte.

Nos vinte anos em que viveu como escrava, Francisca esqueceu seu idioma materno, o manau, passou a falar fluentemente o nheengatu, língua de sua patroa, e nunca aprendeu a falar português. Em 1739, ano em que Francisca entrou com o processo pedindo sua libertação, estava prestes a completar 40 anos. E este é um dos feitos de Francisca, ter sobrevivido aos rigores da vida imposta aos escravos, que em geral não suportavam mais do que dois ou três anos de trabalhos e maus-tratos.

Para completar, grassou em Belém, entre os anos de 1724 e 1725, uma epidemia de varíola que dizimou parte da população, causando prejuízos ao comércio e à agricultura. É bem possível que Francisca tenha sido uma das índias escravas que se beneficiaram dos experimentos de um frade carmelita, que inoculou nos pacientes o pus dos doentes, imunizando uma pequena parte das pessoas. Ironicamente, nenhum deles pertencia às classes altas, que se recusaram a se submeter ao tratamento pouco ortodoxo para a época, oferecido pelo carmelita.

Os autos do processo são uma rica fonte para se entender a vida de uma criatura humilde, embora sejam parcas as informações. Os depoimentos das diversas testemunhas vão esclarecendo a vida de Francisca, e através desses documentos sabemos que a ideia de mover a ação partiu de seu amante, o alfaiate Angélico de Barros Gonçalves, filho mestiço e bastardo de um oficial português que comandara a fortaleza de São José da Barra do Rio Negro. O principal argumento em defesa de Francisca vinha das lembranças de Anacleto da Costa, que dizia ter recebido a adolescente como pessoa livre das mãos do tuxaua Amu. A primeira decisão da Justiça colonial foi menosprezar os testemunhos, contra-argumentando que eram todos de gente "desqualificada" e que tinham interesses pessoais a defender, como o alfaiate Angélico, que, segundo o despacho do juiz, apenas desejava tirar a escrava de sua proprietária para mantê-la como sua "concubina".

Seguindo tal raciocínio, não deram importância ao feirante Manoel Dias e à tapuia Apolinária, que tinha vivido com Rosaura e desta ouvira a confirmação de que Francisca era livre, não escrava. Os autos são duros com Apolinária: dizem que ela era de "pouca credibilidade", pois não apenas era "uma índia de nação", mas "pobre, vil e infame". Os pesados termos qualificativos denunciam que Apolinária era uma prostituta, que podia "ser corrompida por qualquer tostão". O certo é que, no Pará do século XVIII, muitas negras e índias escravas eram prostituídas pelos seus donos, uma forma de gerar lucro para certas casas de família.

Ainda assim, a série de depoentes no processo de Francisca, com suas palavras e seus pensamentos ali fixados pela pena do escrivão, mostra que na capital do Grão-Pará já existia uma sociedade urbana, ainda que pequena, mas capaz de permitir o surgimento de laços de interesse e de amizade entre as pessoas das classes "pobres, vis e infames". Daí o número significativo de indivíduos humildes que superaram seus temores frente ao aparelho cruel de um Estado colonial, e, por amizade e amor à Francisca, compareceram perante o juiz e contaram o que sabiam. Aqui está o fato mais notável da história de Francisca: a prova de que, na vida real da cidade mais importante da Amazônia, as barreiras sociais e as injustiças de um sistema escravagista e racialmente discriminatório não conseguiram impedir que existissem laços de amizade e solidariedade entre os oprimidos, e que estes fossem muito mais fortes que as limitações impostas pelo regime colonial.

As testemunhas de Francisca foram obrigadas a comparecer pessoalmente frente ao juiz. Já as testemunhas de dona Ana da Fonte, viúva do comerciante Nicolau da Costa e que alegava ser a proprietária de direito da escrava, eram em sua maioria homens brancos e respeitáveis, alfabetizados, que afirmaram em depoimentos privados que sabiam que Francisca era escrava de dona Ana. Nenhum deles era testemunha ocular do fato, ou pusera os pés no rio Negro; mesmo assim, nenhuma objeção foi levantada.

O caso de Francisca foi inicialmente julgado pelo juiz chefe da colônia. Atendo-se apenas ao fato de dona Ana da Fonte não possuir o documento de escrava exarado por um padre jesuíta, o magistrado declarou Francisca criatura livre. Imediatamente, a viúva apelou ao Conselho das Missões, composto dos priores das ordens religiosas estabelecidas no Grão-Pará, e que tinha a responsabilidade de gerir as questões relacionadas aos índios. Ali, a inexistência do documento assinado por um jesuíta foi ignorada e os depoimentos das testemunhas da defesa foram desqualificados, revertendo-se a sentença. Francisca foi declarada escrava de dona Ana da Fonte, e que assim deveria ser até o fim de seus dias. Para o Conselho das Missões, Francisca era uma "escrava resgatada", obrigada a pagar com trabalho o débito que sua proprietária havia contraído para adquiri-la.

Nada mais se ficou sabendo de Francisca — se ela continuou amando o alfaiate Angélico, se teve filhos, se continuou amiga da índia Apolinária ou se pereceu na grande epidemia de sarampo que grassou em Belém em 1749. O certo é que gente como Francisca vivia pouco, era explorada sem remorso por seus patrões e passava pela vida sem deixar rastro — o que nos permite afirmar que Francisca era um belo exemplo de ser humano.

A vida da índia Francisca também é um exemplo do axioma que diz que as representações históricas são sempre um processo seletivo. O significado cultural de um processo movido por uma índia que queria ser livre vai muito além do documental e da exposição das injustiças da colonização europeia no novo mundo. Significados culturais estão embebidos não apenas em eventos e personalidades escolhidas por sua importância e posição social, mas no próprio processo de relembrar o passado. Por isso, ressaltar casos como o de Francisca assume um papel distinto no processo de elaborar uma história, porque deixa exposto o encontro histórico entre diferentes e a forma pela qual tal encontro se processou. O processo de Francisca, perpetuando o passado num documento, é tão legítimo quanto as experiências somáticas com os sonhos e as visitações rituais ao passado. Para as etnias amazônicas, o passado, tal qual está registrado nos documentos coloniais, revela-se da mesma forma no espaço alternativo do mito, porque o passado existe simultaneamente ao presente. Para as etnias amazônicas, a consciência histórica se corporifica nas paisagens sagradas, nos seres sagrados, na maneira sagrada de perceber o ser. E o passado se desenrola tal qual se fez presente e por isso se pode recriar o passado a todo momento. A história é a evocação ritual do passado e serve para reverter a "desmemória" e intensificar a identidade.

O LEGADO ECONÔMICO DO PASSADO

Um jovem índio mehinaku disse certa vez que um mito é como um sonho sonhado por muitos e contado por bastante gente. E, como os sonhos são sublimações de acontecimentos reais, não é de se estranhar, portanto, que o olhar de um índio sobre a floresta seja diverso do olhar de um estrangeiro, tal como a percepção que eles têm de seu passado e do uso de conhecimentos acumulados em milênios de experiência empírica seja algo mais que um conjunto de práticas primitivas e bárbaras.

Sem a utilização da roda ou de animais de tração, os povos indígenas descobriram e domesticaram mais da metade dos sete grãos alimentícios correntemente comercializados no mundo de hoje, além de parte substancial dos produtos agrícolas das prateleiras dos supermercados: o milho, a batata-doce, a macaxeira, o tomate, o amendoim, a pimenta, o chocolate, a baunilha, o abacaxi, o mamão, o maracujá e o abacate.

Para se ter uma ideia da contribuição dos povos indígenas para a agricultura atual basta imaginar como seria a nossa vida se apenas contássemos com espécimes nativas do hemisfério norte. Teríamos basicamente uma oferta de alcachofra, sementes de girassol, avelã, nozes e groselha. Ou seja, a utilização dos recursos vegetais dos índios da floresta tropical fez com que a agricultura moderna fosse mais diversificada e de alta produtividade. Os Estados Unidos, por exemplo, escaparam de ser um país de groselhas para se transformar numa potência agrícola incomparável. Somente o mercado mundial do milho rende mais de US$ 12 bilhões anuais.

Outro segmento da economia moderna que muito tem lucrado com as milenares descobertas indígenas é o da indústria farmacêutica. Nas últimas décadas, algumas dezenas de pesquisadores buscaram conhecer os segredos dos velhos pajés e encontraram indícios de que substâncias extraídas de plantas da floresta podiam curar ou controlar certas doenças. O etnobotânico Mark J. Plotkin, do Instituto Smithsoniano, presidente do Amazon Conservation Team, revelou que sua vocação de etnobotânico, capaz de se embrenhar na selva amazônica em busca de remédios, começou ao ver o sofrimento de sua avó, portadora de diabetes avançada.

> Foi com tristeza que, sentado numa choça em meio à floresta do nordeste da Amazônia, eu expliquei os sintomas da doença aos grandes pajés tirió. Meu pedido foi seguido de silêncio e, então, os pajés fizeram consultas entre eles. Finalmente, o mais idoso dos pajés, o pajé Onça, falou em nome de todos: "Meu filho, nós não conhecemos essa doença, não temos um nome para ela, não reconhecemos os sintomas descritos e não temos remédio para tratá-la. Talvez a doença exista, mas nós não a conhecemos. Lamentamos não poder ajudá-lo."[3]

Na manhã seguinte, Mark recebeu a visita de um amigo da tribo skiana-chikena. Ele contou ao amigo sua decepção, que lhe respondeu que talvez os pajés de sua aldeia tivessem a resposta. Perante o pajé skiana-chikena, ele descreveu alguns sintomas da doença: ferimentos entre os artelhos, muita

---

3. PLOTKIN, 2000, p. XII.

sede e visão deficiente. O pajé abriu um sorriso. Disse conhecer a doença e ter um remédio. Assim, foram para a mata em busca dos ingredientes. Horas mais tarde, já de regresso à tribo, o pajé juntou as cascas e folhas coletadas, ferveu num pote de barro e extraiu um xarope marrom-avermelhado, colocado em duas garrafas de plástico. O pajé explicou que, se o doente não consegue urinar, deve tomar banho com o remédio; se há feridas entre os dedos, deve bebê-la. Mark, pesquisador experimentado, sabendo que os pajés podem ter um senso de humor muito especial, achou que o remédio talvez não passasse de uma brincadeira para testar a paciência do branco. Os frascos foram guardados, e os ingredientes e o modo de preparo anotados cuidadosamente em seu caderno de pesquisa.

Dias depois, um médico que fazia parte da expedição chamou atenção para uma mulher que apresentava sintomas graves de diabetes. A taxa de açúcar estava acima dos 400, e a paciente estava fraca, nauseada e com rachaduras gangrenadas entre os dedos dos pés. O médico não tinha insulina nem comprimidos para normalizar a taxa de açúcar. Os prognósticos não eram nada bons para a paciente. Foi quando o pajé skiana-chikena apareceu e perguntou pelo remédio por ele preparado. Mark apanhou uma das garrafas e ministrou uma colher de sopa à paciente. Na manhã seguinte, a taxa de açúcar fora reduzida, e o pajé continuou ministrando quatro colheres de sopa ao dia à doente. No fim daquela semana, a taxa de açúcar estava normalizada, as rachaduras gangrenosas que exsudavam havia oito meses cicatrizaram e a paciente voltou a trabalhar em seu roçado, coisa que não fazia havia dois anos.

Casos como o descrito aqui não são raros na Amazônia. A civilização moderna está direcionada exclusivamente para a tecnologia, e com a descoberta da química sintética a partir de 1930 parece sem propósito buscar remédios em meio à mata tropical ou com pajés que ainda vivem na idade da pedra. No entanto, as novas tecnologias dependem muito das fontes naturais de cura, das plantas que crescem na selva e dos animais, mesmo os pequenos e estranhos. Por isso mesmo a poderosa indústria farmacêutica mundial lançou programas ambiciosos e milionários para encontrar, isolar, analisar e criar novos remédios.

Uma víbora brasileira, por exemplo, sintetiza em seu veneno o componente para um dos mais bem-sucedidos remédios para o controle da pressão sanguínea. O animal permitiu a criação do remédio Capoten, que gera lucros anuais de 1,5 bilhão de dólares. A comercialização de substâncias extraídas de plantas tropicais é superior a 6 bilhões de dólares por ano, apenas nos Estados Unidos, mas nenhum centavo é revertido em benefício dos povos indígenas que originalmente detinham o conhecimento. Isso sem computar os lucros obtidos com o uso de artrópodes, insetos e peixes. Seguindo a indicação de pajés, os insetos coletados em diversas partes da Amazônia são hoje utilizados pela indústria farmacêutica, por exemplo, para o tratamento da artrite, uma inflamação das juntas que atinge milhões de pessoas em todo o mundo. Com o processo de envelhecimento da população do planeta, espera-se um acréscimo de 50% nos casos de artrite.

A diversidade biológica mundial, estimada em 3 milhões de espécies até os anos 50 do século XX, subiu para 125 milhões de espécies nos últimos anos, de acordo com novas pesquisas e classificações. E a maior parte dessas espécies vive em regiões tropicais, como a Amazônia. Por isso mesmo, plantas e animais, que podem desaparecer antes que a ciência tome conhecimento, estão sob ameaça. Pior: as etnias conhecedoras desses ricos ecossistemas estão desaparecendo. O avanço das fronteiras econômicas, a expansão das frentes agrícolas, como a soja e a cana-de-açúcar, o crescimento das populações; e a mercantilização da natureza pelo capitalismo aceleraram as taxas de destruição ambiental. O prejuízo é grande, quando se sabe que quase toda a farmacopeia moderna — como a codeína, que alivia a dor; o quinino, para combater a malária; e a podofilotoxina, para o tratamento do HPV — é baseada no conhecimento dos pajés (em certos casos, de pajés de povos que aparecem nas estatísticas entre as noventa tribos que desapareceram no Brasil, apenas no século XX).

Nestes tempos de tecnologia avançada, de imagens por satélite e computadores com processadores de alta velocidade, a impressão é que a superfície do planeta já está toda mapeada e estabelecida. Na verdade, há ainda muito a ser feito. Nossa ignorância ainda é grande quanto à geografia de muitas regiões da terra, particularmente da Amazônia. O curso de rios e a localização de morros e serras ainda estão precariamente determinados em nossos mapas. O Projeto Radar da Amazônia (Radam), realizado com fotografias aéreas nos anos 1970, revelou muitos rios desconhecidos e não mapeados.

O renomado etnobotânico Richard Evans Schultes, examinando um mapa da bacia amazônica, apontou erros grosseiros no curso de certos rios: "Se este rio realmente corre como está aqui neste mapa, devemos informar imediatamente a imprensa. Encontramos um rio que sobe uma montanha e desce do outro lado!"

Schultes viajou e pesquisou muito na Amazônia, andando em muitos lugares, como o sul da Colômbia, o rio Marmelos, no Brasil, e o alto rio Negro. Em uma de suas viagens de pesquisa, escalou as pedras de Roraima, onde encontrou muitas espécies de vegetais desconhecidas. Expedições que se seguiram coletaram plantas, pássaros, sapos e insetos, pela primeira vez classificados pela ciência. Mas aquela região na fronteira da República da Guiana e da Venezuela nunca foi totalmente catalogada e inventariada, e pouco se sabe sobre as formas de vida ali existentes. O mesmo se pode dizer das densas florestas do sul da Colômbia e da Venezuela, com suas montanhas inacessíveis.

Eis por que, ao dissipar as brumas ainda densas de um passado perdido, com o reconhecimento cada vez maior das conquistas culturais e econômicas das antigas civilizações que povoaram a região antes dos europeus, não apenas ficará estabelecido um traço de união entre a selva e nossos supermercados e farmácias, mas estará sendo dada a verdadeira razão para a valorização dos recursos naturais da Amazônia e o direito histórico de suas populações usufruírem dessas riquezas.

OS POVOS INDÍGENAS ONTEM, HOJE E AMANHÃ

O que podemos dizer de realmente novo a respeito dos índios? Mudou alguma coisa qualitativamente nos últimos anos, ou continuamos no mesmo e inexorável caminho do extermínio? Haverá alguma esperança aos chamados povos primitivos neste instante de triunfo de nossa civilização? Como sempre, é um tema que levanta mais perguntas do que estabelece respostas.

Talvez seja interessante tentar compreender os povos indígenas no contexto das mudanças sofridas no entendimento das sociedades humanas a propósito do diferente; mudanças que a revelação da existência desses mesmos povos indígenas, sob o impacto do processo colonial, provocou no pensamento europeu dominante, levando à reavaliação de disposições psicológicas e até mesmo à construção de um novo dispositivo sociológico baseado na existência do *outro* e na observação empírica.

O encontro com os povos americanos, até mesmo com a natureza do Novo Mundo, exigiu novas categorias. Essas exigências ainda estão vigentes e não cessam de provocar rupturas no pensamento dominante. Os povos indígenas são ameaçadores, da perspectiva do pensamento hegemônico, não apenas porque estão no caminho do progresso, ocupando terras ricas em minerais ou por impedirem a expansão da frente econômica, mas porque desmontaram a velha descrição da cultura em termos de natureza humana fundamentada na unicidade do tomismo medieval e nos obrigam a entender a variedade de *outros* num relativismo bastante vasto do ponto de vista histórico e antropológico.

É evidente que a questão do relativismo já estava presente na concepção de mundo do Renascimento. Era até mesmo um ponto herdado do pensamento latino, o qual, inspirado pela diversidade cultural e étnica da cidade de Roma, nos tempos clássicos, introduziu a noção da *alteridade*, ou seja, o estrangeiro, o não pertencente ao clã, o não cidadão romano, desde que não fosse escravo, não era exatamente um bárbaro, mas podia ter reconhecido o seu direito à diferença, e os romanos podiam fazer um esforço para compreender o outro em sua especificidade.

Na era moderna, a epistemologia do relativismo fundamenta-se na chamada *science de l'homme*, bem como na psicologia de John Locke e nos esforços metodológicos de Francis Bacon. Mas não era uma questão de fácil assimilação por parte dos europeus. Havia o tropismo poderoso da unicidade do pensamento medieval, ainda bastante forte, que prescrevia uma lei universal, a lei natural, que, acima das diferenças visíveis dos povos, regia toda a humanidade. Iluminada pelas culturas do Mediterrâneo, o princípio da lei natural afastava qualquer ruptura, até mesmo se se confrontassem culturas aparentemente tão díspares, como a da Veneza do século XVI e a de um califado do norte da África. Roupas, alimentos e leis morais podiam aparentar uma diferença, mas não havia espaço de ambiguidade no que era o fundamental: as duas culturas não praticavam o canibalismo, respeitavam os mais idosos etc. Eram civilizadas.

Mas os tupinambás foram fazer uma visita a Michel de Montaigne.

O que significou a entrada dos povos indígenas nos ensaios de Montaigne? Para além de ser um fato curioso, em que o escritor narra o seu respeito por aqueles representantes de uma civilização aparentemente mais sensata que a francesa, pois se surpreendiam com a existência da miséria (que os índios desconheciam: na maioria das línguas americanas, não há correspondente semântico para esse conceito), mas o que fica mais evidente com a passagem dos índios pela vida de Montaigne é a dose de ceticismo cada vez mais elevada.

Como ele logo afirmaria, o fato de alguns povos virarem as costas como saudação ou comerem o cadáver de seus parentes como prova de devoção era suficiente para balançar qualquer crença na existência de algum tipo de lei que tivesse vigência universal. E a inexistência dessa tal lei universal, que os povos indígenas colocavam em xeque, acabava por se tornar um problema político, porque sacudia o princípio divino das monarquias e isolava o poder da Igreja.

Não foi por mero acaso, aliás, que os primeiros a se debruçar sobre o problema e a buscar uma nova explicação para a diversidade sob uma só lei foram alguns pensadores da Igreja. Os filósofos da Igreja estavam preocupados, entre outras coisas, com a necessidade de existir alguma forma de controle supracultural, o qual, na impossibilidade de existir uma lei natural comum, pelo menos assegurasse a humanidade contra certas práticas consideradas aberrantes, como o incesto, o canibalismo ou o sacrifício humano.

É claro que a simples aceitação da diferença não era suficiente, nem oferecia maiores informações sobre o comportamento dos outros, ou mesmo uma explicação razoável sobre certas práticas. A tendência do pensamento europeu sempre foi de avaliação e menos de entendimento.

Assim, como promover avaliações em casos como o dos ianomâmis, que praticam o endocanibalismo? O que é realmente próprio: os touros soltos pelas ruas de Pamplona, na Espanha; a flagelação ritual na Semana Santa em certas cidades italianas; ou a cerimônia em que se arrancava o coração de um homem vivo, realizada pelos astecas? Eis, portanto, a questão. Aceitava-se sem mais problemas o relativismo, mas era necessário encontrar parâmetros que fizessem as diferenças inteligíveis.

A princípio, o problema se debatia na esfera da moral. Havia a exigência de uma moral mínima, que fosse universal. Os filósofos e juristas tinham como desafio buscar para o rei a quem serviam uma nova teoria que lhe desse novas fontes de legitimidade política, ou *dominium*, já que a relativização deixava aberto o campo apenas para duas posturas extremadas: a posição papal absolutista, que se firma na pregação de um poder monárquico universal; e a posição dos luteranos e calvinistas, que traziam um sabor de revolução ao dar ao poder apenas a legitimidade da graça divina determinada e escolhida por um príncipe de cada vez — ou seja, podia haver reis ilegítimos, abandonados pela graça divina.

Caminhando paralelamente aos filósofos e juristas, apareceram alguns teóricos mais preocupados com as origens e o crescimento das sociedades. Enquanto os filósofos e juristas tentavam retirar a explicação das singularidades do domínio da psicologia de Aristóteles, que se baseava num suposto estado mental dos escravos, os novos exploradores da ciência moral transitavam pela economia e pelo estágio tecnológico. Em Aristóteles, a psicologia do escravo estava baseada no terror da despersonalização, na banalização do direito dobre o corpo e na concepção de que o escravo era a diferença porque anulação. O escravo não era o bárbaro, porque não seria nunca o outro, embora os bárbaros pudessem se tornar escravos mais facilmente que um cidadão grego. Mas os índios não eram os bárbaros, logo reconheceram os filósofos, nem se prestavam a representar o terror ou a banalizar corpos e personalidades. Por isso, quase ao mesmo tempo que os filósofos encontraram no mesmo Aristóteles a opção entre a psicologia do escravo e a psicologia da criança, pensadores como Adam Smith desenvolveram teorias antepondo ao relativismo um progressismo. Smith, certamente, ao elaborar a sua *teoria dos quatro estágios*, pensava nas origens da sociedade de mercado, mas logo outros pensadores do século XVIII encontrariam nele um atalho para uma teoria progressiva da evolução da moral e da sociedade humana. Os filósofos podiam deslocar os índios do patamar de homem natural, dominado pela psicologia do escravo, incapazes de racionalidade e escolha moral, para o patamar da disposição mental infantil, onde ficavam temporariamente impossibilitados de criar por si mesmos uma sociedade civilizada, já que atados ao estado de imbecilidade infantil.

Os progressistas podiam agora apontar para as diferenças das sociedades, como um exemplo das igualmente diferenças em termos de crescimento econômico. Os povos indígenas, desse ponto de vista, eram apenas membros de uma cultura que se perdera nos meandros do tempo, congelada no passado por alguma contingência, e que deviam ser conduzidos ao caminho do desenvolvimento pelas sociedades mais avançadas. Os ingleses, é claro, se consideravam os mais adiantados, o paradigma da evolução humana, e assim tinham o direito de se meter na Índia, na África e na América, para ajudar os primitivos a saltar no tempo e encontrar a civilização do vapor, do espartilho e da sífilis. Já os filósofos da Igreja entendiam que, estando os índios na sua infância, era obrigação da caridade cristã elevá-los, não em seus próprios direitos, mas em nome do *dominium* da coroa para livrá-los da infantilidade.

Infantilidade e atraso: eis os dois conceitos que foram gerados para tornar visível a diferença e melhor dominar o novo mundo.

Quando o general Cândido Rondon, descendente de índios ele mesmo, andava pelos sertões contatando os povos arredios do extremo oeste, o pensamento que o movia não era muito diferente daquele gerado pelos filósofos e pensadores do século XVIII. Exceto o pacifismo de Rondon, oriundo de alguma fonte oriental, a ideia de mapear os povos, protegê-los e integrá-los é consuetudinária entre os militares e políticos brasileiros.

Mas Rondon era diferente. Embora não tenha deixado uma teoria, ele ia bem mais longe que um simples recenseador. Talvez porque se identificava com os povos indígenas, ele estava bem mais para o discurso histórico, porém com um apelo etnológico. Rondon, como muitos indigenistas e até mesmo antropólogos, concebia a questão indígena não exatamente à luz de uma teoria evolucionária da humanidade, mas como uma etnologia comparativa. Ou seja, os povos indígenas não podiam ser entendidos ou explicados como consequência de diferenças psicológicas (psicologia aristotélica) ou estágios da evolução econômica (teoria progressista). Para Rondon, cada povo indígena indicava apenas determinada posição, assim como a nossa própria civilização, em que diversas sociedades humanas tinham chegado na escala do tempo.

Infelizmente, Rondon era andorinha solitária na sua corporação, e mesmo no Estado brasileiro. Na legislação brasileira, os povos indígenas entraram na categoria da imbecilidade infantil. E, na prancheta dos planejadores, como exemplos do passado neolítico. De qualquer modo, a questão do outro se faz presente, e é desconfortável, especialmente por deixar vulneráveis nossas próprias estratégias de lidar com a novidade, com o diferente.

É aceitável o princípio de que talvez nem tenha ocorrido um impacto no pensamento europeu, com o descobrimento da América e a entrada em cena dos povos indígenas. O impacto, se de fato ocorreu, foi entre os povos americanos, sobre os quais desabaram os conquistadores e toda uma concepção de mundo que lhes parecia absurda. Na verdade, os intelectuais europeus tiveram dificuldades de receber como nova a novidade da América. Diria mesmo que agiram com bastante teimosia, deliberadamente interpretando de forma equivocada os fragmentos reais do novo mundo que lhes chegavam através de narrativas de viajantes e aventureiros, pedaços de plantas e animais, e criaturas que pareciam humanas.

Os índios, portanto, desde o início, deram muito trabalho. Antes de mais nada, foram vítimas da nossa incapacidade de aceitar o novo por si mesmo. Depois, porque a não familiaridade de suas culturas teve de passar pelo crivo de um pensamento que preferia classificar antes de realmente ver.

O trágico disso tudo é que a questão dos índios, bem como a dos chamados povos primitivos, está sob a égide da *auctoritates* ou do *loci communes*. Tanto numa como na outra, não há a menor chance para eles, e o futuro é sombrio.

Como aceitar povos sem propriedade privada, nem moeda, nem mercadorias para vender, na era do shopping center e do cartão de crédito?

Ó Aristóteles, até onde vai a tua psicologia?

UM MITO DA CRIAÇÃO: OS SOPROS

Quando um pai tariana quer que seu filho seja uma pessoa importante, ele o apresenta à natureza para que esta o respeite. O pajé leva em êxtase o iniciado até o Lago de Leite para ali escolher o nome da criança. O pajé sopra para o fortalecimento do coração, pois quando se inicia uma vida é preciso dar a ela a força da natureza. Cada pedra, cada rio, cada lago, cada árvore são invocados pelo pajé que os apresenta ao iniciado, antes de embarcar no trovão Pa' wawiseri, que é como um peixe, e começar a viagem até o fim do Lago de Leite. Quando finalmente chegam à Casa do Porto de Abiu, o pajé começa a ensinar ao iniciado como usar os animais, as plantas, dando o nome de cada coisa, toda a sua genealogia, desde o avô mais antigo. Andam de porto em porto e o pajé faz muitos sopros, muitos. Para que o corpo da criança fique duro e nenhuma flecha o atinja ou pancada o derrube, o pajé sopra invocando Behtipeke, a mãe-das-peneiras, e todas as peneiras existentes e bota a criança dentro dessas peneiras todas. Por causa disso uma flecha não penetra no corpo do iniciado, pois agora é como se o pajé segurasse sempre essas peneiras na frente do corpo do iniciado, protegendo de toda ameaça de flecha. Mas também tem que aprender a não ficar de barriga cheia e bêbado nas festas, porque se o iniciado estiver puxando o canto e a dança ele não vai poder estar saindo a toda hora para defecar, urinar ou vomitar. Daí o pajé faz um sopro e esconde o iniciado dentro de ossos de animais, de pássaros, porque os ossos têm buracos e assim não sente a comida e pode comer e beber muito nos dabacuris. Para não se embebedar, o pajé faz um sopro que esconde o iniciado numa pedra e assim ele não se ressente do muito caxiri que vai beber. O pajé faz muitos sopros, muitos. Ele pega o iniciado e sopra invocando a penugem dos pássaros, assim estancando o sangue que escorre de uma ferida grande. E para fechar e sarar esse ferimento, o pajé sopra e esconde o iniciado nas penugens dos gaviões até que a ferida cicatrize completamente. Nas festas, o iniciado pode querer ser o mais notado, aquele que as mulheres acham o mais simpático. Para isso o pajé tem de soprar e esconde as pessoas entre os passarinhos, entre os rouxinóis de cabeça vermelha, entre os japiins pretos e vermelhos, entre os galos da serra, para que numa festa todos os olhos se voltem para o iniciado e as mulheres queiram deitar com ele na maquira mais próxima. Se for o caso do iniciado ser temido e respeitado pelos outros, inclusive pela sua própria mulher, o Pajé faz o sopro esconder o iniciado no corpo de um curupira, atemorizando a todos.

Assim é que os tariana se protegiam e seu pajé sabia como curar e vencer as doenças e dissabores, prevenindo desde o nascimento das crianças. Para proteger uma pessoa das doenças, ou evitando que esta seja atacada por um pajé inimigo, o pajé encanta a pessoa no oco de um tronco de madeira bem dura enquanto invoca os espíritos de todas as madeiras que servem para construir os esteios, as travessas e as vigas de uma casa. A pessoa fica protegida, escondida dentro da madeira, sem sofrer nada. Da mesma forma o pajé trabalha para evitar que os tariana sofram da doença do azar na caça ou no amor. Quando uma pessoa vê um animal morto, uma cobra morta, um espírito do mato, um bicho que geralmente nunca aparece ou uma coisa que apareça de repente, o pajé sabe que isto é sinal de que alguma coisa ruim está para acontecer, que é mau agouro. Para evitar isso, o pajé, através do sopro, esconde a pessoa que viu o animal morto, por exemplo, atrás de um biombo e os coloca debaixo de céu, na luz intensa do sol de tal forma que nenhum olho pode suportar e enxergar qualquer coisa. Depois, ele invoca o calango do rio, que tem as cores preta, branca, vermelha e verde, rabo curto, e o esconde para que também não veja nada, pois o calango é capaz de ver tudo e de trás para frente.

Cada sopro do pajé é como o hálito da primeira madrugada dos tempos. As palavras do pajé, seu canto entre a fumaça também são coisas que chegam dos tempos antigos. Ele, o pajé, só sabe falar de igarapé, de rio. Antigamente os velhos comiam o verme rekauri, só comiam isso. Os vermes davam forças para o corpo e os velhos demoravam a morrer. Também não bebiam outra coisa que a' hôko, que é caxiri de beiju, e por isso eles viviam bem, pelo espírito, cheios de saúde. E todos se respeitavam, o marido respeitava a mulher, a mãe respeitava o filho e não se dizia nada que ofendesse, porque os antigos sabiam que a natureza é muito frágil e há certos lugares em que a vegetação morreu só porque ali esteve gente dizendo coisas ruins. Muita coisa só funcionava nos tempos antigos, mas a interdição de falar coisas ruins continua. Os tariana não abrem a boca para dizer maldade, porque não querem queimar a vegetação. Pena que ela anda queimando muito, mesmo sem ouvir as palavras ruins. Antigamente era tudo muito diferente e os tariana só faziam as coisas de que precisavam. Quando os tariana completavam quinze anos, eles começavam a enfeitar o corpo e a procurar mulheres.

Faziam muitas festas de caxiri e os velhos vinham dançar com eles. Todos muito enfeitados, dançando no meio da maloca, cobertos de penas. O pai avisava que o filho estava pronto para casar. Depois da festa, ele começava a explicar ao filho as coisas do mundo. Quando o jovem aprendia tudo e já sabia caçar, pescar, trabalhar, então ele procurava uma mulher para ele. E o pajé tinha sopro para todas essas coisas.

Mas os pajés não têm sopro para tudo.[4]

Ere catu.

Tupana rupi.[5]

---

4. MOREIRA; MOREIRA, 1994.
5. Tradução livre da citação em nheengatu: "Assim está dito porque Tupã quer."

3. A conquista

INVENTANDO A AMAZÔNIA

Entre a chegada dos primeiros europeus e o fim do sistema colonial, 250 anos se passaram. Foram tempos de conflito e de muito sangue derramado, em que o mundo acabou em horror e outro começou a ser construído em meio ao assombro. A Amazônia foi inventada nesse tempo, porque antes era a terra do verão constante, a terra em que se ia jovem e voltava velho, a terra do sem-fim, o mundo primevo da selva tropical e suas sociedades tribais densamente povoando a várzea e espalhando-se pela terra firme.

> Contrariamente ao que se possa supor, a Amazônia não foi descoberta, sequer foi construída; na realidade, a invenção da Amazônia se dá a partir da construção da Índia, fabricada pela historiografia greco-romana, pelo relato dos peregrinos, missionários, viajantes e comerciantes.
>
> Nesse bojo inclui-se, ainda, a mitologia indiana que, a par de uma natureza variada, delicia e apavora os homens medievais. A tal conjunto de maravilhas anexam-se as monstruosidades animais e corporais, incluídas tão somente enquanto oposição ao homem considerado como adamita normal e habitantes de um mundo delimitado por fronteiras orientadas por tradições religiosas."[1]

---

1. GONDIM, 1994, p. 13.

Em 250 anos, os europeus se mostraram extremamente repetitivos. Chegaram em busca de riqueza e se deram conta da falta de mão de obra. Assaltaram as populações indígenas, apresaram escravos, mas a carência de mão de obra persistiu. Esse ciclo começou muitas vezes, com as populações indígenas pagando um preço elevado. A Amazônia como hoje a conhecemos é fruto dessa cega perseverança. Os colonizadores pensaram em construir uma unidade produtiva, mas só lograram demarcar uma fronteira econômica.

O PRIMEIRO EUROPEU

Em fevereiro de 1500, depois de sair de Palos e fazer algumas paradas nas ilhas Canárias e do Cabo Verde, um capitão espanhol mandou que seus quatro galeões rumassem ao sul, singrando o que é hoje o litoral nordestino brasileiro. Os registros são imprecisos e talvez ele tenha costeado o litoral de Pernambuco ou do Ceará. Deu o nome de Santa Maria de La Consolación ao acidente geográfico, e regressou ao norte, finalmente se dando conta de que estava navegando em água doce. Ele mandou que recolhessem amostras da água, provou e ficou surpreso ao saber que navegava num mar de água potável. O nome dele era Vicente Yañes Pinzon, que tinha comandado a caravela *Nina* na expedição de Cristóvão Colombo.

Pinzon singrou as águas do rio gigante, batizando uma ilha de Marinatãbalo, um cabo com o nome de San Vicente, e tomou posse em nome do rei da Espanha daquelas paragens que chamou de "terras afogadas". Ele tinha velejado ao longo da costa brasileira e desembarcado algumas vezes, mas sempre era confrontado por ferozes nativos. Como era norma entre os conquistadores, Pinzon achou que tinha atingido a Índia. Ele acreditava ter navegado para além da cidade de Catai e atingido um território não muito distante do Ganges. A presença de água potável avançando mar afora foi interpretada por Pinzon como resultado da "correnteza de muitos rios a descer de montanhas".

Pinzon mandou que o galeão apontasse para a terra e ancorou na boca daquele imenso rio. Em volta, até onde a vista alcançava, havia um labirinto de ilhas, algumas tão grandes que facilmente poderiam ser confundidas com o continente. A água tinha perdido o azul-turquesa do oceano Atlântico e ganhado uma coloração pardacenta que reverberava em tons de bronze os raios do sol poente. Escreve Auxiliomar Silva Ugarte:

> A primeira aventura europeia em solos amazônicos não ficou apenas no deslumbramento da grandiosidade e beleza da região. Iniciou, de mesma forma, na história da Amazônia, uma cadeia de encontros — seguidos imediatamente de confrontos — com os nativos, já que o primeiro contato resultou na captura de 36 nativos, embarcados nos navios espanhóis.[2]

Uma vez na Espanha, Pinzon teve o cuidado de prestar um detalhado depoimento de seus feitos ao escritor Pedro Mártir de Anglería, que registrou a paisagem de "ilhas dotadas de solo muito fértil e cheias de povoados" e que no "interior daquela região, os indígenas indicavam que havia uma quantidade nada insignificante de ouro". Para explorar aquelas riquezas foi nomeado governador e capitão-geral daquelas terras, pelo próprio rei.

Pinzon deu ao rio o nome de Santa Maria de La Mar Dulce.

O SEGUNDO EUROPEU

Quase simultaneamente à expedição de Pinzon, chega à foz do rio Amazonas o espanhol Diego de Lepe. Singrou quase os mesmos lugares e os mesmos rios, mas não teve a sorte de seu conterrâneo. Os índios da região — provavelmente da etnia tupinambá —, enfurecidos com o sequestro de seus 36 companheiros, receberam os visitantes de forma belicosa, matando alguns espanhóis que tentaram desembarcar. A resposta foi imediata, e, mal Diego de Lepe se viu no interior da sua caravela, ordenou que os homens abrissem fogo. Os tiros dos arcabuzes provocaram o primeiro massacre de índios. Não seria o último.

---

2. UGARTE, 2003, p. 5.

FRANCISCO ORELLANA

Foi um jovem espanhol da Estremadura, Francisco Orellana, o primeiro europeu a conduzir uma expedição pelo Mar Dulce descoberto pelo capitão Pinzon. Sabemos muito pouco sobre a vida de Orellana, mas é provável que ele tivesse alguma ligação com a família Pizarro e viesse da mesma província, da cidade de Trujilo, onde nascera por volta de 1511. Aparentemente, deixou a Espanha ainda adolescente, viajando para as Índias em busca de riqueza, como tantos outros espanhóis. Era muito corajoso, de temperamento explosivo, e há registro de sua passagem, em serviço, pela Nicarágua, antes de tomar parte da conquista do Peru, durante a qual se revelou um fiel partidário dos irmãos Pizarro e, também, perdeu um olho.

Em 1540, Francisco Orellana conseguiu vencer os índios da costa equatoriana e fundou a cidade de Santiago de Guayaquil. No mesmo ano, Gonzalo Pizarro chega a Quito, na qualidade de governador da província, e começa a organizar uma ambiciosa expedição para conquistar e tomar posse dos desconhecidos territórios orientais. Gonzalo Pizarro pensava em dois objetivos. Primeiro, encontrar as terras do interior do continente, do outro lado da muralha andina, onde se dizia que a canela crescia em grande profusão. Embora o lucrativo negócio das especiarias estivesse nas mãos dos portugueses, Pizarro sonhava em romper com esse monopólio. O segundo objetivo, mais fantasioso, mas não menos improvável que o território da canela, era encontrar o fabuloso reino do El Dorado.

O EL DORADO

Uma das lendas mais persistentes e que mais incendiaram a imaginação dos conquistadores foi a do El Dorado. País fabuloso situado em algum lugar do noroeste amazônico, dele se dizia ser tão rico e cheio de tesouros que, segundo a lenda, o chefe da tribo recebia em todo o corpo uma camada de ouro em pó e a seguir se banhava num lago vulcânico.

A lenda do El Dorado era tão recorrente nos primeiros anos da conquista da Amazônia que muitos aventureiros encontraram um destino trágico na sua busca. Sir Walter Raleigh andou buscando esse país em sua última e desastrada expedição ao Orinoco, seguindo os espanhóis na Venezuela. Em busca do El Dorado também foram para as selvas outros europeus, como portugueses, franceses, holandeses e irlandeses.

A fantasia de terras e locais fantásticos sempre povoou os sonhos dos ambiciosos conquistadores. Desde os navegantes que se lançaram em busca da misteriosa ilha, em que estariam as minas de ouro e prata do rei Salomão, de onde retirou estes metais preciosos para a construção do Templo de Jerusalém — ilha fantasiosa que às vezes estava no Atlântico, às vezes no Pacífico —, até os mitos dos reinos perdidos, da fonte da eterna juventude e das cidades encantadas, sempre às margens de algum rio caudaloso, paragens habitadas por amazonas, pigmeus, homens sem cabeça, homens com rabo e outras quimeras. Os conquistadores, homens pertinazes em seus ódios e amores, jamais renunciaram as suas mais íntimas ilusões, que lhes serviram de estímulo e consolo. E todos quiseram se apossar da riqueza escondida, desses países fabulosos que foram progressivamente mudando de nome e de lugar: Guyana, El Dorado, Candire, Paititi, Mojos, Manoa, mantendo sempre as mesmas promessas e causando os mesmos desenganos. Os mitos dourados são essencialmente fenômenos de fronteira, e a fronteira sempre foi lugar violento. Nas buscas desvairadas desses conquistadores, muitas pessoas perderam a vida de forma atroz, mas quando relatadas muitas vezes parecem contos de fadas concebidos por um demente.

Embora as informações sobre o El Dorado tenham vindo exclusivamente de lendas indígenas, os espanhóis acreditaram nelas cegamente. Mas é algo que não se deve estranhar, porque os espanhóis tiveram experiências tão extravagantes no Novo Mundo que o El Dorado não parecia menos real.

AS PRIMEIRAS TENTATIVAS ESPANHOLAS NA AMAZÔNIA

Gonzalo Pizarro não foi exatamente o primeiro espanhol a organizar uma expedição para entrar na selva tropical. Em 1538, por exemplo, Pedro de Anzures liderou trezentos espanhóis, 4 mil índios e, inexplicavelmente, algumas das moças mais bonitas de Cusco, através das escarpas orientais dos Andes, chegando até a selva. Anzures também tinha ouvido falar do El Dorado, mas os rigores da natureza o obrigaram a voltar. A expedição resultou em sofrimentos terríveis, com os espanhóis tendo de comer os próprios cavalos e sucumbindo às doenças e à fome. Morreram de fome 143 espanhóis e os demais chegaram a Cusco como mortos-vivos. A maioria dos índios morreu, e os que sobreviveram se alimentaram dos cadáveres dos que tinham morrido de fome.

A EXPEDIÇÃO DE GONZALO PIZARRO

Em fevereiro de 1541, Gonzalo Pizarro partiu de Quito, conduzindo 220 cavaleiros armados e encouraçados, milhares de lhamas para transporte de alimentos, 2 mil porcos e 2 mil cães de caça — enormes e ferozes cães que os espanhóis atiçavam contra os índios, dando origem à expressão "atirar aos cães", largamente utilizada ainda hoje. A tropa era também reforçada por 4 mil índios da montanha, condenados a morrer no clima úmido e calorento da selva.

Francisco Orellana, que estava em Guayaquil, chega depois da partida da expedição, exausto e quase sem dinheiro, devido aos gastos para equipar seus 23 seguidores. Assim mesmo, embora com pouca comida e ignorando as advertências das autoridades de Quito, Orellana segue em busca de seu líder, sobrevivendo aos ataques de índios e logrando alcançar a tropa quando já estava quase passando fome. Orellana e seus seguidores estavam sem nada, apenas com suas armas, mas foram recebidos com alegria por Gonzalo, que deu a Orellana o título de comandante-geral das forças combinadas.

Desde as primeiras semanas, a expedição sofreu pesadas baixas. Em menos de quinze dias, mais de cem índios já tinham morrido de frio e maus-tratos. Mas, quando entraram na selva, as coisas ficaram ainda piores. Chovia muito e a água enferrujava os equipamentos e limitava a visibilidade. O terreno era pantanoso, com lama e muitos rios para atravessar. Cavalgar num terreno como esse era impossível, o que fragilizava os espanhóis.

Quando as condições realmente se tornaram difíceis, Pizarro decidiu avançar com oitenta espanhóis a pé. Caminharam durante dois meses, com algumas baixas, e encontraram árvores de canela, mas tão afastadas umas das outras que não ofereciam interesse econômico. Ao encontrar índios, Pizarro perguntava onde ficavam os vales e as planícies, uma informação que ninguém sabia dar. Invariavelmente, Pizarro atiçava seus cães contra os índios ou matava um por um com requintes de crueldade.

Finalmente, depois de muitas privações, Pizarro decidiu voltar. Mas encontraram uma tribo que lhes falou de um reino poderoso, muito rico, que existia mais abaixo do rio. Essa era uma história que qualquer um teria inventado para se ver livre daqueles arrogantes visitantes, mas os índios não contavam com a brutalidade de Pizarro. O chefe da tribo foi feito prisioneiro, e os que resistiram foram trucidados a tiros de arcabuz.

Quase dez meses depois, eles ainda estavam no rio Napo. Tinham perdido praticamente todos os índios trazidos de Quito e comido quase todos os porcos. Pizarro não tinha muitas opções e a mais razoável teria sido voltar. Mas os espanhóis não estavam no Novo Mundo para praticar a cautela e o senso comum. Por isso, quando Orellana se ofereceu para embarcar no bergantim e descer o rio em busca de comida, Pizarro aceitou, mas advertindo-o que deveria regressar em menos de quinze dias.

O bergantim foi carregado com as armas de fogo, toda a carga pesada e um pouco de comida. Orellana ia comandar sessenta homens, inclusive um cronista, frei Gaspar de Carvajal, conterrâneo de Orellana e Pizarro, que tinha vindo ao Peru para estabelecer o primeiro convento dominicano no país.

O CRONISTA DA EXPEDIÇÃO

Abrimos as páginas de frei Gaspar de Carvajal, em "Relación del Nuevo Descubrimiento del Famoso Río Grande de las Amazonas" [Relação do novo descobrimento do famoso Rio Grande do Amazonas], e o que vemos é uma linguagem mediadora para a ação missionária da conquista. O mundo que Carvajal transforma em escritura é um mundo que se abre em suas surpresas para pôr à prova a vocação missionária. É uma paisagem que não contém apenas novidades surpreendentes, coisas portentosas, bizarras alimárias, mas também, e, sobretudo, uma limitação que não pode ultrapassar os dogmas da fé. Descendo o grande rio, enfrentando duras provações, a paisagem não é senão paisagem para o destino maior do cristianismo sobre a terra. Esse ascetismo retórico está sempre a um passo do exercício de tapar os ouvidos aos gritos dos exterminados e escravizados.

A gama de observações nesse relato é curiosamente ingênua. Há muitas noções que, se consideradas do ponto de vista da cultura europeia, foram dosadas por Carvajal com forte acento medievalista. Ele era um homem mergulhado na mística salvacionista da Contrarreforma e procurava sempre reforçar suas próprias convicções, limitando o visível da região observada e ampliando os seus mistérios. A Amazônia inaugurava-se para o Ocidente numa linguagem que a furtava inteiramente e que preferia a alternativa de uma convenção quase sempre arbitrária.

Mas, a partir do instante em que o bergantim levanta ferros, é no texto de frei Gaspar de Carvajal que podemos acompanhar a trajetória de Orellana.

A DESCIDA PELO REINO DOS TUXAUAS GUERREIROS

Carvajal conta que, já no terceiro dia de viagem, o bergantim abalroou um tronco flutuante e um rombo se abriu no casco da embarcação. O fato só não acabou com a viagem porque estavam perto da margem, em águas rasas, e puderam rebocar o bergantim para o seco, onde o consertaram. Mas estavam sem nenhuma comida e, nos três dias seguintes, embora navegassem em boa velocidade devido à correnteza, atravessaram uma região totalmente desabitada.

No dia 1º de janeiro de 1542, eles navegavam ainda pelo rio Napo e ouviram distante rumor de tambores. Orellana ordenou uma severa vigilância, com os homens armados e prontos para repelir qualquer ataque. Dois dias depois, encontraram a aldeia. Os índios mostravam suas armas e não pareciam amigáveis, mas os espanhóis atacaram com tanta ferocidade que a aldeia foi tomada em questão de minutos. Para a sorte dos homens de Orellana, havia muita comida, e eles tiveram seu primeiro almoço decente em semanas. Quando os índios voltaram, no final da tarde, Orellana demonstrou seu talento para idiomas e, usando uma língua que ele tinha aprendido com índios do rio Coca, conseguiu que lhe indicassem o chefe. Quando este se apresentou, Orellana deu-lhe um abraço e presentes, conquistando sua confiança.

Para Orellana, era hora de voltar para Pizarro. A viagem estava sendo muito penosa e navegar contra a correnteza não ia ser fácil. Mas o regresso não estava nos planos dos demais espanhóis, e alguns logo procuraram Orellana e argumentaram que a melhor opção seria seguir em frente, baixando o rio. De início, Orellana resistiu, mas os homens começaram a deixar claro que estavam dispostos a tudo, até mesmo a trair seu comandante. Como homem prático, Orellana aceitou liderá-los na viagem rio abaixo e decidiu mandar construir um barco maior.

Num último esforço para manter um contato com Pizarro, Orellana pediu a ajuda de voluntários e mandou três emissários, que partiram de volta no dia 2 de fevereiro de 1542.

A viagem prosseguiu, sempre com a ajuda dos índios, que lhes ofereciam alimentos. Orellana dera ordens para que os índios fossem tratados com amizade, e essa política estava dando bons resultados. Sabia como se aproximar deles e aprendia rapidamente seus idiomas. Carvajal comenta que "depois de Deus, o seu entendimento das línguas foi o fator pelo qual nós não sucumbimos".

Quando finalmente entraram nas águas do grande rio, foram informados de que estavam no território do grande Aparia, um poderoso chefe tribal. Emissários haviam interceptado os espanhóis, oferecido aves e tartarugas como presentes e lhes informado que eram enviados pessoalmente por Aparia. Os espanhóis foram, assim, guiados até o aldeamento do grande chefe, onde foram bem recebidos, puderam descansar e de onde partiram em 24 de abril de 1542.

Em duas semanas, as duas embarcações tinham deixado o território de Aparia e penetrado nas terras do chefe Machiparo, que não foi cordial e combateu os espanhóis durante vários dias. As margens do grande rio eram densamente povoadas, mas raramente Orellana lograva desembarcar e conseguir alimentos.

No dia 3 de junho, eles alcançaram a boca do rio Negro. Carvajal descreve o fenômeno do encontro das águas, com as águas escuras do Negro correndo por entre o amarelo do grande rio, até a absorção total, sem deixar traço. O nome de rio Negro foi dado pelo próprio Orellana, sendo o único dos nomes a permanecer até hoje.

A expedição prosseguiu e, no dia 7 de junho, véspera de Corpus Christi, os espanhóis tomaram um pequeno povoado, quase só de mulheres, de onde começaram a recolher toda a comida que pudessem carregar. No final do dia, os homens da aldeia regressaram e deram com os espanhóis ocupando suas casas. Tentaram um ataque, mas recuaram perante as armas de fogo, reagrupando-se na floresta. Por volta da meia-noite, os índios atacaram e começaram a infligir algumas baixas aos espanhóis, que estavam dormindo. Orellana teria então gritado para os seus homens: "Vergonha! Vergonha, cavalheiros, eles não são nada. A eles!" E a situação se inverteu contra os índios. Essa foi uma das poucas ocasiões em que Orellana agiu como um típico conquistador espanhol, ordenando que a aldeia fosse incendiada e mandando enforcar os prisioneiros. Ao partir, após a missa de Corpus Christi, deixaram para trás alguns índios na ponta da corda e as casas, em chamas.

Depois desse incidente, Orellana e seus homens nunca mais acampariam em aldeias indígenas, restringindo os desembarques ao mínimo necessário. Mas alguns dias depois, conforme já tinham sido avisados pelo chefe Aparia, eles entraram no território da rainha Amurians, ou a "Grande Chefe". Era uma área bastante habitada, com enorme população, mas bastante hostil. Na primeira tentativa dos espanhóis de desembarcar para conseguir comida, mereceram um ataque tão feroz que tiveram de disputar cada centímetro de chão até conseguir voltar aos barcos, onde uma esquadra de canoas já os cercava. Entre os feridos estava frei Gaspar de Carvajal, que recebeu uma flechada na coxa e, mais tarde, em outra escaramuça, uma flechada num dos olhos.

O que mais tinha espantado os espanhóis era a presença de mulheres entre os guerreiros. Carvajal as descreve como mulheres de alta estatura, robustas e vestidas apenas com uma tanga, com a pele branca e cabelos longos amarrados em tranças.

Um índio que caíra prisioneiro no primeiro combate serviu de informante a respeito daquelas mulheres. Interrogado por Orellana, ele contou que as mulheres viviam no interior da selva e todo aquele território lhes pertencia. Suas aldeias eram feitas de pedra e somente mulheres podiam viver nelas. Quando desejavam homens, elas atacavam os reinos vizinhos e capturavam os guerreiros. Se a criança nascida fosse mulher, era criada e ensinada nas artes da guerra que elas tão bem conheciam. Se fosse homem, a criança, quando não era morta, era entregue ao pai.

A história narrada pelo índio é a mesma que seria contada para Sir Walter Raleigh e repetida duzentos anos depois para o cientista Charles Marie de La Condamine, bem como para Richard Spruce, trezentos anos mais tarde. Mulheres guerreiras comandadas por uma matriarca é um mito comum aos povos do rio Negro, médio Amazonas e Orinoco. Daí talvez a presença constante da história ao longo dos séculos, com uma força capaz de convencer La Condamine, Spruce e o historiador Robert Southey, sem falar da ambiguidade de Alexander von Humboldt a respeito do assunto.

Quando atingiram a boca do Tapajós, os ataques cessaram. Os espanhóis estavam exaustos e assustados com um tipo de arma que os súditos das mulheres guerreiras usavam, e lhes era desconhecido. Tratava-se da flecha embebida em curare, e o fato de os índios terem usado tal arma contra os espanhóis mostra muito bem o quanto estavam desesperados, pois normalmente só utilizavam flechas envenenadas para a caça, não para a guerra.

Ao atingir a boca do rio Tapajós, os espanhóis tiveram sua última batalha com os índios. Quase acabou em desastre, porque o bergantim menor se chocou contra um tronco, começou a afundar e teve de ser levado a uma praia para ser consertado. Mal chegaram a terra, foram atacados pelos índios, e Orellana, mais uma vez, mostrou seu talento de comandante, dividindo seus homens em duas tropas, metade para consertar o barco e a outra para resistir ao ataque.

Quando conseguiram navegar, buscaram um lugar deserto, onde tivessem condições de realmente consertar as embarcações e prepará-las para a navegação no mar. Durante dezoito dias eles trabalharam, confeccionando novos mastros, costurando os velames e adicionando um convés superior e bombas rudimentares. Ao chegar à boca do rio, tiveram dificuldades em navegar à vela. Todo o avanço que faziam com os panos a contravento era perdido na preamar. Finalmente, no dia 29 de agosto de 1542, eles deixaram o grande rio e, quase sem comida, sem bússola, sem piloto ou mapas, avançaram para o norte. Nesse mesmo dia, os barcos se separaram, levados pelas correntes. O bergantim maior, no qual Orellana e Carvajal viajavam, passou ao norte de Trinidade e, depois de escapar das correntes do golfo do Pária, deu no porto de pesca da ilha chamada Cubágua, onde já estava o bergantim menor, e foram bem recebidos, tratados e alimentados.

Quando a aventura de Orellana se tornou conhecida, o grande rio nunca mais foi chamado de Mar Dulce. Agora era o rio das Amazonas. Frei Gaspar de Carvajal, depois de passar um bom período na Espanha, regressou ao Peru e viveu até os 80 anos, ocupando vários postos na hierarquia eclesiástica de Lima.

Quanto a Orellana, seu primeiro ato ao regressar à Espanha foi requerer ao rei o título de governador das terras que tinha descoberto e que agora ele chamava de Nova Andaluzia. O título lhe foi outorgado, mas o rei não lhe forneceu recursos financeiros para equipar uma nova expedição. Mesmo assim, Orellana não esmoreceu: pegou empréstimo, empenhou tudo o que tinha e armou quatro navios, que os fiscais reais consideraram inadequados para a empreitada. Sem permissão para deixar a Espanha, vendo seus homens à beira de uma rebelião e vislumbrando um futuro de miséria na Espanha, Orellana partiu assim mesmo.

Mas a roda da fortuna girava agora contra ele. Uma doença abate a tripulação quando param em Tenerife para abastecimento. Noventa e oito homens morrem nesse porto, e Orellana agora só pode contar com três navios. Mais tarde, outro navio naufraga, antes de atingirem a boca do Amazonas.

Finalmente, Orellana alcança o arquipélago de Marajó e tenta avançar rio Amazonas acima. A expedição contava com poucos sobreviventes, insuficientes para fundar uma colônia. Orellana, doente, perde-se no labirinto de ilhas e nem sequer consegue encontrar o braço principal do rio Amazonas. Num dia qualquer do final de agosto, faminto e desesperado, ele morre. Seu corpo é enterrado numa das margens do Amazonas, provavelmente o único túmulo digno dele.

A REVELAÇÃO DA AMAZÔNIA

Como a narrativa de frei Gaspar de Carvajal vem provar, a revelação da Amazônia foi um verdadeiro impacto para os europeus. Uma verdadeira colisão cultural, racial e social, que, como em toda a América Latina, provocou as mesmas contradições que se repetiram ao longo do caminho da empresa desbravadora. Tanto os espanhóis como os outros europeus não haviam experimentado, além do contato com a tradicionalíssima cultura do Oriente, um conflito de tamanha proporção como o que se operou na Amazônia. E, se nas áreas do litoral atlântico e pacífico esse conflito foi sumariamente esmagado, na Amazônia ele se tornou crônico.

Milênios de formação cultural desenvolvida no trato da selva tropical separavam os povos indígenas dos europeus. Por isso, o contato jamais seria pacífico e uma coexistência bem-sucedida se tornaria impraticável em terras amazônicas. O fato de as sociedades indígenas transitarem satisfatoriamente pela região, obrigando o branco europeu a acatá-las em seus métodos de sobrevivência e trato com a realidade, já era um ultraje inconsciente para o cristão civilizado.

Em nenhum momento Carvajal esboça qualquer referência a respeito da supremacia cultural do índio na Amazônia. Para o cronista, somente um ponto era comum entre o índio e o branco: a violência com que atacavam ou se defendiam. Por isso, as sociedades indígenas deveriam ser erradicadas e os povos amazônicos destribalizados e postos a serviço da empresa colonial. Escreve Anthony Pagden, professor do King's College, de Londres:

> O observador europeu na América não estava equipado com um vocabulário descritivo adequado para a tarefa e era tomado por incertezas e dúvidas quanto ao uso de suas ferramentas conceituais num terreno que não lhe era familiar. Num primeiro momento ele tendeu a descrever coisas que pareciam semelhantes, como se estas fossem, de fato, idênticas. Para homens como Gonzalo Fernández de Oviedo, supervisor chefe das minas em Hispaniola e autor da primeira história natural da América, os pumas eram leões, os jaguares eram tigres e assim por diante.[3]

---

3. PAGDEN, 1989, p. 11.

As crônicas dos primeiros viajantes são de escrupulosa sobriedade em relação aos sofrimentos dos índios. Por meio desses escritos, instala-se para sempre a incapacidade de reconhecer o índio em sua alteridade. Negaram ao índio o direito de ser índio. Ele, o selvagem, vai pagar um alto preço pela sua participação na Comunhão dos Santos. E, com o sequestro da alteridade do índio, ficou sequestrada também a Amazônia.

OS ALEMÃES: PRIMEIROS COLONOS

Mas os fracassos de Pizarro e Orellana não foram suficientes para impedir que outros exploradores tentassem a sorte na Amazônia. Entre 1530 e 1668, dezenas de expedições descem dos Andes para a selva tropical, enfrentando os mais terríveis obstáculos, doenças, fome e perigos, em busca de riquezas infinitas.

Contrariando as crônicas da conquista da América, não foram espanhóis ou portugueses os primeiros europeus a tentar um modelo de colonização na Amazônia. Foram, surpreendentemente, os alemães. Em 1528, o imperador Carlos V, da Espanha, outorgou aos comerciantes da cidade de Augsburg o direito de posse de uma parte da costa da Venezuela. Os alemães ali se estabeleceram sob a direção de Ambrosio de Alfinger, que dois anos depois comandou uma expedição de duzentos espanhóis e alemães em direção à Amazônia.

Durante a expedição, Alfinger mostrou-se extremamente cruel com os índios. O alemão aprisionava os nativos e os mantinha acorrentados pelo pescoço — em série — a um grilhão e uma longa corrente, o que dificultava a soltura de qualquer um deles, com exceção dos que ficavam nas pontas. Assim, era muito comum Alfinger mandar decapitar aqueles que ficavam cansados ou doentes, para evitar que a corrente fosse desfeita. A expedição durou um ano, e no final os índios se rebelaram e assassinaram Ambrosio de Alfinger.

Em 1536, George de Spires, sucessor de Alfinger, conduziu outra expedição, atingindo os rios Vaupés e Caquetá, cobrindo uma distância de 1.300 quilômetros. A expedição não teve nenhum lucro nem conseguiu estabelecer colonos na área, embora não haja notícias de choques com os índios.

Em 1541, outro alemão, de nome Philipp von Hutten, viajou pelo rio Caquetá, por onde perambulou quase um ano, faminto e desorientado, conduzido apenas pelas histórias contadas pelos índios sobre o fabuloso El Dorado. Ao voltar para o litoral da Venezuela, encontrou a povoação alemã ocupada por piratas espanhóis, e foi decapitado. No mesmo ano, as autoridades espanholas retiraram dos alemães a concessão daquele território, encerrando, assim, a participação teutônica na conquista da Amazônia.

OUTRAS TENTATIVAS ESPANHOLAS

Enquanto isso, os espanhóis estavam ativos em busca do El Dorado. Em 1566, foi a vez de Juan Alvarez Maldonado, o mais formidável cavaleiro do Peru, que desceu dos Andes com uma tropa bem provisionada. Mas, ao chegar à selva, irrompe uma rebelião que divide em duas a expedição. As duas partes lutam entre si com uma ferocidade que as leva à beira da extinção, e os sobreviventes são facilmente capturados pelos índios e mortos. Maldonado consegue sobreviver e regressa a Lima três anos depois.

Na mesma época, realizou-se a expedição de Martin de Proveda, que levou sua tropa pelo rio Putumayo e terminou em Bogotá, sem encontrar ouro ou canela.

PEDRO DE URSÚA, GUZMÁN E LOPE DE AGUIRRE

Mas a expedição mais famosa do período foi a realizada em 1560 por Pedro de Ursúa, Fernando de Guzmán e o desvairado Lope de Aguirre.

Tudo começou quando uma população inteira de índios do litoral brasileiro, provavelmente tupinambá, chegou a Quito, onde pediram asilo. Eles estavam fugindo das atrocidades dos portugueses e tinham iniciado sua migração havia dez anos, fugindo dos horrores no litoral atlântico. Esses índios contaram aos espanhóis que haviam encontrado muito ouro, especialmente na terra dos omáguas. Não era novidade associar ouro com os omáguas, porque esses índios havia muito negociavam peças de ouro por pedaços de ferro, com os portugueses, e tinham chegado a oferecer o mesmo tipo de barganha aos espanhóis.

Pedro de Ursúa acredita nos relatos dos índios e resolve organizar uma expedição. Era um homem cauteloso e conhecia os desastres pelos quais as outras expedições tinham passado. Por isso, começa estabelecendo um posto às margens do rio Huallaga, onde constrói alguns botes e manda um grupo avançado coletar comida e conhecer o terreno. Mas desde o início as coisas não andaram bem. Ursúa sabia dos rigores do terreno, mas não podia imaginar até onde iria a ferocidade de seus compatriotas. Já nas semanas iniciais, ele é obrigado a sufocar tentativas de motim e insubordinação.

Ursúa, que decidira levar sua amante, dona Inez de Atienza, não teve a mesma cautela na escolha de seus homens. O Peru tinha acabado de atravessar um período turbulento de guerra civil entre os espanhóis e agora tentava organizar uma administração. Mas havia muitos homens procurados pela Justiça por sedição, e foi justamente entre esses descontentes que Ursúa foi escolher. Em pouco tempo, os incidentes foram-se transformando em revolta aberta.

Para alguns historiadores, Ursúa não estava comandando uma expedição composta por aventureiros e conquistadores, mas por bandidos e assassinos. Por isso, embora ele fosse um comandante rigoroso, que punia os amotinados e desertores, a disciplina nunca foi totalmente estabelecida. Para completar, Ursúa não era um fidalgo, não tinha essa distinção capaz de submeter seus homens. O único na expedição que tinha um título era Fernando de Guzmán, sempre inclinado a apoiar Ursúa, até o dia em que este mandou prender seu criado. Daí em diante, Guzmán aceitou a proposta dos rebeldes e decidiu comandar a expedição, depois de abandonar Ursúa e seus seguidores numa das margens do rio.

É nesse momento que entra o verdadeiro responsável pela situação, o terrível Lope de Aguirre. Era um homem revoltado, que só pensava em poder e agia por meio de surtos de selvageria e petulância. Quando Guzmán optou pelo simples abandono de Ursúa e seus partidários, Aguirre achou pouco e não concordou.

Um contemporâneo de Lope de Aguirre assim o descreve:

Ele era baixinho, de aparência comum, o rosto feio, pequeno e emaciado; os olhos, quando ele fita alguma coisa ou alguém, parecem brilhar, especialmente se estiver zangado. Quando estava na companhia de outros, era turbulento e autoritário; ele podia enfrentar sem problemas trabalhos pesados e ficar muitos dias sem dormir; não era de dormir muito, exceto algumas horas e durante o dia, pois a noite ele passava acordado; ele podia caminhar por muitas horas carregando peso, e por isso usava muitas armas e vestia duas cotas de malha, uma espada, uma adaga, um arcabuz ou uma lança, e às vezes ainda botava o peitoral de uma armadura. Por sua natureza, era inimigo de tudo o que era bom e virtuoso; ele era sempre contra tudo o que fosse sagrado e puro; fazia amizade com qualquer tipo que fosse mau, vil e infame; quanto mais você fosse ladrão, criminoso, ou cruel, mais ele seria seu amigo. Não se podia confiar nele, porque era um patife, traiçoeiro e vigarista; nunca falava a verdade e jamais cumpria uma promessa, a não ser por milagre. Era um viciado, um depravado, um ambicioso e estava sempre bêbado. Era um péssimo cristão, talvez até fosse um herege luterano ou coisa pior; e de fato, ele cometia os crimes que cometeu, como assassinar padres, mulheres e gente inocente, e jamais confessar suas culpas, mesmo quando estava em risco de morte. Aliás, ele recomendava a alma dele ao diabo; ele confiara ao Lúcifer o seu corpo todo, sua pessoa, tudo, seus braços, suas pernas e seu sexo. Quando abria a boca era para rejeitar os santos e o Senhor. E nunca falou bem de ninguém, nem de seus amigos."[4]

Foi este homem que esperou por um momento favorável, até que um dia Ursúa atou sua rede numa margem do rio Putumayo, meio afastado dos outros, e resolveu descansar. Aguirre veio, então, com outros homens de sua confiança. Ursúa perguntou o que eles desejavam, mas a resposta foram golpes de espada que o feriram de morte.

Apavorados, alguns homens tentaram se eximir, escrevendo uma carta ao rei, afirmando lealdade e tentando explicar o seu gesto sob a justificativa de que Ursúa era um tirano. Mas, ao apresentarem o documento a Aguirre, este o assinou pondo ao lado de seu nome o epíteto de traidor, deixando

---

4. SHUGAAR; GUADALUPI, 2001, p. 39.

claro que nenhum deles merecia o perdão das autoridades espanholas. E, para completar a rebeldia, Aguirre apontou Guzmán como príncipe do Peru, ao mesmo tempo que concedia pedaços de terra no território para os amotinados.

Inez de Atienza teve sua garganta cortada pessoalmente por Aguirre, que também fez questão de executar todos os que haviam demonstrado qualquer sentimento em relação a Ursúa.

Ao chegarem à boca do Japurá, Aguirre reuniu seus homens e caíram sobre Guzmán, massacrando todos os seus partidários. Daí em diante, a sucessão de crimes e assassinatos é enorme. A expedição desce o Amazonas em 94 dias, e mais setenta dias no mar, até atingir a localidade de Margarita, uma ilha do Caribe.

Aguirre desembarcou numa praia próxima a Margarita e atacou a vila de surpresa, dominando-a em pouco tempo. Seus dias de tirano aterrorizaram os habitantes, pois ninguém estava a salvo e, sob a menor suspeita, a pena sempre era a morte. Quando já estava cansado de aterrorizar Margarita, Aguirre rumou para o continente e tomou a localidade de Barburata, de onde logo avançou terra adentro, em direção ao Peru. De Barburata, Aguirre mandou uma carta ao rei da Espanha, cujo teor é considerado um testemunho de loucura e megalomania.

Nessa carta, Aguirre afirmava que pretendia tomar o Peru e se transformar num monarca. Mas, no caminho, uma tropa de espanhóis intercepta o esfarrapado exército e o desbarata. Sozinho, abandonado em sua tenda, apenas na companhia de sua filha, o ensandecido Aguirre sabe que chegou sua vez. E busca um fim condizente consigo mesmo: acaba com a vida da filha a punhaladas, no momento em que chegam os soldados, fazendo com que até mesmo aqueles homens duros e calejados hesitem diante do quadro. Um deles, revoltado, aponta o arcabuz e atira, acertando-o de leve.

— Errou o alvo! — grita ele, sarcástico.

Outro soldado, também enfurecido, dispara seu arcabuz e acerta diretamente no peito de Aguirre.

— Este fechou as contas. — Foram suas últimas palavras, antes de cair morto.

ANTECEDENTES DE UM BÁRBARO

Pouco se sabe da vida de Lope de Aguirre antes de ele aparecer na crônica negativa da conquista. O inca Garcilaso de la Vega faz referência a um homem chamado Aguirre em determinada passagem de sua obra, e, se for a mesma pessoa, o fato de certa forma explica o ódio que o homem tinha às autoridades peruanas.

Segundo Garcilaso, uma tropa de duzentos soldados espanhóis deixou a cidade de Potosí, em 1548, usando índios para transportar suas bagagens. De acordo com a lei, os índios não deveriam ser usados para tal serviço. As autoridades resolveram escolher um soldado para receber a punição, como exemplo, e esse soldado era Aguirre. Como não tinha dinheiro para pagar a multa, Aguirre foi condenado a receber duzentas chibatadas.

Insultado e por considerar a chibata uma punição degradante, Aguirre peticionou, informando que preferia ser condenado à morte. Mas as autoridades não lhe deram ouvido: atado a um cavalo e levado ao tronco, ele foi despido e açoitado. Para se vingar, Aguirre esperou meses até que o juiz deixasse o cargo e passou a segui-lo por todos os lugares, até encontrar-se frente a frente com seu desafeto, algum tempo depois, em Cusco, quando o matou com golpes de espada.

Amigos de Aguirre esconderam-no das autoridades, e conta Garcilaso que ele fugiu de Cusco disfarçado de escravo negro.

A viagem de Aguirre não teve um relator. Logo no início ele assassinou o frade cronista, e sua expedição somente mereceu a atenção de um texto em 1623, quando o padre Simão escreveu o excelente relato "La expedición de Pedro de Orsoa y Lope de Aguirre en la busca del El Dorado e Omágua".

IMPORTÂNCIA DOS RELATOS

É durante a fase da conquista e da penetração que o relato pessoal e surpreso dos viajantes vai desempenhar na cultura o papel que a economia da coleta e pesquisa da selva representou para a economia da conquista. Foram esses relatos que serviram, posteriormente, em grande parte, para orientação, classificação e interpretação da região como literatura e ciência; foram eles, perscrutadores do fantástico e do maravilhoso, que permitiram o conhecimento das coisas visíveis e invisíveis, anunciando a futura expressão do enigma regional numa peculiar escritura. A Amazônia abria-se aos olhos do Ocidente com seus rios enormes dantes nunca vistos e a selva pela primeira vez deixando-se envolver. Uma visão de deslumbrados que não esperavam conhecer tantas novidades.

As narrativas dos primeiros viajantes imitaram essa perplexidade e, como representação — quer fossem uma lição ou necessidade —, ofereciam ao mundo uma nova cosmogonia: dramaturgia de novas vidas ou espelho de novas possibilidades, tal era o espírito de todas elas, enunciando e formulando o direito de conquistar dos desbravadores europeus.

OS ANDES BARRAM OS ESPANHÓIS

No final do século XVI, os espanhóis pareciam cansados e pouco preocupados com a Amazônia. Trabalhavam arduamente para manter e fazer prosperar suas colônias sul-americanas e caribenhas, enquanto os portugueses se mostravam mais interessados em suas povoações no litoral sul do Brasil.

Em 1580, com a morte de dom Sebastião, rei de Portugal, a Espanha anexa o país e fica soberana de toda a península Ibérica. A sujeição de Portugal vai durar até 1640, com a vitória surpreendente das tropas portuguesas em Aljubarrota.

NOVAS INVESTIDAS EUROPEIAS

Mas é justamente no final do século XVI que os outros europeus vão redobrar suas tentativas de marcar presença na região. Ingleses, franceses, irlandeses e holandeses vão aparecer e fundar fortificações e povoados. Desde 1595, depois da primeira viagem de Sir Walter Raleigh ao Orinoco, os ingleses demonstraram interesse em estabelecer plantações na Amazônia. Os primeiros, no entanto, seriam os holandeses. Em 1599, eles navegaram sem problemas através do rio Amazonas e estabeleceram dois fortes, Orange e Nassau, no rio Xingu. Começaram a plantar açúcar e tabaco, e a estabelecer contato pacífico com os índios. Em 1604, é a vez de os ingleses se estabelecerem no Orinoco e, em 1610, Sir Thomas Roe navega rio Amazonas acima, criando duas colônias na boca do rio. Assim, por volta de 1620, várias povoações de europeus podiam ser encontradas na Amazônia oriental, tais como a dos irlandeses na ilha dos Porcos, a dos ingleses nos rios Jari e Paru, os franceses no Maranhão e os holandeses nos rios Gurupá e Xingu.

A REAÇÃO LUSITANA: FRANCISCO CALDEIRA CASTELO BRANCO

Os portugueses logo se mostraram preocupados e resolveram agir. Em 1615, uma expedição comandada pelo pernambucano Alexandre Moura expulsou os franceses do Maranhão. Logo após a tomada de São Luís, o capitão-mor mandou interrogar La Ravardière, comandante das forças invasoras, para conseguir informações sobre a linha da costa. La Ravardière, que conhecia muito bem os segredos da navegação entre o Maranhão e o Amazonas, foi extremamente solícito com os portugueses e deu-lhes copiosas descrições geográficas, deixando claro que se tratava de um trecho perigoso devido aos baixios, onde apenas as embarcações de pequeno porte logravam atravessar, porque por alto-mar nenhum piloto francês ousava conduzir as grandes naus. O comandante francês também fez detalhadas descrições de um braço de rio chamado Grão-Pará, uma das bocas do Amazonas, local de grande utilidade estratégica. Na mesma semana, o capitão-mor Alexandre Moura convocou seu Estado-Maior no forte de São Felipe e anunciou a necessidade de uma nova expedição ao norte, invocando ordens escritas por Gaspar de Sousa, governador-geral do Brasil, que expressamente mandava que se fizesse uma jornada ao Grão-Pará e ao rio das Amazonas, para expulsar os estrangeiros que lá residissem. O ato do governador-geral do Brasil violava diretamente o Tratado de Tordesilhas, ao ordenar a ocupação do rio das Amazonas, território pertencente à coroa espanhola.

A escolha do nome para comandar a expedição recaiu sobre Francisco Caldeira de Castelo Branco, ex-capitão-mor do Rio Grande do Norte e que acabara de chegar ao Maranhão com uma armada de três navios, com reforços de gente e munição. A escolha surpreendeu os outros chefes militares, homens como o sargento-mor Diogo de Campos ou os capitães Manuel de Sousa d'Eça e Francisco de Frias, todos calejados na luta contra os franceses. Francisco Caldeira Castelo Branco era um homem de temperamento explosivo, sagaz e astuto, conhecido por manter um bom relacionamento com os franceses. Sem as informações colhidas entre os pilotos franceses, Castelo Branco dificilmente teria conseguido vencer a costa do Maranhão e os meandros da foz do Amazonas, conduzindo sua esquadrilha formada pela caravela Santa Maria e as lanchas Santa Maria da Graça e Assunção. A expedição dispunha de 150 soldados, dez peças de artilharia, pólvora e mantimentos, dividida em três companhias sob comando de Pedro de Freitas, Álvaro Neto e António da Fonseca. Entre os oficiais menores estava o alferes Pedro Teixeira, que mais tarde desempenharia um enorme papel na história da Amazônia.

No dia 12 de janeiro de 1616, os portugueses desembarcaram numa enseada conhecida como grande baía do Pará, que nas palavras de Bernardo Pereira de Berredo, "não se forma pelo Amazonas, mas pela confluência dos rios Moju, Acará e Guamá, além da agoas que recebe pelo canal da Taijiporá, do rio Tocantins, Pacyan, Guanapá e outros, que formão a Bahia de Bocas".[5]

A escolha do lugar para a edificação do forte recaiu sob um outeiro bem defensivo, voltado para a enseada. Em regozijo pelo bom sucesso da empreitada e ao mesmo tempo para atemorizar os índios, Castelo Branco mandou disparar uma salva de tiros de canhão. Mas ele sabia que com o pouco que trazia não podia garantir a posse, e tratou de mandar um emissário levar mensagens de paz aos maiorais das tribos, sabedor que ali viviam índios belicosos. A sorte beneficiou Castelo Branco, e com a ajuda dos nativos em poucos dias a fortaleza estava erguida, recebendo o nome de Forte do Presépio, uma recordação ao dia em que tinham partido de São Luís. A cidade, que logo a seguir começaram a construir, foi batizada com o nome

---

5. BERREDO, 1749, p. 16.

de Santa Maria de Belém, e à região decidiram chamar de Feliz Lusitânia, numa alusão direta de que faziam aquela conquista em nome de Portugal.

Os primeiros anos da Feliz Lusitânia se passaram em constante espírito de vigilância, com os portugueses praticamente circunscritos ao forte do Presépio, prontos para os constantes ataques dos tupinambás, instigados pelos ingleses e holandeses. Segundo Berredo, os tupinambás eram "[...] índios, pela tradição das suas memórias, oriundos do Estado do Brasil e [...] ainda vacilavam na amizade dos portugueses, por se lembrarem das sinistras práticas dos seus primeiros hóspedes".[6] No começo de 1617, os tupinambás do Maranhão se levantaram, tomaram várias guarnições e aldeias, e marcharam contra São Luís. Em 3 de fevereiro daquele ano, Matias de Albuquerque ataca os índios, promove uma chacina e empurra o levante tupinambá para o Pará, propagando a insurreição até os arredores de Belém. Castelo Branco ordena ao sargento-mor Diogo Botelho e aos capitães de infantaria Álvaro Neto e Gaspar de Freitas que "buscassem e destruíssem aqueles bárbaros sem a menor piedade".[7] Mas os portugueses, mesmo contando com armas de fogo e artilharia, estavam começando a perder a guerra. Em 1618, depois da morte de Jerônimo de Albuquerque, os levantamentos indígenas redobraram de intensidade. Contudo, os portugueses eram superiores em proselitismo religioso e em doenças letais. Das escaramuças nas aldeias de Cumã, Caju, Mortigura, Iguape, Guamá, seguiram-se diversos massacres ao longo do Tocantins e Pacajás, levando grupos inteiros à extinção. Aqueles que escapavam aos arcabuzes caíam em massa sob a contaminação do sarampo, da catapora, da gripe, da tuberculose e de doenças venéreas. Os poucos sobreviventes tornavam-se submissos às prédicas dos missionários.

Em meio aos conflitos com os tupinambás, um fato veio romper a harmonia entre os portugueses de Belém. Por um motivo fútil, um sobrinho de Castelo Branco matou a punhaladas o capitão Álvaro Neto. O crime agitou o povoado, especialmente porque o capitão era um homem muito estimado. Alguns capitães mais jovens exigiram a prisão do assassino, mas o capitão-mor não apenas se recusou a atender ao pedido como mandou

---

6. Idem, p. 185.
7. Idem, p. 189.

pôr a ferros os ousados oficiais. O comandante Baltazar Rodrigues de Melo, incumbido de promover as prisões, desobedeceu às ordens e se amotinou. Na noite de 14 de setembro de 1618, depois de três anos angustiosos no esforço para implantar a conquista do Pará, Francisco Caldeira Castelo Branco foi deposto e preso em nome do povo e da paz.

Em 7 de janeiro de 1619, durante o governo interino do capitão Baltazar Rodrigues de Melo, os tupinambás atacam o Forte do Presépio. Numericamente superiores, os índios travam uma luta renhida para penetrar na fortificação. Os portugueses sentem que o desfecho não lhes será favorável, mas o capitão Baltazar, mesmo ferido, consegue matar com um tiro o chefe Guaimiaba (Cabelo de Velha), um dos grandes líderes tupinambás. Os índios abandonam a luta e apressadamente somem na floresta. Os documentos desse período registram a ferocidade da reação portuguesa contra os tupinambás. O governador-geral dom Luís de Sousa dá ao capitão Bento Maciel Parente a incumbência de acabar com os índios rebeldes. A ordem foi executada com tal requinte que, apenas no ano de 1619, os índios que viviam entre a localidade de Tapuitapera, no Maranhão, à boca do Amazonas, foram completamente dizimados. Eram os mesmos tupinambás que haviam recepcionado pacificamente Francisco Caldeira Castelo Branco, ajudado a erigir o Forte do Presépio e a construir a cidade de Belém.

Em 1623, chega a vez dos outros europeus. O governador de Belém toma os fortes de Orange e Nassau, derrotando forças combinadas de ingleses, franceses e holandeses. Finalmente, em 1625, sob o comando de Pedro Teixeira, os portugueses esmagam os últimos postos de ingleses, irlandeses e holandeses ainda existentes. Numa das batalhas, tropas irlandesas se entregam, confiando no fato de ser católicos. Pedro Teixeira, no entanto, não era exatamente um homem religioso e 54 deles foram massacrados, e os restantes feitos prisioneiros.

Em dez anos, os portugueses se tornaram os ocupantes incontestáveis da Amazônia e consolidaram sua presença com a criação, em 21 de março de 1624, do estado do Maranhão e Grão-Pará, conforme ato real onde se lê: "Eu El Rei faço saber aos que este meu Alvará de Regimento virem que eu tenho ora ordenado que o governo do Maranhão se separe do Estado do

Brasil sem dependência do governador dele."[8] Em setembro daquele ano, foi nomeado o primeiro governador-mor, dom Francisco Coelho de Carvalho, que trouxe em sua comitiva frei Cristóvão de Lisboa, comissário do Santo Ofício para o Estado do Norte.

BENTO MACIEL PARENTE

Em 1626, um terrível caçador de índios assumiu o governo do forte de Belém. Era Bento Maciel Parente, um homem de temperamento brutal, sanguíneo e exaltado, com uma personalidade que pouco tinha a ver com o rotineiro pragmatismo e o espírito cauteloso que tanto caracterizavam os portugueses. Quando era governador do Ceará, o tratamento que dispensara aos índios tinha sido tão violento que os missionários franciscanos mandaram uma carta ao rei denunciando-o por matar os nativos de fome e de manter várias índias como concubinas. O aldeamento que Maciel Parente mantinha nas proximidades de seu engenho mais parecia um harém, de acordo com as acusações dos franciscanos. E foi contra esse homem que os tupinambás novamente mostraram sinais de rebelião.

Maciel Parente não brincou em serviço: mandou prender 24 chefes e ordenou que fossem executados imediatamente. Os condenados deveriam ter o corpo rasgado ao meio pela tração de dois cavalos, mas, como não existiam tantos cavalos assim no forte, cada um deles teve os pés amarrados a duas canoas impulsionadas por remadores em direções opostas. Essa terrível matança ultrapassou os limites, e os colonos mostraram-se escandalizados, ocasionando a saída de Maciel Parente do posto. O que não impediu que continuasse a participar intensamente da ocupação da região, recebendo, em 26 de julho de 1637, por doação régia, a capitania do Cabo do Norte, que abarcava o imenso território que seguia a linha da costa desde o Cabo Norte até o rio Oiapoque, abrangendo a superfície do interior até a margem esquerda do Amazonas, desde a barra até a aldeia de Gurupatuba, atualmente Monte Alegre.

---

8. Idem, p. 221.

O ato final de Bento Maciel Parente no Grão-Pará foi de traição. Em dezembro de 1641, sendo sobrinho do novo rei dom João IV, foi nomeado mais uma vez para governar o Grão-Pará. Mal os festejos pela Restauração Portuguesa terminaram, São Luís é invadida pelos holandeses. Bento Maciel Parente retira-se para a fortaleza de Tapuitapera, sede de sua capitania, onde toma uma decisão inesperada. Com todos os seus homens, armas e munições, entrega-se aos holandeses.

Em Belém, o capitão-mor Francisco Cordovil Camacho fica sabendo da grave traição e toma medidas para defender a soberania portuguesa. Certa manhã, um navio holandês apareceu na barra paraense e, declarando neutralidade, lançou âncora no Mosqueiro. A bordo estava Bento Maciel Parente, que mandou uma carta a Francisco Cordovil exigindo a entrega da capitania, mas a pretensão foi negada. Furioso, o traidor vai se aquartelar na sua fortaleza do Cabo do Norte, de onde passou a lançar ameaças contra Belém, além de se recusar a ajudar na luta contra os invasores holandeses. O resultado foi sua prisão e morte, pouco antes da completa expulsão dos holandeses do Maranhão e Grão-Pará, em 23 de março de 1644. O povo de Belém peticionou ao rei, pedindo que os parentes e descendentes de Bento Maciel Parente jamais fossem admitidos no desempenho de qualquer função, pelos graves prejuízos que tanto a incúria quanto a irresponsabilidade dos próprios tinham trazido ao estado do Maranhão e Grão-Pará.

A EXPEDIÇÃO DE PEDRO TEIXEIRA

A presença constante de ingleses, franceses e holandeses na foz do Amazonas era um desafio aos portugueses. Em 1628, os holandeses retornaram e na ilha dos Tucujus levantaram o forte do Torrego. Eles já haviam sido expulsos dali em 1625, mas não pareciam convencidos da supremacia lusa. Pedro Teixeira, nomeado capitão-mor, tratou de arregimentar forças para combater aqueles "hereges" que além de negociarem com os nativos andavam incendiando as aldeias dos índios aliados dos portugueses. O forte foi cercado e após um mês James Porcel, que comandava os holandeses, entregou-se incondicionalmente e o forte foi arrasado. O capitão inglês Roger North, que representava o duque de Buckingham, tentou vingar a humilhação de Torrego e atacou Pedro Teixeira em Gurupá. Da ponte de sua nau, Roger North assistiu ao fim de seus homens, assim que desembarcaram na praia do rio. Em 1632, os ingleses construíram o forte Camaú, numa das ilhas da barra do Amazonas, mas foram logo expulsos. Em 1639, os holandeses atacaram a fortaleza de Santo Antônio do Gurupá, mas foram repelidos. Depois de tantas derrotas, tanto os ingleses como os holandeses se limitaram a estabelecer um posto colonial na boca do rio Essequibo, enquanto os franceses desenvolviam esforços para manter colonos nos rios Sinamary e Counama, na então Guiana Francesa.

Em 1637, governava o estado do Maranhão e Grão-Pará o comandante-mor Jácome Raimundo de Noronha, quando oito aventureiros solitários chegaram a Belém. Naquela época, os portugueses ainda não haviam se aventurado para o interior da região, e até mesmo os mais ousados preadores de índios e buscadores de drogas não tinham ido para além do rio Tapajós, o que só fez ressaltar o feito dos forasteiros que acabavam de chegar. Eram dois frades franciscanos, frei Domingos de la Brieba e frei André de Toledo, acompanhados por seis soldados espanhóis, que diziam ter atravessado o misterioso vale desde os Andes até ali, ao pé do forte do Presépio, tal qual o grande Orellana o fizera antes. Os frades e os soldados eram sobreviventes de uma expedição que deixara a cidade de Quito, sob o comando do capitão Juan de Palácios, com o objetivo de explorar as selvas do alto Amazonas e catequizar os selvagens. Inicialmente bem recebidos pelos índios, após alguns meses de contato ocorreram desentendimentos e numa noite os espanhóis foram surpreendidos e o capitão Palácios foi morto. Os soldados e carregadores sobreviventes tomaram o caminho de volta, porém os dois frades e os soldados tomaram outro rumo, levados pelas circunstâncias. Durante o ataque, viram-se cercados contra o rio e tomaram uma canoa, deixando-se levar rio abaixo pela correnteza. Assim, logo saíram do Napo e alcançaram as correntezas do Amazonas, cada vez mais assombrados pela grandiosidade das águas e pelos inúmeros povoados de índios ferozes. Depois de três meses de agonia, deram com o Forte do Gurupá, onde foram bem recebidos pelos portugueses e despachados para Belém.

Em São Luís, Jácome Raimundo de Noronha toma conhecimento da incrível aventura, e mostra-se entusiasmado com o fato de os espanhóis estarem dispostos a repetir o feito no sentido inverso. O governador do estado do Maranhão e Grão-Pará era um homem astuto e excelente político. Ele sabia que os Andes não significavam uma proteção eterna contra os espanhóis, tinha consciência que uma expedição portuguesa não podia mais ser adiada, especialmente agora que se avizinhava o fim do domínio espanhol sobre Portugal, e era urgente firmar uma fronteira entre o Peru e o Grão-Pará.

A escolha para comandar a expedição recaiu sobre Pedro Teixeira, que recebeu o título de capitão-mor e detentor de poderes de general de Estado. Como auxiliares, foram nomeados os oficiais Bento Rodrigues de Oliveira, Antônio de Azambuja, Felipe Matos Cotrim, Pedro da Costa Favela e Pedro Baião de Abreu. Para capelão foi escolhido frei Agostinho das Chagas e como piloto-mor, Bento da Costa.

Pedro Teixeira tinha como principais instruções a tarefa de reconhecimento minucioso dos rios até Quito; a verificação de lugares em que pudesse levantar fortificações; a manutenção da disciplina e da boa conduta dos seus homens; o tratamento amistoso e de bom trato com os índios, para que resultassem daí relações de paz e amizade. Finalmente, uma instrução secreta lhe foi entregue, para ser aberta apenas no regresso da viagem.

No dia 28 de outubro de 1637, partiu dos confins do Pará a expedição de Pedro Teixeira. Um ano depois, com o mínimo de conflitos com os índios e enormes sacrifícios, chegaram à localidade de Pupas, onde foram interceptados por emissários de dom Allonso Perez de Salazar, presidente da Real Audiência de Quito, que os encaminhou à Igreja de Nossa Senhora de Guápulo, localizada a cerca de 2,5 quilômetros de Quito, onde foram recebidos com grande pompa e carinho pelas autoridades espanholas. A entrada em Quito foi em triunfo, com grande massa popular, aplausos, reverências, touradas, cavalhadas e danças. No dia 10 de fevereiro de 1639, depois de receber da Real Audiência de Quito todo o necessário para a viagem de regresso, Pedro Teixeira deixou a bela cidade andina, onde por mais de um ano folgara, refizera as forças, estudara e se preparara para cumprir o seu destino. Acompanhado dos padres Cristóbal de Acuña e André de

Artieda, que representavam a Real Audiência, e de missionários mercedários, Pedro Teixeira desceu o Napo em direção à localidade de Aguarico, ou rio do Ouro, onde deixara acampada uma tropa sob o comando de Pedro da Costa Favela e Pedro Baião de Abreu. Encontrou o acampamento quase destruído, com seus homens mal resistindo aos ataques constantes e diários dos omáguas. Depois de dar combate aos índios e reconstruir o acampamento, Pedro Teixeira abriu as instruções secretas do governador e cumpriu a misteriosa ordem. Tomando um punhado de terra, que lançou ao ar, e perante os representantes da Real Audiência, declarou que tomava posse daquele sítio e demais terras, rios, navegações e comércios em nome do rei Felipe IV, para a Coroa de Portugal. Os Autos de Posse foram mais tarde registrados na Câmara de Belém. Os limites do domínio português agora se estendiam quase 6 mil quilômetros desde a capital do Pará.

No dia 12 de dezembro de 1639, dois anos, um mês e quinze dias depois, Pedro Teixeira chegou a Belém, entre grande regozijo e euforia popular. Uma vez em São Luís, recebe a notícia de que o governador Jácome, idealizador da expedição, tinha sido preso e enviado para a metrópole, sob a acusação de conspirar contra o domínio espanhol. Não importava, os portugueses tinham conquistado a Amazônia e Pedro Teixeira, o executor do projeto, oficial irrepreensível, homem culto e de bom temperamento, detentor de forte sentido de responsabilidade, militar talentoso e destemido, viu nesse fato incontestável a coroação de 25 anos de bons serviços prestados ao estado do Maranhão e Grão-Pará.

Pouco se sabe sobre da vida de Pedro Teixeira, até ele aparecer na companhia do sogro, Diogo de Campos Moreno, com quem chegou ao Novo Mundo. Nasceu em Castanhede, perto de Coimbra, por volta de 1600, e seus feitos no Grão-Pará mereceram as seguintes palavras de um cronista da época: "persona a quien el cielo sin duda tenía escogida para esta ocasión, pues sólo su prudencia y sus obligaciones pudieron acabar lo que él trabajó e hizo, en servicio de su rey en esta jornada, no sólo con gastos y pérdidas de su hacienda, sino también con mucho dispendio de su salud."[9] Estudos mais recentes indicam que Pedro Teixeira era muito avançado para o seu

---
9. ACUÑA, 1942, p. 23.

tempo, assumindo certas posições que denotavam algum preparo intelectual. A cultura de Pedro Teixeira não era coisa típica de um oficial lusitano da época, muito menos sua percepção quanto ao tratamento desumano dispensado aos índios pelos portugueses. O espírito de abnegação, o seu individualismo e a consciência de que cometia algo mais que uma ousadia aventureira fazem de Pedro Teixeira um personagem único.

Em 26 de abril de 1641, entregou ao seu sucessor o cargo de capitão-mor do Grão-Pará e decidiu regressar a Portugal, desejo que não realizou, pois veio a falecer inesperadamente no dia 4 de maio de 1641. Seus restos foram sepultados na Igreja Matriz de Nossa Senhora de Belém, onde hoje fica a Catedral de Nossa Senhora das Graças. Pedro Teixeira foi um dos formadores do Brasil.

No dia 13 de julho de 1641, chega a Belém a notícia da Restauração de Portugal, com a coroação do oitavo duque de Bragança, o rei dom João IV. Para a maioria dos povos da Amazônia, todo aquele vaivém de europeus ensandecidos pela cobiça tinha sido pouco percebido. Mas, a partir da viagem de Pedro Teixeira, é o próprio padre Cristóbal de Acuña quem vai relatar ter encontrado tropas de portugueses preadores de índios até mesmo nas lonjuras do Tapajós. Os anos despreocupados dos povos indígenas tinham chegado ao fim.

O CHOQUE CULTURAL NÃO CESSARÁ JAMAIS

É importante que nos detenhamos nesse choque da história para notar como os povos originários da Amazônia, força participante do mistério da região, passam a ser o objeto do colonialismo na primeira e decisiva subjugação. É o momento em que a região vai ter seu universo pluricultural e mítico devassado e destruído, desmontado pela catequese e pela violência e lançado na contradição. Durante a colonização, como era o vale pensado? Como os relatores organizaram a figura da região? E, se é verdade que as coisas reveladas possuíam um valor além do relatório, como é possível pelo menos estabelecer a forma segundo a qual estes escritos constituíram uma primeira demonstração de expressão típica de uma região lançada na contradição?

Afinal, em "Nuevo Descubrimiento del Gran Río de las Amazonas", o padre Cristóbal de Acuña (1641) já havia reduzido o índio à categoria da zoologia fantástica:

> Dizen que cercano a su habitación, a la vanda del Sur en Tierra firme, viuen, entre otras, dos naciones. La una de enanos, tan chicos como criaturas mu tiernas, que se llama Guayazis, la outra de una gente que todos ellos tienen los pies al reués, de suerte quíen no cono ciendo los quisiese seguir sus huellas, caminaria siempre al contrário que ellos. Llámanse Mutayus, y son tributarios a estos Tupinambás [...].[10]

Essa exposição pública de uma suposta natureza aberrante do índio, vinda de uma tradição medieval já identificada, aparece nos relatos do século XVI como parte da conveniência em mascarar a realidade. O escárnio do índio como ente primitivo e bárbaro instaura-se na moldura da paisagem paradisíaca. Quando a aventura espiritual passa a se exercitar como um plano de saque e escravização, não veremos surgir um Bartolomeu de Las Casas que grite contra o genocídio como prática constante dos colonizadores, posição que muito honra o pensamento espanhol.

Veremos, sem dúvida, debates escolásticos sobre a natureza humana do índio. E, quando acontece um desentendimento sério entre o destino terreno e a preparação do índio para o céu, este será apenas transferido da zoologia fantástica para um capítulo do direito canônico. Em todo caso, será negada sempre sua alternativa como cultura. O índio nunca terá voz, como bem podemos notar no mais esclarecido dos cronistas, o jesuíta João Daniel (1776), em "Tesouro Descoberto no Río Amazonas". João Daniel, vítima da perseguição pombalina, morrerá na prisão por representar uma corrente de pensamento mais próxima do Renascimento, mais humanista que os zelos legalistas dos preadores:

> [...] só desde o ano de 1615 até 1652, como refere o mesmo Padre Vieira, tinham morto os portugueses com morte violenta para cima de dois milhões

---
10. ACUÑA apud HOLANDA, 1969, p. 132.

> de índios, fora os que cada um chacinava às escondidas. Deste cômputo se pode inferir quão inumeráveis eram os índios, quão numerosas as suas povoações, e quão juntas as suas aldeas, de que agora apenas se acham as relíquias. E se os curiosos leitores perguntam: como se matavam tão livremente, e com tal excesso os índios? podem ver a resposta nos autores que falam nesta matéria. Eu só direi, que havia tanta facilidade nos brancos em matar índios, como em matar mosquitos, com a circunstância de que estavam em tal desamparo e consternação os tapuias, que tudo tinham contra si, de sorte, que chegando os brancos a alguma sua povoação, faziam deles quanto queriam; e se eles estimulados o matavam, era já caso de arrancamento, e bastante para se mandar logo contra eles uma escolta, que a ferro e fogo tudo consumia [...][11]

Contra aquele mundo anterior ao pecado original, de um aparente fatalismo tão contrário ao otimismo expansionista da Contrarreforma, os portugueses carregavam, em suas caravelas e na ponta de seus arcabuzes, a prosa da verdade teológica do mundo sobre a terra e sua gente submetida. Era conveniente que os relatos se aproximassem da natureza e se afastassem dos simulacros de assustadora humanidade. Os índios estavam confinados ao capítulo da queda e da infidelidade teológica original. Mesmo João Daniel, que se estende muitas vezes em denúncias e acusações contra os leigos preadores e que, quando trata dos índios, se aproxima da etnografia como se conhece hoje, não consegue escapar dessa certeza:

> Tinha este missionário praticado, e descido do mato ua nação, e como era zelozíssimo, depoes de arrumar, e dispor estes, partio outra vez para o centro do sertão a praticar outras nações. Eis que um dia, antes de chegar o prazo da sua torna viagem, estando os primeiros à roda de ua grande fogueira deu um pao, dos que estavam no fogo um grande estalo, e ouvindo-o os tapuias, gritaram — aí vem o padre, aí vem o padre! — e não se enganaram, porque daí a pouco espaço chegou, sem ser esperado. E quem lho disse, senão o diabo naquele sinal do estrondo, e estalo do pao? Desta, e muitas outras semilhantes

---

11. DANIEL, 1975, p. 258.

profecias bem se infere, que já por si mesmo, e já [por] pactos comunica muito com eles o diabo, de cuja comunicação nasce o não acreditarem aos seus missionários, quando lhes propõe os mistérios da fé, e as obrigações de católicos, porque o demônio lhes ensina o contrário [...] Bem sei, que podia ser algum anjo, mas como estes favores são mais raros, e poucos os merecimentos para eles, especialmente em tapuias, fica menos verossímil este juízo.[12]

A LÓGICA DA CONQUISTA FORMOU A COLONIZAÇÃO

Os conquistadores trabalhavam com paixão, e a prática da escravização daqueles homens desnudos e que pactuavam com o diabo era, para eles, uma prática justa. Eram selvagens concupiscentes e com poucos merecimentos, o outro, o reverso da humanidade, aqueles que estavam no limbo da luz divina. Os relatores não podiam escapar desse caráter, nem podemos obrigá-los a contrariar uma estrutura fechada como a da empresa portuguesa. Eles tinham que partilhar de tudo e nunca suscitar conceitos fora da mecânica teológica.

AS DIFERENÇAS ENTRE OS CONQUISTADORES ESPANHÓIS E PORTUGUESES

Embora existissem diferenças de atuação entre Espanha e Portugal, havia uma maneira ibérica de encarar a vida e a sociedade. Formada pelo embate entre o mundo cristão e o muçulmano, a península era um lugar de muitos reinos e idiomas, uma parte deles no lado mediterrâneo, outros no litoral atlântico e quase todos voltados para si mesmos. Cada um desses reinos guardava diferenças, mas tais reinos tinham em comum a experiência histórica e cultural forjada ainda no Império Romano e pela luta contra os mouros. As

---

12. Idem.

cidades-Estados, a unidade básica da civilização mediterrânea, formavam o tecido político mais consistente. Com exceção de Portugal, o senso de nacionalidade ainda estava distante na maior parte da península, e para a América seriam transplantadas muitas diferenças provinciais. A estrutura de classe, dividida entre plebeus e fidalgos, com a fluidez típica da época, trouxe para as colônias de além-mar o conceito de "apaniguados", ou seja, as relações familiares extensas, com um fidalgo agregando dependentes e empregados. O patriarcalismo ibérico era inclusivo, organizado em torno da família e da propriedade, sua hierarquia perpassando em todos os aspectos da sociedade, no comércio, na estrutura eclesiástica e na administração governamental. É claro que a organização patriarcal não era a única forma de competição entre os grupos sociais; os tradicionais três poderes, nobreza, clero e povo, eram, em certo sentido, corporações, cada uma com seus privilégios e deveres correspondentes.

Na medida em que a sociedade ibérica não era culturalmente isolada, outros grupos corporativos se faziam presentes, geralmente com raízes étnicas, como os muçulmanos e os judeus. E a convivência entre esses grupos era rotineira, com seus estatutos bem definidos. Com o passar dos séculos, certas atividades foram identificadas com etnias. Os mouros eram vistos como jardineiros e artesãos. Os judeus como médicos e comerciantes. Os cristãos como lavradores e soldados. Mas havia bastante diversidade nas ocupações de cada um, e o surgimento da intolerância só se faz sentir após a queda de Granada, em 1492, quando cresce a convicção de unir religião e política. A tolerância religiosa desaparece, os judeus são forçados a se converter e os dissidentes tratados com rigor. Coincidindo com os descobrimentos, a Ibéria assume um etnocentrismo cerrado, em que seus idiomas, religião e modo de viver são considerados superiores aos de outros povos, embora não tenham perdido totalmente a experiência passada de diversidade cultural e racial, que os dotou no Novo Mundo com mecanismos para lidar com as etnias americanas.

E a Ibéria conduziria a Europa para o modelo de monarquias centralizadoras, embora as hierarquias não fossem funcionais e os governos estivessem sob a influência dos grupos corporativos. O poder administrativo estava dividido entre várias entidades, controladas de forma precária, competindo entre si. Nesse emaranhado de ordenações e leis, o poder real acabava se tornando o árbitro final, encorajando a suspeita e o espírito de desconfiança. Escapava desse terreno cediço a Suprema Corte, que exercia funções legislativas, administrativas e judiciais, com um corpo funcional bastante profissionalizado — o que não impedia de padecer de certos males do corporativismo, favoritismo, nepotismo e corrupção. O governo ibérico, no entanto, por sua fragmentação e recursos limitados, era uma força promotora apenas em certas esferas restritas, já que a ideia de um Estado agindo em todas as esferas administrativas ainda estava para aparecer, e se tornaria uma realidade apenas no século XVIII.

Isso ocorria especialmente por conta da presença da Igreja no interior do governo ibérico, em que as atividades eclesiásticas iam muito além das coisas do espírito e ministrar sacramentos. A influência da Igreja se fazia em setores vitais, como a vida intelectual, as ciências e a medicina. Os hospitais eram geridos pelas ordens religiosas, assim como as irmandades leigas, que reuniam pequenos homens de negócio, artesãos e agricultores, práticas que seriam importantes na América. A ideologia do cristianismo foi um dos motores dos descobrimentos, e, sendo a Igreja parte integrante do poder ibérico, os métodos de colonização foram um equipamento cultural poderoso. Os portugueses, mais do que os espanhóis, souberam manipular o cristianismo como uma ideologia do mercantilismo, estreitando o corredor de observação dos relatores, eliminando sempre os pruridos iluministas que tentassem se infiltrar na visão da terra conquistada. O conquistador espanhol, fazendo constantes apelos à ideia de serviço (de Deus e ao rei), ampliou consideravelmente o seu significado.

Não se vê, ao longo da conquista do vale pelos portugueses, lances de alucinação e febre de saque, como procederam sempre os espanhóis. Não somente os portugueses não se defrontaram com culturas militarmente organizadas como a dos incas, maias e astecas, como traziam uma concepção estruturada para se apossar da terra e nela se estabelecer como senhores. Os povos amazônicos tinham uma concepção mítica do mundo; os portugueses, uma teologia aguerrida. Era a luta entre o "logos" e o "homem autoritário".

Partilhando e alimentando-se dessa mística agressiva, os cronistas escreveram a interpretação necessária para os portugueses se tornarem verdadeiramente ofensivos. Essas observações seriam ociosas se levantadas do ponto de vista ético e se os seus efeitos já tivessem cessado. Mas as consequências ideológicas e históricas que disso se formaram merecem renovar a polêmica que começou com o próprio frei Bartolomeu de Las Casas, em outro nível, é claro, sem se preocupar com a validade ou não do método da colonização portuguesa nos séculos XVI e XVII.

E, já que esse fato é hoje inexorável, só podemos rever uma postura em relação aos seus efeitos. A bem da verdade, conquistadores ibéricos não foram sempre os demoníacos destruidores e assassinos da negra legenda, nem os cavaleiros e santos da cruzada espiritual, como descreve a legenda branca. Na empresa colonial, sendo o fim preciso a conquista de novas regiões extrativistas e agrícolas, é equiparável a crueldade de um Bento Maciel Parente à ingenuidade de um frei Gaspar de Carvajal, que fechava os olhos às chacinas e torturas perpetradas contra os índios para escrever fantasias sobre as lendárias amazonas, que formavam uma tribo só de mulheres guerreiras. Essas narrativas não somente se identificavam com as marcas da colonização, mas também com sua linguagem. Assim, toda a espessura do exterior, os ecos da simulação, e o nexo da analogia são apanhados, e relatadas todas as experiências:

> [...] golfeira e muito criançola, toda cheya de grandíssimos arvoredos que testificão sua fecudía, chã, pouco montuosa e tão branda, que por viço se pode andar descalço. Deste clima e deste terreno debayxo da Zona torrida (de que os antigos não tíverão noticia, e forão de parecer que seria inhabitavel), depois que a experiencia mostrou o desengano, houve authores que imaginarão, que aqui devia ser o Paraizo de deleites, onde nossos primeiros Paes forão gerados.[13]

Tudo é mantido exteriormente, sustentado e informado por essa prova que mantém a região a distância e louva o detalhe. É por meio desse jogo que a louvação da natureza exuberante tem início, mas a região continuará a ser o que sempre foi, capitulando virgem aos espanhóis e portugueses. A conquista permanece uma figura de retórica e a narrativa é fechada sobre si mesma.

---

13. SYLVEIRA apud HOLANDA, 1969, p. 139.

A EXPLICAÇÃO TEOLÓGICA DO DIREITO COLONIAL

Terra golfeira e muito criançola, paraíso de deleites, cenário exótico, frutas deliciosas e animais curiosos pareciam dizer o quanto a região deveria dobrar-se ao jugo colonial, render-se, doar-se ou integrar-se para que a empresa tivesse o sucesso que "El Rei" e o mercantilismo esperavam. Os relatores atravessaram esse maravilhoso acervo humano sem ao menos se dar conta de que ele poderia dar algo ao futuro. E somente muitos anos mais tarde, sob a experiência de cientistas e viajantes ilustres, livres dessa preconceituosa teologia, ainda que carregados de preconceitos em relação ao clima e ao povo, é que foi possível levantar algo do véu que embotava as marcas originais da Amazônia originária.

A natureza amazônica surgia para o cronista da mesma forma primeira que Deus a havia legado aos destinos do mercantilismo. As maravilhas naturais eram um sinal da certeza absoluta da transparência teológica do mundo. As narrativas contavam, sobretudo, aquilo que Deus havia designado na nomeação do Gênesis. Assim como o rio era grande e as árvores tinham realeza, a posse dos colonizadores ibéricos já estava ungida nessas similitudes. Bastava que o papa decretasse solenemente um tratado para que a linguagem reconhecida se transformasse em política.

A INQUIETANTE PRESENÇA DOS ÍNDIOS

O desafio, porém, vinha daqueles homens selvagens, os filhos degradados da Torre de Babel, separados e castigados da Comunhão dos Santos. Por isso, a louvação da natureza que Deus doara aos conquistadores, além de reconhecer e classificar o visível, levava os cronistas a desvanecer o direito de posse do índio, criatura que vivia no espaço vazio deixado na memória pela dispersão da humanidade. Mas o índio também tinha uma memória que inquietava e, se não se dava ao hábito de louvar a natureza, reconhecia com veemência o seu direito a ela:

> Concordamos que há um só Deus, mas quanto o que diz o Papa, de ser o Senhor do Universo e que havia feita mercê destas terras ao Rei de Castela, este Papa somente poderia ser um bêbado quando o fez, pois dava o que não era seu. E este Rei que pedia e tomava esta mercê, devia ser louco, pois pedia o que era dos outros. Pois venham tomá-la, que colocaremos as vossas cabeças nos mastros. [...][14]

Respostas como essa, de um tuxaua da região do Sinu, na atual Colômbia, desconcertavam os conquistadores. Sendo os índios também derivados daquela humanidade esquecida da diáspora, era preciso trazê-los à força para a Aliança de Deus, isto é, integrá-los na empresa econômica da colonização.

Os conquistadores viram e observaram dos índios a vivência nas matas, exatamente aquilo que os povos indígenas preservavam fragmentariamente da primeira nomeação teológica. Como os judeus, esses filhos desgarrados de Israel precisavam ouvir a boa-nova, sorver as palavras da nova lei trazida pelo cristianismo. Daí o rigor das investidas militares e a forma de crônica dos projetos de observação etnográfica.

Esse rigor teológico domina em sua segurança todo o período da conquista: não refletir o que foi visto nos elementos "selvagens", mas o que os europeus sabiam da natureza humana, ou seja, o conhecimento da natureza humana elaborado pelos doutores da Igreja e que se esgotava na graça divina. Foi a partir da comparação idealizada desses bárbaros à margem do cristianismo com o cristão civilizado que a cultura europeia do Iluminismo criou o conceito de "homem natural", versão leiga da natureza humana.

Os racionalistas do século XVIII sublimaram a voracidade da conquista do Novo Mundo para dela extrair o "homem natural", um novo índio vestido pelos enciclopedistas, ressurgido como legislador puro diante da legislação romana, obsoleta e feudal. O melhor exemplo está no capítulo XXXI de "Dos canibais", nos *Ensaios* de Michel de Montaigne (1580), e na novela de Voltaire (1767) *O ingênuo: história verdadeira extraída dos manuscritos do padre Quesnel*. No texto de Montaigne, índios tupinambás do Brasil visitam a Corte de Carlos IX, em Ruão, e mostram-se horrorizados com as diferenças

---

14. SALAS, 1965, p. 44.

de classe; em Voltaire, um índio hurão, da América do Norte, põe em xeque as estruturas da sociedade europeia, simplesmente pelo fato de levar a sério e às últimas consequências essas mesmas estruturas.

Mas antes desse renascimento racionalista, em que realmente o índio permanece ainda distante, o "selvagem" atravessou o projeto de restituir os fatos ao seu concatenamento teológico. Todos os cronistas trabalharam nesse sentido, pois a observação científica, como se conhece hoje, só aparece no fim do período colonial.

Frei Gaspar de Carvajal, Cristóbal de Acuña, padre João Daniel e o capitão Symão Estacio da Sylveira especializaram os conhecimentos, ao mesmo tempo segundo a forma teológica, imóvel e perfeita, e segundo a linguagem econômica do mercantilismo, perecível, múltipla e dividida. Encontramos essa visão também em Maurício de Heriarte, na sua *Descrição dos estados do Maranhão, Pará, Gurupá e o rio das Amazonas*, que engloba o que vê num texto de muitas citações e figuras de vizinhanças; em João Felipe de Betendorf, na *Crônica da missão dos padres da Companhia de Jesus no estado do Maranhão*, subordinando tudo à prescrição da Contrarreforma; e em José de Morais, na *História da Companhia de Jesus na extinta província do Grão-Pará*, que põe também em destaque esse privilégio teológico sobre a linguagem.

O PADRE ANTÔNIO VIEIRA

De certo modo, escapa dessa unidade o padre Antônio Vieira, que chegou ao Pará em 1655. Esse importantíssimo representante da crônica colonial brasileira fica profundamente escandalizado com a inércia e a promiscuidade da capital provincial do vale, revelando em suas páginas um sabor crítico muito especial, num outro extremo do costume literário de ver a região. Essa primazia da crítica de costumes em Vieira não é, apesar de tudo, um fenômeno suficiente para escapar da similitude teológica.

Antes de se opor aos baixos costumes dos colonos, ele mergulha nas impressões da natureza, em que "os homens são uma gente a quem os rios lhes rouba a terra" e fala dos "destroços e roubo que os rios fizeram à terra".

Depois, feroz defensor que era da utopia jesuíta, do direito universal de todos os povos se unirem livremente em Cristo, sem olhar para os índios preados e descidos, ele investe contra a corrupção moral dos colonos, mais interessados em contabilizar os ganhos que embelezar o reino de Deus: "Novelas e novelos são duas moedas correntes desta terra: mas tem uma diferença, que as novelas armam-se sobre nada, e os novelos armam-se sobre muito, para tudo ser moeda falsa."[15]

Antônio Vieira assim revelava a diferença superficial dos interesses religiosos com a dinâmica comercial da província. É um dos raros momentos de variante nos discursos, importante num quadro sempre uniforme. Sabe-se, também, que a fúria de Vieira foi menos fruto da observação que uma irritação direta e justificada em relação à vigarice de certos comerciantes quanto a seus interesses particulares. Mas esse desagradável acidente, pondo o cronista em situação delicada, revelou com clareza o destino da colonização ibérica: uma moeda falsa circulando na região.

O LEGADO DOS CRONISTAS E RELATORES

A literatura colonial de crônicas e relações legou uma forma determinada de expressar a região, particularmente curiosa e assustadoramente viva. Perdendo suas bases agressivas, as bases ideológicas que lhe davam consistência, essa literatura repete-se quatro séculos e meio depois, ainda mais conformista e mistificadora que antes.

Ao não distinguir propositadamente o visto do acontecido, o relatado do observado, constituindo-se quase sempre numa louvação desenfreada da natureza exuberante, mas uma natureza de exuberância utilitária, abrindo as portas à sua exploração econômica, hoje esse tipo de discurso apresenta-se com a mesma retórica salvacionista e o mesmo esforço reducionista em relação aos nativos.

---

15. VIEIRA, 1945, p. 146

O espírito simulador do discurso colonial legou o velho e gasto conceito de "Amazônia, reserva natural da humanidade". Contraditoriamente, sua permanência é hoje a comemoração do assalto indiscriminado à floresta, da transformação da selva em deserto e da tentação de vergar a espinha para as diversas ações retóricas de solidariedade que desejam congelar o primitivo. Discurso colonial e discurso preservacionista são aparições do mesmo estoque de arrogância. Na mão direita, o processo de extermínio dos índios e a violação da natureza por uma lógica econômica ensandecida. Na mão esquerda, o bálsamo de um discurso que não é mais que a velha tradição do banquete de palavras, das metáforas discrepantes que pintam tudo em levitações da gramática e do significado, numa anacrônica dimensão equatorial do barroco, para que o homem das selvas nunca se liberte do primitivismo.

A CONSOLIDAÇÃO DO DOMÍNIO EUROPEU NA AMAZÔNIA: AS MONÇÕES DO NORTE

A expedição de Pedro Teixeira abriu os olhos da administração colonial portuguesa sobre as dificuldades de ocupação daquele imenso território. A partir de 1657, com a fundação da missão dos jesuítas no rio Negro, a ocupação lusitana com base no trabalho das ordens religiosas tem início efetivo. O processo segue intenso até 1750, culminando com a assinatura do Tratado de Madri e a ascensão ao poder do marquês de Pombal. Até a assinatura do tratado, que dá foros legais aos portugueses e espanhóis, consequentemente aos ingleses, holandeses e franceses, a catequese será a arma principal dos colonizadores ibéricos. A coleta das "drogas do sertão" dará sustentação econômica à empreitada.

Os espanhóis não tinham dúvidas quanto aos objetivos expansionistas dos portugueses. O governador de Buenos Aires, em 1740, recebe do rei da Espanha instruções para combater e barrar "a intenção e o desígnio dos portugueses, não somente em tempo de guerra, mas igualmente em tempos de paz, estender suas fronteiras em meus territórios e domínios, por todos os meios e violências evidenciados por sua inteligência e sua malícia".

Em meados do século XVIII, os portugueses chegam ao rio Guaporé, e em 1742 acontece a viagem de Manuel Félix de Lima, que mostrou a possibilidade de navegar do Mato Grosso ao Pará. Seis anos depois, o comerciante João de Sousa parte de Belém e vai fazer negócios nas minas do Mato Grosso, regressando ainda mais rico e completando a primeira viagem de ida e volta entre o oeste e a Amazônia.

O estabelecimento de sistemas de comunicação entre o oeste e o norte foi uma grande vitória para os portugueses. Por isso mesmo, em 1752 a administração colonial suspende a proibição de navegação pelo rio Madeira e permite a viagem entre o Guaporé e o Amazonas, estimulando ao mesmo tempo os laços comerciais e políticos entre Mato Grosso e o Pará. Estavam oficializadas as chamadas "monções do norte", que estabeleceram a posse em 10 mil quilômetros de caminhos fluviais. Como os rios eram mais volumosos que os de São Paulo, os meios de transportes eram bem diferentes dos utilizados pelos bandeirantes e pelas monções paulistas. Nas monções do norte, uma canoa podia transportar 3 mil arrobas e vinte homens, em viagens onde era necessário superar as corredeiras do rio Mandeira. Carga e passageiros eram desembarcados e transportados por terra, algumas vezes junto com a canoa.

Em 1750 é assinado o Tratado de Madri, um dos documentos mais importantes para a história da América do Sul. Quase todas as fronteiras do Brasil contemporâneo, excetuando o Acre, foram estabelecidas por esse tratado, elogiado pelo equilíbrio e pela moderação. É certo que alguns historiadores hispano-americanos não veem o Tratado de Madri pela mesma ótica dos brasileiros. As decisões tomadas pela rainha, dona Maria Bárbara de Bragança, e pelo primeiro-ministro, dom José de Carvajal y Lancaster, foram consideradas prejudiciais às colônias espanholas, e, por conseguinte, aos países hispano-americanos. Certas críticas chegam a acusar a soberana e o primeiro-ministro de traição, mas a realidade é que a Espanha, tendo rompido com o Tratado de Tordesilhas no Oriente, foi obrigada a fazer concessões na América.

O Tratado de Madri não durou muito tempo. Foi anulado em 1761 pelo Tratado de El Pardo, mas as fronteiras amazônicas são retomadas pelo Tratado de Santo Ildefonso, de 1777. Este também é anulado, no começo do século XIX, em meio a uma guerra entre Espanha e Portugal, mas a vitória portuguesa assegura seus direitos no Tratado de Badajoz. Embora tenha durado tão pouco tempo — e por seu esmero e suas bases científicas, tendo como parâmetros os conhecimentos geográficos da América do Sul, além da serenidade política com que foi assinado —, o Tratado de Madri consolidou os domínios dos dois reinos rivais.

4. A colonização

O CENÁRIO DA ECONOMIA COLONIAL

O período colonial deixou traços profundos na Amazônia. Do mesmo modo como em outras regiões marcadas pela conquista, o processo histórico da Amazônia está perfeitamente inscrito no grande choque que foi a chegada dos europeus no continente americano. As investidas dos conquistadores plasmaram as razões históricas e sintetizaram a controvertida trajetória dos modelos coloniais na região. Os supostos avanços do século XX não foram capazes de destruir os laços com a terrível e fascinante experiência colonial. No geral, a história da Amazônia, nesse aspecto, pouco parece diferir das outras histórias continentais.

Portugueses e espanhóis enfrentaram a escassez de mão de obra e encontraram nas culturas indígenas uma resistência muito grande para se adequar a uma economia de salários. A agricultura tropical de trabalho extensivo dos povos indígenas, altamente desenvolvida, não se coadunava com o extrativismo e a agricultura de trabalho intensivo dos europeus. Na costa do Brasil, as tentativas iniciais de usar o braço indígena foram substituídas quase imediatamente pela importação de escravos africanos. Apenas em algumas áreas da colonização, onde o trabalho escravo era impraticável, como na Amazônia, os europeus continuaram tentando forçar os índios para dentro da lógica econômica da colonização.

O MODELO COLONIAL HOLANDÊS

O ano de 1648 foi de enorme importância para a Holanda. Naquele ano, o Tratado de Paz de Westfália foi assinado, pondo fim à carnificina da Guerra dos 30 anos. O conflito havia provocado uma devastação na Europa como nunca vista até então. O tratado assegurava dois importantes fatos que teriam consequências duradouras na história do Ocidente: a independência da República Holandesa e o reconhecimento do pluralismo confessional. Por certo os fanáticos religiosos, católicos ou protestantes, continuariam sonhando com um Estado teocrático, mas a decisão tomada na Westfália nunca mais seria ameaçada seriamente. A República Holandesa logo desponta como uma sociedade moderna, pluralista e tolerante, onde se assiste ao surgimento de uma esfera pública, graças à expansão do capitalismo internamente e no mundo. Os problemas mais agudos dos séculos anteriores, causados por guerras, recessão econômica, pestes e fome, exigiram tempo para ser sanados. Gradualmente, os indicadores começam a subir, com o crescimento populacional, maior produtividade da agricultura, e a expansão das manufaturas e do comércio. A partir da segunda metade do século XVII, com a urbanização aumentando na mesma proporção das conquistas coloniais, o processo se consolida e acelera, ainda que com alguns retrocessos. A Holanda não se envolve em guerras, como a Inglaterra e a França, em 1668, nem adota políticas expansionistas como as da Rússia, a partir de 1695, mas adapta-se socialmente ao integrar sua elite e permitir um grande número de beneficiários do crescimento econômico.

Enquanto na Holanda se desenvolvia uma significante estrutura industrial e um pujante comércio internacional, com infraestrutura de transporte, estradas de rodagem e cidades com bons equipamentos urbanos, na península Ibérica se podia viajar semanas sem encontrar alguma coisa que se parecesse com uma cidade, e as condições materiais haviam mudado para pior, com elevado índice de analfabetismo, pobreza e baixa expectativa de vida. E, no entanto, e talvez por isso mesmo, o modelo colonial holandês foi eficiente, lucrativo e brutal com os nativos.

A COLONIZAÇÃO

Em 1667, uma parte do território da Guiana, o Suriname, é invadida e conquistada pelos holandeses, comandados por Abraham Crijnssen. Ali, após diversas tentativas de colonização por parte de ingleses e franceses, já existia uma sociedade de 4 mil habitantes, inclusive de escravos, que trabalhavam em pelo menos 180 fazendas agrícolas. A alta produtividade e os lucros auferidos pelos colonos do Suriname fizeram com que os ingleses os atacassem, mas as disposições do Tratado de Breda (1667) davam posse legal aos holandeses, que haviam trocado sua possessão na ilha de Manhattan por aquele pedaço da Amazônia.

Tendo sido o Suriname confirmado como colônia da Zelândia-Netherlands, muitos fazendeiros britânicos abandonaram suas fazendas e fugiram para Tobago, levando seus capitais e sua escravaria. Nos dez anos seguintes, os holandeses ocuparam as fazendas deixadas pelos ingleses, mas não conseguiram impedir que a colônia entrasse em decadência.

Finalmente, em 1683, o Suriname foi vendido a uma empresa, a Sociedade do Suriname, que investiu e deu novo impulso ao território. O governador Aerssen van Sommelsdyck, homem de grande experiência administrativa, um dos sócios da empresa, organizou a colônia, abriu novas áreas de colonização, atraiu capitais de comerciantes de Amsterdã e garantiu o suprimento de braço escravo. A produtividade agrícola foi bastante aumentada com as drenagens em larga escala do litoral próximo a Paramaribo, centro urbano protegido pelo Forte Zelândia. Cacau, café, cana-de-açúcar e algodão foram as culturas prediletas durante quase dois séculos. Em 1750, o Suriname tinha aproximadamente quinhentas fazendas altamente industrializadas, produzindo 10 mil toneladas de açúcar, 7 mil toneladas de café, 100 toneladas de cacau e 50 toneladas de algodão.

Esse modelo de colônia-empresa, que os holandeses montaram no Suriname, era em escala bem modesta, do ponto de vista territorial e fundiário, se comparada com os modelos agrícolas de outros territórios, como as fazendas da América do Sul. Mas a alta produtividade permitiu que comerciantes holandeses oferecessem seus produtos tropicais a preços que tiravam o sono de seus concorrentes, em qualquer parte do mundo.

O MODELO FRANCÊS

Enquanto os ingleses e holandeses se limitaram a fundar pequenas colônias no estuário do rio Amazonas, a França concebeu um ambicioso projeto de conquista do vasto território, que ia da boca do Orinoco, ao norte, até a ilha do Maranhão, a sudeste. Em 1603, René de Montbarrot recebe do rei da França o título de comandante-geral para o Amazonas e Trinidad, arma dois navios e chega ao Oiapoque em abril do ano seguinte.

A expedição, comandada por La Ravardière, encontra a região em plena guerra, com algumas tribos confederadas em luta contra as tribos caribe da região de Caiena. A expedição, com poucos homens para enfrentar a hostilidade dos nativos, limita-se a recolher pau-brasil. Oito anos depois, La Ravardière retorna com uma forte armada e ocupa a ilha do Maranhão, fundando a cidade de São Luís, de onde os franceses foram expulsos em 1615 por tropas portuguesas.

Em 1623, Jessé de Forest e Louis le Maire, comandando um grupo de protestantes franceses refugiados na Holanda, são enviados pela Companhia das Índias Ocidentais para fazer reconhecimento e fundar colônias na costa da Guiana. Novamente, a instalação dos franceses é dificultada pela hostilidade dos nativos. Em outubro de 1624, morre Jessé de Forest e os franceses não conseguem evitar envolver-se nas constantes lutas intertribais. Em maio de 1625, os sobreviventes franceses embarcam num navio holandês e regressam à Europa. Muitos deles retornarão ao continente americano, participando da fundação da cidade de Nova York.

Finalmente, em 1653, os franceses tentam a conquista de uma parte da Amazônia de forma mais organizada. O cardeal Mazzarino concede o território da Guiana a um grupo de doze nobres, fundado por Royville, cujo objetivo era o estabelecimento de colonos europeus e a conversão dos selvagens. Naquele mesmo ano, a expedição composta de oitocentos colonos desembarca na Guiana. Esses "Senhores Associados" vão dar a tônica do modelo colonial francês.

Os nobres senhores eram homens da Idade Média, perdidos nas mudanças do Renascimento, e não se deve estranhar que tenham tentado repetir na selva tropical o velho sistema feudal já em ruínas na Europa. Royville,

Poncet de Brétigny, todos eles viviam na ilusão de seus títulos e no delírio orgulhoso de seus poderes feudais. Homens brutais e autoritários, suas disputas degeneraram em mortes antes mesmo de desembarcarem na Amazônia. Royville é assassinado em sua cama, e, depois de uma série de motins, outros assassinatos e sumárias execuções, o comando da expedição acaba nas mãos de Vertaumont, um fidalgo cruel e vingativo.

Em meio a essas disputas mortais, os oitocentos colonos se viram tratados quase como escravos e, uma vez na Guiana, foram obrigados a praticar pilhagem contra os índios. Em pouco tempo, a situação ficou insustentável e os índios, desesperados pelos constantes ataques e maus-tratos, decidiram massacrar os franceses. Os colonos pagaram, então, um preço altíssimo: seiscentos morreram e os sobreviventes, esfaimados e miseráveis, foram obrigados a implorar aos índios por suas vidas. Os nativos lhes deram três grandes pirogas, com as quais navegaram até o Suriname, onde pediram refúgio.

Os franceses conseguiram se estabelecer em Caiena, penetraram lentamente na região do Oiapoque, e, em 1697, sob ordens do governador Elènor de la Ville, marquês de Férolles, entram novamente no vale do Amazonas. Uma pequena tropa, bem armada e treinada, ocupa sem resistência os fortes portugueses do Paru e Macapá, mas a alegria dura pouco. Algumas semanas depois, um contingente de soldados portugueses, sob o comando de Antônio de Albuquerque, retoma as duas fortificações e prende todos os franceses, inclusive o padre de La Mousse, que pretendia fundar missão entre os índios.

Com essa expedição malograda, os franceses desistem de ocupar o vale do Amazonas, e o território compreendido entre o Oiapoque e o Araguari ficará em litígio por dois séculos, até que uma arbitragem do Conselho Federal Suíço se pronuncia, em 1900, a favor do Brasil.

A França, no entanto, será a única potência europeia a manter um enclave colonial na Amazônia: a Guiana dita francesa.

O MODELO ESPANHOL

O período conturbado e heroico da conquista foi muito breve. Logo o Estado absolutista espanhol tratou de estabelecer limites para conter o ímpeto dos ousados e ambiciosos conquistadores. Mas, para os espanhóis, expansão significava conquista, como foi praticada contra os mouros em séculos de lutas pela reconquista da península. A mecânica era simples: após o sucesso militar, o estabelecimento de migrantes, uma administração formal, a coleta de impostos e, com o tempo, a imposição do cristianismo. As terras conquistadas deviam ser distribuídas entre os conquistadores. Os nobres, os padres e os militares eram os principais beneficiários. As classes populares também levavam seu quinhão de terras, casas ou o direito a ter escravos.

Essa tradição foi de grande importância para o Novo Mundo, gerando uma instituição que receberia o nome de *encomienda*, o modelo espanhol para estabelecer as relações entre colonizadores e os povos indígenas. O sistema de *encomienda* foi tão bem-sucedido que acabou por despertar temores na metrópole. Após a tomada do México, é criado um conselho real exclusivamente para supervisionar e governar as novas terras, o Conselho das Índias. A seguir, foram definidas as jurisdições americanas com o estabelecimento dos vice-reinos do México e do Peru, além de limitar a extensão das *encomiendas*, pois a metrópole temia que os *encomenderos* se transformassem em uma nobreza colonial difícil de controlar.

Barrados pelas muralhas andinas que dificultavam a penetração no vale amazônico, os espanhóis praticamente abandonaram a região após sucessivos malogros ocorridos ainda no século XVI. As dificuldades de sobrevivência na selva tropical e a forte resistência dos nativos impediram que os espanhóis ali se estabelecessem imediatamente. A colonização espanhola era baseada na fundação de cidades. Toda a lógica colonial focava na disseminação de cidades, de onde irradiariam a administração e os negócios. Quando uma expedição tomava posse de um território, o seu comandante seguia um cerimonial preestabelecido e fundava uma cidade, criando um *cabildo* composto dos mais destacados homens ali presentes. Essas cidades seguiam um planejamento urbano único, em forma de grade, com uma praça central onde estavam os poderes terrenos e espirituais. É que os colonos espanhóis desejavam uma vida de classe abastada, urbana, de onde comandariam as massas de nativos a seu serviço.

Como essas cidades não podiam nascer do nada, sem uma fundação econômica, a colonização da Amazônia se tornou pouco atrativa. Os es-

A COLONIZAÇÃO

panhóis buscavam basicamente metais preciosos, e desejavam enriquecer rapidamente. Como dizia Hernán Cortés, "Eu vim para pegar o ouro, não para tratar a terra como um camponês". Assim, somente aqueles dedicados à conquista espiritual persistiram na região. Mesmo assim, na área dos rios Putumayo-Caquetá e nas terras adjacentes às cordilheiras ocidentais, algumas missões religiosas se aventuraram apenas no século XVII, deslocando-se de Quito e estabelecendo contatos com os povos indígenas daquelas paragens, como os sionas, do ramo tukano ocidental, que registraram em seus mitos aqueles primeiros encontros.

Mas em nenhum momento os missionários foram recebidos pacificamente. Em 1669, vários padres foram mortos, muitos dizimados por enfermidades e, entre 1749 e 1762, milhares de índios sucumbiram a epidemias de varíola. No final do século XVIII, dos aproximadamente 10 mil índios que viviam ali no momento do contato, apenas 1.500 tinham sobrevivido. Em 1769, os missionários abandonaram a área, e os espanhóis e seus sucessores somente regressaram por volta de 1860, quase cem anos depois, com a valorização da borracha e de outros produtos do extrativismo.

Na alta Amazônia colombiana, as primeiras tentativas aconteceram entre 1535 e 1596, quase seguindo os passos dos antigos incas. Durante o reino do inca Huayna Cápac, várias expedições foram enviadas ao território compreendido pelos vales do alto Napo e Misagualli, estabelecendo um intercâmbio comercial e cultural, sem esquecer o magnífico complexo megalítico que chegou até os dias de hoje. Segundo a tradição oral dos índios de Narino, na Colômbia, os incas construíram uma estrada pavimentada que, do sul ao norte, ligava aquelas cidades incaicas a outras colônias incas no sopé dos Andes, nos vales de Sibundoy.

A entrada dos espanhóis se deu com a ajuda forçada dos povos de cultura quichua que viviam na região no rio Napo, além da adesão das tribos carchi e imbabura, que tentavam restabelecer sua identidade após o domínio incaico e recebiam os espanhóis como aliados. A ocupação espanhola tem início em 1544, com a expedição de Francisco de Benalcázar, que optou por um modelo colonizador que dava ênfase à mineração e deixava em segundo plano o extrativismo ou a agroindústria.

Os espanhóis, no entanto, não tinham uma administração centralizada para organizadamente penetrar e ocupar a Amazônia. Para completar, o final do século XVI é particularmente turbulento nesse pedaço da América, com líderes dominados pelo que se denominou de variante americanizada do utopismo, gerando sublevações e guerras intestinas como as de Hernández Girón, Gonzalo de Oyón e a já conhecida loucura de Lope de Aguirre.

Mas a opção pela mineração não parecia errada num primeiro instante. Em 1559, é encontrado ouro nas povoações de Mocoa e San Juan de Trujillo, exigindo o esforço conjunto dos grupos institucionais e segmentos da sociedade civil para consolidar, naquelas áreas, assentamentos mais permanentes e militarizados. O problema era o frágil equilíbrio entre os poderes institucionais e civis, que não permitia qualquer intento colonizador mais planificado. Por isso, nem bem o sítio de Mocoa começa a produzir ouro, as autoridades descobrem uma conspiração separatista, encabeçada por Rodrigo de Avendaño, que vai ser decapitado pelo crime.

Assim, no final do século XVI, para que assentamentos como os de Mocoa não se perdessem, os espanhóis se decidem pelo modelo de fortalezas militares e guarnições, estendendo timidamente seus domínios na Amazônia apenas às regiões vizinhas aos Andes. O modelo espanhol de enclave militar de mineração não ajudou a expansão de seu domínio ao grande vale, ficando a tarefa de avançar pelas selvas e pelos rios imensos aos missionários, especialmente jesuítas e franciscanos.

No século XVIII, os missionários vassalos à coroa espanhola trabalham com afinco na redução de índios, especialmente no rio Caquetá, mas em 1790 uma rebelião de todos os nativos daquela área arruína com as missões.

A região do alto Orinoco-Rio Negro foi integrada ao programa colonial espanhol, como resultado do movimento de expansão de grupos interessados na busca do El Dorado e do trabalho dos missionários, o que constituiu um dos aspectos peculiares a essa parte da Amazônia, pela geopolítica que pôs em disputa o território entre as potências europeias que desejavam ficar com a Guiana. Os sonhos delirantes do El Dorado sempre apontaram para o planalto guianês, centro misterioso do continente, onde supostamente estariam o "lago" Parima e a "cidade" de Manoa.

Mas o projeto colonial dos castelhanos, iniciado no século XVI, será também interrompido durante longos anos nessa área, devido ao processo de crise progressiva em que entra o Estado colonial espanhol, um processo que durará meio século e que os manterá nos contrafortes andinos.

O MODELO PORTUGUÊS

Portugal é um país pequeno e no século XVI contava com recursos econômicos e demográficos moderados, o que não impediu que durante três séculos controlasse um império colonial que se estendia da Ásia ao Brasil. No momento em que as primeiras povoações se estabelecem na América do Sul, os portugueses já tinham colonizado os Açores e a ilha da Madeira, além de explorar a costa ocidental da África. O fenômeno do império marítimo português pode ser explicado por diversos fatores, como o espírito militar das Cruzadas, o impulso missionário, o interesse de El Rei, a busca de rotas comerciais lucrativas e a curiosidade científica.

Os estudos mais tradicionais apontam para a necessidade de encontrar um caminho marítimo para a Índia e suas especiarias como a razão das descobertas portuguesas, mas, bem antes do interesse pelas especiarias prevalecerem, a África representava um polo de atração. Os portugueses precisavam de grãos e ouro, que podiam ser encontrados nas cidades do norte da África, pontos finais de antigas rotas comerciais que atravessavam o deserto do Saara e traziam metais preciosos, seda, grãos e especiarias. A conquista de Ceuta não foi suficiente para garantir novas fontes de riqueza, e os portugueses foram se expandindo pelo litoral africano em busca de marfim, ouro e escravos, finalmente dobrando o cabo da Boa Esperança e atingindo a Índia.

Durante esse processo, bem distinto da ideia espanhola de conquista, os portugueses desenvolveram e refinaram uma série de técnicas comerciais e políticas para operar nas terras a que chegavam e das quais se apossavam. As formas avançadas dessas técnicas foram o sistema de feitorias e as capitanias com seus donatários. As feitorias serviram para explorar as colônias africanas desde o primeiro momento, seguindo um modelo que vinha da Idade Média, como a feitoria de Bruges, que existia já em 1300. As feitorias eram um excelente exemplo de como estabelecer uma presença comercial permanente, sem os custos de uma ocupação colonial. O propósito da feitoria era o comércio, com financiamento privado e custando muito pouco à coroa. Quando a feitoria sofria um revés comercial, ou os nativos se rebelavam, organizava-se o seu braço armado, chamado de "resgate", com um histórico de violência e arbitrariedades que marcaram as relações dos portugueses com os habitantes das áreas colonizadas.

Sabemos, no entanto, que a expansão portuguesa em sua empresa colonial no Brasil não foi mero transplante; em grande parte foi obra de fusão, união da vivência colonial lusitana com as coisas tropicais. Como afirmou Capistrano de Abreu, Portugal não entregou a empresa colonial a homens de negócios. Escolheu homens pertencentes aos quadros da hierarquia administrativa, como militares, funcionários graduados, letrados, nobres menores, burocratas e degredados.

Desde o início, por exemplo, os portugueses aplicaram na Amazônia um sistema que tentava reduzir a colônia a um mero prolongamento produtivo do reino, utilizando de maneira prática os conhecimentos operacionais conquistados pelos colonizadores no curto espaço da penetração. Assim, construíram fortificações, povoaram vilas e cidades, e procuraram forçar a adesão dos elementos nativos para a ordem social da colônia.

A colonização portuguesa, embora agisse com aparente imediatismo, cuidava para que essa experiência fosse profunda, certeira e irreversível. E é por isso que o grande trabalho de transculturação da Amazônia pela colonização portuguesa é ainda hoje o fenômeno mais expressivo e duradouro.

A EVOLUÇÃO DA ADMINISTRAÇÃO PORTUGUESA

A colonização portuguesa, que politicamente vai de 1600 a 1823, pode ser assim dividida:

- 1600 a 1700: expulsão dos outros europeus e ocupação colonial;
- 1700 a 1755: estabelecimento do sistema de missões religiosas e organização política da colônia;
- 1757 a 1798: criação do sistema de diretorias de índios e esforço para alcançar o avanço do capitalismo internacional;
- 1800 a 1823: crise e estagnação do sistema colonial.

Até 1757, o território português na Amazônia era chamado de estado do Maranhão e Grão-Pará, composto de sete capitanias: quatro pertencentes a donatários — Caetê, Cametá, Joanes (Marajó) e Cumã; e três diretamente pertencentes ao rei — Pará, Maranhão e Piauí. O Maranhão e o Grão-Pará contavam com duas cidades, Santa Maria de Belém e São Luís do Maranhão, que sediavam bispados, e mais sete vilas, e diversos lugarejos e freguesias espalhados especialmente na parte oriental do vale. Mas a consolidação administrativa do território somente se daria durante o século XVIII, nas administrações dos capitães-generais João da Maia da Gama (1722-1728), Alexandre de Sousa Freire (1728-1732), José da Serra (1732-1736), João de Abreu Castelo Branco (1737-1747) e Francisco de Mendonça Gurjão (1747-1751). Em 1757, assume o fidalgo Francisco Xavier de Mendonça Furtado, irmão do homem mais poderoso de Portugal, Sebastião José de Carvalho e Melo, o marquês de Pombal.

CONSOLIDAÇÃO DO TERRITÓRIO

Entre 1600 e 1630, os portugueses consolidaram o seu total domínio da boca do rio Amazonas. Avançaram para o norte, sob a desconfiança dos espanhóis, e atravessaram a linha do Tratado de Tordesilhas. Com a fundação do Forte do Presépio de Santa Maria de Belém (1616), os portugueses violaram deliberadamente o tratado e se aproveitaram do fato de Portugal estar sob o domínio espanhol.

O trabalho de dar combate e expulsar ingleses, irlandeses, franceses e holandeses ocupou os portugueses por quase dez anos. Mas eles não se limitaram às operações militares: além do estabelecimento de novos postos, foram espalhando feitorias e missões. Cada governador de Belém cuidou de organizar bem-equipadas expedições de reconhecimento e ocupação, mandou tropas de resgate, moveu guerras justas e incentivou o descimento de índios para os centros coloniais. O processo de aculturação e extermínio gradativo se instala, fixando uma sociedade que vai mover todo o seu arsenal de medidas administrativas para organizar os povos indígenas e moldá-los às necessidades da economia europeia.

Os portugueses, com vivência colonial já formada (África, Índia etc.), passam a dominar os povos indígenas frouxamente organizados em termos de unidade política. É o momento do reajuste socioeconômico dos grupos nativos aos padrões da exploração mercantil. O resultado desse esforço será a destribalização dos grupos mais expostos, habitantes das margens do rio Amazonas e de seus afluentes próximos. Era o início do processo de caboquização dos índios, quando esses nativos foram retirados das mais diferentes culturas e modos de produção, e reunidos nas vilas e aldeias espalhadas de maneira estratégica, até finalmente surgirem como trabalhadores livres numa economia extrativa colonial. Não demorou muito para os portugueses começarem a ocupar território supostamente espanhol, com o incentivo e beneplácito do próprio rei da Espanha.

O ESTADO DO MARANHÃO E GRÃO-PARÁ

A implantação de um processo colonial não é tão simples quanto a aventura da conquista. Na boca do rio Amazonas, os tupinambás não estavam mais aceitando a presença dos portugueses e os colonos relutavam em se instalar em região tão insegura, cujos rigores eram verdadeiros desafios. O forte de Belém, apesar de receber reforços e constante apoio dos portugueses do Maranhão, teve problemas para se sedimentar. No início, os próprios portugueses não estavam se entendendo: havia sinais de indisciplina e os índios aldeados começaram a perder o medo dos soldados. A desordem chegou a um ponto em que os índios mataram alguns portugueses e cercaram o forte. Os nativos contavam com a superioridade numérica e o conhecimento do terreno; os portugueses, com armas de fogo e obsessão. O certo é que a máquina colonial estava montada e não podia parar.

Após a Restauração, a maior preocupação de dom João IV foi o povoamento do estado do Maranhão e Grão-Pará. Um de seus primeiros atos foi ordenar que os degredados do reino fossem enviados para o Estado Norte, além de beneficiar os donatários que desejassem promover "descimento" de índios para povoar suas capitanias e propriedades. Em 4 de março de 1644, uma "Carta de Foral, Povoamento e Doação, e Naturizamento" concede ao irlandês Peter Suetman o direito de povoar terras do Pará. Suetman era irlandês católico e estava sofrendo perseguição religiosa. Comprometia-se em seu nome e em nome de cerca de quatrocentos companheiros, inclusive de cinquenta casados, em reconhecer o rei português como soberano natural e aceitar todos os direitos e deveres exigidos e concedidos aos portugueses.

A historiadora portuguesa Lucinda Saragoça, em seu livro *Da "Feliz Lusitânia" aos confins da Amazônia,* faz o seguinte resumo da ainda incipiente sociedade colonial do Grão-Pará, a partir de cartas do padre Antônio Vieira:

> A população deste Estado compõe-se de Portugueses e Índios naturais. Vejamos então como se desdobravam estes dois grupos. O primeiro, ao qual chamavam geralmente de "moradores" era constituído pelos Portugueses e seus descendentes imediatos, brancos. Mas este grupo dividia-se em três estratos: os nobres ou cidadãos, os peões e os infames. O estrato dos nobres ou cidadãos era composto dos primeiros Portugueses que povoaram a terra e a conquistaram aos franceses e Índios. Como senhores deste título, desempenhavam cargos de governação, quer civis quer militares. [...] O estrato dos peões era constituído por Portugueses que desempenhavam os ofícios de mercadores, mecânicos, operários e trabalhadores de qualquer espécie. O estrato dos infames era constituído por cristãos-novos e degredados. Quanto aos índios naturais da terra, dividiam-se em gentios e cristãos. Os gentios viviam nos sertões; os cristãos podiam ser livres ou escravos. Os livres moravam nas suas aldeias e os escravos com os Brancos, a quem serviam em suas casas e nas lavouras. Nessa altura era diminuta a quantidade de escravos negros, que em tudo se confundiam com os escravos da terra.[1]

O ALTO ORINOCO E RIO NEGRO

A entrada dos espanhóis no Orinoco se dá de forma hesitante, desde que a expedição de dom Diego de Ordaz, em 1531, regressa derrotada pelos índios caribes. Dois anos depois, Alonso de Herrera tenta tomar posse do território,

---
1. SARAGOÇA, 2000, p. 131.

porém é rechaçado a flechadas. Apenas em 1584, e graças à tenacidade do comandante Antônio de Berrío, é que a ocupação do alto Orinoco começara a ser efetivada. Na primeira expedição, Berrío percorre especialmente o alto Orinoco, chegando até Carichana, onde funda um povoado que não prospera. A seguir, todo o esforço espanhol se concentra no médio e baixo Orinoco, bem como o interior das Guianas, deixando o alto Orinoco por mais de um século.

Numa segunda expedição, Berrío desce o Orinoco e atinge a ilha de Trindade, onde é fundada a cidade de San José de Oruña. Com o apoio direto de Santa Fé de Bogotá, Oruña se transforma na plataforma da conquista da Guiana, avançando pela selva, num esforço de deter a invasão inglesa comandada por Sir Walter Raleigh. Dom Antônio de Berrío, como bom conquistador espanhol, levava consigo um sonho: descobrir a laguna do Parima e chegar à lendária cidade de Manoa, perdida nas montanhas da Guiana, onde o ouro era mero calhau nas ruas. Na inóspita região guianense, Barrío funda a cidade de Santo Tomé de Guayana, que muda diversas vezes de lugar, até se tornar a capital da Guiana venezuelana, hoje com o nome de Ciudad Bolívar.

Em 1593, Berrío anuncia ao rei da Espanha que solenemente havia tomado mais uma vez posse das áreas de Moroco, Pomarón e Essequibo. Do lado oriental do rio Demerara, a zona toda tinha o nome de Surinam, quando como súditos espanhóis se estabeleceram uns holandeses, mas na verdade a zona que ali se reconhecia para a Espanha fazia fronteira com o rio Amazonas, dividindo as possessões portuguesas. As primeiras reduções, dos jesuítas, começaram em 1629, para ser interrompidas por quase trinta anos. Em 1661, as missões retomam o seu trabalho, reivindicando um imenso território que a partir do rio Apure cobria todas as pradarias ocidentais, do pé da cordilheira até Guaviare e Inírida. Mas as atividades missionárias se concentraram nas proximidades do rio Meta, e só se aventuravam ao alto Orinoco para promover descimento de índios. Os portugueses, no entanto, cada vez mais iam entrando nessa região de corredeiras, imensas pedras, montanhas geladas e chuvas torrenciais. Com a separação portuguesa da Espanha, e com o intuito de consolidar seu domínio na área, é fundado, em 1669, o forte de São José da Barra do Rio Negro, que dá origem à cidade de Manaus. O forte estava fincado apenas a alguns quilômetros da foz do Negro, e a partir dali os portugueses começaram a entrar rio acima, pelo rio Branco, pelo Cassiquiare, até o Orinoco. Quando o cientista Alexander von Humboldt passou por aquelas paragens no final do século XVIII, notou os sinais dos portugueses, como as caixas de madeira e ferro perdidas num pedaço do Orinoco.

O FORTE DE SÃO JOSÉ DA BARRA DO RIO NEGRO

É o historiador português João Lúcio de Azevedo que fixa a data mais segura para marcar a expansão portuguesa em direção ao ocidente amazônico, a partir de uma carta de Vieira, onde está registrado 1657, ano em que os padres Francisco Velozo e Manoel Pires estiveram no rio Negro. Eles tinham deixado São Luís em junho daquele ano, com uma escolta de 25 soldados e trezentos índios. Depois de superar a correnteza desfavorável do Amazonas, os jesuítas conseguiram entrar no rio Negro, e manter contato pacífico com os tarumãs, o que acabou rendendo seiscentos índios escravizados, distribuídos entre os moradores de Belém.

A missão dos tarumãs, como ficou conhecida a empreitada, foi considerada de grande importância, repetindo-se no ano seguinte sob o comando do padre Pedro Pires e do próprio provincial dos jesuítas, padre Francisco Gonçalves, conhecido pelas suas virtudes, "apóstolo encanecido nas conversões, perito na língua da terra; tão modesto que por bagagem só tinha uma canastra, em que guardava o cilício, disciplinas e livros de casos de consciência que não dispensava para as dúvidas do confessionário; um dos prediletos do céu, que tinha prenunciado a aclamação de dom João IV".[2] A piedosa virtude do provincial, padre Francisco Gonçalves, certamente foi fundamental para o êxito da expedição, já que regressaram sãos e salvos a Belém, com um carregamento ainda mais rendoso: setecentos escravos.

2. AZEVEDO, 2008, p. 315.

O sucesso das viagens dos jesuítas aguçou a cobiça dos governantes. Em 1663, sob as ordens do capitão-mor do Grão-Pará, Ruy Vaz de Siqueira, o sargento-mor Antônio Arnau de Vilela interna-se pelas selvas e vai sair no rio Urubu, nas proximidades da missão de Saracá, recentemente fundada por frei Raymundo, da Ordem das Mercês. Era uma região densamente povoada, e logo os portugueses foram procurados por representantes dos caboquenas, bararurus e guanavenes, que vinham dizer que, se seguissem até as cabeceiras do Urubu, conseguiriam milhares de escravos. Os portugueses acreditaram e a tropa de resgate subiu o rio, com o sargento-mor Arnau de Vilela a computar os lucros. Não tinham chegado a viajar dois dias, quando os índios atacaram. Vilela perde a vida e quase toda a sua tropa, restando apenas alguns poucos soldados e frei Raymundo. Os sobreviventes se refugiaram na missão de Saracá, onde, sob o comando do alferes João Rodrigues Palheta, conseguiram repelir os índios e regressar a Belém.

A notícia do ataque dos índios é recebida em Belém com consternação e revolta, e a administração colonial trata de revidar, organizando uma expedição para castigar aqueles índios rebeldes. O serviço é entregue ao calejado Pedro da Costa Favela, que em 6 de setembro, com 34 canoas, quatrocentos soldados e quinhentos índios, largou de Belém. No final de novembro, a expedição entra no rio Urubu, e Favela ordena o desembarque de uma parte de sua tropa. Sem nenhuma contemplação, sem perguntar quem era amigo ou inimigo, perpetra o primeiro de uma série de massacres que irão ocorrer no rio Urubu. Reduziu a cinzas mais de trezentas aldeias, assassinou setecentos índios, incluindo velhos, mulheres e crianças, além de ter escravizado quatrocentos homens e mulheres.

Cinco anos depois do massacre, Pedro da Costa Favela regressa ao rio Urubu, comandando uma tropa de resgate. Fundou, então, o primeiro povoado português da região, que ficou sob os cuidados de frei Teodósio da Veiga, da Ordem das Mercês. O povoado recebeu o nome de Santo Elias do Jaú, mais tarde Santo Elias do Airão, hoje uma cidade fantasma.

Em 1669, para garantir um ponto de partida da penetração portuguesa em direção ao norte e impedir a passagem de navios holandeses que desciam do Orinoco para comerciar com os omáguas, o capitão Francisco da Mota Falcão foi nomeado para a importante tarefa de fortificar a boca do rio Negro. Escolheu o outeiro, entre dois igarapés, situado aproximadamente 15 quilômetros acima da confluência do rio Negro com o Solimões, e ergueu, auxiliado por seu filho Manoel da Mota Siqueira, engenheiro de fortificações, um reduto de pedra e barro, de forma quadrangular. Era uma obra simples e rápida, que levou o nome de fortaleza de São José do Rio Negro, recebendo quatro peças de artilharia e uma guarnição de poucos praças, sob o comando do capitão Angélico de Barros. Frei Teodoro foi o responsável pelo aldeamento dos índios tarumãs, passés e baniwas na boca do rio Negro, dando origem ao povoado chamado Lugar da Barra, que no futuro seria a cidade de Manaus.

Sendo o rio Negro uma das áreas mais densamente povoadas naquela época, a população indígena tornar-se-ia logo uma das maiores fontes de mão de obra para o colonizador. O braço indígena era largamente utilizado na exploração de produtos naturais — as drogas do sertão, o que prejudicava, naturalmente, suas milenares atividades agrícolas de sustentação. Assim, a mão de obra caboca, que vai aparecer quase simultaneamente com a independência, foi fruto dessa aculturação tão insistentemente forçada pelos portugueses durante duzentos anos. No final, o surgimento do caboco é a prova do sucesso da colonização, e sua história é o retrato de como os europeus submeteram os pouco cooperativos indígenas da Amazônia, em contraste com os mais facilmente adaptáveis indígenas do México e do Peru.

A colonização portuguesa, durante boa parte de sua fase de penetração, consistiu em intensificar a expansão do domínio territorial, num contraponto da geopolítica americana contra o domínio político espanhol sob o reino de Portugal. Os portugueses também se preocuparam em fundar seu projeto colonial, restituindo à própria região suas experiências nela. Era fazer viver no Novo Mundo sua própria linguagem, mas em prol dos interesses da economia portuguesa. Isso era organizar a vivência colonial no próprio contexto regional. A colonização portuguesa preocupou-se em interpretar economicamente e depois demonstrar pela experiência concreta.

SAMUEL FRITZ

Mas o período de ocupação territorial não se encerraria sem que antes os portugueses se confrontassem com os espanhóis. Em 1689, o jesuíta Samuel Fritz, da Boêmia, começou a organizar missões no rio Solimões, dentro do território demarcado por Pedro Teixeira, reivindicando essas terras para Castela. Provavelmente o jesuíta teria logrado sucesso, não tivesse ele adoecido numa aldeia dos índios yumaraguas. Aos 35 anos, era um homem robusto, mas um surto de malária, agravado por inchaço nos pés e problemas de verminose, obrigaram o missionário a ficar prostrado numa rede. Durante três meses ele penou, sem nenhum atendimento. Quando o sol nascia, Samuel Fritz conseguia levantar-se; a febre passava e ele podia alimentar-se, mas era durante a noite que a moléstia o atormentava. A febre queimava-lhe o corpo, a sede secava-lhe a boca, e ele não conseguia dormir porque os jacarés saíam do rio e perambulavam pela aldeia. Certa noite, um jacaré chegou a subir numa canoa, cuja proa estava dentro de sua barraca, para tentar atacar o padre que estava na rede imobilizado pela febre.

Como Samuel Fritz estava fraco demais para enfrentar a viagem de dois meses pelos Andes, decidiu descer o Amazonas e encontrar os portugueses, que, segundo os índios, estavam coletando salsaparrilha na boca do Purus. Duas semanas depois, Fritz foi levado por índios para a missão dos mercedários, na cidade de Silves, onde foi tratado com grande carinho, mas sua saúde não fez progressos. Os mercedários, então, mandaram Samuel Fritz para Belém, onde foi recebido e tratado pelos jesuítas, finalmente recuperando a saúde.

Ao tentar voltar para o trabalho missionário, as autoridades portuguesas o detiveram. Oito meses depois, chegam de Lisboa ordens reais para que Samuel Fritz regresse, agora com todo o apoio real, mas acompanhado de soldados portugueses. Três anos haviam se passado, e sobre a viagem de retorno, embora não tenha significado nenhuma vitória para Samuel Fritz, ele deixou um relato importantíssimo para o conhecimento da região e de seus habitantes no ocaso de uma época de conquistas, como escreve o sociólogo Renan Freitas Pinto:

A leitura de seu diário inevitavelmente nos leva a imaginar que o padre Samuel Fritz, sendo constantemente atingido por intensos ataques de febre, a ponto de perder os sentidos em várias ocasiões, vivia na realidade um estado de transe e possuído pelos excessos de seu fervor religioso. Sentia-se como santo entre os índios pagãos, como alguém carregado de uma força sobrenatural que era constantemente percebida e apontada pelos indígenas. Essa condição sobrenatural era percebida ora como uma ameaça, como uma manifestação do mal e da morte, ora como uma força do bem, capaz de anular os elementos da natureza, como as enchentes, as pragas e as doenças e neutralizar as forças espirituais e mágicas que conviviam com as sociedades indígenas com as quais o padre mantinha contato. O padre Fritz, conforme suas próprias palavras, costumava carregar uma grande cruz de madeira que erguia para afugentar toda sorte de perigo e inimigos. Essa imagem do martírio em vida é por assim dizer o leitmotiv de seu Diário, o que contribui para diminuir e mesmo esconder o lado pragmático, esclarecido e político de seu pensamento e de sua vida.[3]

Os índios do Solimões tinham grande afeição por Samuel Fritz, mas isso não impediu que os portugueses insistissem em manter o território sob seu domínio. Em 1687, quando Fritz estava numa povoação nas proximidades de Tefé, um contingente de soldados portugueses desembarcou na localidade — e, com eles, o provincial dos carmelitas, frei Manoel da Esperança. Fritz explicou que estava trabalhando aqueles índios pagãos em nome de Castela, mas que essa questão de fronteira deveria ser resolvida pelas autoridades de Madri e Lisboa. Frei Manoel da Esperança aceitou o argumento, mas exigiu que, enquanto tais autoridades não tivessem chegado a uma conclusão, Samuel Fritz se retirasse para o ocidente e abandonasse a área. Fritz não teve outro remédio que se retirar para uma região onde hoje é território peruano.

Durante os primeiros anos do século XVIII, Samuel Fritz vai continuar exercendo enorme influência entre os indígenas do Solimões, a ponto de o próprio rei de Portugal, dom João V, ordenar a total expulsão dos jesuítas espanhóis que estavam entre os omáguas e a prisão de Fritz.

---
3. PINTO, 2006, p. 134.

No dia 24 de dezembro de 1709, o governador do Pará escreveu ao rei de Portugal que uma tropa de 150 soldados tinha sido enviada para acabar de uma vez por todas com a ousadia dos jesuítas espanhóis. O resultado da expedição, além da destruição das missões e da prisão de alguns missionários, foi a quase extinção dos omáguas.

A disputada fronteira da Amazônia ocidental somente foi fixada com a assinatura do Tratado de Madrid, em 1750.

OS PORTUGUESES BUSCAM UMA ECONOMIA LIVRE DO EXTRATIVISMO

Com a independência de Portugal, o processo de sedimentação da conquista torna-se uma realidade. O século XVII tinha sido quase exclusivamente o século do engenho de açúcar. Mas a realidade e as possibilidades da Amazônia exigiam outro tipo de economia, além da extrativa, já no século XVIII considerada primitiva e insegura. Mas os portugueses não estavam preparados para oferecer uma alternativa econômica, nem o reino dispunha de capital necessário para tal. A solução foi orientar o processo colonial como um sistema defensivo, que pelo menos assegurasse o domínio da área. Por isso, entre 1700 e 1755, os portugueses desistem de forçar a transformação dos índios em mão de obra para as plantações, e a prioridade é para a construção de uma rede de missões e aldeamentos, quase todos voltados para a agricultura de sustentação, utilizando largamente a experiência milenar dos próprios índios. O objetivo, então, era dar ênfase na conversão espiritual dos índios e transformá-los em "índios-portugueses", embora a organização do trabalho não tenha sido esquecida. Mas essa foi a época em que o missionário ganhou o espaço do conquistador.

Uma legislação real de 1680 regulamentava da seguinte forma os índios trabalhadores. Um grupo devia ficar nas povoações, para praticar a agricultura de sustentação e garantir alimentos para os aldeados, e um excedente para ser vendido sob orientação dos missionários. Outro grupo de índios ficava inteiramente à disposição dos missionários, ajudando na "conversão" de outros índios e trazendo-os para o povoado. O terceiro grupo ficava a serviço do governo, que os distribuía aos colonos. Isso significava limitar a utilização de mão de obra indígena pelos fazendeiros a apenas 20% dos índios disponíveis, o que começou a criar ressentimentos e queixas entre os colonos.

Seis anos depois, uma nova carta real limitava ainda mais o contingente de mão de obra, ao estipular um salário para os trabalhadores indígenas, além de obrigar os empregadores a fornecer alimentação. O salário era baixo, aproximadamente 200 réis, mas os empregadores relutavam em pagar.

A produtividade da agricultura era alta, mas os preços internacionais não conseguiam pagar os investimentos. Os primeiros vinte anos do século XVIII foram de subsídio para os colonos da Amazônia, já que a ênfase era a manutenção do território. No entanto, essa política de ocupação não poderia durar muito. Os colonos aos poucos vão se enfurecendo com os missionários, especialmente com os jesuítas, gerando uma enorme tensão na região.

Mas não são apenas os colonos a se enfurecer. Na mesma época, uma série de rebeliões indígenas ocorre na Amazônia, com os índios demonstrando mudanças em suas táticas militares e, pela primeira vez, utilizando armas de fogo. É claro que os índios nem sempre receberam os europeus de braços abertos; a norma, por sinal, era hostilidade e beligerância. Mas nos primeiros anos do século XVIII os povos indígenas começam a esboçar novos tipos de resistência e oposição armada. Dos choques entre índios e portugueses, destacam-se dois: a rebelião permanente dos muras e a insurreição das nações do rio Negro sob o comando do tuxaua Ajuricaba.

OS MURAS

Os índios muras tinham emigrado havia pouco tempo para o rio Madeira, ocupando a região hoje chamada de Autazes. Eram exímios remadores e tinham enorme capacidade de deslocamento. No início, não hostilizaram diretamente os portugueses, mas evitaram maiores contatos. Por volta de 1720, o padre João Sampaio, missionário jesuíta, conseguiu aproximar-se de uma maloca mura e convenceu os índios a deixar a floresta e morar na missão de Santo Antônio, na boca do Madeira. Padre Sampaio prometeu ferramentas, roupas e alimentos, se eles embarcassem imediatamente.

Os muras começaram os preparativos para a mudança, quando apareceu um colono português que, se dizendo emissário do padre Sampaio, convenceu os índios a embarcar num bergantim, aprisionando-os e seguindo para Belém, onde os vendeu como escravos.

Quando os outros muras tomaram conhecimento do que tinha acontecido, passaram a odiar os portugueses. A primeira medida foi atacar e destruir a colônia portuguesa da boca do Madeira, o que fizeram com total sucesso, deixando o povoado em cinzas. Quando a expedição do major João de Sousa d'Azevedo chegou ao Madeira para iniciar sua jornada até o interior do Mato Grosso, os muras lhe deram combate e travaram lutas encarniçadas, com muitas baixas de ambos os lados.

Autazes é uma região de igapós, furos e pântanos, entre os rios Solimões e Madeira. Ali, no labirinto de florestas submersas, os muras tornaram-se imbatíveis. Até hoje, apesar de todas as carnificinas que sofreram, tanto dos portugueses como na época da Cabanagem, os muras continuam lá, no mesmo lugar, numa demonstração de que nunca se renderam ou foram derrotados.

Durante cinquenta anos, os muras dão combate aos portugueses. Eles tinham aprendido a não se apresentar de peito aberto contra as armas de fogo; organizavam rápidos ataques ou emboscadas e eram brilhantes arqueiros, arte que dominavam com criatividade, com a utilização de um grande arco que eles suportavam com os pés para lançar uma flecha capaz de atravessar um boi ou varar uma armadura metálica.

A vingança dos muras era um exemplo para outras tribos. Eles viajavam ao longo do Madeira, pelo Solimões, até mesmo pelo médio rio Negro, atacando e destruindo povoações portuguesas. Várias expedições punitivas foram lançadas contra eles, mas não conseguiram esmagá-los. Estima-se que mais de 30 mil muras perderam a vida, durante esse período, contra 10 mil colonos. Em seu relato, o ouvidor Francisco Xavier Ribeiro de Sampaio, que viajou pela região entre 1774 e 1775, escreveu que os muras "eram inimigos cruéis e irreconciliáveis" e, a menos que se movesse "uma guerra violenta [...] para acabar e destruir essa tribo", eles continuariam atacando os portugueses. Mas os muras só aceitariam coexistir pacificamente com os brancos depois das enormes perdas populacionais ocorridas durante a Cabanagem.

AJURICABA

O exemplo mura foi seguido mais radicalmente pelos manaus, a mais importante tribo do rio Negro. Maurício de Heriarte escreveu, em 1665, que aquela região era

> habitada por inumeráveis pagãos. Eles possuem um chefe [...], que chamam de Rei, cujo nome é Tabapari, e ele dirige várias tribos subjugadas ao seu domínio e é por elas obedecido com grande respeito. [...] As aldeias e gentes desse rio são grandes e suas casas circulares e fortificadas por cercas. Se esse território for colonizado pelos portugueses, nós poderemos fazer dali um império e poderemos dominar todo o Amazonas e outros rios.[4]

De fato, o rio Negro era uma região densamente povoada, e por povos culturalmente bastante avançados. De acordo com o padre João Daniel, até 1750 foram descidos à força 3 milhões de índios do rio Negro. "Insuficiente dizer", escreveu João Daniel, "que alguns povoados tinham mais de mil índios e outros tinham tantos que sequer sabiam os nomes de cada um deles".[5]

A resposta dos índios foi exemplar. Em 1720, os portugueses começam a ouvir falar do tuxaua Ajuricaba, a maior personalidade indígena da história da Amazônia. No começo, ele não hostilizou os portugueses. Como aruaque, Ajuricaba exerceu em mais alto grau um dos talentos de sua cultura: a arte da diplomacia. Rapidamente, ele foi unindo as diversas tribos sob uma confederação tribal, o que não era uma tarefa fácil. A estrutura social das tribos da Amazônia, por uma opção histórica, rechaçava qualquer tipo de poder centralizador. Daí a pulverização dos povos indígenas, que os fez presa fácil para os invasores europeus. Poucas foram as experiências de confederação entre os índios em todo o continente americano, mas Ajuricaba logrou unir as mais de trinta nações do vale do rio Negro, em cerca de quatro anos de trabalho de persuasão.

---
4. HERIARTE, 1874, p. 44.
5. DANIEL, 1975, p. 258.

Outro aspecto da liderança de Ajuricaba era a clareza com que ele sabia distinguir os diversos europeus que começavam a entrar em seu território. Do norte, através das montanhas do Parima e dos vales do Orinoco, vinham os ingleses, os holandeses, os franceses e, mais raramente, os espanhóis. Do sul, em grandes levas e com bastante violência, os portugueses. O conhecimento das diferenças entre os europeus ajudou muito no êxito inicial do levante de Ajuricaba. Ele negociou com os holandeses, que lhe forneceram armas de fogo, pólvora e instrutores. Dos ingleses adquiriu pólvora, chumbo e armas brancas. Finalmente, em 1723, ele se sentiu em condições de atacar os portugueses.

Os manau concentravam-se basicamente em duas posições no alto rio Negro, e em diversas malocas pelo rio Urubu e na localidade hoje chamada Manacapuru. Dessas posições, e com o apoio de diversos outros povos, eles destruíram todos os núcleos de colonos do médio rio Negro, obrigando os portugueses a se refugiar no forte da Barra. Ajuricaba também infligiu vários ataques às tribos que apoiavam os portugueses, gerando uma grande confusão na região.

O governador da província, João da Maia da Gama, imediatamente manda uma carta para Lisboa para informar sobre os ataques. Uma bandeira da Holanda, que Ajuricaba sempre desfraldava em sua canoa, era o que deixava os portugueses mais irritados. O fato foi testemunhado por Miguel de Siqueira Chaves e Leandro Gemac de Albuquerque, oficiais portugueses que comandavam tropas na área e por eles imediatamente reportado a Belém. Os arquivos holandeses confirmam o contato com os manaus porque, em 1714, a Companhia das Índias Ocidentais Holandesas enviou o comandante Pieter van der Heyden numa expedição à região do alto rio Branco. Van der Heyden deve ter-se encontrado com os manau, pois logo a seguir alguns guerreiros dessa tribo deram de aparecer no Essequibo, assustando os colonos holandeses. Essas incursões pelo extremo norte começaram a ficar comuns, até o levante de 1723, quando cessaram para sempre, com a quase extinção da tribo guerreira. Maia da Gama assim escreveu:

todas as tribos do rio e com exceção daquelas que estão conosco e contam com missionários são assassinas de meus vassalos e aliadas dos Holandeses. Elas impedem a propagação da fé e continuamente roubam e assaltam meus vassalos, comem carne humana, e vivem como bestas, desafiando a lei natural. [...] Esses bárbaros estão bem armados e amuniciados com armas dadas pelos holandeses, e outras conseguidas por eles e tomadas de homens que foram até lá e intentaram assaltá-los, desobedecendo minhas ordens. Eles não apenas têm o uso das armas mas também se entrincheiraram em cercados de pau e barro e com torres de vigilância e defesa. Por tudo isso nenhuma tropa os atacou até o momento por temerem suas armas e sua coragem. Por essas dissimulações eles se arrogam a um maior orgulho e se julgam no direito de cometer todos os excessos e matanças.[6]

A resposta de Lisboa foi autorizar o governador Maia da Gama a lançar uma expedição punitiva, mas os jesuítas tentaram uma solução negociada, e o padre José de Sousa foi enviado ao rio Negro para propor uma conciliação. O padre conseguiu fazer Ajuricaba trocar a bandeira holandesa pela portuguesa, viu o líder jurar obediência ao rei de Portugal e recebeu a promessa de libertar cinquenta escravos em troca do pagamento de resgate. Padre José de Sousa ficou muito impressionado com Ajuricaba, e relatou ao governador que ele era um homem ainda jovem, muito orgulhoso e arrogante, que se denominava governador de todas as tribos e que pessoalmente tinha-se declarado responsável por todos os agravos contra os portugueses. Se Ajuricaba fosse convencido a trabalhar para os portugueses, o rei teria nele um grande aliado.

Ajuricaba, no entanto, não estava interessado em se aliar a nenhum europeu. E, mal o jesuíta deixou o rio Negro, os ataques recomeçaram, e Ajuricaba nunca libertou os cinquenta escravos, embora tenha recebido o dinheiro. Em 1728, depois de receber a aprovação dos próprios jesuítas, Maia da Gama organiza uma poderosa força punitiva, sob o comando do capitão João Paes do Amaral. Sobre isso, Maia da Gama registrou:

---

6. INSTITUTO, 2005, p. 138.

> Ficou decidido que eles primeiro dariam busca ao bárbaro e infiel Ajuricaba. E nossa gente o surpreendeu em sua aldeia, mas ele encetou uma defesa antes que o cerco se completasse. Depois de alguns tiros de uma peça de artilharia que nossos homens tinham levado, ele resolveu escapar e abandonar a aldeia acompanhado por alguns maiorais. [...] Nossos homens saíram em perseguição e mantiveram escaramuças com ele cada vez que ele entrava nas vilas de seus aliados. O bárbaro chefe Ajuricaba e mais seis ou sete de seus chefes aliados foram finalmente presos e duzentos ou trezentos prisioneiros foram pegos junto com ele. Quarenta desses serão trazidos para pagar os custos da expedição feitos pelo tesouro de Sua Majestade e mais trinta para a coletoria real.[7]

Ajuricaba, posto a ferros junto com outros guerreiros, com eles foi transportado para Belém, onde todos seriam vendidos como escravos. Foi então que o grande líder manau fez o gesto que lhe garantiu um lugar na história e no coração do povo da Amazônia. Os portugueses descreveram assim o seu ato desesperado:

> Quando Ajuricaba estava vindo como prisioneiro para a cidade, e já estava em suas águas, ele e seus homens se levantaram na canoa em que se encontravam acorrentados, e tentaram matar os soldados. Esses tomaram de suas armas e bateram em alguns e mataram outros. Ajuricaba então pulou no mar com um outro chefe e não reapareceu mais vivo ou morto. Pondo de lado a pena que sentimos pela perda de uma alma, ele nos fez um grande favor ao nos liberar da obrigação de tê-lo prisioneiro.[8]

Ajuricaba pulou da canoa de seus opressores para as águas da memória popular, libertando-se dos grilhões e ressuscitando como um símbolo de coragem, liberdade e inspiração.

Em 1729, os índios do rio Negro novamente se rebelam, sob o comando do manau Teodósio. Depois de alguns combates, Teodósio é preso e enviado

---

7. Idem.
8. Idem.

a Lisboa. Novamente, em 1757, outro líder manau forma uma federação de tribos no rio Negro, ataca as vilas de Lamalonga e Moreira, e ocupa a ilha de Timoní. A rebelião é sufocada violentamente, mas a lição de Ajuricaba jamais é esquecida.

A figura de Ajuricaba ficou na memória popular. Repercutiu nas ações dos diversos líderes indígenas que se rebelaram e enfrentaram os colonizadores, mesmo em desvantagem. Um século depois de sua morte, o nome do guerreiro seguia inspirando a rebeldia. No dia 16 de agosto de 1835, ao ser empossado presidente do Pará, o líder cabano Eduardo Nogueira Angelim fez um discurso emocionado e de grande significado: "Corajoso povo do Pará, valentes defensores desta terra e da liberdade! Depois de nove dias de fogo assassino somos os senhores desta bela cidade de Belém. [...] Viva os descendentes de Ajuricaba [...] Viva o povo livre do Pará!"[9]

OUTRAS REBELIÕES NA AMAZÔNIA

O rio Negro não foi o único palco de rebeliões e sangrentos embates na Amazônia. Mais ao norte, na possessão de terra ocupada pelos holandeses, o século XVIII não seria exatamente uma era de paz. Com a introdução de mão de obra escrava nas plantações e engenhos holandeses da Guiana, começam a surgir comunidades de negros fugidos, denominados cimarrons, correspondentes aos brasileiros quilombolas. Como as punições para escravo recapturado eram severíssimas, indo desde o enforcamento às amputações de membros e variadas formas de morte sob tortura, os africanos escapavam para o interior da floresta, onde se reagrupavam em pequenos grupos. Os holandeses moveram todos os esforços para eliminar esses cimarrons, organizando expedições e tropas punitivas. Desde 1670 eles tentavam acabar com o problema, mas sem êxito.

Entre 1730 e 1740, a colônia vive em pé de guerra. Uma expedição, organizada a expensas de plantadores, chegou a reunir cinquenta holandeses e duzentos escravos, mas os cimarrons pouco sentiam o golpe, respondendo

---
9. HARRIS, 2010, p. 142.

aos ataques com elaboradas táticas de guerra de guerrilha, que desmoralizavam os colonos europeus, supostamente mais bem equipados. As expedições eram dispendiosas, custavam mais de 100 mil guildens, o que acabou obrigando os holandeses, depois de um século de disputas, a propor um acordo de paz, finalmente obtido em 1767.

Desde então, seis grandes grupos cimarrons vivem nas selvas do Suriname, numa população de mais de 30 mil pessoas, representando a maior e mais bem-sucedida população de africanos a se adaptar ao continente americano, vivendo em harmonia com os índios, aprendendo com eles a conhecer e a usar a natureza, e desenvolvendo uma magnífica cultura, uma das mais ricas e curiosas da Amazônia.

A ERA POMBALINA

Em 1757, na administração do marquês de Pombal, uma nova fase começa para a colônia, com a abolição do poder dos missionários sobre os índios e a laicização das missões, transformadas agora em diretorias de índios. O governador Francisco Xavier de Mendonça Furtado, irmão do marquês de Pombal, considera que a ação dos missionários trouxe muito lucro para a Igreja em detrimento do Estado e dos colonos. Era uma perspectiva que deliberadamente esquecia que o próprio reino, menos preocupado com lucro que com a preservação do território, tinha direcionado os índios para os missionários. É claro que o poderio econômico apresentado pelas ordens missionárias, especialmente os jesuítas, fazia delas um alvo fácil para tais críticas. Nessa terceira fase da empresa colonial, que vai de 1757 a 1797, os portugueses procuraram dar uma finalidade econômica mais clara para a região. Embora o ciclo de garimpo vegetal, da coleta da droga do sertão, tenha convivido com as tentativas agrícolas do sistema missionário, apenas com Pombal, e no rio Negro, iria ser realizada uma experiência agrícola e pecuária de certo vulto. Na verdade, os portugueses não tinham um interesse mercantil firme ligado ao garimpo da mata. Eles pensaram numa alternativa fixadora que garantisse a posse da área, assim como o ouro e a cana-de-açúcar, em Minas e Pernambuco, tinham formado sociedades de características definidas.

É claro que o extrativismo, além de lucrativo, era um meio de usar as possibilidades econômicas naturais da região. Foi pelo material recolhido no garimpo da selva, verdadeira ação geral de busca de material para análise, que o naturalista Alexandre Rodrigues Ferreira realizou, em 1783, a primeira tentativa de estudo e revelação científica do vale. O trabalho enciclopédico de Alexandre Rodrigues Ferreira, comissionado pela Corte portuguesa, trouxe aos europeus um vasto e sucinto material que se estende da etnografia à zoologia. O extrativismo embasava a análise do naturalista, que iria satisfazer o interesse de Portugal em conhecer e decifrar os recursos da Amazônia, já então em pleno assalto econômico e experimental, posto em prática pelo marquês de Pombal.

Mas o extrativismo não era suficiente para formar uma sociedade permanente. Gerava, é certo, uma integração apenas militar. O colono alinhava-se com a metrópole pela sua atuação militar, enquistado em suas pequenas fortalezas e propriedades.

A VISITAÇÃO DO SANTO OFÍCIO AO PARÁ

Um dos exemplos mais claros das contradições internas da administração modernizadora do regime de Pombal foi o episódio da instalação da Inquisição no Grão-Pará.

Sebastião José, o marquês de Pombal, sempre manteve uma atitude contraditória em relação a certos instrumentos políticos da Igreja Católica. É claro que ele tinha consciência de que o reino de Portugal desenvolvera uma íntima ligação histórica com a Igreja, e o catolicismo servira de base para a construção da nacionalidade lusitana, produzindo uma série de reis carolas, alguns mesmo fanáticos, como o malfadado dom Sebastião.

O saldo dessa tradição beata não era favorável aos seus sonhos de modernização, e Pombal assestou parte de suas baterias contra algumas forças poderosas da Igreja, como a Companhia de Jesus e o próprio Santo Ofício. A Companhia de Jesus foi expulsa de Portugal e de suas colônias, e o Santo Oficio teve em muito limitados os seus poderes, sendo proibida a prática da tortura (tormentos), que Pombal considerava pouco civilizada, e restringidas as execuções na fogueira. Durante o regime pombalino, ocorreram 22 autos de fé e a ênfase penal recaiu menos nas sanções religiosas que no confisco de bens e na execução de oposicionistas, como foi o caso do padre Gabriel Malagrida, queimado vivo em 1761. Assim, a visitação ao Grão-Pará acontece num momento em que a Inquisição estava em declínio, sendo muito mais um instrumento de coerção do poder temporal do que uma ação religiosa de revigoramento doutrinário.

Como a Inquisição era uma pálida imagem do que tinha sido, e transformada em instrumento coercitivo do poder, não se pode dissociar sua presença no Grão-Pará como parte da estratégia pombalina. De qualquer modo, fica a pergunta: qual o objetivo dessa visitação do Santo Ofício? Atacar o que ainda restava de influência dos jesuítas? Atemorizar os cristãos-novos por representarem um poder econômico capaz de criar dificuldades? Ou simplesmente combater os maus costumes e as heresias que supostamente grassavam na capitania?

A primeira hipótese não se justifica, porque havia quatro anos os jesuítas estavam fora da Amazônia portuguesa. E, para resolver as questões e negócios referentes aos bens dos jesuítas, a Ordem Régia de 11 de junho de 1761 organiza uma junta para proceder a venda dos "móveis e semoventes, divisões e jurisdições das terras e fazendas, vendas de bens de raiz e tudo o mais respeitante à Companhia de Jesus, que deveria ser incorporado ao Fisco e à Câmara Real".[10]

Quanto aos cristãos-novos, estes faziam parte da elite comercial e não apresentavam nenhum risco, contribuindo largamente para o sucesso da empresa pombalina. Na verdade, a Inquisição no Grão-Pará abateu-se sobre os mais humildes da colônia, implicando e muitas vezes arruinando a vida de modestos funcionários públicos, oficiais mecânicos e artesãos, soldados, criados, índios e escravos negros. Foram poucos os casos de envolvimento de gente de cabedal, como fazendeiros, senhores de engenho e membros da alta hierarquia religiosa, civil e militar.

Atacando o que considerava anomalias de uma sociedade na qual era comum a prática do curandeirismo e o uso cotidiano de superstições apren-

---

10. Códice número 1275, Conselho Ultramarino, p. 379. Lisboa, Arquivo Histórico Ultramarino.

didas com os tapuias, a Inquisição no Grão-Pará vai tentar desalojar o legado das culturas indígenas do inconsciente dos colonos, procurando implantar de forma revigorada as manifestações da cultura ibérica, supostamente mais saudável e condizente com os ensinamentos da Igreja.

Em setembro de 1763, o padre Giraldo José de Abranches, visitador do Santo Ofício, desembarca em Belém, sendo recebido com honras pelo governador, d. Fernando da Costa de Ataíde Teive. O padre Giraldo, nascido em uma vila próxima a Coimbra, era homem rigoroso e cheio de melindres, que se aferrava a detalhes e a formalidades rituais. O Tribunal da Inquisição do Pará foi sua terceira missão na América, tendo passado por postos eclesiásticos em São Paulo e Minas Gerais.

No dia 25 de setembro de 1763, foi dado ao público os Editos de Fé e da Graça, concedendo o perdão do confisco de bens àqueles que confessassem espontaneamente suas culpas ao Santo Ofício. Uma procissão solene, que saiu da Igreja das Mercês, acompanhada pelo cabido, o vigário-geral, os párocos, os coadjutores, o clero em geral, irmandades e confrarias, além de todas as autoridades, tais como o governador, o juiz de fora, a Câmara e um regimento militar, sob o olhar de enorme massa popular, desfilou solenemente até a Igreja Catedral, dando início aos trabalhos da Inquisição. O povo do Grão-Pará viveria mais de seis anos em clima de terror, sobressaltado pelo arbítrio, pela boataria, pela onda de intrigas e o clima torpe de delações que desfez famílias e destruiu amizades.

Além das acusações de adultério, fornicação, sodomia, práticas heréticas "luteranas" ou "judaicas", o grosso dos processos de Belém gira em torno de tratamentos "mágico-religiosos", considerados satânicos. As denúncias sobre tais ações de curandeirismo eram muitas, atingindo índios e negros, como foi o caso da índia Sabina:

> [...] Manoel de Souza Novais Natural Emorador destacídade que vive de Suas RoSsas Cazado [...] O que tinha pera denunciar era O Seguinte QuehaveraSette annos poucos mais Ou Menos tendo elle experimentado Na Sua família Ees crauatura grandes Mortandades Eentendendoque proccdiaõ de Seencontrarem pellas arvores de Cacao huns Embrulhos de Couzas desConhecidas [...] teveNoticia Eerapublico Nestacidade que

humalndia chamada Sabína Naõ temCerteza sehecazada seSolteira mas tem probabilidade que hecazada [...] tinhavirtude paradescobrir Edesfazer Ozfeitiços [...] Ecom effeito chegando adítalndia logo queentrou nacazadelle denunciante immediatamente Sahio ou desceo pella escadaabaixo immediatamente Edísse que Cavassem nopatamar daescada que ahi haviaõ deaxar Osmalificios. Escavandose nolugar queslla apontaua Se desenterrou hum Embrulho dehum panno ja velho Ecarcumido emq'Estava huma Cabesa deCobra jArañaca jamirrada de todo eSo Com OzoSos atestando adtaindia que aquelles Eraõ Oz feitisos de queprocediaõ tantos dannos [...] Eque esta denuncia afazia pordescargo de Sua Consciencia [...].[11]

O caso do índio Antonio também não foi muito diferente:

> [...] Que havera Sete mezes Emeyo pouco mais oumenos achandose ella denunciante (Antonia jeronima da Silva) na Sua Rossa do Ryo Maguary gravemente enferma devarias dores decabeça febres e Continuos Emuuimentos extraordinarios portodo OCorpo fallando Comella huns Indios forros [...] deque apodía Curar deSuas Molestías Outro Indio chamado Antonio [...] Elhe deo abeber as raspas dehumas cascas, Eraizes deAruores Com asquais Naõ Sentindo Milhoras efazendolhe estaqueyxa, elle respondeo que as purgas EraõAindapoucas [...] dizendolhe que queria Consultar osSeos Pajés para lheseirem dizer omal que padecia para Saver como hauia ducuralas.[12]

Centenas de índios, como Sabina e Antonio, padeceram a perseguição da Inquisição, pelos crimes de exercer seus conhecimentos de medicina tribal e tentar ajudar os colonos brancos com quem agora tinham de conviver. O Tribunal do Santo Ofício atingiu, direta ou indiretamente, aproximadamente 485 pessoas.

O marquês de Pombal, político habilíssimo, vislumbrou na Inquisição um meio perfeito para fazer uma correção nos rumos do Grão-Pará. A presença do visitador em Belém, além de servir para calar certos religiosos incômodos,

---

11. SANTO OFÍCIO, 1978.
12. Idem.

manter os políticos e comerciantes amedrontados e levar o pavor aos menos favorecidos, funcionou como uma espécie de divisor de águas nos costumes e na cultura da região. O que antes era tolerado e até incentivado, como a absorção de certos hábitos indígenas, tornava-se então heresia.

O projeto modernizador de Pombal foi buscar um instrumento já decadente na metrópole, mas eficiente na colônia, para amordaçar definitivamente as culturas indígenas e instaurar a "salubridade" social e cultural a partir de severas punições. Desde então, os hábitos e as manifestações culturais dos povos indígenas foram entendidos como reflexos de mentes selvagens presas da ignorância, capazes apenas de produzir superstições. Uma colônia moderna, refinada e lucrativa não condizia com pajelanças e colonos nus a tirar a sesta rodeados de um harém de índias adolescentes.

O ESFORÇO MODERNIZADOR TARDIO

Francisco Xavier de Mendonça Furtado, depois de visitar o território do Grão-Pará, decide sugerir a divisão da capitania, visando à racionalização administrativa e a um maior controle territorial. Por carta régia de 11 de junho de 1757, é criada a capitania do Rio Negro, instalada na cidade de Barcelos, antiga aldeia Mariuá, no médio rio Negro. É o processo de "lusitanização" em marcha, que mudou todos os nomes indígenas de núcleos populacionais, substituindo-os por nomes portugueses, espalhando em plena selva os seus Braganças, Souseis, Pombais, Óbidos etc.

A cidade de Barcelos, na qualidade de sede de governo, recebe cuidados especiais, com edificações condizentes para a acomodação das autoridades portuguesas e espanholas, ocupadas no trabalho de demarcação das fronteiras. Segundo o ouvidor Sampaio, que a visitou em 1774, Barcelos contava com "bons edifícios". Mas a cidade não correspondeu à expectativa, sendo a sede da capitania transferida para o Lugar da Barra, em 1791, por determinação do governador Manuel da Gama Lobo d'Almada.

Para completar a ampla reforma estrutural da era pombalina, os portugueses, um tanto tardiamente, unem capitais do Estado e particulares para fundar a Companhia Geral do Comércio do Grão-Pará e Maranhão, com a obrigação de empreender obras de infraestrutura, cooperar no fomento à lavoura e à agroindústria, além de trazer escravos da África.

Todo esse esforço acaba por valorizar o Pará, especialmente a cidade de Belém, enriquecida pela construção de novos prédios públicos e particulares, obras executadas sob orientação de arquitetos europeus, como o bolonhês Giuseppe Antonio Landi (também conhecido no Brasil como Antônio José Landi), autor de lindas edificações oficiais, que até hoje embelezam a cidade.

A capital paraense, que tinha surgido em torno do forte português, aos poucos foi se transformando na aglomeração urbana que na foz do Amazonas se tornou a grande metrópole do vale. Já em 1743, se levarmos em conta o depoimento de Charles Marie de La Condamine, a cidade já tinha sua graça e personalidade.

> No dia 19 de setembro, perto de quatorze meses após minha partida de Cuenca, cheguei à vista do Pará, que os portugueses chamam "grão-Pará" ou seja "grande rio" na língua do Brasil; aportamos a uma habitação dependente do colégio dos PP. Jesuítas. [...] A figurava-se nos, chegado ao Pará, e saídos das matas do Amazonas, ver-nos transportados à Europa. Encontramos uma cidade, ruas bem alinhadas, casas risonhas, a maior parte construída desde trinta anos em pedra e cascalho, magníficas igrejas...[13]

Dez anos depois da passagem do sábio francês, Belém ostentava as inovações da era pombalina, com a pujante contribuição dos artistas Gaspar João Geraldo de Gronsfeld, João André Schwebel e o já citado Landi. Nas últimas décadas do século XVIII, a sede da capitania do Grão-Pará era uma das três melhores cidades da América Portuguesa, descrita desta forma nas palavras do historiador Augusto Meira Filho, a observar um desenho de Schwebel: "Os edifícios distantes pareciam monumentos destacados no verde da mataria, eminências brancas perdidas entre o casario aconchegado, preso, tímido, erguido curiosamente, no correr do litoral."[14]

---

13. LA CONDAMINE, s/d.
14. MEIRA FILHO, 1976.

A EXPERIÊNCIA NA CAPITANIA DO RIO NEGRO

Na grande experiência do rio Negro, o Estado colonial interveio diretamente na execução do plano pombalino. Introduziu o cultivo do café, da cana-de-açúcar, do anil e do algodão. Foi mesmo ensaiada a primeira estrutura industrial, com artífices, serraria e estaleiro.

A administração de Lobo D'Almada (1779) foi o momento decisivo dessa experiência e, sendo um governo da fase colonial mais avançada, pôde arregimentar mão de obra indígena já preparada pelos missionários e pela miscigenação. Lobo D'Almada tinha à mão os primeiros cabocos amazônicos, invólucro biológico que a miscigenação inventou para enfrentar a região considerada insalubre ao homem da raça branca. Para estimular o programa com essa mão de obra, os administradores tiveram que enfrentar o paternalismo fechado dos missionários, estabelecendo um modelo social que, em relação ao extrativismo da borracha, parece hoje curiosamente moderno e liberal. E o colono-chefe-militar vai se transformando num administrador sedentário, formando-se um estamento obediente aos interesses fiscais da Coroa e domesticado pela complicada malha jurídica e burocrática, mais ardilosa que o cipoal da floresta virgem. Esses colonos, fazendeiros e artífices aproximavam-se da metrópole pelas normas políticas centralizadoras e afastavam-se da massa pobre e informe dos colonizados.

Em toda a Amazônia, o espaço que se abre entre o colonizador e o colonizado é enorme. O colonizado é informe e encontra-se atravessado entre dois mundos contraditórios. É um homem geralmente desfibrado e incoerente, um farrapo. Sobre essa massa servil, o patrimonialismo irá crescer, prosperar por uma geração inteira, até sofrer com a necessidade cada vez maior de o mercantilismo racionalizar seus meios de produção. Uma fase de incertezas que nunca se estabilizará politicamente.

Mesmo a ríspida política colocada em prática, com a expulsão dos jesuítas e a extensão de medidas atingindo todos os setores sociais da colônia, não salvará o sistema de seu fim. Lobo D'Almada tinha assumido atitudes vigorosas em relação ao domínio espanhol e tornara o Tratado de Tordesilhas obsoleto. O colono, envolvido nessa transformação, enleado ao poder da coroa, nunca se sentirá capacitado no Amazonas a se emancipar como proprietário, como burguês. O último esforço do mercantilismo em enfrentar o capitalismo nascente colherá o colono em sua apatia. Com a Revolução Industrial batendo à sua porta em busca de matérias-primas, o colono voltar-se-á para a defesa de seus minúsculos interesses pecuniários, legando a imagem do líder político regional típico, sem contextura ideológica firme, despido de espírito público, buscando mais a acomodação aos novos status, mesmo à custa de perda e de degenerescência, sem marcar sua luta e nunca defendendo posições.

A COLÔNIA LETÁRGICA

Na interessante crônica de Mário Ypiranga Monteiro, "O espião do rei", podemos penetrar nos enigmas e nos detalhes da monótona vida de uma povoação colonial portuguesa na Amazônia, nos primeiros anos do século XIX. O povoado é Manaus antes da independência e do fastígio do látex:

> as comunicações entre as Capitanias setentrionais e a Corte do Rio de Janeiro não eram fáceis. Principalmente o tráfego entre a cidade de Belém do Pará e o solitário e triste lugar que era a Barra, tráfego que se fazia ainda pelo processo serôdio e periclitante das embarcações a remo, as quais levavam semanas singrando as águas amarelas, afrontando as tempestades do grandioso rio ou os imprevisíveis ataques partidos das margens desertas.[15]

Monteiro faz ressurgir um pequeno mundo de puerilidades e pequenos orgulhos, com seus habitantes em eterna sesta. Do princípio militar da fundação, como posto avançado da ocupação, esses descendentes dos conquistadores, pobres e incultos, preocupavam-se em desfrutar do imediatismo de uma sociedade indigente. Assim é que, em seu texto, a chegada de um misterioso bergantim é suficiente para despertar a curiosidade do vilarejo:

---

15. MONTEIRO, 1950, p. 21.

Gente de todas as categorias dirigia-se apressadamente para a barreira ou descia à praia. Índios, escravos carregadores d'água, vendedores de guloseimas e bugigangas, pessoas notáveis, os representantes das autoridades, soldados, crianças e cachorros afluem ao espetáculo inédito. Só não apareciam saias porque, naquela época de rígidos costumes, era vedado às damas, sob pretextos fúteis, abandonar os lazeres domésticos, as obras de tear e roca, os bordados, as tapeçarias, as orações. Mulheres, as que existiam, brancas ou mamelucas, só se viam na Igreja, à missa, nas procissões oficiais de Corpus Christi ou nas visitas domingueiras. Elas, entretanto, vingavam-se soberbamente desses escrúpulos sociais, com mexericos no interior dos penates. Dali irradiavam os disquediscue da época e ali sabiam do que ocorria diariamente no exterior, pela língua viperina das escravas lavadeiras, que se reuniam nos igarapés de São Vicente ou da Ribeira, para a decoada da roupa suja dos patrões. Os moleques recadeiros encarregavam-se dos bilhetinhos amorosos das donas daquele tempo.[16]

Quanto às intrigas políticas, as abafadas e desesperadas inquietudes, estas estavam confinadas a uma taberna:

> Dada a situação social da povoação da Barra, ponto de escala obrigatória de quem subisse ou descesse o grande rio, não poderia faltar, naqueles tempos, um botequim, que exprimisse certo grau de civilização, apesar da civilização, aqui, andar sempre de rastros. Esse botequim, atração da sociedade duvidosa da vila, dos desocupados, dos mariolas, dos assoalhadores de boatos, dos mexeriqueiros, dos soldados, desordeiros, galés remissos, índios e escravos, enfim de toda a companhia que vive na ociosidade, existia, pois, na Barra de 1820. [...] No botequim do só Melgaço, na rua dos Armazéns no centro comercial da Barra, fazia-se a propaganda aberta da independência discutindo-se o noticiário, criticando-se as personalidades de influência, aliciavam-se prosélitos.[17]

---

16. Idem, p. 11-12.
17. Idem, p. 33-34.

Em contraste com os espanhóis, enriquecidos pelo ouro e com uma Igreja Católica mais ativa, com uma educação menos reprimida, os portugueses confortaram-se em confiar no trabalho duro de seus servos mestiços e índios pacificados. Região difícil para a incipiente tecnologia da época, a aglomeração urbana que Mário Ypiranga descreve pouco tem a ver com as cidades do sul do Brasil e mesmo com as comunidades espanholas. A vida desta Manaus (Lugar da Barra) crepuscular não impressionava ninguém. Tudo era resolvido através das trocas, os homens se sedentarizavam e pareciam abandonados a uma eterna sorte de pioneiros esquecidos, impotentes para superar o grande desafio regional. Não há qualquer florescimento espiritual nesses anos que antecedem a independência. São anos de graves incidentes políticos e a repressão se torna catastrófica e obscurantista.

O equilíbrio do mercantilismo na Amazônia dura o quanto pode, quase cinquenta anos de rotina e recuos, com soluções vindas de cima para baixo, até que uma crise administrativa e econômica se instala. A região se desgarra e os sucessores de Lobo D'Almada não são capazes de solucionar os novos desafios. Recorrem às taxações excessivas sobre os produtos naturais e cultivados, fazendo recrudescer a velha diferença entre cabocos e brancos, e levando a província à decadência. Tudo isso desencorajava a produtividade, fomentava a inquietação.

O século XIX começava com a Amazônia abandonada e sem perspectivas, uma terra que tinha sido espécie de laboratório agrícola florescente, com entreposto em Barcelos, cidade do médio rio Negro que centralizava a administração colonial. Do rio Negro havia saído o café para Rio de Janeiro e São Paulo, mais tarde a monocultura mais importante e o sustentáculo econômico da monarquia brasileira. Agora, no despontar do novo século, a Amazônia era um reflexo passivo dos jogos internacionais e vítima da intolerância fiscal da metrópole.

A COLONIZAÇÃO LUSITANA RECALCADA NA CULTURA

O modelo colonial português, nas águas da economia mercantil internacional em transformação, até o fim do século XVIII sofreu uma mudança estrutural impelida pelo capitalismo nascente. Essa mudança, no entanto, não assegurou a sobrevivência da sociedade colonial portuguesa na América. Sendo, porém, a colonização um processo de transculturação necessariamente mais lento e progressivo, e tendo sido mais tarde substituído por um modelo extrativista exportador, as raízes coloniais resistiram na Amazônia em seus alicerces superestruturais, deformando-se por cima e reaparecendo num persistente fenômeno observado por quase todos os cientistas e viajantes que visitaram o vale no século XIX: uma sociedade voltada para o extrativismo a fim de suprir as exigências do mercado externo e subordinada a importações para atender suas necessidades internas. Daí a imitação das formas políticas das nações coloniais europeias mesclada ao liberalismo democrático norte-americano. Era, como precisou o naturalista suíço Hans Bluntschli, na sua conferência em Frankfurt, *A Amazônia como organismo harmônico*, em 1918:

> É um país maravilhoso e harmônico que se aprende a compreender, pela inteligência e pelos sentidos. Com esta Amazônia (a dos índios e dos caboclos) combinam bem os rios grandes sem margens, as florestas silenciosas e não cruzadas por estradas, combina bem o índio sério mas fiel, com sua ubá e o seu arpão. Esta região possui raça e vida própria.
>
> A outra Amazônia, com os seus palacetes modernos nas grandes cidades, com suas mercadorias vistosas, mas sem valor e de um mau gosto, e as suas formas de governo importadas da Europa e que não evoluíram, nas suas significações, correspondentes às condições regionais, mas baseiam-se em efeitos de pura vanglória, ficou estranha ao meu íntimo. Traços de uma adaptação às condições naturais podem se reconhecer, mas infelizmente são apenas início de um equilíbrio. Esta Amazônia quer ser uma filial da cultura da Europa, mas parece mais uma caricatura. É a Amazônia da cultura da cachaça e da folha de zinco, e a influência dela não pode conduzir, nos trilhos escolhidos, à benção.[18]

---

18. BLUNTSCHLI, 1964, p. 4.

Aquilo que o poder de observação de Bluntschli classifica de "traços de uma adaptação às condições naturais" pertence a essas vértebras culturais fincadas profundamente no corpo superestrutural da região pela colonização portuguesa. E tão bem estabelecida foi essa adaptação que o extrativismo desenfreado da borracha assentou suas raízes contraditórias naquelas fundações sociais que, nas palavras do naturalista, "infelizmente são apenas início de um equilíbrio".

Os portugueses aliviaram a Amazônia de sua identidade pluricultural. Charles Wagley, em *Uma comunidade amazônica*, mostra o que restou do conceito de indígena na memória popular da região:

> Ser índio, ou "tapuia", significa "baixa posição social", as pessoas descendentes do ameríndio, ao contrário dos negros, não gostam que se mencione sua ascendência indígena [...]. Na sociedade amazônica o índio, muito mais frequentemente que o negro, era o escravo da sociedade colonial. Segundo os europeus, o índio era um selvagem nu, inferior ao escravo africano, mais dispendioso. Hoje em dia, as características físicas de índios são, portanto, um símbolo não só de descendência escrava como também de origem social mais baixa, nos tempos coloniais, do que a do negro.[19]

Os portugueses sabiamente afastaram a única força suficientemente poderosa, capaz de pôr em xeque o seu modelo de integração colonial. E, tendo expropriado do índio certas técnicas indispensáveis para a vida na Amazônia, ofereceu como herança a vergonha castradora que procura manter a região submetida a uma sociedade de caricatura, que Bluntschli recusa como solução.

Evidentemente, a expropriação do índio não foi pacífica e as constantes rebeliões, como já visto, foram sufocadas pela repressão armada. Em 1729, não se pode esquecer, 20.800 índios muras foram trucidados por um comando militar português. E a resistência do tuxaua Ajuricaba, na região do rio Negro, sabemos que foi tratada com os rigores de uma rebelião, e todos os principais cabeças perderam a vida no final. Belchior Mendes de Morais,

---

19. WAGLEY, 1957, p. 202.

um dos encarregados de fazer a repressão ao tuxaua Ajuricaba, inaugura sua tarefa subindo pelo rio Urubu e destruindo aproximadamente trezentas malocas e dizimando a ferro e fogo mais de 15 mil índios, entre homens, mulheres, velhos e crianças. Se de um lado os colonizadores encontravam a adesão pacífica de povos exauridos, outros recusavam essa aliança e mantinham o colonizador cercado e ameaçado. Quando o remédio do salvacionismo cristão não surtia efeito, a pólvora dos arcabuzes abria uma perspectiva. Os militares portugueses, para enfrentar a resistência nativa, jogavam tribo contra tribo, e as punições genocidas completavam o enfraquecimento indígena em sua rarefeita unidade.

A velha Amazônia milenar dos povos indígenas terminou nesse vendaval de pólvora e orações que durou dois séculos e meio de sofrimentos indescritíveis.

5. Soldados, cientistas e viajantes

A POSSE LEGITIMADA PELA CULTURA

Um ponto comum na história cultural das Américas é a diversidade de relações que pode ser encontrada sob o significado geral que se denomina experiência colonial. A Amazônia não foge à regra, e o estudo das relações entre o Ocidente e seus Outros culturalmente dominados, em suas mutações amazônicas, pode servir para a compreensão qualitativa de formas culturais, como os relatos etnográficos, os textos científicos, o discurso político, o romance, a poesia, a arquitetura e a organização urbana.

Afinal, muito mais do que com os gestos desesperados dos conquistadores ou com a tenacidade dos colonos, foi a partir de formas culturais que o imaginário do Ocidente se convenceu da existência de um território chamado Amazônia, legitimando-se uma possessão geográfica com imagens surpreendentes de submissão e essência europeia redentora.

A ESCRITURA DA REDENÇÃO

O relato, que foi durante a conquista a forma de expressar literariamente a região — ao mesmo tempo, documento e relação —, dissocia-se numa forma que é ainda documento, mas indiretamente por meio da poesia e, por meio do inventário, quando a conquista se transforma em colonização.

Enfim, é a necessária racionalidade que requer da velha similitude não mais o simples papel de revelar; agora é tempo também de ordenar a Amazônia. Desse modo, toda a teoria do conhecimento da região acha-se modificada. E, em especial, o domínio empírico do relato, no qual a teoria e a prática literária viam a região se estabelecer com semelhanças e afinidades, e no qual podiam se entrecruzar o fantástico e a linguagem da perplexidade.

Com a experiência colonial, instaura-se a racionalidade mercantil, a objetividade nova que vem fazer desaparecer o relato e promover o texto à poesia, à ciência e ao romance. Infelizmente, em alguns casos, são manifestações ainda num estilo anacrônico para o quadro da cultura europeia, especialmente no século XVIII. Nas colônias espanholas, tratava-se de um barroco tardio, maneiroso e artificial. Em certas partes da língua inglesa, é o romance de peripécias com foros de expressão da vivência do autor, outrora tão cultivado na Inglaterra de Henry Fielding. No pedaço português, acometido dos mesmos anacronismos, a arquitetura e o urbanismo medievais florescem com o viço de certas plantas no deserto. Na poesia, há mesmo uma quebra sutil com a tradição cristã, deuses da Antiguidade clássica perambulam a par com o formalismo carregado e moralista do homem ibérico. É um racionalismo tímido, à moda católica tridentina, não especializado sem ser universalista, não profissional sem ser burguês.

MONTANDO O QUEBRA-CABEÇA TROPICAL

Os mais avançados dos observadores foram os sábios viajantes, uma categoria que proliferou nos séculos XVIII e XIX. Espanhóis e portugueses relutavam muito em conceder passaporte a esses tipos extravagantes, geralmente cientistas sob comissão de algum potentado ou reino europeu, que vinham palmilhar as paragens da selva tão ciosamente guardadas por eles. No entanto, de tudo o que foi observado, relatado, dissecado, empacotado e despachado para as mais diversas capitais do velho mundo, pouco foi de grande valia para os habitantes da Amazônia. Suas vidas seriam modificadas, é claro, pelas conclusões desses homens de ciência, mas poucos foram os que se importaram realmente com a sorte dos nativos ou com o fato de já existir, pelo menos no alvorecer do século XIX, uma civilização tipicamente amazônica, amalgamada pelos sistemas coloniais com as sociedades tribais.

Com a onda de cientistas viajantes, começa a ser fabricado o renitente mito de que a Amazônia é um vazio demográfico, uma natureza hostil aos homens civilizados, habitada por nativos extremamente primitivos, sem vida política ou cultural. É a Amazônia terra sem história, que tem permitido toda sorte de intromissão e arbitrariedade. Para a maioria daqueles cientistas, nem Portugal nem mesmo a Espanha eram reconhecidas como potências dignas de confiança, o que os impedia de perceber a existência de uma vida correndo com total intensidade, com rotinas, tradições, política e cultura próprias.

CHARLES MARIE DE LA CONDAMINE

O primeiro cientista importante a atravessar a região foi o francês Charles Marie de La Condamine, que vindo de Quito, em 1743, praticamente repetiu a rota de Francisco Orellana. O sábio francês se juntou ao jesuíta João Maldonado e, no dia 11 de maio daquele ano, deixou a localidade de Tarqui e deslocou-se para Laguna, ainda no Equador, onde se une ao corpo da expedição. La Condamine faz estudos e observações sobre os povos indígenas, a flora e a fauna, sempre maravilhado com a profusão de novidades apresentadas pela exuberante natureza tropical. La Condamine foi o primeiro cientista a fazer a descrição de várias espécies desconhecidas dos europeus até então, como os botos, o uso do curare e a borracha. É, também, o primeiro a confirmar a existência de uma ligação entre a bacia do Orinoco e a do Amazonas, ligação esta que será usada, muito depois, pelo cientista alemão Alexander von Humboldt.

La Condamine também se sentiu atraído pelo incidente com as amazonas, relatado em cores dramáticas pelo frei Carvajal. Ele buscou de todas as formas mais informações entre os índios e missionários, convencendo-se da existência dessas extraordinárias criaturas. Tão certo estava da existência das mulheres guerreiras que, certa vez, durante uma parada no rio Solimões, viu duas índias que desapareceram na selva tão logo ele tentou se aproximar, passando a considerar esse fato um possível encontro com as amazonas.

Charles Marie de La Condamine publicou diversos estudos e um cuidadoso relato de sua viagem, além de ter elaborado, durante sua estadia em Caiena, um detalhado mapa da bacia Amazônica, tão perfeito que pode ser usado ainda hoje.

OS OUTROS CIENTISTAS

Outros seguiram os passos de La Condamine e, apenas entre 1790 e 1900, dezenas de viajantes e cientistas atravessaram a Amazônia, movidos pela curiosidade, pelo espírito de aventura, pela cobiça e pelo desejo de desvendar o desconhecido.

Entre eles o cientista inglês Charles Waterton (1782-1865), que visitou o alto rio Branco; o austríaco Johann Natterer (1787-1843), que esteve entre os índios do alto rio Negro e casou-se com uma amazonense de Barcelos, com quem teve uma filha; o alemão Carl Friedrich Philip von Martius (1794-1868), que viajou pelo Solimões e descreveu a população indígena daquele rio; o alemão Johann Baptist von Spix (1781-1826), que viajou com von Martius e documentou a existência dos últimos manau; o inglês William John Burchell (1781-1863), que visitou o Tocantins e o Pará; o oficial da Marinha inglesa Henry Lister Maw, que desceu o rio Amazonas, vindo do Peru, assim como os seus colegas, tenentes William Smyth e Frederick Lowe, que desceram o rio Amazonas durante a Cabanagem; o missionário metodista dos Estados Unidos Daniel Parish Kidder (1815-1891), que esteve em Belém durante a Cabanagem, e condenou os revoltosos, apesar de se dizer chocado com o tratamento que os ricos davam aos pobres e aos índios; o alemão Sir Robert Hermann Schomburgk (1804-1865), que visitou os índios da Guiana Inglesa e do alto rio Negro, e seu irmão, Moritz Richard Schomburgk (1811-1890), que tentou escalar o monte Roraima; o príncipe Adalbert von Preussen, de Berlim, que viajou pelo rio Amazonas de canoa; o francês Francis Louis Nompar de Caumont Laporte (1810-1880), que visitou as guianas inglesa, francesa e holandesa, além do rio Amazonas em sua parte oriental; o norte-americano William Edwards (1822-1909), cujas descrições do rio Solimões e dos índios aculturados despertaram a atenção de Alfred Wallace

(1823-1913) e Henry Bates (1825-1892), os quais navegaram pelo Amazonas até Manaus, de onde partiram em direções opostas (Bates visitou o Solimões, enquanto Wallace seguiu para o rio Negro. Ambos realizaram um precioso trabalho científico, especialmente no campo da botânica); o matemático e botânico amador norte-americano Richard Spruce (1817-1893), que ouviu falar da expedição de Wallace e Bates, pegou um barco e foi encontrá-los em Santarém, onde ficou um ano coletando plantas; o oficial da Marinha de guerra dos Estados Unidos, William Lewis Herndon (1813-1857), enviado pelo governo norte-americano para investigar as potencialidades econômicas da Amazônia, e que viajou pelo rio Amazonas, vindo do Peru, relatando mais tarde, ao Congresso dos Estados Unidos, que a região tinha enormes potencialidades e deveria ser colonizada por homens brancos, não por índios; o alemão dr. Robert Christian Avé-Lallemant (1812-1884), que esteve entre os muras do Madeira e os tukanos de Tabatinga; o inglês William Chandless (1829-1896), que explorou o território acreano, esteve no Purus e descobriu um tributário desse mesmo rio, que ganhou seu nome; o alemão Franz Keller (1835-1890), que visitou as corredeiras do rio Madeira e contatou os índios caripuna; o engenheiro norte-americano George Earl Church (1835-1910), que fez a primeira tentativa de construir a ferrovia Madeira-Mamoré; o cientista suíço Jean Louis Rodolphe Agassiz (1807-1873), professor da Universidade de Harvard, que, acompanhado de sua mulher, Elisabeth, viajou através do rio Amazonas, medindo o físico dos índios e deixando um relato com tinturas racistas, já que combatia a mestiçagem e considerava o homem amazônico um exemplo de degeneração; o geólogo norte-americano Herbert Huntington Smith (1851-1915), que estudou os insetos da região; o médico francês Jules Crevaux (1847-1882), pioneiro do tratamento da febre amarela, que viveu na Guiana Francesa e visitou a serra do Tumucumaque; o geógrafo francês Henri Anatole Coudreau (1859-1899), que viajou pela Guiana Francesa, pelo rio Branco e os rios Urubu e Trombetas, contatando diversas tribos, e considerava os índios seres inferiores que deveriam ser exterminados para dar espaço aos europeus civilizados, especialmente aos franceses; o alemão Paul Ehrenreich (1855-1914), que viajou pelo Purus e estudou as línguas dos povos indígenas.

OS SEDUZIDOS PELA SELVA

Mas nem todos os viajantes, ou cientistas, apresentaram sinais de preconceito racial ou arrogância eurocentrista. Alguns realmente se identificaram com a região, com o povo, dedicando suas vidas ao conhecimento e ao aprendizado.

Os exemplos são inúmeros, como o bispo João de São José Queiroz, que deplorou o estado em que os povos indígenas se encontravam durante seu ministério, em 1761; o oficial de infantaria português Ricardo Franco de Almeida Serra (1750-1809), que se apaixonou pelos povos indígenas da Amazônia e se casou com uma jovem terena; o oficial do Exército imperial brasileiro Henrique João Wilkens de Mattos (1784-1857), que lutou na Cabanagem, mas se tornou um defensor dos cabocos e índios, denunciando o estado de degradação e decadência em que se encontravam o rio Negro e seus povos; o poeta Antônio Gonçalves Dias (1823-1864), que viveu seis meses entre os mawés, os muras e os mudurukus, mostrando-se solidário com esses povos; o canadense Charles Frederick Hartt (1840-1878), que estudou as culturas indígenas, escreveu uma síntese etnográfica da Amazônia e foi um dos primeiros a compreender a importância e a riqueza dos mitos indígenas; o carioca João Barbosa Rodrigues (1842-1894), que, ao lado de sua esposa Constança Rodrigues, fez o primeiro contato com os waimiris, no rio Negro, e deixou uma magnífica coleção de literatura oral dos índios; o conde italiano Ermanno Stradelli, que se apaixonou pelos povos do rio Negro, denunciou os abusos cometidos pelos missionários católicos e registrou (algumas vezes em versos) o rico universo mitológico de diversas tribos; o alemão Theodor Koch-Grunberg (1872-1924), que viajou pelo alto rio Negro publicando mais tarde um estudo sobre a mitologia dos tarianas, tukanos, makuxis e wapixanas, revelando grande identificação e solidariedade com esses povos; o escritor brasileiro Euclides da Cunha (1866-1909), que chefiou a Comissão Mista Brasileiro-Peruana de Reconhecimento do Alto Purus, viajou pelo rio Purus e escreveu um dos mais contundentes textos de denúncia da terrível exploração a que eram submetidos os seringueiros.

O mais emblemático desses viajantes foi o filósofo norte-americano William James, que aos 23 anos veio à Amazônia acompanhando a expedição de Louis Agassiz. Em diversas cartas aos seus familiares, e num texto inacabado, o jovem pensador discorda frontalmente de seu professor racista e escravagista, revelando grande simpatia pelos povos indígenas e pela maneira de ser dos brasileiros. Numa carta a sua irmã Alice, datada de 31 de agosto de 1865, William James faz uma descrição das gentes e dos costumes da região:

> Os índios que vi até agora são ótimas pessoas, de uma linda cor acastanhada com cabelos lisos e finos. Suas peles são secas e limpas, eles transpiram muito pouco, no fim das contas, acredito, neste ponto, eles são mais bem-apessoados que os negros e os brancos, os quais, neste clima, estão sempre com uma aparência suada & oleosa. Enquanto estávamos neste lugar [rio Tapajós], contratamos o velho índio para ficar & pescar para nós. Ambos, ele e o filho, que nasceu para estátua, usando seus arcos e flechas, pegaram muitos peixes, e jogaram veneno na água para pegar outros, mas tiveram pouca sorte. [...] Esqueci de te contar como a família de índios dormia à noite — isto vai te divertir —, era numa praia. Eles tinham fixado 4 estacas na areia. E, deles, balançavam 4 velhas redes de palha, sendo as das 2 crianças miniaturas e o bebê dormia na da mãe. No meio destas ardia uma fogueira.
>
> [...] Quando chegamos em Santarém encontramos o Gaulês Galante & Hunnewell. A noite que passamos em Santarém tivemos um baile, oferecido em nossa honra por algumas lindas senhoritas indígenas. [...] Este teve lugar numa ampla casa de folhas de palmeira com um lindo assoalho de chão batido. Havia um jovem negro janota que tocava alaúde e os refrescos consistiam, não de sorvetes, Pena! não tínhamos tanta sorte, mas de uma imensa garrafa negra com vinho português e dois copos. Era uma cena bem pitoresca & eu queria que harry & lafarge a tivessem testemunhado. A única iluminação provinha de uma lanterna de modelo primitivo, com um rolo de fios como pavio, a qual soltava fumaça & tremeluzia & lançava sombras nas paredes de traves e folhas & pendurado, junto com estranhos utensílios domésticos, entre outros, um relógio de Connecticut. As moças eram muito bonitas com esplêndidos e sedosos cabelos negros. Em seus penteados elas usavam dois tipos de flores (6 de set.) brancas de perfume selvaticamente agradável. Dançámos nossa quadrilha habitual & polca, junto

com outra estranha dança de "quadra", de cujo nome esqueci-me. Conversamos, gesticulamos, enfim, nos confraternizamos & passamos uma noite muito alegre. É desagradável no último grau de viver em um país & sentir-se estrangeiro, de dar vazão aos pensamentos que surgem em sua alma & e as moças soltarem gritos & rirem zombeteiramente dos nossos erros. Ah, Jesuína, Jesuína, minha rainha da floresta, minha flor do trópico, por que não pude fazer-me a vós inteligível? Porque meu português é apenas "suficiente para as minúcias da vida" e não para a expressão de todos aqueles matizes de emoção que penetram minha alma. Depois de despender uma hora ao lado de Jesuína & fazer-me o mais eloquente, ela confessou a Tal que não havia entendido "absolutamente nada" da minha conversa. Ela, agora, anda pela praia, com seus longos cabelos soltos flutuando, lamentando minha perda. — Ao entardecer, alcançamos Manaus & encontramos novamente a principal luz da ciência moderna.[1]

Positivamente, William James nada tinha contra a mestiçagem.

AS TRANSFORMAÇÕES DO DISCURSO COLONIAL

E foi assim que, pela contribuição de tantos viajantes, mas sem romper com a velha tradição da consciência de desigualdade, o discurso colonial passa a mudar na Amazônia a partir de 1750. Nessa época, que pode ser entendida como o instante em que os europeus se dão conta de que inventaram um mundo novo, o pensamento destaca-se da esfera do relato e experimenta mover-se fora da antiga similitude teológica da Contrarreforma: a expressão torna-se leiga e profana, e as narrativas perplexas já não são formas de conhecer, mas, antes, uma reflexão mais decidida sobre a colisão entre culturas e naturezas, que se escondiam e subitamente se revelaram no choque. Do mal iluminado local onde se estabeleceu essa colisão, a confusão começa a

---

1. JAMES, *Personal correspondence, 1861-65*.

se dissipar. O tempo da fixação e da conquista está prestes a encerrar sua ação. Atrás de si restam apenas as fábulas lúdicas — fabulário cujos poderes de encanto crescem com essa racionalidade nova de semelhança e ilusão. Por toda parte, desenham-se as fábulas da região, mas, agora, sabe-se que são fábulas; é o tempo da necessidade de louvar a própria força e tentar a compreensão da ciência.

Observemos essa nova perspectiva através de quatro europeus, de quatro personalidades que, na Amazônia, criaram obra pioneira. Cada um deles teve sua cota de aventuras, de mistérios e assombros. Primeiro, o escritor John Gabriel Stedman (1744-1797), autor de *Joana or the Female Slave*, um dos maiores sucessos literários do século XVIII; em segundo lugar, o poeta-soldado Henrique João Wilkens, cujo poema épico *Muhuraida*, sobre a guerra aos índios muras, substitui poeticamente as velhas analogias dos viajantes pioneiros; em terceiro, o desenhista de Bolonha Giuseppe Antonio Landi (1713), um dos plasmadores da cidade de Belém, modelo de cidade amazônica; e, finalmente, o cientista Alexandre Rodrigues Ferreira (1784-1815), que, por meio de um sistemático inventário exaustivamente coletado, faz emergir a grande região ao sistema das observações científicas.

John Gabriel Stedman nasceu na Escócia. Filho de uma família tradicional, ingressa nas armas como oficial da Scots Brigades, um destacamento a serviço da República Holandesa. Em 1772, foi transferido para o Suriname, para reforçar as tropas na guerra contra os "maroons". Stedman era um homem talhado para a vida militar, de temperamento impulsivo, briguento e que adorava embriagar-se. Foi numa dessas noites de bebedeira que se apresentou como voluntário para lutar nas selvas da Guiana. Ganhou a patente de capitão e desembarcou em Paramaribo sob o comando do coronel Louis Henri Fourgeoud, mercenário suíço. Foi meio bêbado que ele viu pela primeira vez o casario de madeira, no estilo nórdico, e as ruas largas e retas da cidade que começavam desde o Forte Zelândia, passavam pelo Orangeplein, o palácio governamental, e chegavam ao fundeadouro, tudo isso no fumegante calor tropical. Paramaribo tinha 49 mil habitantes, a maioria escravos.

Antes de seguir para o front, no rio Cottica, o jovem capitão convive com a melhor sociedade local. Entra, então, em contato com uma das mais cruéis sociedades escravocratas da época, presenciando cenas de barbárie contra os escravos que aconteciam em qualquer lugar, no recesso dos lares ou em praça pública, onde se processavam os castigos mais monstruosos. Em seu diário, Stedman registra com indignação essas práticas. Certa feita, viu um negro ser executado a pancadas, após ter tido os ossos rompidos; em outra oportunidade, presenciou a prática do "vaso espanhol", tortura inventada por Lope de Aguirre e que consistia em amarrar a vítima com os braços por baixo dos joelhos, espancar de um lado até esfolar, jogar suco de limão nas feridas, virar para o outro lado e recomeçar a bater, até a morte.

Era uma época terrível, numa terra dominada por uma cultura discricionária. Paramaribo, situada na margem esquerda do rio Suriname, a cerca de 27 quilômetros da foz, era uma cidade cuidada com desvelo maníaco e seus habitantes estritamente regulados em seu comportamento. As ruas eram ornadas de laranjeiras, limoeiros e tamarindeiros, que lhe davam perfume e a enfeitavam na época da floração. As casas, construídas de madeira sobre base de tijolo, tinham dois ou três andares, sem janelas de vidro ou chaminés. Depois das 6 da tarde, nenhum negro podia andar sem ter uma permissão especial. Há festas, danças, teatro, mas tudo muito comedido, e apenas aos sábados. A prostituição de escravas funcionava ativamente todas as noites, com mulheres brancas que oferecem negras aos homens, por aluguel semanal.

Nesses dias em Paramaribo, frequentando as casas recendendo a limão, pois os escravos esfregavam essa fruta no soalho, Stedman acaba conhecendo a mulata Joana. Foi na residência do senhor Denelly, da elite judiciária da colônia, que a viu, conforme ele mesmo contou:

> Essa encantadora jovem eu a vi pela primeira vez na casa do senhor Denelly [...] na qual almoçava todos os dias, de cuja senhora, Joana, de quinze anos de idade, era a mais notável favorita. Mais alta do que a média, ela tinha um corpo mais elegante que a natureza possa exibir, movendo seus membros bem formados com uma graça acima do comum. Seu rosto era cheio de modéstia nativa e de mais distinta doçura; seus olhos, negros como ébano, eram grandes e expressivos, testemunhas da bondade de seu coração; suas faces se iluminavam de uma cor rosada, apesar do escuro de sua pele, quan-

do era encarada. Seu nariz, perfeitamente formado, embora pequeno, seus lábios ligeiramente proeminentes, quando ela sorria revelavam duas filas de dentes brancos como neve das montanhas. Seu cabelo era quase preto formando um penteado alto com aneizinhos com flores e broches de ouro.[2]

A história de amor entre o capitão Stedman e a mulata Joana servirá de entrecho para um texto longo, minucioso, repleto de observações, com o tom sentencioso dos narradores coloniais e um ar de superioridade em relação aos fazendeiros holandeses, que só poderia ter saído da pena de um autor de língua inglesa escrevendo no século XVIII.

Ao longo de quinhentas páginas, Stedman vai tecendo um painel revoltante de uma sociedade escravocrata, unindo as observações da natureza, dos costumes, de eventos, com o carregado sentimentalismo de seu drama amoroso. Aparentemente, essa mistura improvável, que une páginas de edulcorada narrativa amorosa com adstringentes momentos de descrição pseudocientífica, resultou em algo palatável para os leitores daquela época. As tinturas antiescravistas do autor, o absurdo de sua relação amorosa com uma mulher de cor e a misteriosa paisagem dos trópicos fazem da obra um exemplo único.

Desde o instante em que Denelly diz a Stedman que Joana é uma escrava, ainda que filha bastarda de um fazendeiro branco, holandês, com uma negra, o drama tem início. Nos cinco anos seguinte, ele vai sofrer na tentativa de comprar a alforria da amada. O romance de Stedman e Joana amarra a narrativa de aventuras, com dias de felicidade, de separação e de tristezas, em que ele se desespera por não ter recursos para comprar Joana, e o desespero cresce ainda mais quando, no segundo ano, ela dá à luz um menino. Stedman que, entre um combate e outro, volta para os braços de Joana, introduz na narrativa outro elemento, o nativo Quaco, índio aculturado, seu companheiro e mestre nas artes de sobreviver nos trópicos.

O contraponto do romance impossível é feito por Quaco e sua pedagogia sobre uma terra impossível. O autor, no entanto, perde-se no emaranhado de contradições de uma contingência histórica maior que sua própria compre-

---

2. STEDMAN, 1804, p. 47.

ensão, restando apenas os apelos emocionais da narrativa, e a argumentação geral que é quase uma retórica.

O final da narrativa é emblemático. Após cinco anos de pelejas com os "maroons", os holandeses finalmente conseguem ocupar o rio Cottica, empurrando os negros rebeldes para a Guiana Francesa. É nesse momento que Stedman recebe um dinheiro extra, uma soma suficiente para alforriar Joana. Ele volta imediatamente a Paramaribo e enfrenta os meandros da burocracia colonial até lograr a liberdade da mulher que ama. Uma vez conseguido o objetivo, pensa em seguir com ela e o filho para a Europa, mas Joana não pensa assim. Através de uma carta, ela diz que não pode acompanhá-lo e pede que Stedman a esqueça. Na condição de ex-escrava e invocando a cor de sua pele, Joana confessa que só iria prejudicar o moço branco na sociedade branca da Europa. Stedman, abatido e inconsolável, parte do Suriname levando apenas o filho e as anotações que um dia vai transformar em livro vitorioso.

Muhuraida, de Henrique João Wilkens, além de ser a primeira tentativa poética da região, representa um documento histórico inestimável. Foi publicado em Lisboa, pela Imprensa Régia, no ano de 1819, quase trinta anos depois de sua confecção. É o trabalho de um homem que se envolveu diretamente no contato com os muras, habitantes do rio Japurá. Wilkens foi segundo-comissário e, em 1787, conforme depoimento de Alexandre Rodrigues Ferreira, ocupava o posto de comandante, militar do quartel da antiga Vila de Ega, hoje Tefé.

Canto de glória e certeza, nele já se podem observar todos os prenúncios da decadência interna da epopeia. Não apenas por se tratar de uma obra medíocre, fruto talvez de um coração arrebatado pelos ócios da caserna, e da fidelidade muito típica do militar com pendores artísticos; o certo é que a obra carrega essa corrupção estilística. Nos grandes épicos ibéricos, sobretudo em Camões, cada similitude da empresa mercantil lusitana vinha alojar-se no interior da vasta relação de conjunto da filosofia expansionista da Renascença. O épico estava sedimentado exatamente na justa necessidade de evangelização e semeadura do cristianismo, empresa que portugueses e espanhóis estavam determinados a realizar nos mundos descobertos. E esse conjunto ideológico é tão poderoso que o épico se arrebata e suplanta a própria reserva poética cristã, trazendo para o seu bojo a similitude pagã da cultura greco-romana filtrada nos conventos medievais. Aventura marítima e evangelização, Poseidon e Divina Providência, Argonautas e Almirantes, Deus e deuses, ciência e rosto fabuloso, grandes personalidades e grandes destinos, de maneira que o grande feito dos descobridores fosse absoluto como os outros grandes feitos da humanidade.

Quando João Wilkens escreveu seu poema, a empresa colonial já havia afundado suas raízes no mundo descoberto, exigindo que sua expressão somente se arrebatasse quando submetida à prova da comparação, isto é, somente quando o próprio feito se concretizasse pela força do poder, pela cultura nacional ou, radicalmente, pela ordem de El Rei. *Muhuraida* é um desses momentos de comparação. Trata da derrota dos muras, ferozes guerreiros que jamais aceitariam a dominação branca de suas terras e resistiriam até o século XIX:

> Entre várias nações gentias de Corso menos conhecidas, como os Maués, Mirenhas, Ituás, e muitas outras que habitam o rio Japurá, é mais conhecida a grande nação Muhra, pois, não sendo antropófagos, só se empregam em matar, e roubar indiferentemente os brancos como os índios domésticos, isto é, os já aldeados; e os que habitam os bosques até o ano de 1756 não consta que saíssem do rio Madeira; já infestam o Amazonas, e suas confluências todas. [...] Mas ainda os Carmelitas e os Mercedários intentaram, por vezes, explicando-lhes as verdades da Religião, reduzi-los, e convocá-los ao grêmio da igreja, buscando-os já nos bosques, em rios, mas sempre sem efeito.[3]

Este povo foi tão valoroso, desempenhou uma campanha de resistência tão acirrada, atacando as frentes de penetração, os povoados, os viajantes solitários, que somente o extermínio completo os obrigaria a aceitar a subjugação do vale. A subjugação dos muras era um desses fatos que não mais tinham a série de identidades que acalentavam as narrativas primeiras. Era um feito que, na sedimentação da segunda fase colonial, se aproximava das batalhas contra os mouros na África. O sangue havia jorrado, as cabeças

---

3. WILKENS, 1993, p. 105.

haviam rolado, os infiéis estavam de joelhos, a conquista se cumprira sem nenhum eufemismo. A guerra havia sido uma "incursão terrível que se fez contra os Muhra, na qual sofreram, a verdade, que bem merecida pena de talião [...]".[4]

Ao contrário do épico dos primórdios do projeto colonial português, como o épico camoniano, que tinha a ludicidade do infinito, já que Deus dera ordens infinitas, esse épico amazônico que não consegue mais abarcar esse universo aventureiro é cheio de predestinação. Muhuraida é um texto mais direto, objetivamente contundente e despido. Era sempre possível, antes do novo mundo, descobrir coisas surpreendentes nos mares misteriosos. A poesia era uma epopeia com as marcas completas da predestinação imposta aos cristãos desde o princípio dos tempos. Observando as palavras de João Wilkens, damo-nos conta de uma nova tensão. Entre o frondoso jorro de ornamentos e a glória portuguesa, reminiscência das dificuldades numa terra difícil e paradisíaca, em busca de uma finalidade simbólica sobreposta ao visível.

João Wilkens abre a poesia e afirma que a conquista não suporta esse direito de ser marcada pela resistência dos índios. Em *Muhuraida*, a poesia começa a retirar-se do meio da história para entrar na sua futura era de transparência e de neutralidade aparente. Contudo, João Wilkens não é neutro, pois somente a transparência assume já aquela forma singular, tensa, que vai envolver os próximos poetas amazônicos. Temos, então, um mundo poético sem pudor, onde a conquista é uma necessidade que os portugueses exercem com competência e efeitos. E, para que a glorificação cresça como ramagens naturais numa catedral de palavras artificiosas, a epopeia se colore de alegre saúde numa verdadeira batalha literária:

> Canto o sucesso fausto inopinado,
> Que as faces banha em lágrimas de gosto;
> Depois de ver n'hum século passado
> Correr só pranto em abatido rosto;
> Canto o sucesso, que faz celebrado

---

4. Idem, p. 200.

> Tudo o que a providência tem disposto
> Nos impensados meios admiráveis,
> Que confirmam os fios inescrutáveis.[5]

Assim começa João Wilkens o seu hino genocida. Limpa as lágrimas do semblante benévolo e arma-se de uma estética bem medida. É abertura para uma cantata de crueldade e catolicismo:

> Invoco aquela luz, que difundida
> Nos corações, nas almas obstinadas,
> Faz conhecer os erros, e a perdida
> Graça adquirir; ficar justificadas;
> A luz resplandecente apetecida
> Dos sustos, das nações desenganadas
> Da ponta, da vaidade do inimigo,
> Que confirmam os fios inescrutáveis.[6]

Há, de um lado, o mecanismo que move a conquista durante os longos anos de penetração e reconhecimento, mas, no fim, "depois de ver n'hum século passado correr só pranto em abatido rosto", a afirmação portuguesa é de pedir o canto do "sucesso fausto inopinado". De outro lado, esse esforço manifestou o signo da predestinação colonial — "nos impensados meios admiráveis,/ que confirmam os fins inescrutáveis;/ o sucesso, que faz celebrado/ tudo o que a providência tem disposto". A poesia começava na região por um realismo absolutista, preparando um futuro, mas um futuro que se assemelhasse ao passado lusitano.

A inter-relação entre mecanismo colonial e esforço manifesto é tão essencial para a poesia do soldado João Wilkens como para a conquista. Essa relação mútua nada surpreende, e produz a própria figura de interpretação histórica e ideológica da região. Assim, vemos o poeta-soldado cantar "[...] aquela luz, que difundida/ Nos corações, nas almas obstinadas,/ [...] das na-

---

5. Idem, p. 180.
6. Idem.

ções desenganadas/ [...] Que ao averno conduz final perigo", sobrepondo-se à interpretação ideológica com grande pureza. Por isso, escreve:

> Nas densas trevas da gentilidade
> Sem tempo, culto ou rito permanente,
> Parece que esquecidos da deidade
> Alheios vivem dela independente;
> Abusando da mesma liberdade,
> Que lhes concedeu o ente onipotente
> Por frívolos motivos vendo a terra
> De sangue tinta de humana injusta guerra.[7]

João Wilkens canta a identidade e a diferença, propondo a ordem de El Rei para esses "que esquecidos da deidade/ Alheios vivem dela independente;/ Abusando da mesma liberdade", sob pena de comprometer o promissor futuro da colonização portuguesa:

> Tal do feroz Muhra agigantado
> Costume e certo, invariável uso,
> Que do rio Madeira já espalhado
> Se vê em tal distância, e tão difuso
> Nos rios confluentes, que habitado
> Parece ser por ele, e ao confuso,
> Perplexo passageiro intimidado,
> Seus bárbaros intentos vais logrando.[8]

A estrutura do poema, enfrentando a tensão, limitando a notícia e filtrando poeticamente a empresa colonizadora ("perplexo passageiro intimidado"), permite ao poema uma sustentação razoavelmente firme no interior da epopeia em decadência. Graças a essa sustentação, a visibilidade do genocídio passa pelo filtro e torna-se o discurso da dramática conquista. E assim, no

---

7. Idem, p. 183.
8. Idem, p. 105.

fim, tal processo simples de filtragem parece restituir aos olhos dos conquistadores, através da palavra simbólica, a grande força do poema épico do qual no passado servia Camões:

> Mas minha casta Musa se horroriza,
> Vai-me faltando a voz, destemperada
> A Lira vejo, a mágoa se eterniza:
> Suspenda-se a pintura, que enlutada
> Das lágrimas, que pede, legaliza,
> A natureza e enfim vendo ultrajada,
> A dor, o susto, o pasmo, o sentimento,
> Procure-se a outro tom novo instrumento.[9]

João Wilkens, como os clássicos, pretendia que a poesia, eloquente, semipagã e heroica, reproduzisse a figura inteira da aventura de sua sociedade. Que o poema, nas suas trajetórias de formas, reproduzisse a textura espiritual do projeto colonial português:

> Mil vezes reduzi-los se intentava
> Com dádivas, promessas e carícias;
> Do empenho nada em fim mais resultava,
> Que as esperanças de paz, todas fictícias:
> Nada a fereza indômita abrandava;
> Nada impedia as bárbaras sevícias
> A confiança achava o desengano
> De mão traidora, em golpe desumano.[10]

Seria importante observar as afirmações do poema em cada palavra, em tantos detalhes quantas são as manifestações do espírito mercantil. O poema de João Wilkens é um dos grandes momentos da fixação portuguesa, e através dele pode-se conhecer a conquista como um desenho completo,

---
9. Idem, p. 187.
10. Idem, p. 192.

ao lado dos esboços da história, dos decretos, relatórios e leis coloniais. No plano da linguagem, o mercantilismo vem gravado nele e, sob os olhos do leitor, recompõe a sua pura estrutura. E isso não é uma propriedade exclusiva do poeta; converter-se no painel das estruturas. *Muhuraida* é muito mais que um devaneio no interior da extensão histórica. Em Alexandre Rodrigues Ferreira existe a mesma forma e ela desempenha o mesmo papel em nível das investigações científicas. Wilkens e Ferreira constituem a mesma configuração: a preocupação de ambos volteia sobre a Amazônia, na mesma superfície de contato. Os mesmos conceitos de tranquila dominação caem sobre a terra, a mesma pressa em justificar e afirmar escolhe as palavras.

O arquiteto, desenhista e naturalista Giuseppe Antonio Landi nasceu em Bolonha, Itália, em 1713. Ao formar-se, torna-se um dos mais renomados urbanistas de seu tempo, sendo aceito como membro da Academia Clementina de Bolonha. (Esse período italiano está registrado nos desenhos hoje pertencentes ao acervo da Biblioteca e Arquivo Comunal de Bolonha.) Em 1750, com a assinatura do Tratado de Madri, o rei dom João V, de Portugal, manda contratar profissionais em diversos países da Europa para a execução de serviços técnicos durante o trabalho de demarcação na Amazônia. Landi, acompanhado do astrônomo Angelo Brunelli, chega a Lisboa, onde participa dos preparativos das expedições até a partida para o Grão-Pará, em 1753.

No ano seguinte, Landi segue na comitiva do capitão-general para a aldeia de Mariuá, depois Barcelos, lugar escolhido para acomodar as comitivas espanholas e portuguesas encarregadas da demarcação dos limites. Mariuá não passa de um aglomerado de casas de madeira e taperas, mas, nos próximos seis anos, da imaginação de Landi sairão magníficos projetos que serão edificados, mudando a feição urbana e transformando a aldeia numa pequena cidade de gosto europeu, num estilo barroco arejado, próprio aos trópicos, de um bom gosto que surpreendia todos os visitantes. A cidade de Barcelos floresce, aos poucos vai se transformando num burgo atarefado, com seus índios a olhar com assombro para os frontais, para os telhados de barro avermelhado ou abrindo caminho para uma carruagem que passa ruidosamente com suas rodas sobre o calçamento de pedra cor de vinho, típica da região.

Giuseppe Landi deixou registrado o que significaram para sua vida esses seis anos no coração da Amazônia. No começo, a ideia de regressar à Itália não lhe saía da mente. Por isso, era um homem frugal, de poucos gastos, o que levou o governador Xavier de Mendonça a comentar que o arquiteto Landi era um pão-duro. Mas a Amazônia o seduziu aos poucos, ganhando-lhe a atenção. E ele passou a se encantar com tudo: com as águas escuras do rio Negro, a profusão de ilhas, os silenciosos igapós, as plantas bizarras, os insetos, os pássaros coloridos de forma improvável, a beleza de um mundo ainda sob o domínio da fábula.

Ao término dos seis anos, Landi e seu amigo Brunelli seguem para Belém. Lá recebem autorização para regressar a Lisboa, onde encontrariam melhor aproveitamento profissional. Mas Giuseppe Landi não se sente mais europeu; pensa nos invernos rigorosos, nas intrigas da corte, nos sobressaltos das grandes cidades, e prefere o calor, a chuvarada recendendo terra molhada, o banho de vindicá, o odor de beladona nas noites enluaradas e o vinho de açaí. E, como que para mostrar o quanto se considerava um paraense, casa-se com moça da terra, a filha do senhor João de Sousa de Azevedo, com quem viveu até a morte.

A partir de 1761, Landi vai ser peça-chave no embelezamento da cidade de Belém. Dez anos depois, finalmente, é inaugurada a Catedral da Sé, iniciada em 1748, mas com os adornos finais desenhados por ele. Da imaginação de Landi também seriam erguidas as igrejas do Carmo, das Mercês, do Rosário dos Homens Pretos, de Sant'Ana, e sua obra mais importante, o Palácio Residencial dos Governadores, inaugurado na gestão do capitão-general dom Fernando da Costa de Ataíde Teive. Muitas dessas obras receberam também ajuda financeira do próprio artista, numa demonstração que não era exatamente o unha de fome que o antigo governador Xavier de Mendonça pensava. Uma delas, a igreja de Sant'Ana, foi especialmente escolhida pelo artista, já que dedicada à sua protetora, para servir de repouso para seus restos mortais, que lá estão, desde 1791.

Belém, no final do século XVIII, era a terceira cidade da América portuguesa, e um exemplo de planejamento urbano e concepção arquitetônica para os trópicos. Pelos desenhos de Landi, pode-se ver que era uma cidade requintada, harmoniosa em seus traços, vibrante em suas cores. Giuseppe

Landi armou na pedra, na argamassa e no cinzel a marca da colonização lusitana em seu mais alto ideal. Vistos hoje, na perspectiva dos séculos, seus edifícios são sinais de uma utopia em pedra, marcos de uma concepção de mundo que não prosperou em sua completa floração.

Em Barcelos, a mata reivindicou os edifícios e legou ao futuro os alicerces timidamente encobertos pela terra escura do vale do rio Negro. Mas Belém, cidade caprichosa, soube corresponder ao amor de Landi, e guardou com desvelo as obras majestosas desse escultor de sonhos. Da mesma forma que o Aleijadinho, em Minas, o paraense nascido em Bolonha erigiu os arrebatamentos de um projeto colonial tendo como matéria-prima algo mais que pedra e massa; usou um sentimento nacional que já flamejava nos peitos nativos, um modo e uma maneira de ser que já não eram mais portugueses. Personalidade rica em nuanças, Giuseppe Landi viveu intensamente, e teve muita sorte em seus empreendimentos, o que não pode exatamente ser dito de seu contemporâneo, o dr. Alexandre Rodrigues Ferreira.

Alexandre Rodrigues Ferreira (1756-1815), brasileiro nascido na Bahia, formado em Coimbra, empreende no reinado de dona Maria I uma viagem científica pelas capitanias do Grão-Pará, Rio Negro, Mato Grosso e Cuiabá, pesquisando os três reinos da natureza e coletando produtos para o Real Museu de Lisboa. Vive no Amazonas durante quatro anos, de 1784 a 1788, fazendo observações filosóficas e políticas. Esse precioso e monumental trabalho sofreria muitos imprevistos adversos e nunca chegaria a atingir seu objetivo. Reconhecido com honrarias e altos postos, a obra de Ferreira teria parte de seu acervo requisitado pelas tropas napoleônicas, durante a invasão de Portugal. Muito do trabalho do naturalista Auguste de Saint-Hilaire deve-se à usurpação de memórias originais de Ferreira.

O inventário de Alexandre Rodrigues Ferreira, graças à preocupação estrutural tão cara ao século XVIII, fornece uma representação da simultaneidade da análise e do desenrolar da vivência na linguagem do tempo. *Diário da viagem filosófica, pelas capitanias do Grão-Pará, Rio Negro, Mato Grosso e Cuiabá* é naturalismo, não mais cosmogonia. Na velha crônica, a articulação ideológica estava justaposta, e permanecia suspensa e esvaziada dos valores próprios da região. A articulação era uma fórmula, única condição de defender a aparente função secreta da dominação colonial. Alexandre

Rodrigues Ferreira, como cientista e naturalista, tem uma linguagem mais aberta que a de seus antecessores: sua observação é profundamente articulada. A obtenção dos dados é linear e cientificamente criteriosa, como era do costume racionalista e universalizante da ilustração europeia. Mas é um critério da nobreza, um racionalismo da dignidade absolutista, universalizante na prudência lusitana.

Alexandre Rodrigues Ferreira é a sabedoria científica do mercantilismo em seu imediatismo. O projeto de sua *Viagem filosófica* resultaria numa enciclopédia que abrange o todo, dos minerais às estruturas de produção da sociedade. Enquanto nas narrativas dos desbravadores a representação era fechada, aqui a linguagem pode dar vez a um caminho diferente, porque o interesse é de açambarcar tudo. E tudo é exatamente o que perfaz a articulação, unindo, no comentário, a economia, a antropologia, os animais, as plantas, pois, ligando essa gama de realidade, reina o discurso estruturado da posse colonial.

O inventário de Alexandre Rodrigues Ferreira já não trata mais do que se vai descobrir. *Diário da viagem filosófica* é uma afirmação clara: o que há é isto, tomai! Uma aparentemente incontestável afirmação, posto que os naturais da terra estavam incapacitados de entendê-la:

> Não é que lhes faltem acenos ou vozes para manifestarem seus gostos e dores, mas é que eles, fora do tumulto das paixões, não são homens que desperdicem palavras. Acostumados a pensar pouco, também falam pouco. Daí ser o aspecto de um tapuia o de um homem sério e melancólico. O seu falar é tão lento como são lentas as suas cogitações. Não se vê neles uma demasiada atenção ao que se lhe diz. Com aquela mesma taciturnidade com que se deitam, com ela acordam.[11]

Criando uma obra que se movia rumo à necessidade de ligar as funções naturais da região, e assim constituir um caráter, Ferreira fundamenta as primeiras subordinações funcionais. Quanto à hierarquia dos reinos da natureza, bastava que o olhar recaísse nas espécies e reconhecesse o que era

---

11. FERREIRA, 1972, p. 100.

vivo e o que não era. A ciência de seu tempo já tornara o conceito de vida fundamental, numa busca para determinar o raio e a referência do visível. No entanto, no trajeto entre uma gramínea e um artrópode, a classificação de Ferreira seguidamente estremece ao defrontar-se com os "homens naturais".

A descoberta de um novo carnívoro não assustava, como assustava a taciturnidade dos tapuias. Um carnívoro deixa-se classificar em suas relações, ele tem estômago, intestino, estrutura dentária, toda a complexidade de um carnívoro descrito no *Système Anatomique des Quadrupedes* (1792), de Vicq d'Azyr. O tapuia provocava um ínfimo e inquietador desnível na ciência de Ferreira. Ciência que perdia o poder de fundar um nexo entre esses homens indiferentes e a humanidade civilizada. Não há vizinhança entre o tapuia epicurista (reiteradamente o índio é classificado assim) e o branco cristão. Ferreira dirigia-se ao cume do saber e dava um volume próprio ao visível, enquanto o tapuia, na sua "infância", não se arredava do abismo da ignorância. E a uma humanidade, que se internava na secreta nervura da irracionalidade, não se podia outorgar o direito de ter o chão que pisava. Ferreira reduzia o índio ao estatuto da criança: eram rudes infantes, psicologizando o que antes era um sintoma teológico da primeira queda:

> A respeito da religião, é verdade que algumas tribos não têm nenhum conhecimento de um ser supremo e nem praticam culto religioso. Isto naturalmente deve acontecer ao homem constituído na infância da sociedade, estando em semelhante estado as potências intelectuais tão débeis, que não deixa distinguir-se dos outros animais. Nem a ordem, nem a beleza do universo fazem a menor impressão aos seus sentidos. Na sua língua não há uma só expressão que designe a divindade. Vive, porém, não faz mais do que vegetar. Olha, porém não reflete; aprende, mas não raciocina. Pelo que se vê, os seus espíritos não se acham exercitados pela filosofia nem iluminados pela revelação. Seria absurdo pretender que seja capaz de reconhecer a existência de um Ser invisível, quem não reflete nem discorre. É o mesmo que quiséssemos encontrar neles o mesmo conhecimento quando crianças que quando homens.[12]

---

12. Idem, p. 94.

Por isso, a não aceitação do índio como cultura pertinente ganha um sentido epistemológico. E a resistência indígena recebe foros de imprudência e turbulência juvenis. Esse homem que não é só zoologia, nem generalidade teológica, encontra-se ordenado numa hierarquia, ainda que na sua mais baixa categoria. Como consciência vazia e não abstrata, o tapuia não pode ser mais tolerado, nem simplesmente convertido ou domesticado. Eis como Ferreira conclui o seu comentário sobre a revolta de Ajuricaba:

> Eis aqui resumida a história da vida e da morte de um índio, que a natureza assim havia disposto para um herói do seu tempo e do seu país, mas que destas suas disposições naturais não soube usar de outro modo com relação aos nossos costumes, senão merecendo a morte, que por suas próprias mãos adiantou.[13]

O espírito que moveu homens como Stedman, João Wilkens, Landi e Alexandre Rodrigues Ferreira está presente com a extensão da fixação colonial em todos os gestos dessas obras analisadas. A nova ordenação sobrepõe num único e igual momento os papéis que a aventura e a perplexidade do princípio desempenharam na linguagem mercantil desbravadora. A Amazônia era uma região difícil e por isso mesmo estimulante. Somente a resistência inesperada dos "homens naturais", fracionando essa unidade, suscitava e mantinha os levantamentos de vendedores numa emergência. As obras criadas por essas mentes fizeram da Amazônia uma grande forma em devir, na qual a paisagem recebe finalmente um sentido, uma catalogação marcada pela eficácia do racionalismo e tomada em uso numa nova força de ordenação epistemológica.

Depois das páginas de Stedman, Wilkens e Ferreira, bem como das edificações de Landi, os europeus finalmente ficaram cientes do nível de emergência que a nascente civilização tropical gerada no choque colonial instaurava, proporcionando o nascimento de uma visão "histórica" da Amazônia. Foi o primeiro lance para superar o desafio fora dos apagados gestos de exotismo aventureiro. Adquirindo uma "historicidade" para a paisagem, a Amazônia encontrava-se sequestrada de sua propriedade primordial; a região já parecia domada.

---

13. FERREIRA, 1885, p. 54.

Eis aí a dificuldade posta de lado e o visionarismo teológico abdicado. Esses homens do século XVIII deram um sentido, encontraram uma causalidade, enriqueceram tudo por valorizações da racionalidade científica. Se o rato do mato, *Mus sylvestris Americanus* está perfeitamente classificado, se há uma exatidão indiscutível nas "Memórias sobre as cascas de paus que se aplicam para curtir couros", a inferioridade do homem natural é uma consequência quase mecânica. O trabalho desses homens foi a grande tessitura empregada no âmago da implantação cultural do projeto colonial, levando a região a participar de uma episteme. A ideologia liberada pelo conhecimento positivo.

Depois desses homens, a Amazônia não mais será uma paisagem sem nome, ela será agora um complexo a serviço das deduções empíricas.

Mas o que será classificar e promover deduções de um complexo? Será, evidentemente, aventurar-se nele, encontrar-se no meio de seus mistérios, atravessá-lo para reconhecer gente e objetos que se tornarão familiares. Mas o europeu racionalista saberá que essa familiaridade será sempre aparente. Ferreira, por exemplo, nunca tinha visto aqueles índios, aquelas plantas, aqueles costumes, e as coisas descobertas naquele mundo novo deviam tornar-se peças, converter-se em dados. Muito menos Stedman podia contar com o caráter irreconciliável do mundo da colônia com a realidade europeia, levando ao fracasso o seu romance.

Ao realizar essa construção a posteriori de uma visão filosófica da Amazônia, esses homens colocaram em dia as necessidades dos diversos projetos coloniais em crise. Um mundo descrito, catalogado, explicado, classificado, fixo e predeterminado deixa de assustar e provocar alucinações.

Enquanto escritores como Stedman e Wilkens fizeram da palavra o som das trombetas que derrubaram as muralhas dessa Jericó de negros revoltados e índios ferozes, Giuseppe Landi e Alexandre Rodrigues Ferreira tentaram captar um saber que derrotasse o grande enigma proposto pela Amazônia, essa complicada e tentacular efígie equatorial.

6. A Amazônia e o Império do Brasil

O CONTINENTE QUER A INDEPENDÊNCIA

Os portugueses na Amazônia entraram no século XIX sofrendo um sobressalto: a febre independentista que varreu as Américas inglesa e espanhola. Nos últimos anos de século XVIII, a Guiana Francesa tornou-se a ovelha negra das possessões europeias, ao refletir as enormes mudanças políticas que ocorreram naquele país a partir de 1792. De Caiena, uma ativa delegacia revolucionária traduzia textos e imprimia panfletos para o português e o espanhol, infiltrando essa "mercadoria" altamente explosiva nas agitadas colônias espanholas e na conservadora colônia lusitana. O pavor causado pela possibilidade de contágio dessas "pavorosas ideias" levou os governos espanhol e português a extremos.

Na América espanhola, menos pelo esforço revolucionário francês e mais pelo poder cada vez maior das classes dirigentes crioulas, o fermento da independência política começou a dar frutos mais cedo do que o esperado. Mas a libertação dos países amazônicos do domínio espanhol não trouxe maiores consequências para a Amazônia. Nenhum deles estabeleceu uma política específica para a área, sendo mesmo, em alguns casos, a Amazônia relegada ao abandono. Assim, os nascentes países hispânicos, durante todo o século XIX, somente tiveram uma política para a região Amazônica quando instados pelas decisões tomadas pelos portugueses e, depois, por brasileiros.

COMO ESTAVA A AMAZÔNIA PORTUGUESA?

A situação da capitania do Grão-Pará e Rio Negro, no alvorecer do século XIX, era de aparente estabilidade política. Desde meados do século anterior, Belém era a capital de um Estado colonial separado do Brasil, com ligação direta com Lisboa e a presença de um número muito grande de portugueses na região. Os investimentos portugueses haviam crescido desde 1750, e a Amazônia experimentara um surto de progresso material em três administrações, respectivamente dirigidas por Francisco Xavier de Mendonça Furtado, Manuel Bernardo de Melo e Castro e Francisco de Sousa Coutinho.

A capitania do Grão-Pará e Rio Negro era um estado colonial bastante ligado a Portugal, tanto por laços familiares como por interesses comerciais e facilidades de navegação. Uma viagem de Belém a Lisboa, por exemplo, naqueles tempos de vela, durava cerca de vinte dias, contra os quase dois meses até São Luís e a jornada de três meses até o Rio de Janeiro. Isso fazia com que os ricos e os políticos frequentassem mais Portugal que o Brasil. E essa íntima ligação também formou na capitania do Grão-Pará e Rio Negro uma administração local de bom nível e um sistema educacional razoável, permitindo ao menos aos filhos da elite uma boa perspectiva de futuro. A cidade de Belém, com sua apreciável estrutura urbana, era uma demonstração de que já estavam longe os anos de conquista e penetração, com economia de subsistência ou exclusivamente extrativa. Em meio século de programas econômicos voltados para a agroindústria e a manufatura, surgira uma poderosa classe de proprietários e comerciantes, que constituíam uma burguesia mercantil bastante amadurecida quanto a seus próprios interesses. Esses homens de negócio exportavam uma pauta de produtos agrícolas muito diversificada, como açúcar, algodão, anil e cacau. O interessante é que, no modelo pombalino, essa agricultura não se desenvolvera de acordo com o modelo das grandes agroindústrias, como os engenhos nordestinos, mas a partir de propriedades pequenas e médias, de grande produtividade e sem o uso do braço escravo, algo impraticável na Amazônia. Essa economia agrária, que abastecia sem problemas os centros de consumo da região e exportava largamente, era complementada pela pecuária e pela pesca, especialmente na ilha de Marajó.

Mas, ao contrário do que ocorria no Brasil, em capitanias como Bahia, Minas Gerais, Pernambuco, Rio de Janeiro e São Paulo, a colonização na Amazônia não atingira ainda o interior, circunscrita às cidades maiores como Belém e Vila da Barra. Por isso, as elites do Grão-Pará e Rio Negro sabiam que não havia possibilidade de transformar a região numa nação independente, se desejassem acompanhar o surto que estava mudando a face do mundo ibero-americano. Eis porque a Amazônia nunca cogitou autonomia completa, ainda que a situação geográfica por sua imponência aparentemente indicasse isso. Restou-lhe, chegado o momento, apenas uma escolha: Portugal ou Brasil.

O CENÁRIO POLÍTICO NO PROCESSO DA INDEPENDÊNCIA

Ao ser desfechado o processo para a independência, a cena política era ampla, cheia de possibilidades, principalmente porque, em termos militares, realisticamente falando, o império do Brasil pouco poderia fazer, se desejasse repetir o que ocorrera no Maranhão com grande facilidade.

Em novembro de 1807, tropas francesas, sob o comando do general Jean-Andoche Junot, e tropas espanholas, comandadas pelo marquês del Socorro, invadem o território português. Sem oposição, os franceses da Gironda entram pela Beira baixa, seguindo a direção do Tejo, enquanto os espanhóis dividem-se em duas frentes, uma ao norte e outra ao sul. O príncipe regente, dom João, nomeia um governo para administrar o reino, composto pelo marquês de Abrantes, pelo general Francisco da Cunha Meneses e pelo príncipe Castro, partindo rumo ao Brasil na madrugada do dia 29 de novembro de 1807.

Mas os portugueses não se entregaram facilmente aos invasores franceses e espanhóis. Sob o comando do general Francisco da Cunha, conde de Castro Marim, o Exército português consegue reter as três frentes dos invasores, finalmente derrotando os franceses, em 1808, nas batalhas de Roliça e Vimeiro, obrigando-os a uma rendição e posterior retirada. Em 1810, sob o comando do general André Masséna, as tropas napoleônicas mais uma vez entram em Portugal, mas enfrentam forte resistência dos portugueses, agora recebendo apoio dos ingleses.

O Grão-Pará também tem uma participação destacada na guerra de Portugal contra a França de Napoleão. Em dezembro de 1808, um destacamento de elite da guarnição de Belém embarca em vasos de guerra portugueses e ingleses, com a missão de ocupar a Guiana Francesa. Caiena rendeu-se em poucas horas e os paraenses ocuparam a possessão francesa por oito anos, regressando a Belém apenas em 1817, após a assinatura do Tratado de Paris. De volta à província, encontraram uma cidade em declínio, com uma economia estagnada, campo fértil para a proliferação de ideias revolucionárias que traziam na bagagem. Os franceses tinham estabelecido em Caiena, durante os anos da Revolução Francesa, uma oficina de impressão onde textos, documentos e panfletos revolucionários eram traduzidos para o português e contrabandeados para o Pará. As autoridades coloniais portuguesas eram tão paranoicas a respeito da revolução que, se alguém fosse flagrado em Belém, em 1800, guardando um exemplar da Declaração dos Direitos do Homem, receberia a pena sumária de prisão perpétua. Dezessete anos depois, jovens soldados, saboreando o gosto do triunfo militar, estavam voltando com verdadeiras bibliotecas revolucionárias. Mas antes, na manhã de 14 de fevereiro de 1809, chegava a Belém a notícia da capitulação de Caiena às tropas de granadeiros do Pará. O ocorrido foi vivamente descrito por Baena:

> Assoma na cidade [...] o Furriel de Granadeiros do Regimento de Infantaria nº 2 Joaquim Antonio de Macedo expedido da Ilha de Cayena pelo Tenente Coronel Manoel Marques, Commandante do Corpo de Vanguarda destinado a hostilizar a Gyana Franceza, com Officios para o Governador: nos quaes este lê a participação de que se acha occupada pelo dito brio dos ataques, que os reduzirão e coangustarão a renderem com profusão de sangue as Baterias e Postos mais dignos do seu desvelo para disputarem a irrupção pelas estradas do continente, que dirigia à Capital da Colonia, da qual e de todo aquelle paiz effectivamente se apoderou no dia 14 de janeiro por capitulação proposta por Victor Hugues, Official da Legião de Honra, Commissario do Imperador e Rei, e

Commandante em chefe de Cayena e Guyana Franceza, e assinada no dia 12 do dito mez, [...][1]

Era inevitável que a presença da tropa de ocupação portuguesa em Caiena acabasse por facilitar o contato de soldados e oficiais com certas ideias liberais, e que estas começassem a circular no Grão-Pará a partir de 1809. Os ideais da Revolução Francesa eram extremamente atraentes para certas camadas de intelectuais e até mesmo empresariais, especialmente nativos. O historiador Arthur Reis registra o impacto dessas ideias importadas da Paris do Termidor:

> [...] ocorriam em Belém fatos que davam sinal bem vivo de que aquele clima de serenidade que caracterizava a colônia estava a findar. Um religioso, frei Luís Zagalo, que viera de Lisboa por ocasião da invasão francesa, com passagem por Caiena, despachado vigário de Cametá, todo adepto do iluminismo francês, atirou-se à propaganda daquelas novidades escandalosas: negava a imortalidade de alma, impugnava a perpétua virgindade de Maria Santíssima e concitava os escravos a reclamar a liberdade. Fora iniciado nos clubes revolucionários em Caiena. Dizia-se pedreiro livre. Sua doutrinação, produzindo efeito rápido, dera margem a uma tentativa de pronunciamento dos negros de Cametá, provocando um estado de intranquilidade muito grande entre os moradores.[2]

No mesmo ensaio, Arthur Reis recria o clima de crescente descontentamento na colônia, narrando a situação anterior à vinda do príncipe regente para o Brasil:

> A sementeira liberal, como sabemos, fazia-se principalmente pelos clubes, pelas sociedades secretas, que desde os primeiros dias do século XIX mobilizavam inteligências e vontades pelo Brasil em fora. Em Belém, na residência do sogro do Ouvidor Joaquim Clemente da Silva Pombo, fizeram-se

---

1. BAENA, 1975, p. 276.
2. REIS, 1969.

reuniões em que se discutiam as novidades políticas. Funcionava lá, dizia um denunciante ao Conde da Barca, "O Clube ou Sociedade dos Jacobinos e Pedreiros Livres". Nesse clube, de permeio com os trabalhos de propaganda das ideias liberais, combatia-se o Bispo D. Manuel de Almeida Carvalho, que ameaçara de punição religiosa quantos participavam das reuniões.[3]

A REPRESSÃO ÀS IDEIAS EXÓTICAS

O penúltimo governador-geral do Grão-Pará, Antonio José de Sousa Manuel de Meneses, conde de Vila Flor, que começou sua gestão em 1817 e terminou em julho de 1820, fez prioridade de sua administração os esforços para manter a colônia saneada de tais ideias exóticas. E, mal havia tomado posse, mandou instruções ao governador da capitania de São José do Rio Negro para aplicar toda a sua energia para impedir que se repetisse na Amazônia portuguesa o que estava acontecendo na espanhola. Entre outras coisas, assim ele instruía o seu subalterno, o capitão Manoel Joaquim do Paço, já instalado em Vila da Barra:

> 2º. Por nenhum modo Vmce. consinta as mais pequenas relações dos Povos daquela Capitania com os das Províncias insurgidas espanholas, empregando todos os meios que lhe forem possíveis para cortar toda a comunicação que possa haver entre eles. [...] 3º. É especialmente necessário que Vmce. tenha as mais exatas notícias e informações do progresso do espírito revolucionário nos países limítrofes da Capitania, da força armada que tem naquelas fronteiras, movimentos, e direções dos Corpos, e das disposições hostis ou pacíficas a nosso respeito [...] para conter em respeito os mesmos insurgentes ou para os repelir no caso de agressão [...].[4]

---

3. Idem.
4. Códice 628 do Arquivo Público do Pará. Ofícios extraídos do Livro do primeiro e segundo registros da secretaria particular do Ilmo. E Exmo. Sr. Conde de Vila Flor, 1817.

FELIPE PATRONI

Em 30 de junho de 1820, parte de Belém o conde de Vila Flor, rumo ao Rio de Janeiro, deixando no poder um governo interino de sucessão. Essa solução provisória encontrou muitas dificuldades para governar; seus membros eram fracos, com a suspeição de improbidade administrativa pairando sobre eles, numa época conturbada demais para esse tipo de deslize. Acontece que, no dia 10 de dezembro daquele ano, aporta em Belém, vinda de Lisboa, a galera *Amazonas*, trazendo o jovem Felipe Patroni e a notícia do pronunciamento militar ocorrido no Porto, em 24 de agosto, fruto da total insatisfação contra o poder absolutista.

Felipe Patroni, um dos fundadores da moderna Amazônia, nasceu em Belém, em 1794. Fez seus primeiros estudos no Pará e, em 1816, matricula-se na Universidade de Coimbra, onde se graduou em Direito Civil e Canônico. Personagem irrequieto, detentor de um verbo poderoso e uma voz tonitruante, logo se tornou o propagandista da revolução liberal e seu catalisador no Grão-Pará.

Mas Patroni não teve maior participação nos acontecimentos que levaram à deposição do governo interino. O movimento social que ocorreu era a resposta paraense à Revolução de 1820, fruto do trabalho árduo dos partidários do liberalismo em Belém. O principal líder do movimento, dom Romualdo de Seixas, futuro marquês de Santa Cruz, assumiu a presidência do governo revolucionário, levado por sua personalidade entusiasmada, que não hesitava frente à possibilidade de sofrer o mesmo destino de Pernambuco, em 1817, cuja experiência liberal foi esmagada pela corte do Rio de Janeiro.

O Pará, no entanto, daria a tônica dos eventos que levariam à independência do Brasil. No final de 1820, já existia no Grão-Pará e Rio Negro um expressivo grupo político que não acreditava mais na continuidade do sistema colonial: desejava modificações políticas que abrissem mais oportunidades aos nascidos na terra e, o que era mais importante, pretendia adequar o governo de garantias expressas aos direitos do cidadão. Mas homens como dom Romualdo de Seixas e Antonio Corrêa de Lacerda, embora defendessem as novas garantias individuais, não comungavam com esse grupo do qual Patroni era membro importante, muito menos com a ousada proposta de independência. Apelavam para as autoridades locais que difundissem os valores da renovação, mas não esqueciam de realçar o respeito pela unidade com Portugal. A ligação desses grupos poderosos com Portugal quase repetiu na América do Sul um "Canadá equatorial". Mas o povo não quis.

De qualquer forma, quando o príncipe dom João VI foi chamado a reassumir o trono em Portugal e a cidade do Porto se rebelou exigindo a instalação de uma monarquia constitucional, o Grão-Pará não titubeou em aderir aos chamamentos liberais do Porto. Felipe Patroni, ainda estudante, deixa Coimbra e embarca para Belém, onde atua como catalisador do movimento para manter a Amazônia unida a esse Portugal novo, constitucionalista e liberal. Patroni, no entanto, não tarda a descobrir o desejo recolonizador dos liberais vintistas e a perceber o desprezo dos portugueses por suas ideias. Ao regressar, Patroni funda o jornal *O Paraense*, no qual passa a pregar a independência do Grão-Pará e Rio Negro.

O Paraense não circulou por muito tempo. Patroni era um panfletário relativamente moderado, mas não existia nada parecido com liberdade de imprensa na colônia. Fazer circular um jornal pregando ideias de independência era um pouco demais para os portugueses: Patroni foi preso e deportado para o Ceará, e seu jornal, fechado. Mas o mal já estava feito. Sua ousadia e o desejo de independência vinham ao encontro dos anseios de muitos brasileiros natos e daqueles soldados retornados de Caiena. Por isso, nem bem Patroni deixava Belém seu jornal reaparecia nas ruas, agora sob a direção de um dos partidários da independência, o cônego João Batista Campos. A causa da independência ganhou apoio popular, deixando o governo militar colonial mais inseguro e dividido.

Muito mais inflamado que Patroni, com uma pena capaz de terríveis invectivas contra o poder colonial, o cônego Batista Campos em pouco tempo formou um grupo político expressivo, demonstrando também uma grande capacidade de liderança. No final de 1822, quando a notícia de que dom Pedro de Bragança tinha declarado o Brasil independente chegou ao Pará, Batista Campos agiu imediatamente, mobilizando a população, ocupando as ruas e, com o apoio de alguns importantes comerciantes e militares nascidos na terra, expulsou o governador militar e promoveu eleições gerais para um governo provisório. Mas o projeto político de Batista Campos era muito ousado para o gosto do governo do Rio de Janeiro, especialmente de José Bonifácio, e ele viu seu governo provisório, legitimamente eleito, ser deposto e substituído por notórios "portugueses". Não se deve estranhar, portanto, que ainda em abril de 1823 o coronel Pereira Vilaça condenasse trezentos brasileiros à morte, em Belém, por tentarem a adesão à independência. Esse era o quadro de agitação que o mercenário Grenfell encontrou ao desembarcar em Belém.

A NOTÍCIA DA INDEPENDÊNCIA DO BRASIL CHEGA A BELÉM DO PARÁ

No dia 10 de agosto de 1823, o capitão-tenente inglês John Pascoe Grenfell, comandando o brigue de guerra *Maranhão*, fundeou na barra de Belém e anunciou que, havia quase um ano, dom Pedro I proclamara a independência do Brasil, tinha o apoio da Inglaterra e não esperava nenhuma oposição no Pará. Era a gota d'água para uma série de incidentes políticos que lançariam a região num turbilhão que durou dez anos.

Grenfell desembarcou em Belém sabendo que parte da elite do Grão-Pará era hostil à ideia de separar-se de Portugal. Os anos de administração direta, separada do Brasil, tinham criado todo um corpo de funcionários e oficiais militares portugueses, sem falar da maioria dos comerciantes e fazendeiros. A presença do poder colonial era tão forte que a Amazônia pouco se beneficiou das mudanças liberalizantes que a vinda do príncipe regente acabou por provocar. Por isso, Grenfell trazia ordens de afrontar o governo paraense, inclusive com a ameaça de bloqueio naval e bombardeio da cidade.

Belém, como já foi visto, contava com um expressivo e inflamado grupo de partidários da independência. O movimento, liderado pelo cônego Batista Campos e formado por intelectuais e alguns militares, não perde tempo e resolve ocupar qualquer vácuo de poder. Mas o marinheiro inglês, bem instruído pelos políticos do Rio de Janeiro, não parecia confiar neles.

Grenfell estava a bordo do brigue *Maranhão* ao ser informado de que um grupo de soldados da guarnição de Belém, sob a liderança do cônego Batista Campos, marchava com o objetivo de depor a junta governativa conservadora. Corria o mês de outubro de 1823, e Grenfell não parecia exatamente o homem talhado para promover o diálogo e levar a concórdia àquela província tão dividida. Com um destacamento de trinta fuzileiros do *Maranhão*, e mais soldados regulares, Grenfell reprimiu o levante com brutalidade. Batista Campos foi preso e os soldados revoltosos, precariamente armados e com pouca munição, renderam-se sem grande resistência.

Grenfell, no entanto, num erro de avaliação, decidiu que a ferocidade talvez fosse capaz de intimidar em definitivo os mais exaltados. Ele escolheu, ao acaso, cinco prisioneiros para serem fuzilados sumariamente. Outros 253 foram mandados a ferros para o brigue *Palhaço*, onde foram encerrados num cubículo do porão. Desesperados, com falta de ar por conta do espaço pequeno demais para tantas pessoas, eles tentam escapar, mas as sentinelas abrem fogo através das grades, provocando uma onda de pânico entre os prisioneiros. No dia seguinte, apenas quatro haviam escapado. O incidente atiçou ainda mais os sentimentos nacionalistas.

INDEPENDÊNCIA E CONTINUÍSMO

Mas a dinâmica política raramente segue os desejos dos idealistas. No Grão-Pará e Rio Negro, o realismo das elites logo abafou a tentação de lutar pela manutenção do domínio português na região, em troca da continuidade da administração e do poder econômico, reconhecendo a independência como algo fatal e inexorável. E já que a capitania do Grão-Pará e Rio Negro não apresentava maturidade social para se tornar um país, por que não portugueses leais aderirem ao império do Brasil? Por isso, ao descer do mastro a bandeira de Portugal e fazer subir o pavilhão do império do Brasil, estava feita a única mudança visível que indicava o histórico momento.

O açodamento em aderir fez aparecer o gesto oportunista da classe dominante paraense, hegemonicamente portuguesa. Mas essa aparente esperteza, se logo serviu para enfileirar a área ao regime do Rio de Janeiro, abriu os olhos do povo, gerou ressentimento profundo e um descontentamento tão imenso que nenhum outro remédio, a não ser o revolucionário, poderia curar. De certo modo, a esperteza das elites de Belém inaugurava uma tradição incômoda na Amazônia, aquela em que o povo está sempre no limbo das decisões maiores, paralisado por manobras paliativas, fazendo da Amazônia uma região politicamente frágil, condenada a coonestar, por falta de apoio popular, uma relação neocolonial imposta pelo sistema de poder nacional.

Por tudo isso, não era de espantar que a Amazônia, na transição do sistema colonial para a independência, fosse um limbo de violências. Desde os governos pombalinos, existia um surdo confronto entre cabocos e reinóis, entre brancos e cabocos, entre índios ferozes e tapuias domesticados. O continuísmo dos aproveitadores no poder levaria esse confronto ao ponto de ebulição: crises, levantes militares, choques entre cabocos e portugueses. Metade do século XIX se perdeu numa pavorosa convulsão política, que resultou no trucidamento de 30% da população da região. O povo da Amazônia pagou um preço tão alto para pertencer ao Brasil que até hoje ainda não se recuperou do sacrifício.

A INDEPENDÊNCIA CHEGA AO RIO NEGRO

A notícia da independência chegaria à capitania do Rio Negro apenas em 9 de novembro de 1823. Desde 1820, com a indefinição na administração do Grão-Pará, a capitania vivia um dilema: não era exatamente uma capitania autônoma, estava subordinada ao Pará, mas seus líderes políticos consideravam que era hora de a região ganhar um novo status.

Os políticos amazonenses reivindicavam a autonomia, quando veio a independência. As autoridades do Rio Negro submeteram-se imediatamente ao império do Brasil, levando ao poder uma junta que governaria até 3 de dezembro de 1825, quando a região foi incorporada ao Grão-Pará, sob a direção de governantes pró-lusitanos. No entanto, a manutenção da sujeição administrativa dos tempos coloniais ao Pará provocou descontentamentos entre os amazonenses.

Não era nada agradável, para quem ali vivia, que aquela parcela considerável da Amazônia permanecesse na sujeição política que já ia para trinta anos — situação que vinha da administração portuguesa — e ver essa sujeição ser mantida pelo regime imperial. Era como se nem os portugueses e muito menos os administradores do Rio de Janeiro soubessem realmente o que fazer da capitania do Rio Negro. Uma área que, após tantos massacres contra os povos indígenas, tornara-se demograficamente rarefeita e de difícil acesso, um desafio quase insolúvel para a incipiente tecnologia da época.

Somente em 1850, depois de muito sangue derramado, a velha capitania seria elevada à categoria de província e atrelada ao Brasil como um reboque vazio.

TEMOR E HESITAÇÃO

Depois de superar o doloroso período de rebeldia, o império do Brasil ficou paralisado em relação à Amazônia. Nenhum dos imperadores visitou a região. Mesmo Pedro II, que andou pelo Oriente Médio, passeou pela Europa e gostava de enfrentar viagens que eram verdadeiros desafios, se manteve ao largo do grande e selvagem norte. Além de arrastar a região para a letárgica e atrasada economia rural baseada na escravidão, o império do Brasil tratou a Amazônia com um misto de temor e muita hesitação, como bem podem ilustrar dois importantes eventos políticos: a abertura do rio Amazonas à navegação internacional e a abolição da escravatura.

A NAVEGAÇÃO DO AMAZONAS

A região amazônica tinha permanecido fechada durante todo o período colonial. Uma vez conquistada, os portugueses foram rigorosos em manter as suas possessões longe dos olhares estrangeiros. E não apenas aos estrangeiros, mas também aos nacionais, já que para circular pelos rios era necessário ter uma autorização especial passada pelas autoridades do estado do Grão-Pará. Alguns rios estavam completamente fechados, como o Tocantins e o Madeira, que até 1752 ficaram completamente interditados, o que demonstrava o rigor lusitano e o zelo por sua soberania.

Com a anexação ao império do Brasil, o problema do acesso à Amazônia, especialmente de estrangeiros, foi uma das questões mais discutidas. Até 1845, as convulsões políticas e a insegurança foram os principais argumentos das autoridades imperiais para afastar o desejo de cientistas, mercadores e simples viajantes. Para os homens de negócios da Amazônia, a demora para o Império abrir a Amazônia perpetuava uma situação do passado, que todos desejavam superar. Não havia mais cabimento uma área tão rica submetida a um regime de comércio insulado, operado por fretes de pequenas e grandes embarcações a vela, algumas a remo, que se mobilizavam milhares de braços, constituíam uma indústria de custos altos e baixo rendimento. A navegação a vapor era a grande meta, porém não havia capitais; a região estava exausta.

Em 1850, um grupo de empresários norte-americanos, incentivados pelo embaixador brasileiro em Washington, ministro José Silvestre Rebelo, funda *The Amazon Steam Navigation Company*, com sede em Nova York. Na data prevista para a primeira viagem, com o navio *Amazonas* pronto a levantar âncora no cais de Belém, o presidente da província do Pará, dr. José Félix Pereira de Burgos, convocou uma reunião extraordinária da assembleia provincial e impediu a viagem. A empresa acionou o governo imperial, ganhou uma polpuda indenização e lançou uma campanha violenta contra o Brasil, dizendo que a monarquia brasileira cometia um crime contra os interesses da humanidade, com uma política que mais parecia de um isolacionismo típico dos chineses, longe do espírito cooperativo que era de se esperar de uma nação americana.

A monarquia brasileira era uma anomalia num continente republicano. Além de representar os mesmos interesses portugueses que haviam expandido o território à custa das antigas colônias espanholas, o Brasil era visto com reserva. Os países amazônicos, Bolívia, Peru, Colômbia, Equador e Venezuela, tratavam de resolver a questão do acesso aos seus territórios da selva buscando recursos no mercado internacional. Em 1847, o Brasil foi convidado a participar do Congresso Americano, que seria o ponto de partida para a futura Organização dos Estados Americanos (OEA). Na pauta do Congresso, um dos principais assuntos era a navegação do Amazonas. Evidentemente, os diplomatas do império perceberam a tempo que a posição brasileira era insustentável e acabaram com o evento.

Em 1865, tem início a Guerra do Paraguai e o império se torna menos inflexível nas questões da navegação do rio Amazonas. Uma ação conjunta de senadores nortistas e a campanha desenvolvida por Tavares Bastos acabaram surtindo efeito e o Amazonas foi aberto às nações amigas no dia 7 de setembro de 1867. No mesmo ano, foram fundadas, com capital local, duas companhias de navegação, a Fluvial Paraense, em Belém, e a Fluvial do Alto Amazonas, em Manaus. A Amazônia também cumpriu sua cota de sacrifício no conflito em que Brasil, Argentina, Uruguai e Paraguai se envolviam: enviou quase 2 mil jovens soldados amazonenses e paraenses para os campos de batalha.

A ABOLIÇÃO PRECOCE

No caso da campanha abolicionista, as elites intelectuais e políticas do Norte sempre demonstraram repugnância pelo estatuto da escravidão. Formadas pelo Iluminismo francês e pelas ideias republicanas e liberais que se entranharam no Grão-Pará, a questão abolicionista foi considerada uma prioridade.

A escravidão esteve presente desde o primeiro minuto em que os europeus pisaram em solo amazônico, levando ao processo de destribalização e extinção em massa dos povos indígenas. Tentativas incipientes de criar uma agroindústria de açúcar falharam solenemente, mas serviram para trazer as primeiras levas de negros africanos. Entre 1755 e 1815, pelo menos 51 mil escravos foram desembarcados no porto de Belém, importados diretamente da África. Com a decadência da indústria do açúcar e o crescimento da empresa extrativista, baseada na safra, a utilização de mão de obra escrava era impraticável.

Muitos escravos escaparam de seus donos e formaram uma rede de bem-sucedidos quilombos — um arco que começava no território do Maranhão e terminava no Amapá. Os que ficaram dedicaram-se a trabalhos domésticos ou serviços urbanos. Esses negros entrados no Grão-Pará — bem diferentes daqueles trazidos para o Brasil, em sua grande maioria pertencentes às culturas sudanesas, raiz daomiana do grupo jeje — eram basicamente oriundos de Bissau e Cacheu, do ramo guineano-sudanês islamizado.

A Bolívia tinha feito sua abolição em 1826; a Colômbia, em 1851; o Peru e a Venezuela, em 1854. O regime dos cabanos extingue a infâmia em 1835, mas por pouco tempo. O Império do Brasil se tornou o derradeiro país do mundo a abandonar a prática, em 1888.

A população de escravos na Amazônia era pequena, se comparada com as de outras regiões brasileiras. Por isso mesmo, certo desdém sempre aparece quando se evoca a precoce abolição amazonense. Mas a luta pela erradicação da escravidão não estava vinculada a questões demográficas ou apenas econômicas; era uma opção ideológica que pregava a igualdade e a fraternidade, além de se confundir, nos últimos anos, com a pregação pela república e a instalação de uma democracia representativa, baseada no Estado de direito. Por isso, em determinado momento, a agitação abolicionista se tornou ameaçadora, levando a monarquia a recrudescer nos atos repressivos. Vários líderes republicanos e abolicionistas, como José do Patrocínio, foram presos e confinados num quartel do Exército em Cucuy, na fronteira com a Colômbia. Assim, o gesto dos amazonenses não foi pequeno, e se abateu como um relâmpago em meio à política de postergação da monarquia. Enquanto isso, no Pará, a questão do negro era tratada com sobressaltos, por relembrar o período revolucionário. Num relatório de outubro de 1848, o presidente da província, conselheiro Jerônimo Francisco Coelho, assim se referia ao problema:

> Nas margens do lago Amapá, como antes vos disse, nas terras do Cabo do Norte, e no arquipélago de Ilhas da Foz do Amazonas, existe considerável porção de indivíduos, grande parte foragidos desde as desordens do ano de 1835, e outros que posteriormente se lhes têm agregado, inclusive desertores quilombolas, e réus de polícia ou vagabundos.

Vivendo a fase de restauração do poder conservador, o Pará assiste a união das forças governamentais, eclesiásticas e sociais investindo contra o negro e sua emancipação. O espírito cabano aparece melhor na vizinha província do Rio Negro, onde desde 1865 funcionava um forte movimento abolicionista e emancipador, com a participação de importantes quadros políticos, tais como Tenreiro Aranha, Lima Bacury, Miranda Leão, Leonardo Malcher, Silva Ramos, Joaquim Sarmento e os líderes Almino Afonso e Theodureto Souto.

Quatro anos antes do 13 de maio, o estado do Ceará tinha decretado a sua abolição, recebendo o seguinte comentário de Joaquim Nabuco:

> O que o Ceará acaba de fazer não significa por certo ainda — o Brasil da Liberdade; mas modifica tão profundamente o Brasil da escravidão, que se pode dizer que a nobre província nos deu uma nova pátria. A imensa luz acesa do Norte há de destruir as trevas do Sul. Não há quem possa impedir a marcha dessa claridade.[5]

No dia 24 de maio de 1884, a cidade de Manaus liberta seus escravos, cerca de 1.500, segundo os registros. Imediatamente, as sociedades libertadoras se multiplicam nas cidades do interior, como Itacoatiara, Manacapuru, Coari e Codajás, Manicoré. Finalmente, com a participação do próprio presidente da província, Theodureto Souto, é proclamada a emancipação dos escravos em todo o território amazonense, no dia 10 de julho de 1884. Em plena monarquia, que pregava a hierarquia por direito divino, Theodureto Souto teve a audácia de proclamar a igualdade de direitos de todos os habitantes do Amazonas:

> Aos dez dias do mês de julho de 1884, do nascimento de Nosso Senhor Jesus Cristo, sexagésimo terceiro da Independência e do Império, trigésimo da fundação da Província, nesta Cidade de Manaus, na Praça 28 de setembro, onde se achavam reunidos os Excelentíssimos Senhores Doutores Theodureto Carlos de Faria Souto, Presidente da Província, os diversos chefes do serviço público, autoridades civis, militares e eclesiásticas, foi pelo mesmo Exmo. Sr. Declarado, em homenagem à Civilização e à Pátria, em nome do povo Amazonense, que pela vontade soberana do mesmo povo e em virtude de suas leis, não mais existam escravos no território desta Província, ficando, assim, e de hoje para sempre, abolida a escravidão e proclamada a igualdade dos direitos de todos os seus habitantes.

---

5. GIRÃO, 1984.

O CONTRADITÓRIO SÉCULO XIX NA AMAZÔNIA

No geral, o século XIX foi em tudo surpreendente. Entre 1800 e 1899, a Amazônia brasileira foi sucessivamente colônia de Portugal, território do império e região da república. A economia, baseada na agricultura, entrava no novo século em expansão, ainda sob o impacto da valorização de diversos produtos tropicais, tais como o algodão e o cacau, embora fosse uma expansão que apresentava todas as desvantagens de uma economia colonial. Além do mais, era uma economia sem solidez, pouco desenvolvida tecnicamente e muito dependente das atividades extrativas. Mas não podemos esquecer que era bastante satisfatória aos seus agentes quando os fatos da independência aconteceram.

O clima de satisfação pode ser mais bem entendido no que diz respeito ao nível da renda. É claro que renda é um conceito de difícil aplicação numa economia colonial como a do Grão-Pará e Rio Negro. Mas, levando em consideração o caráter espoliativo do sistema e atribuindo-se o cálculo de valores somente aos homens livres, a renda per capita era de aproximadamente 70 dólares dos Estados Unidos, um índice bastante medíocre, mas satisfatório, e que desceria ainda mais nos primeiros anos do regime imperial.

A crise que se abateu na economia do Grão-Pará e Rio Negro, de 1806 a 1819, e que tanto serviu para a fermentação das ideias de independência, nem de longe se compararia com a decadência e a penúria que a região sofreria nas mãos do indiferente governo do Rio de Janeiro.

Para começar, a sofreguidão com que o regime de Pedro I compactuou com os mais empedernidos portugueses, em detrimento dos brasileiros, levando a acentuar os piores métodos do absolutismo, jogou a região num embate sangrento que a fez mergulhar num abismo do qual somente conseguiu sair com a economia da borracha. O mais grave é que o império do Brasil via a Amazônia apenas como um espaço geopolítico, demonstrando incapacidade para superar o tradicional relacionamento colonial por algo mais condizente com o estatuto de região pertencente a um país independente.

A manutenção das rotinas coloniais pode ser exemplificada de diversas formas, sendo a mais gritante a opção do império em seguir com o controle de certos produtos, como açúcar, café e algodão, para manter o privilégio da Bahia, de Pernambuco e do Rio de Janeiro, em detrimento de outras províncias. E, nos primeiros vinte anos da independência, nenhum investimento foi feito pelo império na Amazônia, a não ser de insensibilidade política, além de gerar uma inflação que corroeu em 100% o valor do dinheiro e agravou o custo de vida nas cidades.

Em 1849, a renda per capita tinha caído para 49 dólares, uma das mais baixas em toda a história regional. A alta mortalidade, provocada pela guerra, atingira 30% da população da Amazônia, com um quadro econômico desolador, no qual os ativos tinham sido destruídos — parte substancial dos engenhos, fazendas, plantações e criação de gado — e uma piora nas condições sanitárias, que provocou surtos de epidemias nunca vistas desde os tempos da conquista.

No Rio Negro, mesmo após 1850, com o estatuto de província libertando os amazonenses da subprocuração fiscal de Belém do Pará, a verdade é que essa solução não se apresentou como nenhuma medida transformadora. De 1850, ano em que o Amazonas se insere definitivamente no império do Brasil, até a proclamação da república, essa unidade viverá uma situação de penúria. Para instalar o primeiro governo do Amazonas autônomo, Tenreiro Aranha (homem de confiança da administração do Pará) será obrigado a tomar recursos da província vizinha. Nem mesmo com as despesas dos serviços de rotina o Amazonas estava em condições de arcar sozinho.

Antes que o estímulo externo viesse atuar sobre a atividade extrativa da borracha, as elites regionais se rearticularam apenas burocraticamente com o império, num artificialismo puramente conciliador. O antigo colono lusitano, que experimentara sopros de modernidade com Pombal, torna-se um dissimulado político, que adota o imediatismo como forma de sobreviver, muitas vezes extorquindo os seus empregados e achando tal prática muito natural. Alguns lampejos do velho e bom liberalismo aparecerão vez por outra nas vozes e posições de certos políticos do Amazonas e do Pará, mas no geral os políticos da região transformam-se em títeres de uma sociedade posta à margem, com economia agrícola que se atolava na inoperância, perdendo cada vez mais mão de obra para o extrativismo da borracha, até se tornar um esbulho social e ecológico. A Amazônia imperial, antes, de se tornar rica com o látex, será o lugar da sonolência e de exílios (vários abolicionistas serão deportados para suas fronteiras), uma terra que não mais provocará temores ao poder central, subjugada e colocada na periferia pela conivência de seus líderes, como uma grande barca que começava a adernar pela incompetência.

Enquanto no Sul o café reanimava os fazendeiros e fazia a alegria dos ingleses, na Amazônia assistia-se à queda nas exportações de seus produtos tradicionais, como especiarias da selva, peles e couros. O braço do negro escravo era irrelevante nessa terra de pomar e óleo de tartaruga. Aviltados, subservientes, os líderes amazônicos veriam, não sem constrangimento, num primeiro momento, a proclamação da república quase como uma repetição dos fatos da independência. A sorte é que, longe do Rio de Janeiro, o capitalismo internacional, que se confundia na época com a figura do comércio britânico, interessava-se avidamente por um produto da selva: a goma da borracha. Com isso, logo os agregados pobres e sem graça da Casa de Bragança esqueceriam a corte e passariam a falar com Londres, Paris e Lisboa. Como antigamente, esqueceriam as agruras recentes e se vestiriam com os belos trajes dos personagens de *La Vie Parisienne*.

7. A Cabanagem

AMNÉSIA HISTÓRICA

Os acontecimentos políticos e militares que constituíram a Cabanagem foram uma clara demonstração de que os agentes sociais da Amazônia estavam não apenas experimentando a desmontagem final do projeto colonial, mas que algo de muito profundo havia acontecido em seu componente humano e apontava para o nascimento de uma civilização original, sustentada demograficamente pelos novos amazônidas: os cabocos. Infelizmente, o pouco conhecimento da Cabanagem, a bibliografia excelente, mas reduzida sobre o assunto, e até mesmo a ênfase na fase colonial e certo viés conservador nas análises fizeram com que um fenômeno histórico tão importante, de natureza única nas Américas, fosse reduzido a um simples hiato de anarquia social das massas incultas, perdendo-se assim um dos fios da meada do processo histórico da Amazônia.

FABRICANDO O DESCONTENTAMENTO GERAL

Foi visto que os primeiros anos da adesão à independência do Brasil foram de lutas cruentas no Grão-Pará e Rio Negro. A falência do projeto colonial português e a incapacidade dos representantes locais do poder absolutista em abrir a sociedade regional, numa vã tentativa de dar sobrevida ao velho regime, acabariam por levar os impasses políticos para o terreno do confronto armado, lugar pouco indicado para a perseguição de algum tipo de conciliação.

Antes de mais nada, os fatos que geraram a Cabanagem vão no sentido inverso ao da tradição política lusitana, sempre avessa aos confrontos e fiel seguidora das lições conciliadoras do mestre João das Regras. O certo é que no Grão-Pará e Rio Negro não foi possível qualquer tipo de composição de interesses, especialmente porque o espírito rebelde foi descendo às raízes, infiltrando-se para baixo, até as camadas mais recalcadas da alma regional, para finalmente atingir o cerne indígena, o núcleo íntimo e mais espezinhado, onde não havia mais qualquer possibilidade de diálogo. É por isso que essa revolução de índios e mestiços, dos esfarrapados colonos sem-terra, tem início no que parece ser uma luta de proprietários brasileiros contra o continuísmo das oligarquias portuguesas aferradas ao poder, para aos poucos se transformar numa explosão passional, desesperada, vingativa e sem nenhuma ligação com qualquer tipo de modelo político europeu.

A Cabanagem, em sua última fase, transbordou como uma grande enchente das margens conhecidas da luta política e fez renascer o orgulho de uma Amazônia indígena, que saiu de sua letargia para dar o troco de dois séculos e meio de atrocidades. Foi o último suspiro, o derradeiro estertor de um tempo sem possibilidade de volta. Ao retomar pela negatividade a identidade perdida pelo assalto colonial, as massas cabanas indicaram definitivamente não existir integração possível entre as sociedades tribais e as sociedades nacionais que nasceram da colonização europeia.

EFEITOS DA REGÊNCIA NO GRÃO-PARÁ E RIO NEGRO

Durante todo o período de governo de dom Pedro I, o clima é de constante agitação política no Grão-Pará. Em 1831, um navio norte-americano aporta em Belém, vindo do Maranhão, com a notícia da abdicação de dom Pedro I. Em 7 de abril do mesmo ano, assume um governo regencial, que vai ficar no poder até 1840, ano da decretação da maioridade de dom Pedro II. Os anos da Regência assistirão a muitas rebeliões, sufocadas com sangue, quase sempre provocadas por grupos locais poderosos que usavam as massas em proveito de seus interesses particulares. Assim foi a revolta de Pinto Madeira, em Crato, Ceará; a Cabanada em Pernambuco e Alagoas; o levante em Salvador, Bahia; motins em Minas, com a queda do presidente da província; a República do Piratini; insurreições populares em Mato Grosso, Piauí, Goiás e Sergipe. O Império do Brasil entrava numa fase de caos político.

Domingos Antônio Raiol assim descreve os efeitos da Regência em Belém:

> No dia 16 de junho, às seis horas da tarde, fundeou no porto de Belém a fragata *Campista* vinda da corte, trazendo a seu bordo o coronel José Maria da Silva Bittencourt, nomeado comandante das armas por decreto de 22 de abril e o visconde de Goiana, nomeado presidente da província por carta imperial de 17 de maio. O ilustre cidadão que sempre pugnara pela independência e liberdade de sua pátria; o virtuoso varão que no dia 7 de abril a regência provisória nomeara ministro e secretário dos negócios do império, e que a seu pedido obtivera a demissão deste cargo por decreto de 22 do mesmo mês, era então quem vinha tomar as rédeas do governo do Pará. Sua tarefa tinha de ser árdua e espinhosa.[1]

Mais do que árdua e espinhosa, a passagem pelo governo do visconde de Goiana foi breve. Dez dias após sua chegada, foi deposto por um golpe conservador.

O desembargador Bernardo José da Gama, visconde de Goiana, era homem de espírito tolerante, mas sabia que algumas medidas precisavam ser tomadas para consolidar o império e torná-lo distinto da colonização portuguesa. Ao chegar a Belém, identifica-se com o cônego Batista Campos e seus partidários, o que logo desagrada um bom número de homens poderosos.

Para completar, decide descontinuar os cargos de governador militar e resolve fazer algumas mudanças drásticas na organização de trabalho da província, mandando extinguir as chamadas roças comuns e fábricas nacionais, estabelecimentos que alguns empresários usavam com a conivência

---
1. RAIOL, 1970, p. 164, tomo I.

do governo para explorar o trabalho escravo de índios destribalizados. Para disfarçar a escravização dos índios, proibida desde os tempos coloniais, esses empresários ofereciam um salário baixíssimo, que nunca era pago. Os índios eram obrigados a encarar jornadas extenuantes de trabalho, vigiados por guardas armados. Novamente, Domingos Antônio Raiol comenta a questão:

> O visconde de Goiana quis remediar esse grave mal, arrancando os desgraçados índios de uma sujeição despótica, e neste intuito cuidou de dar pronta execução ao decreto de 28 de junho de 1830, extinguindo os governadores militares que, espalhados pelos diferentes distritos, mais auxiliavam esta iníqua sujeição, sendo alguns até interessados em tais estabelecimentos! Semelhante medida não podia por certo deixar de excitar o mais vivo descontentamento da parte daqueles que ficavam assim privados de uma tão fecunda fonte de riqueza.[2]

UM GOLPE DERRUBA O VISCONDE DE GOIANA

Os proprietários e membros dos grupos conservadores enfureceram-se com o que consideravam um ato desagregador da economia regional. O mais agitado de todos era Marcos Martins. Nascido no Pará e conhecedor de todos os homens de negócios da região, ambicionava tornar-se uma liderança e, sempre que podia, procurava se distinguir pela virulência de suas palavras e a intolerância de seus gestos. Foi em sua casa que os articuladores do golpe se reuniram e planejaram suas ações.

O cônego Batista Campos, bem informado dos passos de seus adversários, tentou prevenir o visconde de Goiana:

> Ontem comuniquei pessoalmente a V.Excia. os atos subversivos de que tinha notícia [...] — Pois saiba o governo que a situação da capital se agrava cada vez mais; os facciosos preparam-se para cometer algum grave atentado; os fatos assim o indicam. Agora mesmo pessoa autorizada me diz que Mar-

---

2. Idem, p. 202, tomo I.

cos Martins dirigiu-se aos quartéis com o tenente-coronel Bittencourt e lá conferenciaram entre si e os oficiais. Não sei com certeza o que pretendem fazer; fala-se na deposição de V.Excia., na minha prisão e na de alguns amigos meus.[3]

A carta, no entanto, foi confiscada e jamais chegou às mãos do governador. Batista Campos, representante das forças liberais, chefiava o partido conhecido por Filantrópico, alcunhado por seus inimigos como anarquista, desagregador e exaltado. Marcos Martins, embora peixe miúdo, era militante ardoroso do Partido Caramuru, que se considerava ordeiro, moderado e, por seus inimigos, recolonizador lusitano e absolutista. No fundo, eram grupos de proprietários facciosos que haviam se radicalizado a tal ponto que não controlavam mais o corpo social. As massas populares, empurradas para a rua, em breve romperiam séculos de submissão e se amotinariam sem medo de punição.

Mas esses senhores destemperados estavam cegos para essa possibilidade, embora os sinais ganhassem proporções assustadoras. Na manhã de domingo, 7 de agosto logo cedo, o corpo de artilharia deixou o quartel e saiu em marcha em direção ao Trem de Guerra (Arsenal), onde se encontrou com a Guarda Nacional e paisanos armados. Municiados, esses homens foram para o largo do palácio. Ao mesmo tempo, cerca de cem praças do 25º Batalhão, sob o comando do capitão José Coelho de Miranda Leão, foram para a casa do cônego Batista Campos para efetuar a prisão do líder da Sociedade Filantrópica.

PRISÃO DO CÔNEGO BATISTA CAMPOS

Enquanto no palácio representantes dos conservadores apresentavam-se ao visconde de Goiana acompanhados do comandante das armas, e exigiam sua deposição, a casa de Batista Campos era invadida. O cônego estava sentado em uma cadeira, no quarto, de onde foi retirado com brutalidade

---
3. Idem, p. 209-210, tomo I.

e atirado na rua. Ferido, sangrando, foi arrastado para a prisão sem esboçar resistência. O visconde de Goiana, ao saber da prisão de Batista Campos, sucumbiu, entregando-se aos sediciosos.

Quando a notícia do golpe ganhou as ruas, o domingo cinzento, meio chuvoso, que prometia ser monótono, tornou-se um inferno. Assassinatos de filantrópicos, prisões, saques e incêndios agitaram as ruas de Belém até que a noite fosse alta. O cônego Batista Campos foi mandado a ferros para a escuna *Alcântara*, que deveria conduzi-lo a uma miserável povoação do rio Madeira, enquanto outros liberais eram levados para Marabitanas, ambas as localidades na capitania do Rio Negro. No dia 11 de agosto, o visconde de Goiana foi embarcado na fragata *Campista* e deportado para o Rio de Janeiro.

O novo governador, empossado pelos golpistas, era um médico bastante conceituado em Belém, o dr. Marcelino José Cardoso, filho de fazendeiros e graduado em Coimbra. Profissional competente, homem de temperamento calmo, sua índole em tudo contrastava com o radicalismo reacionário do partido a que pertencia. Para completar, o golpe mereceu o repúdio de diversas comarcas e cidades do interior, como Abaeté, Muaná, Beja e Conde, para onde tiveram que mandar destacamentos da capital para debelar insurreições.

FUGA DE BATISTA CAMPOS

A escuna *Alcântara*, sob o comando do primeiro-tenente da armada imperial Antonio Maximiano de Cabedo, singrou o rio Amazonas acima sem maiores problemas, levando o cônego e outros prisioneiros. Ao chegar na localidade de Amatari, o cônego Batista Campos foi desembarcado e posto sob a guarda do tenente Boaventura Bentes, responsável pela entrega do prisioneiro ao presídio de São João do Crato. Batista Campos, no entanto, conseguiu escapar, reaparecendo meses depois na vila de Óbidos, no baixo Amazonas. Os outros companheiros do cônego que seguiam na mesma escuna lograram escapar e se refugiaram numa aldeia na confluência do rio Negro com o Solimões.

Enquanto o médico Marcelino José Cardoso procurava restaurar a ordem em Belém, conter os excessos de rua e repor certas leis econômicas abolidas pela administração do visconde Goiana, Batista Campos e seus companheiros mantinham-se escondidos numa cidadezinha da freguesia de Faro, no Pará, escrevendo cartas e procurando aliciar as populações das cidades adjacentes.

REBELIÃO NA BARRA DO RIO NEGRO

O primeiro sinal de que os acontecimentos na região haviam escapado das rédeas dos poderosos ocorreu na Barra, hoje Manaus. Ali, em torno do forte, uma série de choças e choupanas formava uma vila de maioria indígena. Na noite de 12 de abril de 1832, ouviu-se tocar o alarme no quartel. O comandante militar, coronel Joaquim Filipe dos Reis, prontamente chega para saber o que estava acontecendo e encontra a tropa rebelada. Tenta, em vão, impor sua autoridade e, ao interceptar alguns soldados, é morto a tiros de fuzil.

O quartel, agora sob comando do soldado Joaquim Pedro da Silva, começa a receber representantes da sociedade civil. Com o apoio do ouvidor Manuel Bernardino de Souza Figueiredo, que é escolhido presidente, os rebeldes reuniram-se num conselho para deliberar as providências que consideravam fundamentais:

> 1º que a comarca do rio Negro ficasse desligada da província do Pará e do seu governo, estreitando-se em todo o caso as suas relações comerciais;

> 2º que se elegesse um governo temporário assim como um secretário, para dar direção aos negócios civis e políticos da comarca, prestando juramento perante a câmara municipal de bem cumprir e guardar os seus cargos, pelo que receberia ordenado dos cofres da fazenda nacional;

> 3º que se estabelecesse uma ou duas alfândegas onde melhor conviesse para impedir os extravios dos direitos nacionais e cuidar da arrecadação dos dízimos que dali em diante deveriam ser cobrados à boca do cofre da nova província;

4º que se nomeasse temporariamente um comandante militar, a quem ficaria pertencendo o regimento da força armada com o soldo da sua patente e com gratificação do costume;

5º que se submetesse esta deliberação à decisão da assembleia geral legislativa e da regência;

6º enfim que se enviasse quanto antes à Corte um procurador com plenos poderes para tratar da aprovação destes atos.[4]

O comandante militar nomeado foi o mesmo Boaventura Bentes, que havia facilitado a fuga do cônego Batista Campos. O procurador escolhido foi o carmelita frei José dos Inocentes, enviado sem demora para o Rio de Janeiro, em viagem através do Mato Grosso, para evitar ser interceptado pelos paraenses.

A notícia do levante do Rio Negro provocou grande abalo em Belém, tendo o novo governador, o coronel José Joaquim Machado de Oliveira, paulista ligado aos Andradas e homem de confiança da Regência, ordenado o envio imediato de cinquenta fuzileiros, com dois canhões, chefiados pelo tenente-coronel Domingos Simões da Cunha, com ordens de debelar o levante, prender os revoltosos e restabelecer a ordem.

A tentativa da comarca do Rio Negro se tornar independente do Pará não dura muito. Frei José dos Inocentes é interceptado no Mato Grosso, por ordem do governador daquela província, e recebe a reprovação das autoridades da Regência por ter aceito o cargo de procurador. Ao mesmo tempo, Domingos Simões da Cunha desembarca na Barra (Manaus) e consegue, sem maiores problemas, dominar a situação. Mas a rendição dos rebeldes da comarca do Rio Negro não significou uma trégua; dezenas de outros levantes foram acontecendo e sendo sufocados ao longo dos meses seguintes, fazendo da instabilidade uma espécie de rotina que infernizava a vida do norte do império. Um dos incidentes mais graves, vale ressaltar, foi o assalto à missão de Maués pelos índios mawés, que mataram todos os brancos, incendiaram a missão e, a partir de então, organizaram nessa

---

4. Idem, p. 257, tomo I.

região do baixo Amazonas um dos focos de resistência rebelde durante todo o movimento da Cabanagem.

A REGÊNCIA NOMEIA DOIS
HOMENS SANGUINÁRIOS

No dia 2 de dezembro de 1833, chegam a Belém, na corveta *Bertioga*, nomeados pela Regência, dois homens para gerir o destino do Grão-Pará e Rio Negro. Eram homens escolhidos a dedo, pela experiência que tinham em reprimir movimentos populares. Bernardo Lobo de Sousa, o governador, era deputado na assembleia geral legislativa, e tinha sido presidente das províncias de Goiás, Paraíba e Rio de Janeiro. O tenente-coronel Joaquim José da Silva Santiago, nomeado comandante das armas, era veterano de campanhas repressivas no Sul e chegava de Pernambuco, onde também comandara as tropas. Segundo depoimentos da época, enquanto o civil era "assomado e colérico", o militar era "brusco e intratável". Por onde os dois passaram, deixaram um rastro de sangue.

Abreu e Lima comentou em seu *História do Brasil* essa falta de sensatez dos políticos da Regência: "Só o mau fado da província teria concorrido para semelhante nomeação: parece que de propósito se escolhiam agentes para dilacerar e não para governar o Pará, porque mais pareciam instigadores de revoltas do que autoridades legais."[5]

Não é sem prevenção que Lobo de Sousa assume o governo. No entanto, seu primeiro ato é conciliador, assinando um decreto de anistia que perdoava todos os envolvidos nos incidentes anteriores, independentemente da coloração ideológica, praticamente esvaziando as cadeias. A anistia faz reaparecer em grande estilo o cônego Batista Campos, que logo reassume o cargo de conselheiro e passa a liderar a oposição ao novo governador. É um oposicionista incômodo, persistente, que empresta veemência a tudo o que diz, por menos importante que seja o assunto em que se debruça para esmiuçar. Para contrapor ao verbo inflamado do cônego, conhecido das massas como

---

5. Idem, p. 433, tomo II.

"Benze-Cacete", Lobo de Sousa contrata a pena de outra sotaina, o padre Gaspar de Queirós, um rancoroso desafeto do destemperado líder liberal.

> Conheço o padre Batista desde 1818. Então ele era pobríssimo e entregue à sua nulidade, era aborrecido de sua família, odiado de seus colegas. Ainda não era rábula; ainda não tinha os escravos do armador Fragoso; ainda não tinha a ilha do Tomé; ainda não era Arre não presta, quer dizer, arcipreste; ainda não tinha engenho como agora tem. [...] Nunca ocupou emprego de responsabilidade de dinheiro, porque tudo desaparecia tão depressa como manteiga no focinho do cão. A sua conduta como sacerdote foi sempre a pior possível.[6]

Numa das sessões do conselho, Lobo de Sousa perdeu a paciência com um dos discursos de Batista Campos, atacando o cônego com palavras de baixo calão e ameaças. Batista Campos, surpreendido, mas deliciado com a demonstração de falta de controle emocional de seu adversário, levanta-se e responde em tom elevado, recordando suas prerrogativas de conselheiro e instigando Lobo de Sousa com algumas frases sarcásticas que só fizeram piorar a situação. Muitos intrigantes se aproveitaram da situação para tentar um gesto drástico do governador contra Batista Campos, mas Lobo de Sousa começava a enfrentar dois problemas de maior vulto.

Primeiro, ao assumir o governo, decretara o recrutamento para reforçar as tropas do Exército e da Marinha. A ordem era trazer todo tipo de jovens, mesmo os filhos de pequenos fazendeiros e da classe média, o que gerou um enorme descontentamento até mesmo entre os seus aliados conservadores. Seis meses depois, como as pressões eram muitas, Lobo de Sousa baixou uma portaria ordenando o recrutamento, à força, de qualquer jovem, especialmente os desocupados, os mamelucos e cafuzos, a indiada tapuia e todo e qualquer "mestiço e vagabundo".

O recrutamento de jovens do povo agradou os aliados do governo, mas se constituiria no maior dos erros políticos de Lobo de Sousa. Ao levar para os quartéis e para as naves de guerra, na marra, a chamada escória

---

6. Idem, p. 450, tomo II.

da sociedade, o governo deu instrução, armas e munições justamente para quem supostamente não deveria: o povo. Mas isso não foi imediatamente percebido. No mesmo instante em que os quartéis se enchiam de jovens com aparência de índio, filhos de pobres, de trabalhadores ou de gente sem eira nem beira, recebendo fardamento, botina e fuzil, Lobo de Sousa arranjava uma briga com a Igreja Católica.

CONFLITO IDEOLÓGICO COM A IGREJA CATÓLICA

O idoso bispo do Pará, dom Romualdo de Souza Coelho, então com 70 anos, acusa o governo, quase todo composto de membros da maçonaria, de perseguir a Igreja Católica. Na verdade, Lobo de Sousa andava mandando prender certos padres que apresentavam uma insistente identificação com as causas de índios e negros. Em 28 de maio de 1834, o bispo divulga uma pastoral condenando a maçonaria, apresentada como uma espécie de anticristo e responsável por todos os males revolucionários que tinham assolado a Europa. Lobo de Sousa respondeu que a maçonaria havia partido na vanguarda da luta pela independência do Brasil, e responsabilizou o bispo se alguma rebelião acontecesse.

Dom Romualdo, idoso e adoentado, temeroso de algum ato insolente do governador, retirou-se de Belém e foi se refugiar na vila de Cametá. Batista Campos intensificou os ataques ao governo, acusando Lobo de Sousa de tirania e mostrando que o exílio forçado do bispo era mais um exemplo da perseguição sistemática que os maçons moviam contra a Igreja Católica.

NOVA FUGA DE BATISTA CAMPOS

Com a tentativa de prisão de um de seus colaboradores, Batista Campos refugia-se nas matas, mas escreve uma carta a seus aliados para não aceitarem provocações e não entrarem em confronto armado com o governo. A carta é interceptada e uma tropa, sob comando de José Maria Nabuco de

Araújo, é enviada pelo governo para prender o cônego e seus aliados. Era uma força pequena, composta de dezesseis homens, muito bem treinada e com soldados experimentados e fiéis ao regime. Seguiram pelo rio Acará, em busca dos rebeldes, mas depois de dois dias não tinham encontrado ninguém.

Na manhã do dia 22 de outubro, José Maria Nabuco de Araújo e seus soldados dormiam numa choupana quando foram cercados pelos rebeldes. Sem que as sentinelas percebessem, um grupo de cinquenta homens, sob as ordens de um dos futuros líderes da Cabanagem, Antonio Vinagre, aparece das matas, correndo. Dominam as sentinelas e invadem a choupana, surpreendendo a todos. A tropa se rende, alguns estão feridos, mas Nabuco de Araújo não tem a mesma sorte. Entre os rebeldes está o jovem Eduardo Angelim, a quem Araújo havia prendido não fazia muito tempo. Angelim, numa atitude impulsiva, mata Nabuco de Araújo com um tiro à queima-roupa.

Depois desse ato indesculpável e com apenas um homem ferido levemente, a tropa de Vinagre retira-se para o interior da mata, reunindo um número cada vez maior de homens. Em menos de um mês, já são quase cem homens, entre tapuias, quilombolas e camponeses sem terra. A presença de Eduardo Nogueira, conhecido por Angelim, já nesse momento inicial dos conflitos, mostra que o líder mais importante que a Cabanagem terá no futuro era um militante engajado desde a primeira hora, em que pese a sua pouca idade. O apelido Angelim lembrava a madeira do mesmo nome, conhecida pela dureza e resistência.

COMEÇA A GUERRA CIVIL

O ataque e a morte de soldados governamentais no rio Acará mostravam que era uma guerra civil o que estava acontecendo na província. Lobo de Sousa, com o intento de acabar com os ousados revoltosos, manda uma força de trezentos homens atacar os quilombos do Turiaçu, ciente de que os negros se tinham aliado aos índios e aos partidários do cônego Batista Campos. Essa tropa, sob comando de um mestiço oriundo da Jamaica, James Inglis, aproximou-se de um quilombo na localidade chamada de Guaiabal, sendo rechaçada por um grupo de quarenta quilombolas.

Alguns dias após o incidente de Guaiabal, a expedição comandada por James Inglis entra na fazenda Acará-Açu, de Félix Clemente Malcher, um usineiro que se aliara ao cônego Batista Campos desde os tempos da adesão do Pará à independência. A propriedade estava vazia, abandonada dias antes pelos revoltosos. Inglis manda incendiar tudo, exceto a capela, avançando a seguir para os lados do rio Castanhal, onde informantes diziam que os rebeldes estavam escondidos. De fato, não demorou muito para que Malcher e seu filho, Aniceto, fossem presos, Manuel Vinagre, morto, e Eduardo Angelim, obrigado a fugir.

MORTE DE BATISTA CAMPOS

Batista Campos vivia uma clandestinidade agitada, com mudanças diárias de local de pouso, alimentando-se mal e dormindo pouco. Aos 65 anos, embora ainda cheio de vigor, aquela era uma situação extremamente sacrificada. Certa noite, dormiu na casa de um amigo, em Barcarena. Pela manhã, ao se barbear, feriu-se com a navalha. O corte mal curado transformou-se em gangrena. Sem poder procurar um médico, queimando de febre, era carregado por seus partidários de um esconderijo para outro. No dia 31 de dezembro de 1834, às 2 horas da tarde, Batista Campos faleceu, tendo recebido a extrema-unção do padre Francisco da Silva Cravo, vigário da cidade.

O cônego Batista Campos, um dos campeões da independência do Brasil, homem contraditório, fazendeiro, senhor de escravos, mas capaz de ir às últimas consequências, como o fez, para defender a liberdade e a dignidade do povo pobre, dos negros e dos índios, foi um homem desmesurado em suas contradições. Oposicionista mais por ser contrário a uma oligarquia ultradireitista do que propriamente por convicção, ele representou um instante em que certo segmento da classe dominante do Grão-Pará tomou consciência do que era preciso fazer para tornar a província uma terra realmente livre da herança colonial. Não foi um teórico, e sim mais um oportunista desastrado e um sonhador que, pelo verbo, galvanizou as esperanças da massa miserável. Foi enterrado na Igreja de Barcarena, em sepultura na capela-mor, onde o povo — de uma terra dita de gente sem memória — ainda hoje presta-lhe homenagem. O passamento do cônego "Benze-Cacete" provoca uma comoção em toda a Amazônia. Bertino de Miranda assim relembra o fato:

> Sua morte causa grande impressão na Capital. Os sinos dobram a finados. Todos se recolhem a um mutismo tétrico. Parece que uma noite sombria desce sobre a cidade e abotôa todos os corações. [...] Em contraste com aquelle mutismo, as janellas e os salões do Palacio do Governo se illuminam profusamente para festejar o desapparecimento do inimigo incorruptível! Rôto este élo, que retem, no fundo, a vasa e a escória, ambas vão afinal fluctuar, sem entraves, na preamar da anarchia.[7]

Como não bastasse a impressão deixada pela morte de Batista Campos, o governo de Lobo de Sousa aguçava ainda mais os ódios ao promover ações como o cerco à Igreja de Santa Luzia, no momento em que os católicos se reuniam para um ato religioso, passando a arrastar os jovens em idade militar que saíam do templo. Para completar o serviço, no dia seguinte, a mesma tropa invadiu um bairro popular e levou cidadãos que saíam de suas casas.

Mas a prisão de Malcher e as mortes de Manuel Vinagre e Batista Campos pareciam indicar para Lobo de Sousa que a rebelião havia sido debelada, esquecendo-se ele de que havia razões políticas e pessoais de sobra para a maior parte da sociedade do Grão-Pará desejar o seu fim.

A QUEDA DE BELÉM DO PARÁ

Na madrugada do dia 7 de janeiro de 1835, tem início um dos momentos cruciais da história da Amazônia. Antonio Vinagre, comandando uma tropa de "desclassificados", entra em Belém e toma, quase sem resistência, o quartel dos corpos de caçadores e artilharia. Alguns oficiais são mortos a tiros. Enquanto isso, outra tropa, sob comando do crioulo Patriota, invade o Palácio do Governo, derrota a guarda e os homens procuram o governador

---

7. MIRANDA, 1984, p. 35.

Lobo de Sousa. Apenas o comandante Joaquim Santiago estava no Palácio, mas conseguiu fugir, saltando pela janela para ser apanhado, não longe dali, pelo tapuia Filipe, que lhe deu um tiro no peito, sendo a seguir atacado por outros cabanos que lhe findaram a vida a coronhadas e golpes de baionetas.

Lobo de Sousa, efetivamente, não dormira no palácio. Como fazia regularmente, estava na casa de uma viúva, Maria Amélia, sua amante. Os cabanos, certos do paradeiro do governador, cercam a casa e esperam amanhecer.

Para os lados do Ver-o-Peso, o mercado de Belém, o povo comemorava. As prisões foram abertas enquanto grupos de homens armados, com roupas tingidas de vermelho, atravessavam a cidade, matando representantes do governo deposto. James Inglis, por exemplo, caminhava em direção ao largo do Quartel, quando viu uma patrulha. Gritou para que se identificassem, apontando uma pistola em cada mão. Não teve tempo de usá-las. Um tiro, disparado pelo sapateiro Domingos, acabou com o mercenário.

Quando o dia começou a clarear, Lobo de Sousa deixou a casa da amante e caminhou em direção ao palácio. A princípio, não foi molestado. Os cabanos davam-lhe passagem, sem ofensas ou gestos agressivos.

Ao entrar no edifício, tentou subir as escadas, sendo interceptado por João Miguel Aranha, um dos jovens líderes cabanos. Lobo de Sousa parou e tentou fazer um discurso, mas não chegou a proferir nenhum som, atingido pelo tiro certeiro disparado pelo índio Domingos Onça. Caiu aos pés da escada, sendo arrastado para a rua. Seu cadáver, bem como o de Santiago, foi atirado à sarjeta, onde permaneceu até as 2 da tarde, sendo depois ambos os cadáveres sepultados em cova rasa na capela do Senhor Jesus dos Passos. O cônsul do Estados Unidos, Charles Jenks Smith, conta que "cerca de quinze prisioneiros foram libertados e, em bando, seguiram para uma parte da cidade chamada Porto do Sol onde iniciaram o indiscriminado massacre de todos os portugueses que pudessem encontrar. Dessa forma, cerca de vinte comerciantes e outros perderam a vida".

Por volta das 6 horas da manhã, com a rendição da última guarnição leal ao governo deposto, justamente a que estava no arsenal, os cabanos eram senhores da capital do Grão-Pará e Rio Negro.

Às 11h, Malcher entra no palácio, sendo recebido por um juiz e vários correligionários. É aclamado presidente da província, nomeando Francisco

Vinagre comandante das armas. Em outro ato, demitiu todos os funcionários públicos, substituindo-os por outros da confiança dos revolucionários.

OS REVOLUCIONÁRIOS DIVIDIDOS

Malcher, no entanto, era um usineiro, homem de pouca instrução, rancoroso e tão autoritário como o deposto presidente. Em pouco tempo, ele entraria em conflito com os outros líderes do movimento, especialmente Francisco Vinagre, a quem tentou prender.

Francisco Vinagre, sabendo da ordem de prisão, marcha contra o palácio do governo. Os combates de rua recomeçam em Belém e Malcher ordena que vasos de guerra bombardeiem a cidade, mas finalmente é deposto em 21 de fevereiro, sendo logo assassinado. Francisco Vinagre é proclamado presidente, mas fica pouco tempo no poder, sendo obrigado a entregar a cidade ao emissário da Regência, o marechal Manoel Jorge Rodrigues, que chegou a Belém com o apoio de navios de guerra ingleses e franceses.

O marechal Rodrigues, sem forças para dominar o estado permanente de rebelião popular, tentava contemporizar, à espera do auxílio pedido à Regência e a vários presidentes de províncias. No começo do mês de agosto, o marechal Rodrigues conseguiu prender Francisco Vinagre e duzentos cabanos. Mas do outro lado da baía de Guajará, na costa ocidental da baía de Marajó, Eduardo Nogueira Angelim conseguira reunir cerca de 3 mil homens. Tais homens não pertenciam exatamente a um exército comum: eram lavradores, índios e negros que, para regularizar as roupas muito variadas, as tingiram em casca de muruxi fervida, dando aos panos a cor avermelhada.

O GOVERNO DE EDUARDO ANGELIM

Eduardo Francisco Nogueira, o Angelim, estava com 21 anos quando, no dia 14 de agosto de 1835, comandou aquela tropa de sertanejos no ataque a Belém. Durante uma semana, lutam palmo a palmo, rua a rua. Antonio

Vinagre, que havia saído da prisão não fazia uma semana, morre em combate, e a liderança fica unicamente com Angelim. Quando a cidade parecia perdida para os cabanos, onze navios de guerra da Marinha do Brasil abrem fogo indiscriminado contra a cidade, despejando mais de 20 mil tiros, sem deter a ofensiva dos revolucionários. No dia 23, a cidade finalmente está nas mãos dos cabanos. Eduardo Nogueira Angelim foi aclamado presidente.

O jovem Angelim era muito popular na cidade de Belém. Filho de lavradores e nascido em Aracati, Ceará, veio com os pais, fugindo da seca, em 1827. Aprendeu a ler e escrever, e logo se mostrou ambicioso e aplicado. Aos 18 anos, era forte, bonito e de uma vivacidade intelectual contagiante. Todos concordavam que Eduardo estava predestinado a ser alguém, pois era daqueles que se distinguiriam em qualquer sociedade em que vivesse. Seu espírito empreendedor o levara a tentar a fortuna no comércio, mas logo percebeu que esse era um terreno quase exclusivo dos portugueses. Observando a prosperidade dos proprietários rurais, liquidou seus negócios e investiu tudo o que tinha numa pequena roça, em terra arrendada a Malcher, onde plantou com o apoio de lavradores contratados.

Tudo parecia indicar que Eduardo logo seria um rico empresário agrícola, não se envolvesse ele, levado por gênio insinuante e de palavra fácil, nas lutas políticas que começavam a dilacerar a província. Em pouco tempo, Eduardo transformou-se num dos mais conhecidos tribunos, aproveitando todas as oportunidades para reunir em torno de si grupos de populares a quem eletrizava com suas ousadas ideias políticas. Esse era o homem vitorioso que se tornava o mais recente senhor de Belém.

O marechal Rodrigues, derrotado, e mais de 9 mil "brancos" embarcam nos navios da Marinha brasileira, dirigindo-se para a ilha de Tatuoca, na baía de Santo Antônio, onde ficam bloqueados.

A CABANAGEM ESPALHA-SE PELA AMAZÔNIA

Em breve, sob o comando de Apolinário Maparajuba, uma tropa de mais de 1.800 homens seguiria para levar a revolução ao alto Amazonas. Maparajuba, que também assinava Pureza e Firmeza, era o nome que despontava em todas as ações vitoriosas no alto Amazonas, um nome de guerra para alguém extremamente sóbrio, quase seco em seus gestos, com estilo direto e uma enorme capacidade de se comunicar com os cabanos mais humildes. Devia ser filho da terra, porque sabia como falar com aquela gentinha enfurecida com a qual entrou na Barra (Manaus), sem resistência, em 6 de março de 1836. A Revolta da Cabanagem já era um fato irreversível.

Pelas margens dos grandes rios, subindo o Negro, pelas praias de Maués, nos Autazes, até o Içana, levantes armados de características desesperadas e messiânicas iam levando de roldão os prepostos do continuísmo colonial. A Cabanagem era uma guerra de libertação nacional, talvez a maior que o Brasil já conheceu. Segundo o coronel Gustavo Moraes Rego, em seu clássico estudo sobre os aspectos militares da Cabanagem, o movimento se distinguia pela "efetiva e dominante participação das massas; a ascensão de líderes dos mais baixos estratos da sociedade; a violência sem freios da rebelião e a escala que a insurreição conseguiu, tomando o poder e mantendo-o por um tempo considerável". Mas os cabanos jamais apresentaram um projeto político, um modelo de sociedade ou um programa de reformas sociais. Embora agissem com extrema violência e seus líderes proclamassem violentos discursos contra os ricos e os portugueses, em nenhum momento os cabanos trataram de abolir a escravidão, ou se mostraram tentados a separar a Amazônia do resto do Império do Brasil.

A REAÇÃO DO REGIME DO RIO DE JANEIRO

Em abril de 1836, uma frota conduzindo 2.500 homens, bem armados e municiados, sob comando de Francisco Soares d'Andrea, desembarcou em Belém do Pará, dando início à "pacificação". Angelim escapa, abandonando a cidade. Ambrosio Aires, homem de origens obscuras, militar de grande competência que já havia resistido aos cabanos entrincheirados na vila de Bararoá, no médio rio Negro, agora se torna o grande caçador de rebeldes, retomando Manaus no final de 1836, além de desenvolver ações punitivas nos rios Negro, Autazes, Tapajós e Maués. Os cabanos vão resistir por dois longos anos, acossados pelas diligentes investidas dos "legalistas". Ambrosio Aires, agora que a petulância popular ia sendo retaliada, esmera-se na repressão, executando prisioneiros, arrasando povoados e tratando com brutalidade os índios. Os mawés e os muras sofreram terrivelmente em suas mãos. Um político amazonense contemporâneo da Cabanagem escreveu que Ambrosio Aires e seu companheiro Manuel Taqueirinha "praticaram impunemente, em nome da legalidade, os mais bárbaros, desumanos e canibalísticos crimes para a mera satisfação de seus instintos bestiais". Seus desmandos, no entanto, encontraram fim nas mãos dos próprios cabanos. Quando Ambrosio Aires tentava desalojar um grupo de revolucionários de uma ilha no baixo Madeira, foi morto numa escaramuça com índios muras, e seu corpo desapareceu na correnteza do rio.

A repressão levou três anos para acabar com todos os focos de rebelião. Soares d'Andrea reorganiza o exército do Grão-Pará, incorporando muitos jovens de boa família e educação, atraindo-os com soldos não exatamente altos, mas seguros numa terra de economia devastada pela guerra. A fim de retomar o processo produtivo, foi decretado que todo homem de cor que fosse visto em qualquer distrito, sem um motivo conhecido, deveria ser preso imediatamente e enviado ao governo para dele dispor, a não ser que fosse culpado de algum crime. Qualquer indivíduo de qualquer distrito que não fosse regularmente empregado em trabalho útil seria mandado às fábricas do estado ou alugado para quem dele necessitasse.

Em 1839, tomou posse Bernardo de Souza Franco. Reconhecendo que seu antecessor, ao submeter as gentes do Pará não logrou o mesmo no Amazonas, decidiu que "difícil será concluir a guerra sem o emprego concorrente dos meios brandos e conciliatórios, atento à vastidão dos terrenos que têm de ser explorados".

Numa de suas petições ao governo imperial, solicitou que fosse votada sem demora uma anistia aos cabanos. Finalmente, em novembro de 1839, a Regência outorgou uma anistia a todos os participantes do movimento da Cabanagem.

LIÇÕES DE UM BANHO DE SANGUE

A Cabanagem, e sua repressão, custou a vida de mais de 30 mil pessoas, um quinto da população da região. Mas qual foi o significado, para a Amazônia, de tantos sacrifícios, tanto sangue derramado, tanta teimosia e arrogância dos políticos do Rio de Janeiro?

Por certo, um fenômeno como a Cabanagem não se enquadra facilmente em qualquer modelo teórico. Para os que a entenderam como uma revolta racial, a Cabanagem em nenhum momento resvalou para a guerra racial. Aos que julgaram uma revolução social, a Cabanagem respondeu com as questões da aculturação provocadas pela colonização portuguesa e a ansiedade popular por uma nova identidade. Os grandes líderes, Vinagre, Angelim, Maparajuba, foram menos ideólogos que comandantes militares, que assumiram as rédeas de tarefas amargas na hora da ação. A Cabanagem também não foi típico levante desesperado de camponeses, como o foram as desordens rurais na França, com as *jacqueries*.

Para os que se preocupam com as condicionantes históricas que montaram as diversas cenas políticas da região, debruçar-se sobre a Cabanagem é fundamental. Porque não bastam as explicações contingenciais que enfatizam a impotência generalizada das forças políticas locais a sucumbir frente a poderes avassaladores vindos de fora, tanto nacionais como internacionais. Os efeitos da repressão à Cabanagem e a consequente rarefação populacional estão na origem de tudo, até do fisiologismo político das lideranças amazônicas. A destruição da iniciativa política da sociedade caboca gerou uma impotência que é a matéria-prima e ao mesmo tempo o produto de uma época de horrores e frustrações. A tragédia da Cabanagem e o seu esmagamento por uma força de ocupação vinda de fora explicam a suposta passividade política regional dos dias atuais.

Mas não apenas isso: o silêncio imposto pela desilusão e pela repressão matou no nascedouro a cultura solidária, meio portuguesa e meio indígena, que era a civilização caboca, e permitiu o surgimento de uma cultura pragmática e alienada sobre a qual os políticos formaram suas bases, sobre a qual se elegem e podem estabelecer seus contatos com os eleitores e lhes dar satisfação em suas aspirações e necessidades. Por outro lado, como uma política representativa tem um aspecto demográfico, a despopulação da Cabanagem contribuiu para reduzir a densidade eleitoral da Amazônia, resultando no relacionamento desvantajoso da região com os núcleos de poder do país.

Por tudo o que ocorreu depois da Cabanagem, é possível dizer que a população amazônica encontrou um estilo para resistir, uma maneira de enfrentar a voracidade de tantos projetos, e até mesmo para sobreviver às elites regionais. Esse estilo, uma demonstração de superioridade cultural, pode ser chamado de "leseira".

Nos dicionários, ser leso quer dizer ser tolo, molenga e preguiçoso. Ainda não há registro da nova acepção do termo, que é também um conceito filosófico-existencial. Mas já há leseiras plenamente identificadas, como a leseira baré, que é a leseira amazonense, mas especificamente de Manaus (daí o baré). Ou a leseira marajoara, essencialmente paraense. No futuro, muitas outras leseiras serão identificadas, demonstrando a sofisticação de seu processo inventivo.

Mas o que é a leseira? Como identificar tal estilo de resistência? Quando um nativo da Amazônia se olha no espelho, vê lá no fundo de seus olhos um sinal de que não foi feito para obedecer a certas leis, especialmente econômicas. Por isso, a leseira é algo elusivo, pode ser uma forma aguda de esnobismo ou uma ironia. É, às vezes, pacífica, outras vezes ostensiva, mas nunca rápida demais a ponto de ferir o ritmo de banzeiro, o ritmo regional.

Uma possível explicação para o conceito de leseira está na ideia de que Descartes errou ao dizer que o senso comum era a coisa mais bem distribuída do mundo. Na Amazônia, pode ser a credulidade. Ou o cultivo de uma enganosa ingenuidade que parece inabalável em sua arte de desarmar a lógica formal. Talvez porque a leseira seja uma forma de credulidade absoluta. A leseira põe em xeque a ideia de Karl Marx de que o homem cria os seus meios de sobrevivência através do controle e da transformação da natureza. É que os nativos da Amazônia sabem que a natureza não é passiva. Como forma de resistência, a leseira leva em consideração a termodinâmica das contingências políticas, como aquele secretário de Fazenda do Amazonas, que enlouquecia o ministro Delfim Netto ao responder os despachos ministeriais em versos alexandrinos. Ou a distância aristocrática com que as comerciárias das lojas da Zona Franca de Manaus tratam os turistas apressados do sul. Sim, porque a leseira é uma prática existencial poderosa: foi a única arma que se mostrou eficaz para impedir que muitos projetos da ditadura militar fossem totalmente implantados, e ainda vai livrar a região de tanta solidariedade não solicitada, pois há uma exata medida de leseira em todos os escalões, em todas as classes sociais, em todas as almas.

Em muitos escritos da época vemos as mais diversas facções se declararem patriotas. Mas serem patriotas não significava que se consideravam brasileiros, ou que queriam ser brasileiros. Ainda hoje as populações do alto Solimões, quando viajam para a cidade de Manaus, dizem que vão para o Brasil. No íntimo, não se consideram brasileiros. É um sentimento arraigado pelos séculos de menosprezo, injustiças e abandono — os mesmos sentimentos não ideológicos que moveram a Cabanagem. No entanto, tal persistência permitiu uma melhor perspectiva para a compreensão da derrota, dos motivos que levaram o sonho do Grão-Pará a esvair-se em sangue e silêncio, perdendo-se no banzeiro do tempo as perspectivas de um país democrático, de economia moderna, com parlamento e eleições livres, convivendo pacificamente com seus vizinhos, onde as leis criminalizavam a segregação racial e eram efetivamente aplicadas.

A resposta para esse estranho desfecho está na liderança que assumiu o protagonismo da luta. O povo do Grão-Pará começou a ser derrotado por uma fatalidade: a morte do seu único líder com conhecimento e talento para a política, o cônego Batista Campos. Ele era o único capaz de mobilizar as massas em total sintonia com as reivindicações populares e ao mesmo saber negociar, recuar quando necessário, avançar quando os inimigos se sentiam encurralados. Quando esteve preso no Rio de Janeiro, escreveu uma carta e fez chegar às mãos do imperador Dom Pedro I. Ao ler a carta, este mandou tirar Batista Campos da prisão e recebeu-o no Paço Imperial. Não se sabe o teor da mensagem ou o que conversaram durante toda a visita, mas foi imediatamente libertado e regressou a Belém. Seus opositores tentaram desacreditá-lo com o boato que se vendera. Seus correligionários logo notaram que era um homem diferente, que percebia que podia dialogar com o príncipe europeu e talvez conseguir, ao lado do Império do Brasil sonhado pelo jovem Bragança, construir ao norte um outro país de língua portuguesa, fraternalmente aliado ao distante Brasil.

Pena que, no lugar de Pedro de Alcântara, subiu ao poder um caipira Feijó, o regente que tinha problema em calçar sapatos para ir ao Palácio e que, como bom paulista, nada entendia de Brasil, muito menos de Amazônia. Perder Batista Campos e ganhar o regente Feijó foi o suficiente para perdermos o Grão-Pará. Falando sobre a Comuna de Paris, Karl Marx disse que o povo parisiense tinha tomado de assalto o Paraíso, mas que era impossível manter o Paraíso. O povo da Amazônia sabe bem do que Marx está falando.

Ao morrer ingloriamente de tétano, o cônego não deixou herdeiros políticos. Os que vieram depois, um por um, cometeram erros graves. Clemente Malcher era um proprietário de escravos; não lhe interessavam as mudanças. Os irmãos Vinagre não gostavam de política, mas adoravam briga. Angelim era um imigrante nordestino, bem-sucedido, honesto, mas tinha pavor em voltar a ser pobre, vivendo da caridade alheia como em sua infância. Entre 1835 e 1840 surgiram várias lideranças menores, meio caudilhos e meio bandidos. Malcher, os Vinagre e Angelim sabiam o quanto perderiam se o Grão-Pará triunfasse.

O poeta Bruno de Menezes, modernista paraense nascido em 1893, rememora com indignação emocionada a Cabanagem:

> Ferve o ódio inflamado! A revolta explodiu
> no patriota! O motim, sobressalto, a anarquia!
> Batista Campos fala! — E a Província baniu
> Lobo de Souza! — O clero a oposição rompia!
>
> Amanhece... E a cidade, em alarme, tremia
> À invasão do cabano! — É a luta acesa, o brio
> De Eduardo Angelim feito fuzilaria!
> Vêm os irmãos Vinagre ... E o governo caiu...
>
> Ó ilusão da vitória a alma indígena inflando
> Surge o Padre Prudêncio e recusa a divisa!
> A invicta Cametá fica em armas lutando!
>
> D. Romualdo acalmou os rancores humanos...
> Chega Soares Andréa... E o presídio escraviza
> Todo o ideal nativista, algemando os cabanos.[8]

---

8. MENEZES, 1993, p. 477.

8. O ciclo da borracha

A AMAZÔNIA REPUBLICANA

As lembranças ruins das atitudes do império durante a Cabanagem ainda estavam bem vivas, quando em 1874 explode a questão religiosa, atingindo duramente o Pará. Em princípio, tratava-se de um conflito de jurisdição, mas a presença de um gabinete conservador, liderado pelo visconde do Rio Branco, um homem inflexível, e os traumas deixados pela Guerra do Paraguai acabaram por tornar o problema uma questão de afirmação da autoridade monárquica. O regime viu-se, de uma hora para outra, obrigado a tomar posição numa briga entre maçonaria e Igreja, aquela sendo representada pelo gabinete conservador e esta, a religião oficial, mantida atrelada ao Estado, conforme a Constituição de 1824.

A crise, que tinha começado em Pernambuco, com o confronto do bispo dom Vital de Oliveira e a maçonaria, acabou recebendo a adesão de dom Macedo Costa, o bispo do Pará, que repetiu os mesmos atos de interdição canônica. Do governo central vem a ordem para a suspensão dos atos eclesiásticos, mas os bispos se recusam a obedecer, ferindo o antigo pacto dos tempos coloniais, que considerava a religião um assunto de Estado.

A maçonaria sempre desempenhou um papel importante, desde os tempos da independência, e o seu poder se fazia sentir pelo número de maçons que ocupavam cargos importantes no governo — a começar pelo visconde do Rio Branco. Diversos papas já haviam publicado bulas proibindo os católicos de ingressar na maçonaria, mas o governo imperial, assim como a administração portuguesa, jamais permitiu que esses atos fossem publicados no Brasil. Embora o Vaticano reconhecesse o direito de o governo brasileiro ignorar tais proibições, o bispo de Olinda, o ultraconservador dom Vital de Oliveira, considerou intolerável que desobedecessem ao papa em matéria de fé e moral, e ordenou que as irmandades das paróquias do Recife excluíssem os maçons de seus quadros. As irmandades, no entanto, desobedeceram à deliberação do bispo, que então interditou as igrejas, cessando as missas e demais cerimônias religiosas. O também conservador dom Macedo Costa, do Pará, se solidarizou com o colega, transformando uma desavença paroquial em crise política nacional. As irmandades do Recife recorreram ao governo imperial, que ordenou ao bispo a retirada da interdição. Dom Vital bateu o pé e o imperador percebeu que sua autoridade estava sendo contestada. Sua decisão foi processar criminalmente os bispos por obstrução da lei.

No dia 21 de março de 1874, dom Macedo Costa e dom Vital de Oliveira foram condenados pelo Supremo Tribunal de Justiça e encerrados no Arsenal da Marinha. A pena era de prisão e trabalhos forçados na ilha das Cobras. Dom Pedro II, dividido entre os argumentos carolas da princesa Isabel e as ponderações pró-maçonaria do visconde do Rio Branco, comuta a prisão com trabalhos forçado a "simples" prisão. Era uma sutileza jurídica despercebida pelo povo, que acompanhou consternado a prisão de dom Macedo Costa, um bispo conhecido pelo zelo de garantir a educação dos jovens mais pobres da província, facilitando a matrícula no seminário diocesano de Belém.

Por essas e outras atitudes da monarquia, não era de se estranhar que os ideais republicanos ganhassem adeptos importantes nas províncias do Norte. Em 1889, quando o regime começava a demonstrar fadiga, chega ao Pará o príncipe consorte dom Gaston de Orléans, o conde d'Eu, que nunca primou pela popularidade. Nascido na França, famoso pelo mau humor e impaciência, viajava pelas províncias do Nordeste e Norte fazendo campanha do futuro Terceiro Reinado, sob o comando de sua mulher, Isabel de Bragança, uma ideia que o povo brasileiro repudiava.

O conde d'Eu aporta em Belém em julho de 1889, ostentando o título de marechal do Exército brasileiro, posto que assumira com desastrosas consequências na Guerra do Paraguai. É recebido com enorme frieza pelas autoridades e pelo povo, que seguem apenas as formalidades mais protocolares. Em Manaus, a frieza será a mesma e, embora a cidade contasse com várias mansões, nenhuma família o acolheu, sendo alojado num quarto improvisado do Colégio Amazonense Pedro II. Um manifesto, assinado pelo Clube Republicano e escrito pelo jovem tenente Lauro Sodré, deixava claro o que se pensava do regime dos Bragança:

> Sua Alteza, entre nós, paraenses, não tem um só amigo. O povo, se tivesse curiosidade de vê-lo, seria para fazer chegar-lhe aos ouvidos dores e ódios, pelo descalabro das coisas públicas, entregues a bandos de assalariados sem consciência, sem leis, e uma realeza que tem sido a causa de todas as desgraças: um Terceiro Reinado seria reduzir o país a um montão de ruínas e vasta necrópole onde a figura sinistra do Império passaria sobre pilhas de cadáveres morais.

A proclamação da república, no entanto, praticamente aconteceu à revelia das lideranças regionais, mais preocupadas em administrar o crescente enriquecimento proporcionado pela exportação do látex. A opinião pública e a política partidária das duas províncias nortistas passavam ao largo das paixões geradas pelos embates entre monárquicos e liberais. Homens como Lauro Sodré, Justo Chermont e José Paes de Carvalho, do Pará, se juntavam aos amazonenses Carvalho Leal, Bernardo da Silva Ramos e Gentil Rodrigues de Souza, lançavam seus manifestos e agitavam os ideais republicanos para uma sociedade fascinada pelo aumento da produção e pela subida da cotação da borracha na Bolsa de Londres.

Uma vez proclamado o regime republicano, apenas os militantes paraenses lograram assumir o governo de sua província. Enquanto Justo Chermont assumia o governo do Pará em 17 de dezembro de 1889, o Amazonas passou a ser governado por interventores militares, a começar pelo capitão Augusto Ximenes de Villeroy. O enriquecimento do Amazonas, com um erário público que movimentava somas vultosas, fez do estado o palco ideal para os piores atos de selvageria e vandalismo políticos. Um ditado comumente repetido pelos representantes da elite amazonense dizia que os seus interesses econômicos estavam na Bolsa de Londres, seus interesses culturais na França e para o Brasil ficavam os respeitos de patriota. Esse distanciamento em relação ao Brasil não apenas representava a inserção direta de uma economia ao mercado internacional como dizia respeito, também, ao sempre presente incômodo nas relações políticas e administrativas entre as províncias nortistas e o governo central. Assim, cultivava-se um distanciamento protocolar e civilizado, evitando os atritos e mal-entendidos — como o desastrado incidente que afastou do governo do Amazonas o dr. Antônio Bittencourt, desafeto do caudilho gaúcho Pinheiro Machado. Porque o governador Bittencourt se recusava a passar o governo ao vice-governador, a cidade de Manaus foi bombardeada durante 10 horas pela Marinha de Guerra do Brasil, sendo depois assaltada por tropas do Exército — isso no dia 8 de dezembro de 1910, ano em que a cotação da borracha atingiu o seu maior preço e a cidade vivia a elegância do fausto. Segundo escreveu Lêda Boechat Rodrigues, em *História do Supremo Tribunal: 1899-1910*:

> Na república, jamais se viu uma vergonha desta natureza, de forças destinadas à garantia da ordem e da federalização, bombardearem cidades que à custa de enormes sacrifícios o povo e as municipalidades levantaram. O caso do Amazonas excede a tudo quanto se possa imaginar em matéria de anarquia política. A ambição partidária já não encontra entre nós obstáculos de espécie alguma. Chegamos, com o bombardeio de Manaus, a uma situação tresvairada de desgoverno.[1]

A MATÉRIA-PRIMA

O ciclo da borracha foi um dos mais efêmeros ciclos econômicos do Brasil. Da humilde origem, em 1870, o extrativismo da borracha ocupou, em 1910, um quarto das exportações brasileiras. Foi um crescimento notável por ocorrer concomitante ao crescimento da cultura do café, base da economia do país. Fenômeno similar, embora em menor escala, ocorreu nos países vizinhos, como o Peru e a Bolívia.

---

1. RODRIGUES, 1991, apud SOUZA, s.d., p. 684.

No curso de uma década, a economia do látex entrou em colapso por não conseguir competir com os preços baixos do produto asiático. A economia da borracha ganhou fama de ter espalhado um otimismo sem propósito e sinônimo de crescimento sem sustentação baseado na exportação de matéria-prima. A ascensão e a queda do látex passaram a servir de exemplo da fragilidade das economias exportadoras de matéria-prima na América Latina. Os produtores de borracha natural da Amazônia não perderam a oportunidade de lucrar enquanto durou o monopólio. Quando foram postos em xeque pelas plantações da Indochina, não hesitaram em apostar seus capitais em outros investimentos para não perder com o látex. Também não tiveram a atitude irresponsável de tentar vencer a concorrência asiática.

O Estado brasileiro, de seu lado, eximiu-se de lutar pela borracha e recusou qualquer envolvimento dos cofres públicos com subsídios aos empresários da borracha. Os capitais tendiam muito mais a investir na produção do café, que se situava no Centro-Sul do país, região de grande dinamismo, que na produção da borracha natural, perdida nos confins da Amazônia. No Sul, tudo levava a crer em melhores retornos aos investidores, pela mão de obra abundante, meios de comunicação e inserção no mercado mundial. Por isso, estudos mais recentes mostram que o fim do ciclo econômico se deu menos pelo fato de a Amazônia se tornar vítima de uma mudança nos interesses internacionais que pela incapacidade de se adaptar às circunstâncias.

A borracha exigia trabalho extensivo e muita mão de obra. A região não contava com uma mão de obra barata: era preciso trazer do Nordeste e de outras terras, financiar a imigração e estabelecer e treinar os trabalhadores. Mesmo num regime de espoliação aberta dos trabalhadores, custava caro arregimentar mão de obra. As plantações asiáticas não tinham essa limitação, e podiam mobilizar mão de obra e capital para produzir borracha cultivada. E porque em casos de matéria-prima como a borracha a competição era acirrada, logo os investidores ingleses, que haviam quebrado o monopólio brasileiro, se viram frente aos plantadores holandeses, que inundaram o mercado de borracha barata e derrubaram os preços. Os ingleses logo descobriram que não podiam controlar os preços, embora tenham tentado, porque a Holanda, como eles, contava com as mesmas condições, ou seja, tinha terras, mão de obra e capital para produzir látex. Produção e exportação de matéria-prima jamais se desenvolveram em capitalismo avançado.

Os índios omáguas, que chamavam de "hevé" uma matéria flexível, fabricada a partir da coagulação do leite de uma árvore, e que já conheciam suas propriedades, não podiam imaginar o que aquela seiva lhes causaria, e também ao mundo amazônico. Como usavam o material para fazer seringas, os portugueses logo batizaram aquela árvore de seringueira. A borracha foi descoberta aos poucos como matéria-prima, numa lenta aceitação como produto comercial, tão lenta que ninguém podia prever sua importância na segunda metade do século XIX.

O próprio Cristóvão Colombo dá a notícia de sua existência, em uma segunda viagem à América, observando os habitantes do Haiti utilizarem o látex na fabricação de bolas miraculosas. Os cientistas ficaram intrigados com essas bolas, que supostamente desafiavam a lei da gravidade da Terra. Mas, em 1736, por uma deferência da coroa portuguesa, o sábio francês Charles Marie de La Condamine, visitando a América do Sul, remete um comunicado à Academia de Ciências de Paris, descrevendo rudimentarmente o processo de coleta e preparação de tais bolas e de outros objetos, já correntemente usados pelos colonos portugueses para produzir bombas, seringas, garrafas e botas.

A INDÚSTRIA PRIMITIVA

Os portugueses aproveitaram a velha manufatura indígena para estabelecer uma comercialização restrita. Como estava proibida a existência de máquinas e o trabalho de manufatura na colônia, esses objetos manufaturados "escapavam" do rigoroso controle das autoridades para atingir outros países. Como é sabido, os portugueses fechavam os portos brasileiros e, na Amazônia, mesmo os navios de nações aliadas eram vigiados e suas tripulações impedidas de vir à terra. Foi somente em 1808, com a vinda de d. João VI, que essa interdição seria revogada. Mas o comércio clandestino de manufatura de borracha já estava sedimentado. Por essa época, na Europa, um novo uso da borracha veio acabar com o velho costume medieval de apagar traços de lápis em papel com miolo de pão.

Em 1800, acontecem as primeiras exportações clandestinas. É possível que esse rendoso contrabando remonte a épocas mais recuadas, já que as dificuldades da região tornavam impossível um controle rigoroso das fronteiras. Portanto, nas últimas décadas do século XIX, quando o "ciclo" tomou impulso, já era um comércio francamente estabilizado. A Amazônia enviava regulares partidas de objetos manufaturados, como garrafas e sapatos, para o florescente mercado europeu e norte-americano. Trinta anos depois da revogação da interdição dos portos por d. João VI, o comércio de objetos de borracha tornara-se próspero e com um mercado em expansão. Os sapatos de borracha eram bem aceitos no mercado norte-americano, e os jornais daquele país comumente publicavam reclames oferecendo partidas desse artigo nos seguintes termos: "A borracha chegou aos USA e, com o entusiasmo tão característico dos americanos, todos querem um par de sapatos de borracha."[2]

Nesses primeiros anos de comércio da borracha, a exportação de manufaturados predomina em relação à matéria-prima. No entanto, o sucesso era crescente, assim como o interesse dos mercados internacionais pela goma elástica em estado puro. Com o rápido desenvolvimento tecnológico dos países industrializados, logo o mercado internacional passaria a recusar os toscos produtos artesanais. O comércio amazônico, se tinha meios de burlar a alfândega portuguesa, não conseguiria superar as proibições para a instalação de estabelecimentos industriais, e assim a indústria da borracha, cerceada pelas leis coloniais, atrofiaria na caminhada aniquiladora que mais tarde absorveria as outras formas da economia regional. De atividade manufatureira, retrocederia para o extrativismo em rápida ascensão.

UMA NOVA MATÉRIA-PRIMA DOS TRÓPICOS

Em 1850, o cientista Henry Bates faz um levantamento mais preciso da borracha e de suas peculiaridades, esclarecendo detalhes da produção e da natureza botânica. Cinco anos depois, Richard Spruce publica a primeira

---

2. TOCANTINS, 1963, p. 154.

explicação sobre as técnicas de coleta, descrevendo com bastante fidelidade a obtenção do látex. Mas nem todos os cientistas mostraram o mesmo interesse. Henry Bates, Alfred Wallace e Louis Agassiz, embora tenham apanhado amostras, não deram maior destaque à seringueira em seus relatórios. O crescimento da demanda, os preços altos e a fuga de braços para a extração foram, na mesma época, percebidos pelo governador do Pará, que, num documento oficial de 1854, censurava a absorção crescente da mão de obra no fabrico da borracha, em detrimento da produção de bens de consumo, que já começavam a merecer a importação de outras províncias.

Em 1852, segundo relatório de Tenreiro Aranha, primeiro governador da província do Amazonas, as forças econômicas estavam deixando algumas atividades agrícolas e industriais, implantadas no período colonial, para se dedicar ao extrativismo. O Amazonas, até 1820, tinha alguma agricultura, especialmente algodão, café, tabaco, anil, guaraná e cacau, além de atividade industrial, como cordoarias, olarias, fábricas de sabão e de panos de algodão e pequenos estaleiros. Mas Tenreiro Aranha se queixava das gentes "dividida[s] em bandos, que todos os anos iam às grandes praias, com excessos e bacanais, fazer a destruição dos ovos de tartaruga e o fabrico das manteigas, ou para os matos, com maiores riscos e privações, extrair os produtos espontâneos, no que gastavam mais da metade do ano".[3]

A opção pelo extrativismo realmente trouxe vários aspectos negativos para a região, piorando o abastecimento pela decadência da agricultura de subsistência. Mas a Amazônia entraria num período tão próspero com o extrativismo da borracha que todos esses inconvenientes pareciam irrelevantes.

EFEITOS DA ECONOMIA DO LÁTEX NAS OUTRAS AMAZÔNIAS

O século XIX encontra as regiões amazônicas dos países hispânicos entregues ao trabalho de missionários católicos. Para alguns países, como Equador, Venezuela e Colômbia, seus territórios amazônicos contribuíam muito pouco

---

3. ARANHA apud LOUREIRO, 1989, p. 187.

para a economia nacional, eram de difícil acesso para uma administração federal organizada para além dos Andes e direcionada para o Caribe, e não ofereciam nenhum atrativo a curto prazo. Alexander von Humboldt, em 1800, registra algumas das atividades econômicas dessas missões, como o cultivo de frutas no Orinoco, bem como a existência de cabeças de gado leiteiro. O mesmo cientista revela que os índios exerciam um ativo comércio pelo rio, viajando de canoa, para vender madeira, balata, resinas aromáticas e plantas medicinais. Era um comércio limitado, que atendia apenas aos grupos tribais e os povoados organizados em torno das missões, numa região que nenhum homem de posses escolheria para viver e fazer investimentos.

A Amazônia era tão difícil e sem atrativos que alguns países tentaram realizar uma colonização forçada, usando presidiários, soldados indisciplinados, mestiços, mulatos e negros, estes últimos considerados aptos a suportar as inclemências de uma terra supostamente imprópria para pessoas civilizadas.

Na Guiana Francesa, embora nunca afetada pelo extrativismo do látex, a Amazônia é assaltada por outra febre: ouro. Mas os primeiros anos do século XIX são basicamente tempos de exploração. Centenas de expedições, a maioria em busca de ouro, cortarão a bacia do Oiapoque, contatando as tribos indígenas. Mas a maior parte desses aventureiros não tinha como objetivo ampliar o conhecimento da região. Eram pessoas sem formação científica, que escreveram muitos relatos medíocres, onde registravam observações bastante superficiais, repetidas à exaustão. Mesmo viajantes como Jules Crevaux (1877) e Henri Coudreau (1888) não conseguiram superar a mediocridade geral. O ouro, no entanto, não se mostrou dadivoso aos franceses como o leite da seringueira aos brasileiros, e o século XIX será um dos períodos menos dramáticos da história da Guiana Francesa, com vida social restrita apenas às comunidades do litoral, sem uma presença ativa da administração no interior da colônia. A economia da Amazônia francesa será essencialmente extrativista, apenas ligeiramente mais intensa durante os últimos anos do século, devido basicamente à cotação alta nos preços internacionais da balata e do pau-rosa.

No extremo ocidental, apenas o Peru realmente se envolve na política do látex e, como país, elabora um projeto para o seu território amazônico. A Bolívia, por exemplo, embora tenha contado com empresários extrativistas do porte de um Nicolás Suarez, chamado de o Rockefeller da borracha, participou do ciclo mais como vítima que beneficiária. A Revolução Acreana fez com que a Bolívia perdesse um pedaço substancial de seu território amazônico para o Brasil.

O Peru, por dominar uma parte navegável da bacia Amazônica a jusante, possuía uma sociedade amazônica mais desenvolvida no início do século XIX. Os missionários católicos desempenhavam um papel tão fundamental quanto nos demais países de língua espanhola, mas a selva peruana já contava com uma intensa economia extrativa e uma estrutura administrativa razoável, centrada na cidade de Iquitos. A penetração da selva é feita através dos rios Napo e Putumayo, com frequentes choques entre os "brancos" e os índios. Em 1839, por exemplo, um chefe político local ordena uma expedição punitiva contra os índios payagua, ocasião em que foram sequestrados trinta meninos e meninas.

Em 1892, um empresário peruano, Julio Benevides, implanta um sistema de transporte fluvial, com barcos a vapor, ligando o Putumayo ao Amazonas. Desde essa época, barcos com a bandeira peruana singraram as águas do Putumayo. Os colombianos entraram na concorrência apenas em 1899, mas o empreendimento só durou um ano. O esforço colombiano era uma reação ao avanço peruano na região, e experimentaria uma escalada que culminaria no chamado Conflito de Leticia.

Aconteceu que, em 1896, o grupo empresarial de Julio César Arana, de Iquitos, entra em contato com os colombianos do Putumayo, fornecendo dinheiro, mercadorias e transporte fluvial, em troca da borracha. Em pouco tempo, Arana era dono das empresas colombianas. Como era típico em seus negócios, suas investidas econômicas confundiam-se com abusos e ocupação política e militar. O Peru, nas águas dos negócios de Arana, dominava, no final do século XIX, até o rio Caquetá. Em julho de 1911, forças colombianas entraram em choque com soldados peruanos em La Pradera, sendo a questão posteriormente negociada em Lima e Bogotá, até que fosse assinado o Tratado Salomón-Lozano, em 1922. Por esse documento, que restaurava os direitos territoriais da Colômbia, a cidade de Leticia, fundada por peruanos em território colombiano, deveria ser devolvida. Mas os peruanos hesitaram até 1930, entregando Leticia a contragosto.

O governo colombiano, para incentivar o desenvolvimento de Leticia, concedeu lotes de 25 × 25 m, atraindo um pequeno número de moradores, a maioria de descendência indígena. Na madrugada do dia 1º de setembro de 1931, um grupo de militares e civis peruanos tomou Leticia, desencadeando uma guerra. Em 1934, uma comissão de arbitragem internacional entregou a cidade oficialmente aos colombianos.

Outro grave conflito, que acabou por se constituir num dos muitos escândalos que envolveram empresários na Amazônia, foi a revelação da natureza dos negócios de Julio César Arana no rio Putumayo, envolvendo diversas figuras dos meios financeiros de Londres, inclusive membros da Câmara dos Comuns.

Walt Hardenburg, de Illinois, Estados Unidos, estava com 21 anos quando decidiu se aventurar pela selva amazônica, acompanhado de um amigo. Quando descia o rio Putumayo, foi apanhado por um destacamento policial peruano e aconselhado a se afastar daquela área. Hardenburg seguiu o conselho como pôde, atravessando para o Napo, até se ver envolvido na disputa de fronteira entre colombianos e peruanos. Ao ficar alguns dias na localidade de El Encanto, uma das sedes da Companhia Peruana do Amazonas, o jovem aventureiro teve a oportunidade de conhecer o tratamento desumano dispensado aos índios uitotos, que trabalhavam na coleta de seringa, com torturas, fuzilamentos, castigos corporais brutais, privação de alimentos, prostituição infantil e violação de mulheres. Hardenburg sofreu agressões e ameaças de morte, mas teve a sorte de deixar o Putumayo, que ele batizou de "paraíso do demônio". Em Londres, publica suas denúncias no *Truth*, jornal que se tornara famoso por revelar as mazelas da sociedade eduardiana.

O outono de 1909 é ocupado pelo escândalo amazônico. As denúncias de Hardenburg, ainda que contra-atacadas pelo poderio econômico de Julio César Arana, abala os ingleses. A Companhia Peruana do Amazonas tinha muitos empresários ilustres entre seus investidores na Inglaterra e a comprovação de que atrocidades eram praticadas contra indefesos indígenas atingiria reputações em Londres, Lima e Manaus. Deixaria em maus lençóis o ministro britânico do Exterior, Sir Edward Grey, baixaria uma sombra de suspeita sobre a Câmara dos Comuns e provocaria quedas na Bolsa de Londres.

A sociedade europeia encontraria no escândalo do Putumayo um excelente artigo de consciência, trazendo para a arena a Sociedade Antiescravagista e de Proteção de Aborígenes, ainda sob a direção do lendário reverendo John Harris, que oito anos antes divulgara a monstruosa atuação do rei Leopoldo da Bélgica em seu feudo na África Central. O governo britânico, para acalmar a crescente inquietação do público, nomeia o diplomata Sir Roger Casement, outra figura ligada às revelações da África Central, para investigar o caso do Putumayo.

Quando a história completa chegou ao conhecimento público, com todos os pavorosos detalhes colhidos por Casement, o governo peruano foi obrigado a tomar uma atitude, remetendo um navio de guerra ao Putumayo, com juízes a bordo, levando mais de duzentos mandados de prisão. Em 5 de novembro de 1912, a Câmara dos Comuns deu o golpe final nos negócios de Arana e seus sócios, mandando apreender os arquivos da Companhia Peruana do Amazonas e abrindo um inquérito.

A repercussão do escândalo do Putumayo provocou inúmeras reações. O duque de Norfolk estabeleceu um fundo, em Londres, para a criação de uma reserva indígena no Putumayo. Os alemães boicotaram a compra da borracha oriunda da região de Putumayo. O governo peruano criou um Serviço de Proteção aos Índios, nos moldes da experiência de Rondon, e o papa recomendou aos bispos locais que procurassem ajudar os povos indígenas e ampliassem o trabalho missionário. É importante assinalar, para comparação com outros casos semelhantes, que todas essas medidas serviram para dar celebridade ao duque de Norfolk, a Roger Casement, ao próprio Hardenburg, mas influiu muito pouco na vida dos índios do Putumayo.

A GUERRA DA BORRACHA NO DESERTO OCIDENTAL

Entre 1877 e 1879, o Nordeste brasileiro sofre uma das piores secas de sua história. Somente do Ceará, mais de 65 mil pessoas partem para a Amazônia, acossadas pelo flagelo natural e pela crise da economia agrária. Esse contingente humano vai servir de mão de obra nos seringais, avançando a fronteira do extrativismo. Em pouco tempo, a maioria desses cearenses entra pelo rio Purus, ocupando zonas ricas em seringueiras. No final da década estarão no Acre, território reivindicado por Bolívia, Brasil e Peru.

Os bolivianos, impotentes para impedir a invasão brasileira, associam-se a grupos econômicos europeus e norte-americanos, fundando o Bolivian Syndicate, que se encarregaria de garantir o domínio boliviano no território e explorar os recursos naturais pelo prazo de dez anos. Os empresários brasileiros decidem enfrentar a ameaça apresentada por tão poderosa associação.

Em maio de 1899, aproveitando a madrugada, o navio de guerra norte--americano *Wilmington* parte do porto de Belém e ilegalmente navega rio Amazonas acima, rumo ao Acre. O navio é interceptado perto de Manaus e o governo brasileiro protesta junto ao governo dos Estados Unidos, provocando uma deterioração nas relações dos dois países. No dia 14 de julho de 1899, com o apoio de políticos e empresários amazonenses, o aventureiro espanhol Luiz Galvez Rodrigues de Arias, à frente de um exército de boêmios e artistas de teatro, ocupa o território e funda o Estado Independente do Acre, sendo deposto no final do mesmo ano por uma flotilha da Marinha brasileira. Era uma demonstração, um tanto burlesca, é certo, das intenções dos empresários amazonenses.

No dia 6 de agosto de 1902, comandando um exército de guerrilheiros recrutados entre seringueiros, o jovem Plácido de Castro, gaúcho de São Gabriel, entra na cidade de Xapuri e, após prender o intendente boliviano, Juan de Dios Barrientos, proclama novamente o Estado Independente do Acre. Nos próximos meses, esse estrategista talentoso, com homens de pouca instrução militar, mobilizará uma guerra contra o Exército boliviano, criando uma situação de fato naqueles territórios cobiçados. O governo brasileiro, temendo a ampliação do conflito, manda uma poderosa força militar, sob o comando do general Olímpio da Silveira — o mesmo que derrotara os rebeldes de Canudos e mandara degolar os prisioneiros —, para ocupar o Acre, obrigar Plácido de Castro a depor as armas e levar a questão para a mesa diplomática. Nos anos seguintes, autoridades bolivianas assinam o Tratado de Petrópolis, no qual concordavam em vender um território de 191 mil quilômetros quadrados para o Brasil, pelo preço de 2 milhões de libras esterlinas.

A ESTRADA DE FERRO MADEIRA-MAMORÉ

Desde cedo, o império do Brasil percebeu a necessidade de uma ligação mais eficiente com os territórios do oeste, especialmente no momento da Guerra do Paraguai, quando a navegação pelo rio da Prata ficou bastante prejudicada. Em 1866, sob a direção do barão Lopes Netto, negociações foram entabuladas com autoridades bolivianas, cujo país mantinha-se insulado, para o estabelecimento de um caminho que ligasse a província do Mato Grosso ao mar, também permitindo à Bolívia o mesmo benefício. Embora a proposta fosse combatida pela oposição nacionalista boliviana, temerosa do expansionismo brasileiro, o imperador dom Pedro II e o ditador Mariano Melgarejo assinaram um acordo em 1867, onde o Brasil declarava livre as comunicações entre os dois países através das fronteiras, isentando os impostos e abrindo aos bolivianos a navegação do rio Madeira. O sonho dos bolivianos de uma viagem mais rápida à Europa parecia prestes a se realizar, não fossem as dezenove letais corredeiras que agitavam o curso do rio Madeira, logo acima da cidade de Santo Antônio. O obstáculo era velho conhecido dos estudiosos bolivianos, e não é de surpreender que tenha sido do general Quentin de Quevedo, já em 1861, a ousada ideia de construir uma ferrovia para a transposição dos rios Madeira e Mamoré.

Ainda no regime de dom Pedro II, em 1872, uma primeira tentativa de construção da ferrovia tem início sob o comando do coronel George Earl Church. A firma P&T Collins é contratada e vai experimentar uma série de desastres, em parte por incompetência e pelo desconhecimento dos rigores do terreno. Logo no começo dos trabalhos, um barco naufraga e oitenta pessoas morrem afogadas, além da perda de 700 toneladas de material e equipamentos. Seis anos depois, apenas 3 quilômetros de trilhos estavam assentados. Trabalhadores morriam em massa, principalmente de malária, disenteria e pneumonia, sem falar nos constantes ataques dos índios. Em 1879, a firma faliu e tudo foi abandonado. Locomotivas, equipamentos, peças de reposição ainda em suas embalagens originais, lotes de trilhos e ferramentas acabaram tomados pela selva.

Quase trinta anos depois, o governo brasileiro abre concorrência pública para a construção da ferrovia, cumprindo um dos parágrafos do Tratado de Petrópolis, que encerrou a questão do Acre. A concorrência foi vencida pelo engenheiro Joaquim Catrambi, em 1906, que passou a empreitada para a firma Madeira-Mamoré Railway Limited, dos Estados Unidos, sob a liderança do empresário Percival Farquhar.

Embora os rigores da floresta tropical tenham contribuído para baixar a expectativa de vida, as brutais relações de trabalho foram responsáveis pela morte de centenas de operários. Farquhar, no entanto, era um homem de enorme visão, e sabia que os seus problemas estavam em outra selva, mais perigosa que a da Amazônia. Assim, tendo estado apenas uma única vez no canteiro de obras, passou toda a fase de construção no Rio de Janeiro, trabalhando os ministros, os políticos, as verbas etc.

No dia 1º de agosto de 1912, a ferrovia foi inaugurada com uma festa discreta, apenas uma viagem entre Porto Velho e Guajará-Mirim, transportando um seleto número de autoridades. Não se pode dizer que a ferrovia Madeira-Mamoré tenha sido um empreendimento desastrado, já que começou a operar justamente no momento em que a economia do látex dava sinais de exaustão. Para o empresário Farquhar, representou a redenção financeira, e ele logo se viu transformado no mais poderoso homem de negócios do Brasil, posição que manteve até 1930, controlando portos, frigoríficos, serviços públicos e indústrias. No dia 5 de abril de 1937, a ditadura Vargas declara rescindido o contrato com a Madeira-Mamoré Railway Limited e assume a administração da ferrovia.

Uma coisa se pode dizer do modelo gerencial de Percival Farquhar para a ferrovia: era muito eficiente. Tão eficiente que a ferrovia resistiu mais três décadas de administradores incompetentes, corruptos e lenientes, quase sempre oficiais do Exército brasileiro. Em 1966, em plena ditadura militar e sob a euforia da expansão da rede rodoviária brasileira — antes da OPEP —, a Estrada de Ferro Madeira-Mamoré foi desativada, e seus arquivos queimados nas matas dos arredores de Porto Velho.

No começo de 1938, Farquhar recebeu, no Rio de Janeiro, um convite para participar de um encontro de sobreviventes da construção da Madeira-Mamoré. Pretendiam fundar uma associação em que ele seria o presidente. O convite foi aceito, mas Farquhar só pôde comparecer ao almoço promovido em 1947, num hotel de Nova York. Observando os presentes, todos bem de vida, saudáveis e sorridentes, ele comentou, brincando, que trabalhar na construção da Madeira-Mamoré tinha sido como frequentar um balneário. Farquhar sabia dos pesados custos. Estimava que atingira um recorde mundial de 145 mil dólares por quilômetro e meio, comparando com os 115 mil dólares da linha construída no Peru, em 1870, ao custo de 28 milhões de dólares norte-americanos. E a ferrovia peruana custara muito mais em perdas humanas, com mais de 6 mil trabalhadores mortos. Durante a Segunda Guerra Mundial, a "ferrovia da morte", construída pelos japoneses na Tailândia, custou a vida de 12 mil prisioneiros ingleses, canadenses e estadunidenses. A ferrovia construída no Panamá, com apenas 77 quilômetros, custou 7 milhões de dólares e matou 10 mil homens. Farquhar gostava de ser sarcástico quando desfilava essa lista de atrocidades ferroviárias, concluindo que a Madeira-Mamoré só tinha enterrado 3.600 homens para assentar 615 mil dormentes.

O COMEÇO DE UMA ERA DE RIQUEZAS

Em meados do século XIX, após os anos de pesadelo vividos com a Regência, dois acontecimentos indicavam aos habitantes da Amazônia que eles estavam vivendo um novo tempo, com estabilidade política e progresso econômico. Para uma região cansada de tanta agitação política, era como poder respirar sossegado.

O primeiro acontecimento foi a criação da Companhia de Navegação e Comércio do Amazonas, sob a iniciativa do Barão de Mauá. As linhas regulares foram iniciadas em 1852, com três pequenos vapores, intensificando o comércio entre as duas províncias brasileiras e o Peru.

O segundo acontecimento, de algum modo consequência do primeiro, foi o decreto imperial abrindo o rio Amazonas ao comércio de todas as nações, assinado em 1867.

O cosmopolitismo do "ciclo da borracha", face e sinal de uma triste alienação, parece algo forçado, produto de um salto brusco. A Amazônia, na historiografia esquemática que se escreve sobre ela, parece ter experimentado um vigor inesperado que a retirou do silencioso passado colonial, com suas vilas de poucas casas, para um ritmo trepidante e voraz. Uma nova psicologia obrigava as elites a já não se satisfazerem com a vida pacata e provinciana. O comércio da borracha vinha proporcionar inquietudes inéditas.

Evidentemente, essa concepção é um tanto folhetinesca, mas não deixa de ter um sabor de época, refletindo a rapidez com que essa transformação da superestrutura realmente aconteceu. O sabor do folhetim nos mostra o quanto o valor do látex era capaz de deslizar até os mais remotos pensamentos, restaurando os mores, ampliando os costumes. Cada salto na cotação da Bolsa de Londres que a borracha sofria era uma erupção na placidez provinciana. Passo a passo, o enriquecimento conjurava o marasmo e representava uma conquista do refinamento civilizado. Concretamente, as circunstâncias não passavam de um furor do momento. Mesmo quando eram cômicas ou trágicas.

A IDEOLOGIA DO CICLO DA BORRACHA

Havia um não manifesto sentido de eternidade na ideologia da borracha, que a torna diferente, por exemplo, da corrida do ouro no Klondike, Canadá. Os caçadores de ouro acreditavam no instante, na prospecção, até que o filão exaurisse a última pepita. Então abandonavam o garimpo para viver a fortuna ou sofrer a derrota. O coronel da borracha, também arrivista e ambicioso, acreditava na exclusividade. O ouro pode surgir em qualquer terreno, não é privilégio de nenhuma área da terra, enquanto a borracha vem de um organismo vivo, que nasce e cresce, identificável entre as plantas da floresta espalhadas por Deus no território amazônico. A seringueira, ao contrário do filão de ouro, mostrava-se inesgotável. Uma árvore regenera-se, multiplica-se aos milhões. Já o filão do ouro, metal ardiloso e cruel, desaparece tão inesperadamente como surge. Enriquecidos pelo leite de uma árvore dadivosa, um vegetal que, como todos os vegetais, numa mitologia comum aos homens, é um símbolo da vida, da bondade e da paz, essa riqueza parecia trazer marcas benéficas, diferentemente do dinheiro maldito do ouro, produto de um metal frio, ardiloso, símbolo do poder super-humano, até infernal.

OS COMPONENTES HUMANOS DA SOCIEDADE DO LÁTEX

As personalidades mais representativas do "ciclo da borracha" são predominantemente aventureiras, metropolitanas e românticas. Para além da diferença e das nuanças psicológicas, a vibração e o espírito de modernidade as tornam agressivas. O jovem coronel-engenheiro Eduardo Ribeiro governando o Amazonas durante a nascente república, movimentando um fabuloso erário público, sonha com uma Manaus imensa, urbanizada e próspera, como uma Paris dos trópicos.

O também jovem comandante Plácido de Castro, ex-militar e ex-maragato, homem de coragem e caudilho eficiente, promove uma guerra popular no território acreano, valendo-se de uma frente única de seringueiros e seringalistas, sonhando com o fim da monocultura e com uma sociedade justa liberta das manobras do imperialismo. Ermanno Stradelli, um autêntico conde italiano, poeta e etnólogo por conta própria, troca o seu palácio piacentino de Borgotaro pelas malocas indígenas do Amazonas, levantando um rico e precioso acervo literário e etnográfico.

UM CAPITALISMO DE FRONTEIRA

O rápido crescimento da produtividade da economia do látex, na sua fase extrativa, era o corolário de uma alta taxa de demanda internacional do produto bruto. O capitalismo inglês e o norte-americano vão aos poucos "domesticando" a goma elástica, ampliando seu uso e sua tecnologia manufatureira.

A febre de lucro apresentava seus primeiros sintomas psicológicos na região. O produto da borracha e seu lucro cresciam mais depressa do que a população e do que todos os itens do extrativismo. O padrão de vida da mão de obra cresceu, já que um número pequeno de negociantes monopolizava os resultados. Além do mais, os resultados financeiros da borracha não eram bens de consumo, mas capital. A miragem da riqueza fácil e abundante tomava força, preparava-se para reger uma era inteira, como uma espécie de suporte ideológico do comércio.

O comércio da borracha, que se ativado um século antes estaria condenado ao marasmo, beneficia-se do progresso tecnológico e é arrastado pela última etapa da Revolução Industrial. Charles Rennie Mackintosh descobre a impermeabilização em 1823. Charles Goodyear, em 1844, cria o sistema de vulcanização. As fábricas norte-americanas e europeias abriam suas linhas de produtos: bolas, cintos, espartilhos, suspensórios, ligas, molas para portas, capas impermeáveis, tapetes, cadeiras, bolsas para água quente, salva-vidas. Uma indústria de miudezas domésticas para rápido consumo. Depois, pneumáticos para os veículos.

A exportação do produto natural começa a suplantar o produto manufaturado, na razão direta do progresso dos parques fabris europeus e norte-americanos e pela impossibilidade de o sistema extrativista inverter os capitais em indústrias. E, com a necessidade do produto natural, cresce também a cobiça: "Por que o gênio ianque deve depender dos nativos semisselvagens do Brasil para [fabricar] seus sapatos de borracha?"[4]

A borracha se tornou um produto universal e ubíquo a partir do começo do século XX. De tal forma está presente no mundo moderno que as pessoas não se dão conta. Essa presença impede que se pense que no seu primórdio, no começo do século XIX, a borracha foi tida como matéria milagrosa. Num mundo dominado por madeira, ferro, aço, couro e tecidos, a substância elástica que escorria das árvores da floresta tropical era inigualável. Podia ser dobrada e inflada, e era à prova d'água. Não conduzia eletricidade, absorvia impactos e quando esticada voltava à forma original num piscar de olhos. Mas foi necessária a chegada da Segunda Revolução Industrial para se inventar o que fazer com a borracha. As máquinas precisavam de um material como aquele, que absorvesse os impactos nas junções das peças mecânicas, que servisse para cintas flexíveis que fizessem as engrenagens se mover suavemente, sem desgastes, além de proporcionarem às bicicletas e demais veículos suas rodas pneumáticas.

Muitos inventores e cientistas colaboraram para o aperfeiçoamento da matéria-prima, mas um nome se destaca: Charles Goodyear. Ao contrário do que se pode pensar, Charles Goodyear não fundou a The Goodyear Tire

---

4. TOCANTINS, 1963, p. 23.

& Rubber Company, uma das grandes fabricantes de pneus para automóveis do mundo. Nunca foi um capitalista inventivo como Thomas Edson, e sua obsessiva relação com a borracha só lhe trouxe dissabores e miséria. Durante quase uma década, Goodyear tentou resolver o mais grave problema da matéria-prima: com todas as suas qualidades, a borracha sofria de uma grave limitação. No calor, amolecia e se transformava numa gosma malcheirosa; quando a temperatura esfriava, a borracha endurecia e esfarelava. A descoberta do processo de vulcanização deu estabilidade à borracha e criou a demanda internacional para o látex da Amazônia.

Um ano após a morte de Charles Goodyear, em 1861, os soldados da União marchavam para os combates na Guerra da Secessão usando capas de borracha. Os combatentes norte-americanos dormiam em tendas de tecido emborrachado, e a pólvora estava em frascos de borracha. Os médicos militares contavam com seringas e recipientes de borracha, que conservavam os remédios livres da umidade. Os dentistas agora podiam aposentar os dentes de madeira e adornar a boca de seus clientes com dentes de borracha. Tudo isso o processo de vulcanização tornava possível. Sem a invenção de Charles Goodyear não existiria o Teatro Amazonas, os coronéis não acenderiam seus charutos com notas de mil réis e a história da Amazônia teria sido bem diferente.

A AMAZÔNIA E A ADMINISTRAÇÃO FEDERAL BRASILEIRA

De 1847 a 1860, a borracha em pelas atinge o primeiro lugar na pauta de exportação, para crescer e devorar as outras atividades e instaurar um período de sensacionalismos. Quando veio a independência, os agentes econômicos de Grão-Pará e Rio Negro sofreram as consequências da ordem imperial, arrogante e centralizadora. Com a borracha, viriam os ideais do federalismo e a classe dominante regional. No alvorecer da república, entrega-se a si mesma na certeza de que o futuro estava garantido pelo monopólio da hévea. O golpe militar de 15 de novembro surpreende a Amazônia nesse sonho. Instalam-se governos provisórios no Pará e Amazonas, porque o novo regime não confiava naqueles políticos enfatuados que mais pareciam aristocratas.

A república nomeou sucessivos interventores, até ter certeza de que a Amazônia não corria o risco de se transformar numa nova Vendeia. Alguns militares foram instalados no poder, já que aparentemente encarnavam o ideal do progresso positivista, rápido e regenerador — algo inexistente nos políticos locais, que não sabiam aproveitar a capacidade da economia da borracha para gerar divisas em libras esterlinas, tão necessárias ao equilíbrio do comércio internacional do Brasil, e para dar elasticidade ao orçamento federal, permitindo as reformas urbanas do Rio de Janeiro, a construção das estradas de ferro no Centro-Sul e as ampliações das instalações portuárias da capital e de Santos.

Se as incertezas provocadas pela chegada do regime republicano iriam, no Sul, provocar dissabores aos cafeicultores, na Amazônia a estabilidade da borracha manter-se-ia firme. O mesmo, no entanto, não se pode dizer da política. A desconfiança dos republicanos históricos em relação aos grupos políticos regionais provocará um permanente atrito, sobretudo por barrar os especuladores locais do caminho do erário. Eduardo Ribeiro, governador indicado para o Amazonas, por exemplo, sofrerá, ao longo de seus dois períodos de governo, vigorosos e baixos ataques, até que, em 1900, o amazonense Silvério Nery, representante dos poderosos extrativistas, assume o poder, restabelece antigos sistemas administrativos e torna obrigatório o beneficiamento sumário da borracha em Manaus.

A velha letargia dos tempos de dom Pedro II é sacudida pelo novo compasso do mercado internacional. Os extrativistas não mais se sentiam tolhidos pela impossibilidade tecnológica de domar a região, tampouco pelas limitações de seu saber. Invadiram a selva, pois para isso bastava um pouco de vivência, subordinando-se aos caprichos da hévea. Regiões inteiras, antes vedadas pelas doenças, percorridas apenas por índios nômades e penetradas por solitários aventureiros, foram invadidas por caçadores em busca da seringa. A ideologia do faroeste enfrentava os insetos e os males estranhos e mortais. As libras esterlinas não escolhiam grau de instrução ou escolaridade, o látex redimia a ignorância. O colono analfabeto assume ares de cosmopolita, torce o nariz para a antiga vida tradicional.

BELLE ÉPOQUE TROPICAL

Os coronéis da borracha, enriquecidos na aventura, resolveram romper a órbita cerrada dos costumes coloniais, a atmosfera de isolamento, e tentaram transplantar os ingredientes políticos e culturais da velha Europa, matrona próspera, vivendo numa época de fastígio e menopausa. O clima de faroeste seria visível nas capitais amazônicas, subitamente emergidas das estradas de seringa. Contra as fronteiras e os perigos de um tradicionalismo aristocratizante, típico de fazendeiros, os coronéis, sobretudo os de Manaus, experimentaram a tentação do internacionalismo e da irresponsabilidade burguesa da *belle époque*.

Manaus foi a única cidade brasileira a mergulhar de corpo e alma na franca camaradagem dispendiosa da *belle époque*. Os coronéis, de seus palacetes, com um pé na cidade e outro no distante barracão central, pareciam dispostos a recriar todas as delícias, mesmo a peso de ouro. A boa vida estava escudada por uma conveniente hipocrisia vitoriana, que era de bom-tom, moderna e muito propícia a quem fora educado na rígida sociedade patriarcal portuguesa. De certo ângulo, pareciam perder a definição nacional e aspiravam ao estatuto de cidadãos do mundo. O internacionalismo do lucro burguês e da ganância imperialista seduzia os broncos extrativistas. A moral da burguesia internacional ganhava na região um novo corpo e podia ser distendida ao sabor dos interesses. No faroeste, ninguém é de ferro.

UMA MORAL ELÁSTICA

Os coronéis de barranco vibravam com as polacas e as francesas, mas as senhoras de respeito eram guardadas nos palacetes, cercadas de criadas e ocupadas em afazeres mesquinhos, como em 1820. Numa sociedade carente de mulheres, também o sexo seria um privilégio. A presença feminina no seringal era rara, e quase sempre em sua mais lamentável versão. Para os seringueiros isolados na floresta e presos a um trabalho rotineiro, geralmente homens entre vinte e trinta anos, premidos, portanto, pelas exigências de seu vigor, a contrapartida feminina chegava sob a forma degradante da prostituição. Mulheres velhas, doentes, em número tão pequeno que mal chegavam para todas os homens, eram comercializadas a preço aviltante. Enquanto o coronel podia contar com as perfumadas *cocottes*, além de suas esposas, o seringueiro era obrigado a optar pela sexualidade de homens confinados.

Essa penosa contradição legou uma mentalidade utilitarista em relação à mulher. Na sociedade tribal amazônica, a mulher estava integrada sob diversas formas de submissão. Com o extrativismo da borracha, em que a procura era maior que a oferta, ela seria transformada em bem de luxo, objeto de alto valor, um item precioso na lista de mercadorias, uma mobília.

A sociedade do látex tornar-se-ia uma sociedade falocrata, que daria à mulher uma utilização tão aberrante como a forma de explorar a força de trabalho do seringueiro. Adornaram sua terra exótica com a venerável cultura europeia, mas não admitiam uma mulher como pessoa. Mulheres e Victor Hugo estavam no mesmo carregamento, como o parnasianismo parecia constar da mesma lista de panaceias contra a gonorreia.

O LADO OCULTO DO FASTÍGIO

Na última década do século XIX, o palco para o *vaudeville* estava preparado e o cenário, pronto. O coronel da borracha, ou seringalista, seria o grande astro dessa comédia de *boulevard*, a grande personagem dessa obra-prima da monocultura brasileira que foi o *vaudeville* do "ciclo da borracha". Ele era o patrão, o dono e senhor absoluto de seus domínios, um misto de senhor de engenho e aventureiro vitoriano. Havia, por isso, discrepâncias em sua atitude: era o cavaleiro citadino em Belém ou Manaus, e o patriarca feudal no seringal. Mas essa contradição nunca preocupou ninguém. A face oficial do látex era a paisagem urbana, a capital coruscante de luz elétrica, a fortuna de Manaus e Belém, onde imensas somas de dinheiro corriam livremente. O outro lado, o lado terrível, as estradas secretas, estavam bem protegidas, escondidas no infinito emaranhado de rios, longe das capitais. O lado festivo, urbano, civilizado, que procurou soterrar as grandes monstruosidades cometidas nos domínios perdidos, poucas vezes foi perturbado durante a sua vigência no poder.

Euclides da Cunha foi um pioneiro ao anunciar a estrutura aberrante. Para o pobre imigrante, "nas paragens exuberantes das héveas e castilôas, o aguarda a mais criminosa organização do trabalho que ainda engendrou o mais desaçamado egoísmo".[5] Contra isso, pede "urgência de medidas que salvem a sociedade obscura e abandonada: uma lei do trabalho que nobilite o esforço do homem; uma justiça austera que cerceie os desmandos; uma forma qualquer de homestead que o consorcie definitivamente à terra".[6] O autor redescobre o seringueiro explorado: "[...] são admiráveis. Vimo-los de perto, conversamo-lo [...] Considerando-os, ou revendo-lhes a integridade orgânica a ressaltar-lhes as musculaturas inteiriças ou a beleza moral das almas varonis que derrotaram o deserto".[7] Com essa visão crítica, ele passou a ser considerado, pelos coronéis, um pobre demente, que não sabia o que dizia numa literatura intrincada.

A análise e as descrições de Euclides da Cunha quanto ao regime de trabalho imposto aos seringueiros, fruto de observação e vivência, estão perfeitamente documentadas nos diários de um seringueiro. Documentos pessoais escritos por trabalhadores, pelos humildes que viveram na camada mais baixa de sociedades desiguais, como foi o ciclo da borracha na Amazônia, são raríssimos e preciosos. Por isso mesmo, os diários deixados por John C. Yungjohann são de valor inestimável, e foram organizados e editados por seu neto, Yungjohann Hillman, e pelo professor Sir Ghillean T. Prance, diretor do Jardim Botânico Real, o Kew Garden.

John era um jovem norte-americano com espírito aventureiro. Veio para o Brasil em 1900, inicialmente trabalhando numa fazenda de café em Minas Gerais. Lá passou alguns anos, até ouvir as fabulosas histórias de gente que ficava rica da noite para o dia, colhendo borracha na selva amazônica. Largou o trabalho na fazenda e foi parar num seringal no rio Xapuri, no Acre. Publicado nos Estados Unidos com o título de *White Gold* — "Ouro branco", como chamavam na época o leite das seringueiras —, John Yungjohann escreve um relato fascinante do que era ser um seringueiro na

---
5. CUNHA, 1926, p. 24.
6. Idem, p. 27.
7. Idem, p. 54.

Amazônia no começo do século XX. É uma história de coragem, de sorte e de sobrevivência. Através de seu relato, sabemos o quanto era diversificada a origem da mão de obra recrutada para o corte da seringa: além de brasileiros do Nordeste, jovens estrangeiros, norte-americanos, europeus e asiáticos vinham em busca de riqueza. A sua descrição do sistema de "aviamento", que escravizava os seringueiros, confirma as análises e denúncias de Euclides da Cunha. Em cada frase, em cada passagem, os diários registram a dureza de viver isolado, em plena selva equatorial, sob a ameaça das febres e moléstias, sem falar dos ataques de índios e animais ferozes.

Sobre o endividamento no barracão central assim que o seringueiro chegava, descreve Yungjohann:

> Do dia em que entrei em contato com o agente no Pará fui tratado com consideração: era só dizer o que precisava que ele arranjava. O que veio depois é que foi ruim. Ele agora colocava a mão do ombro da gente e ia dizendo o que a gente devia comprar. [...] Conto isso para mostrar que a bondade do agente e os meus sentimentos quando me apresentaram a conta, uma fortuna de quatro mil e setecentos e oitenta réis. Pensei que ia morrer.[8]

A morte, no entanto, estaria sempre rondando o jovem aventureiro:

> Depois de oito semanas na colocação um dos nossos companheiros morreu, um rapaz chamado Andrew Benton; parece que era de Cincinnati. Isso nos deixou com uma terrível impressão, porque ninguém podia me ajudar a enterrar, e eu mesmo estava muito fraco para carregar o corpo e cavar a sepultura. Assim mesmo eu comecei a cavar, e como não tinha uma pá ou enxada, cavei com o meu terçado e com as mãos. Cortei um bocado de raízes com o terçado e tirei a terra com minhas mãos, um trabalho duro. Consegui fazer um buraco de três pés e aí eu cortei a rede e deixei o corpo cair no buraco, que tapei e consertei o assoalho.
>
> [...]

---

8. YUNGJOHANN, 1989, p. 16.

Fiquei uns dias sem me dar conta do que estava acontecendo, e, quando me dei conta, mais dois tinham morrido e mais uma vez eu tinha de cavar a sepultura deles. Enterrei como pude e aos poucos eu e meus companheiros fomos nos recompondo e voltando ao trabalho.

[...]

A primeira coisa que fizemos foi mudar a nossa barraca. E depois fomos novamente cortar seringa; mas não durou muito e já estávamos todos arriados, com febre. E vi meus companheiros morrerem um a um, meus três últimos companheiros. Como eu estava muito fraco para fazer qualquer coisa, eu simplesmente cortei as redes deles e deixei que caíssem no chão, e me mudei para um dos tapiris de defumação. Depois de um tempo, talvez dias, talvez meses, pois perdi a conta do tempo, melhorei e voltei a trabalhar. E fui olhar a barraca um dia, onde tinha deixado os corpos. Para minha surpresa, vi os esqueletos limpinhos como se tivessem passado por um polimento. Carreguei os restos para dentro do mato, num lugar bem distante, e voltei a morar na barraca. Minhas forças foram voltando, estava trabalhando com mais ânimo, mas agora tinha uma outra preocupação, os índios.[9]

John foi capturado pelos índios, e com eles conviveu pacificamente:

Depois de ficar umas duas semanas com os índios, os xoa xoa me perguntaram se eu queria voltar para a minha barraca ou ficar com eles. Disse a eles que preferia voltar para a minha casa e que eles me devolvessem a borracha que tinham levado. O chefe chamou um jovem índio, rapaz muito inteligente que chamou outros homens, me devolveu meu rifle e me fez caminhar na frente deles. Fiquei com medo que tentassem me fazer alguma coisa, mas nada aconteceu. Quando chegamos numa das estradas, eles me deixaram ir para casa sem problemas. Depois disso os índios sempre passavam na minha barraca para tomar café, coisa que eles gostavam muito.[10]

---

9. Idem, p. 32.
10. Idem, p. 45.

O jovem aventureiro não conseguia suportar a solidão, e certa vez tentou "negociar" uma mulher com os seus amigos índios. O pedido foi considerado e o tuxaua impôs uma condição: que ele deixasse de cortar seringa e fosse viver com eles, tornando-se um caçador. John não aceitou e preferiu ficar na sua barraca:

> [...] Hico e mais três homens me trouxeram uma mulher que disseram ser uma Botoudou. Uma mulher de uns vinte e cinco anos, bonita, com as mãos amarradas para trás. Eles me disseram que xoa xoa tinha mandado ela para mim e que eu podia ficar com ela. Eles amarraram a mulher num dos postes da barraca e, depois de comerem alguma coisa, se acomodaram para passar a noite. Fui desatar a pobre mulher, dei água a ela para lavar os pulsos feridos, e ofereci comida. Pedi ao Hico que dissesse a ela para se deitar na minha rede. [...] Ela deitou imediatamente e, mais tarde, quando fui ver se ela estava confortável, mal toquei nela e a mulher saltou sobre mim como uma gata selvagem e arranhou meu rosto com as unhas das duas mãos, desaparecendo na escuridão da noite. Fiquei com a cara toda arranhada. Quando os índios me viram na manhã seguinte, ficaram danados e perguntaram se eu queria que eles capturassem de novo a mulher. Disse a eles que, se ela pudesse encontrar o caminho de volta para a maloca dela, que a deixassem em paz. Eles confirmaram que ela podia voltar sem problemas para a maloca dela, e a deixaram em paz.[11]

A solidão acabou por vencer o aventureiro, que pensava ter saldo e, assim, poderia regressar ao seu país. Mas, ao retornar a Xapuri, depois de onze dias de viagem, John encontra os seringais na maior confusão. Os brasileiros estavam em guerra contra os bolivianos, porque os bolivianos estavam afirmando que aquele território era deles, e tinham até construído um posto alfandegário na boca do rio Acre. John nada recebe de seu saldo e descobre que está gravemente enfermo, atacado de beribéri.

---

11. Idem, p. 88.

> Meu plano era ficar [em Barbados] até ficar bom e poder retornar ao Amazonas e pegar uma safra de borracha que eu escondera. Depois ir para a Califórnia. Mas o dr. Graves me aconselhou a me mudar para um lugar de clima frio para revigorar meu sangue. Decidi regressar aos Estados Unidos e lá ficar até recobrar minhas forças. O que eu queria era pegar a minha borracha. Depois de chegar em Nova York fui me tratar com o dr. Burke, que vivia entre as ruas 29 e 13. O tratamento levou quatro meses e o dr. Burke me aconselhou a nunca mais retornar ao Amazonas [...].[12]

Os diários despertaram o interesse de alguns dos maiores conhecedores da região, como o etnobotânico Richard Evans Schultes. Para ele,

> *White Gold* — tal qual o clássico colombiano *A voragem* — mostra a depravação e a perversidade de homens capazes de explorar os seus semelhantes, ignorando seus sofrimentos e mortes num ambiente hostil de selva onde tinham de ganhar a vida. É uma grande sorte que os diários do jovem americano John Yungjohann venham à luz...[13]

Plácido de Castro, o comandante do Exército acreano que em 1902 conquistou o território cobiçado por um consórcio imperialista, também ousou, na prática, contestar o poder dos coronéis de barranco. Esse gaúcho íntegro e competente que, ao lado de miseráveis seringueiros, derrotou o Bolivian Syndicate e anexou o Acre ao Brasil, não era apenas um chefe militar de forte liderança. Ele combatia a monocultura cega da borracha, vislumbrava sua futura decadência e preocupava-se com o sistema retrógrado dos seringais. Foi ele o primeiro a tentar, em suas terras no Acre, uma diversificação agrícola por meios modernos, usando adubos e máquinas para melhorar a produção. Pagou com a vida a ousadia de desafiar homens tão poderosos.

O seringueiro, retirante nordestino que fugia da seca e da miséria, era uma espécie de assalariado de um sistema absurdo. Era aparentemente livre, mas a estrutura concentradora do seringal o levava a se tornar um escravo

---
12. Idem, p. 98.
13. Idem, p. 70.

econômico e moral do patrão. Endividado, não conseguia mais escapar. Quando tentavam a fuga, isso podia significar a morte ou castigos corporais rigorosos. Definhava no isolamento, degradava-se como ser humano, era mais um vegetal do extrativismo.

A OSTENTAÇÃO

Sentados em seus escritórios, os coronéis, os comerciantes e os financiadores controlavam a enxurrada de deserdados e aventureiros que chegavam. No auge da corrida, tocavam no porto de Manaus, sem ao menos desembarcar, 150 mil indivíduos por semana, já a caminho dos seringais. Os retirantes esfarrapados não maculavam a civilização das cidades. Jean de Bonnefous, viajante francês, dá sua impressão do lado sorridente da sociedade da borracha. Belém pareceu-lhe a cidade de Bordéus, em sua terra natal, com "um movimento de veículos de toda a sorte, um vaivém contínuo, que parecia mais um grande centro europeu do que uma cidade tropical". Sobre Manaus, outro francês, Auguste Plane, emocionava-se com o Teatro Amazonas: "A construção é majestosa, quanto ao exterior; a sala é elegante e ricamente decorada. O teto, obra magistral do pintor De Angelis, é admirável. Bem arejado, bem iluminado, representa uma das curiosidades de Manaus. A mais refinada das civilizações chegou até o rio Negro."[14]

Libertos dos sobressaltos gerados pelo fim do sistema colonial e distantes dos inconvenientes geralmente sofridos quando ainda eram pobres emigrantes, os coronéis enriquecidos receberam de braços abertos os europeus. Afinal, para a administração de seus bens, precisavam de pessoal alfabetizado. "Dominando a sociedade e as atividades da cidade, encontravam-se os membros da aristocracia brasileira que, ou eram brancos, ou passavam como tal, e uma grande percentagem de estrangeiros",[15] diz o sociólogo Bradford Burns. O "resto" eram os índios, os mestiços, os negros de Barbados, os nordestinos. Como comenta João Nogueira da Mata: "Os ingleses,

---
14. BRAGA, 1960, p. 58.
15. BURNS, 1966, p. 8.

franceses, alemães e portugueses vinham para dirigir os trabalhos da borracha, enquanto os espanhóis, italianos, sírios e libaneses emigravam para se dedicarem a outros tipos de negócios na Capital."[16]

Os ingleses dominavam a comercialização da borracha e instalaram mesmo uma agência do Bank of London and South America antes de qualquer outra casa bancária brasileira chegar a Manaus. A libra esterlina circulava como o mil-réis e os transatlânticos da Booth Line faziam linhas regulares entre a capital amazonense e Liverpool. Mas, se dependiam de Londres, os coronéis estavam culturalmente voltados para Paris. Politicamente, sintonizavam em certa distância patriótica com o Rio de Janeiro.

UM NOVO PERFIL POPULACIONAL

Depois do ciclo da borracha, a face da Amazônia se transformou completamente. A economia do látex quebrou o isolamento e buscou integrar a região ao mercado internacional. Um dos principais fatores dessa transformação foi a mudança do perfil populacional, provocado pelas inúmeras levas de imigrantes que chegaram, atraídos pelas riquezas do látex e pela necessidade de mão de obra.

Em 1870, quando a borracha começa a dar sinais de valorização, a Amazônia era quase um deserto demográfico, com suas populações tradicionais dizimadas por séculos de escravização, práticas predatórias e pela política repressiva do império no combate à Cabanagem. A conjugação de períodos de seca e depressão econômica levou o Nordeste brasileiro, especialmente o estado do Ceará, a participar com o maior número de imigrantes, que a partir de 1877 foram chegando em levas desordenadas, para a seguir se transformar numa rotina perversa, resultando num quadro terrível de exploração humana. Milhares de lavradores pobres, iludidos por contratadores, trocaram suas terras áridas pelas selvas do alto Purus, Madeira e Acre, vivendo sob o domínio do sistema de aviamento. Além do choque cultural, do isolamento e dos perigos da selva tropical, os nordestinos trabalhavam

---

16. MATA, 1978, p. 63.

sob o regime da coerção, típico do sistema do aviamento, que só podia existir com base no débito permanente do seringueiro. De qualquer forma, mostraram sua tenacidade e capacidade de sobreviver, se mesclaram com as populações tradicionais e enriqueceram a cultura regional, interpretando o grande vale através de seu colorido folclore, da música, da culinária e da literatura de cordel.

Pouco antes do ciclo da borracha, empurrados por perseguições, fome e discriminação, judeus sefarditas marroquinos, bem como de outros grupos culturais da Europa e do Oriente Médio, aportam na Amazônia a partir de 1810, a maioria procedente de Tânger, Tetuán, Fez, Rabat, Salé e Marrakech. Em Belém, fundam em 1824 a sinagoga Essel Abraham, a primeira do Brasil depois de mais de duzentos anos. Era uma imigração bem preparada, com homens e mulheres educados para o trabalho, que logo ocupariam importantes nichos empresariais, especialmente no comércio, na exportação e importação, na indústria e na cultura.

Outra corrente migratória importante foi a dos sírio-libaneses. No final do século XIX, com o crescimento da economia do látex, levas inteiras de homens e mulheres deixaram suas cidades e aldeias, como Balbeque, Ghazir, Dimen, Beirute, no Líbano, e Ayo, Hama e Damasco, na Síria, para reconstruir sua existência na Amazônia. Gente persistente, apegada ao sentido de família, sóbria e inteligente, logo estava concorrendo com os outros imigrantes, superando as barreiras do preconceito, formando novos costumes e introduzindo novos valores culturais. Foram os sírio-libaneses que implementaram na região o sistema do crediário, trazendo para um mercado elitista a população pobre.

Outros grupos étnicos e culturais também contribuíram para a formação da Amazônia moderna. Em 1867, com a derrota na Guerra da Secessão, centenas de confederados, sob a liderança do major Warren Lansford Hasting, deslocam-se para a cidade de Santarém, ocupando depois outras localidades do baixo amazonas. Da construção da estrada de ferro Madeira-Mamoré permaneceu o extraordinário legado dos trabalhadores de Barbados e Jamaica, que ficaram em Rondônia e imprimiram fortes sinais de sua presença. Dos europeus, além da constante e ininterrupta imigração portuguesa, há que se destacar a presença dos italianos. Oriundos, em sua grande maioria, de cidades e vilas do sul da Itália, especialmente das empobrecidas províncias de Mezzo Giorno, Potenza e Sicília, os italianos se destacaram na Amazônia nos campos da educação, da arquitetura, da música, do comércio e da indústria, das artes cênicas e na introdução, junto com os espanhóis, dos primeiros movimentos operários organizados.

Os últimos grupos de migrantes estrangeiros a chegar na região foram os japoneses, que a partir de 1928 começaram a se instalar nos municípios de Monte Alegre, Marabá, Bragança e Conceição do Araguaia, estado do Pará. Até o final da década de 1930, quase quinhentas famílias aportaram na região, com o intuito de introduzir o cultivo da pimenta-do-reino e da juta, mas tiveram também um importante papel na introdução de novas variedades de plantas e hortaliças, além da difusão de técnicas avançadas de produção agrícola. Com a crise e o fim da economia da juta, muitas famílias japonesas decidiram se mudar para as cidades de Manaus e Belém, onde se integraram e contribuíram com os seus valores culturais, seu apreço pela cortesia, seu respeito à hierarquia e sua sensibilidade estética.

Com os projetos econômicos do regime militar de 1964, e a abertura de faixas de terra para a colonização, levas de trabalhadores sem-terra, vindos do Paraná e do Rio Grande do Sul, entraram na Amazônia, trazendo seus costumes e tradições. Todo esse contingente humano, tangido pela miséria e armado do desejo de sobreviver, veio reconstruir suas vidas atribuladas — e alguns tiveram sucesso, numa prova de que a Amazônia era um território das Américas, território de esperanças.

INTÉRPRETES DA IDADE DO OURO

O ciclo da borracha promoveu o desenvolvimento de uma cultura peculiar, que sedimentou tradições dos velhos tempos lusitanos com um novo conjunto de influências importadas como item de consumo, criando estranhas justaposições. Assim, foi o tempo do patriarcalismo em relação à família e aos agregados na era de *Madame Bovary*; a hipocrisia sexual nos tempos dos desregramentos do Hellfire Club; um corpo jurídico a serviço do latifúndio nos tempos do sindicalismo britânico; uma falta de refinamento que as roupas bem-talhadas não escondiam nos tempos da etiqueta precisa de Marcel Proust. Essa colcha de retalhos que era a cultura dos barões do látex escapava às suas contradições numa tentativa de redefinir-se como modelo social.

Belém e Manaus mantiveram uma agitada vida cultural entre os anos de 1890 e 1914. As duas cidades investiram na construção de óperas suntuosas, que acolhiam temporadas líricas anuais. Apenas o Teatro Amazonas custou aos cofres públicos a quantia de 400 mil libras esterlinas. A Amazônia produziu romancistas como o colombiano José Eustasio Rivera (1889-1928), autor de *La Voragine*, e brasileiros como Herculano Marcos Inglês de Sousa (1853-1918), introdutor da escola naturalista no Brasil através de romances como *O missionário* e *Coronel sangrado*, ou Paulino de Brito (1858-1919), autor dos romances *Dolores* e *O homem das serenatas*, bastante populares em seu tempo. Na poesia, destacaram-se os brasileiros Raimundo Monteiro (1882-1932), com *As horas lentas*, no estilo parnasiano, e Jonas da Silva (1880-1947), com o livro simbolista *Czardas*. Na música, há o maestro e compositor José Cândido da Gama Malcher (1853-1921), autor das óperas *Bug Jargal* e *Iara*, encenadas no Teatro da Paz. No campo dos estudos literários, é inquestionável a presença de José Veríssimo (1857-1916), um dos fundadores da Academia Brasileira de Letras e autor da monumental *História da literatura brasileira*. Nos estudos históricos, o nome mais importante é o de Domingos Antônio Raiol, autor da *História colonial do Pará* e *Motins políticos*, este último um minucioso trabalho de reconstrução dos dias da Cabanagem, mas há também Frederico José de Sant'anna Nery (1848-1901), com *Le Pays des Amazones — Lettres sur le Brésil*. Nas ciências sociais, o nome mais importante é o de Domingos Soares Ferreira Penna (1818-1888), etnólogo e arqueólogo, autor de *Scenas da Cabanagem no Tocantins* e *Breve notícia sobre os sambaquis do Pará*, fundador do Museu Paraense Emílio Goeldi, a mais antiga e prestigiosa instituição científica da Amazônia.

O poderio econômico da borracha foi capaz de tentar a elevação do nível educacional, criando no Amazonas a primeira universidade brasileira. Sob o lema latino "In universa scientia veritas", o doutor Eulálio Gomes da Silva Chaves fundou, no dia 22 de novembro de 1908, a Escola Universitária Livre de Manaus, oferecendo cursos de Ciências Jurídicas e Sociais, Medicina,

Odontologia e Farmácia. A Universidade de Manaus funcionou até 1917, servindo de embrião para a futura Universidade Federal do Amazonas.

Os fabulosos lucros da goma elástica também levaram os barões do látex a buscar expressão na mais moderna e dispendiosa forma de arte de seu tempo: o cinema. Com o pioneiro Silvino Santos (1886-1971), imagens da região foram guardadas para sempre em filmes como *No rastro do Eldorado* e *No país das amazonas*. Pode-se dizer que este último é a mais importante criação do ciclo da borracha. Ao retratar a Amazônia, Santos recusou o exotismo e não se rendeu à natureza. Filmado numa das regiões onde o primitivo parecia ser a norma, o cineasta ousou fazer um documentário sobre o trabalho, o capital e as possibilidades de lucro. Decidido a não cair na tentação do exotismo, mesmo as exibições de animais selvagens são comedidas e, quase sempre, um contraponto humorístico. Em *No país das amazonas*, Santos revela uma região luxuriante, plena de fartura, bem distante do conceito de inferno verde tropical onde o homem branco deve carregar o seu fardo civilizador.

9. A sociedade extrativista

A ECONOMIA EXTRATIVISTA NA VENEZUELA, NA BOLÍVIA, NA COLÔMBIA, NO PERU E NO EQUADOR

Nem só de borracha viveu a Amazônia entre o final do século XIX e as primeiras décadas do século XX. Outras matérias-primas extraídas da selva ocuparam posto importante em determinadas sub-regiões, embora a economia do látex tenha sido endêmica em toda a extensão da região. Desde 1830, quando o processo de independência das cinco nações hispânicas com território amazônico parece chegar ao fim, o destino de suas porções de Amazônia começa a seguir de forma separada, embora em caminhos paralelos, formando uma lógica cultural e geográfica forçada pela contiguidade. Quando a geração dos fundadores como Simón Bolívar, José de San Martin e Antonio José de Sucre sai de cena, entram os caudilhos, instituindo um modelo político que se tornará característico na América do Sul. Eram geralmente militares, ou chefes políticos, que ascendiam de suas províncias, quase sempre brutais e raramente benevolentes, que governaram atropelando os ideais republicanos e as leis. Os ditadores José Antonio Páez, na Venezuela, e Juan José Flores, no Equador, foram os representantes típicos desse período. Colômbia, Venezuela, Equador, Peru e Bolívia seriam governados por ditadores nos anos finais do século XIX. No começo do século XX, a Colômbia tem um governo democraticamente eleito, mas a Venezuela continua a padecer sob o jugo de ditadores até a morte de Juan

Vicente Gómez, quando ascendem ao poder presidente eleitos como Eleazar López Contreras e o general Isaías Medina Angarita.

Por tudo isso, as políticas para a Amazônia nessas nações hispânicas dependeram da capacidade de cada um desses ditadores promover ações de integração e desenvolvimento. O que quase sempre ocorreu à revelia, ou por razões específicas, como os conflitos armados de fronteiras, que obrigaram os governos centrais a tomar uma atitude. A Venezuela passou quase todo o século XIX em conflito político, com a sucessão de diversos ditadores, formando uma sociedade autocrática de grandes proprietários de terra, sem classe média ou progresso industrial, acentuando os problemas gerados pela guerra da independência, que havia despovoado o país, destruído os rebanhos e desmontado a economia.

Em 1892, sobe ao poder Joaquín Crespo, um político hábil, que vai enfrentar a questão da fronteira com a então Guiana Inglesa, a primeira disputa internacional de larga escala com a qual o país se envolve. A questão vinha de muitos anos, desde o período colonial, quando a Inglaterra adquiriu da Holanda o direito de colonizar a região entre os rios Essequibo e Demerara, a oeste da antiga capitania geral da Venezuela. A presença holandesa se devia a uma concessão feita pela Espanha através da Paz de Westfália, mas os limites não haviam sido devidamente precisados. Os ingleses logo perceberam que o território estava bem próximo ao valioso delta do rio Orinoco, especialmente da chamada "boca do oceano" formada pelo rio. Já em 1822, quando da organização da Gran-Colômbia, um emissário apontou em Londres a existência de colonos ingleses em território venezuelano, exigindo que ou eles se submetiam às leis da Colômbia, ou que se retirassem para o lado britânico. A questão não foi adiante, porque a Inglaterra não reconhecia a existência da Gran-Colômbia, porém a crise entre os dois Estados foi se agravando, com um bom número de colonos ingleses se estabelecendo em terras venezuelanas.

Em 1876, foi descoberto ouro no vale do Cuyuní, gerando ainda mais controvérsia, especialmente com a entrada dos Estados Unidos no conflito. Em 1886, no momento em que a Venezuela retirava o seu embaixador junto à Grã-Bretanha, o governo de Grover Cleveland invoca a Doutrina Monroe, proposta pelo ex-presidente americano James Monroe, em 1823, anunciando que os Estados Unidos iriam proteger os países sul-americanos de ameaças vindas dos países europeus (mas só os europeus acreditaram). O certo é que Cleveland remete uma nota agressiva para o lorde Salisbury, que responde com ironia e soberba. O caso é remetido ao Tribunal de Paris, que decide de forma não satisfatória para as pretensões venezuelanas, mas apresenta dois aspectos importantes do ponto de vista histórico: garante à Venezuela a posse da boca do rio Orinoco e pela primeira vez as potências europeias reconhecem a Doutrina Monroe. Em 1898, toma o poder na Venezuela um dos mais brutais e sangrentos ditadores sul-americanos, Cipriano Castro, que ocupa o poder de forma discricionária por nove anos. Será o começo de uma série de ditadores grotescos e presidentes fantoches, até a subida ao poder do general Eleazar López Contreras, que estabelece a doutrina da "Democracia Bolivariana", põe em prática uma política populista e, após cumprir um período como ditador, convoca eleições em 1936, elegendo-se por mais sete anos. É no governo López Contreras que o petróleo vai entrar na economia venezuelana, crescendo durante a Segunda Guerra Mundial, até se tornar o principal produto de exportação. A economia da Amazônia venezuelana se mantém inexpressiva, atada ao extrativismo tradicional da selva tropical, num país que se volta para o Caribe e para suas áreas petrolíferas, como Maracaibo, Lagunillas, Mene Grande, El Mene-Media, Quiriquiri e Guiria.

Entre as várias tentativas de penetração e colonização da Amazônia pela Venezuela, a mais impressionante é a conquista do alto Orinoco, uma região intocada até meados do século XVIII. Na verdade, a Venezuela, desde o princípio, pouco se voltou para o seu território ao sul, ocupada em consolidar sua presença no Caribe, que se intensifica com o petróleo. Os territórios ao sul, que configuravam a porção amazônica do país, permaneceram muito mais ligados aos processos econômicos e sociais dos países limítrofes, mas a Venezuela nunca chegou a estabelecer nenhuma povoação significativa na região, como a Colômbia, o Brasil e o Peru. A expansão se deu para sudoeste, na direção das guianas, uma espécie de santuário protegido pelas muralhas das cachoeiras de Atures e Mampures. Somente em 1744 é que os espanhóis se aventuram a ultrapassar as cachoeiras, numa expedição comandada pelo padre Manuel Roman, superior das missões jesuítas do rio Orinoco. Era um homem abnegado que recebeu a missão como um chamado divino, sem imaginar o que enfrentaria naquelas paragens misteriosas e distantes. O primeiro encontro foi com um grupo de comerciantes portugueses, que remavam tranquilamente suas canoas, sem a menor ideia de onde se encontravam. Pensavam que navegavam por algum tributário do rio Amazonas, e não acreditaram quando padre Ramon lhes informou que ali era território espanhol, e que estavam nas águas do Orinoco. Os portugueses convidaram Roman a se incorporar ao grupo e decidiram regressar. Os jesuítas percorreram com os portugueses o longo trajeto até o rio Amazonas, confirmaram a existência de uma ligação com o rio Orinoco, e regressaram a Caracas, onde relataram a aventura. Ninguém acreditou nos jesuítas sobre a passagem para o rio Amazonas, mas as autoridades espanholas se alarmaram com a presença de portugueses em seu território. O rei da Espanha nomeia o marquês José Solano chefe de uma Comissão de Fronteira, e manda que ele investigue a existência de tal ligação fluvial e explore as regiões do alto Orinoco e do rio Negro.

A expedição real atravessou as cachoeiras em 1756, e durante seis anos, até 1761, após estabelecer o seu quartel-general na localidade de San Fernando de Atabapo, onde viviam os índios puinaves, empreendeu incursões de reconhecimento. Os espanhóis mantiveram relações pacíficas com os diversos povos indígenas da área, que registraram em seus mitos o assombro que seus ancestrais experimentaram ao encontrar os conquistadores com seus instrumentos de ferro e suas armas de fogo. O responsável pelas expedições era o sargento Francisco Fernandez de Bobadilla, homem inteligente e de temperamento pacífico, que explorou os rios Iguapo, Kunukunuma e Padamo, integrantes do estratégico tridente formado pelo Orinoco e o Cassiquiare. A expedição prosseguiu pelas regiões difíceis das encostas do monte Padamo, atravessando a boca do rio Kuntinamo até as margens do rio Kuitamoni. Os espanhóis nunca tinham ido tão longe no interior da selva do Orinoco.

Em 1759, ano em que o sargento Bobadilla desenvolveu sua missão, os povos da região, os makiritares, estavam sendo atacados por grupos dispersos de índios caribes, que denominavam de matiuhanas. Esses invasores caribes atacavam as aldeias, matavam os homens e roubavam as mulheres, além de praticar o canibalismo. Ciente da situação e grato pela ajuda recebida daquelas populações pacíficas, os espanhóis enviam, em 1769, uma nova expedição, sob o comando do tenente Apolinar Diaz de la Fuente, que assegura aos chefes makiritares a proteção contra os invasores caribes, além de defendê-los dos portugueses que estavam cada vez mais presentes naquela área. Em troca da proteção, os espanhóis pediram aos chefes tribais lealdade ao rei da Espanha e conversão ao catolicismo, no que foram atendidos. Um dos chefes rebatizou a sua aldeia com o nome de Vila de Santa Gertrudes.

A presença espanhola se cumpre com a construção do forte Buenaguardia, na boca do Orinoco, e os índios são reunidos numa povoação no rio Iguapo, chamada de La Esmeralda, não longe do forte. A descoberta de cacau dá início a um programa extrativo, atraindo comerciantes que usavam a mão de obra indígena na prospecção da fruta e pagavam com quinquilharias. O marquês Solano ordena ao tenente Apolinar que descubra as cabeceiras do Orinoco. Os espanhóis acreditavam na existência da fabulosa cidade de Manôa, a cidade de ouro, às margens do fabuloso lago Parimé e perdida nas selvas misteriosas do Orinoco e Uraricoera. Um nativo, que ficou nos registros com o nome de Iune vai servir de guia aos espanhóis. O obstáculo mais difícil estava em enfrentar os perigosos e guerreiros Shirishana, que os espanhóis nem chegam a encontrar, pois o tenente Apolinar, ao chegar às cachoeiras do Guaharibos, desiste da empreitada e regressa sem cumprir com sua missão.

Em novembro de 1760, os espanhóis conseguem convencer os makiritares a deixar as aldeias para morar nas proximidades do forte, organizando uma vila e estabelecendo uma unidade econômica com a ajuda da mão de obra indígena. Protegidos dos ataques dos caribes, os makiritares se sentem confortáveis na companhia dos brancos, mas a administração colonial de Madri decide abruptamente encerrar a colonização daquela área e os nativos são abandonados à própria sorte. Agora a ordem era concentrar todas as forças no baixo Orinoco, construir uma cidade fortificada e reforçar a defesa do território cada vez mais disputado pelos holandeses. Para completar, os grupos caribes tinham se tornado cada vez mais ousados, atacando indiscriminadamente as pequenas povoações dos colonos espanhóis. A verdade é que os espanhóis jamais conseguiram manter na área uma força capaz de defender esses grupos de colonos, que levavam uma vida dura, perigosa e extremamente miserável, alvos prediletos dos grupos caribes, que tinham um enorme desejo pelo ferro, na mesma proporção que os espanhóis tinham um enorme desejo pelo ouro.

Em 1764, o sargento Bobadilla retorna ao alto Orinoco, reencontra seus velhos aliados makiritares e começa a construir um forte que dará origem à cidade de Angostura, hoje Ciudad Bolívar. Em pouco mais de uma década, a cidade de Angostura florescia sob a direção do governador Manule Centurión. A principal fonte de riquezas era a extração do cacau nativo, abundante nas margens do Orinoco, um dos produtos valiosos na pauta de exportação da Venezuela. O sucesso logo atraiu outros grupos sociais da colonização, interessados em fazer parte do processo.

Em 1765, os padres capuchinhos, contra a vontade de Centurión, conseguem a permissão de Caracas para fundar missões no alto Orinoco. O próprio superior da ordem, padre Jerez de los Caballeros, decide pessoalmente participar da conversão dos makiritares. A concessão dada aos capuchinhos se estendia até o rio Negro. A chegada dos missionários representou o fim da convivência pacífica com os espanhóis. A intolerância e o fervor messiânico dos capuchinhos atacaram as tradições religiosas dos makiritares e, por terem a força, proibiram todos os ritos, os cantos e os cultos antigos. Para facilitar o domínio sobre os nativos, os missionários forçaram um aldeamento, sequestraram grupos tribais inteiros, deportaram e assassinaram os recalcitrantes. O zelo fanático dos capuchinhos gerou a revolta entre os makiritares, e a missão não completou quatro meses. O fracasso dos capuchinhos marcou uma mudança nas relações dos espanhóis com os makiritares. Em 1775, os espanhóis promoveram a ocupação definitiva do alto Orinoco, asseguraram a área para a Espanha, mas não lograram integrar o território ao processo econômico colonial, mantendo a região na periferia do sistema.

A Colômbia, outro país amazônico, não se eximiu dos ditadores e caudilhos, tendo a sua cota preenchida por nomes como os de Tomás Cipriano de Mosquera e Rafael Nuñez. A história colombiana, em seu período formador, pode ser dividida em quatro tempos. O primeiro, que vai de 1823 a 1860, é marcado pelas lutas constantes entre Conservadores e Liberais pelo poder; o segundo período, que vai de 1860 a 1880, é marcado pela hegemonia dos Liberais, que realizam uma série de reformas; no terceiro período, entre 1889 e 1939, voltam os Conservadores ao poder; e, a partir dos anos 1940, mais uma vez os Liberais ascendem ao governo, pondo em prática medidas como a laicização do Estado e reforçando o espírito federativo, num país com fortes tendências à centralização.

O trauma mais violento sentido pela nascente república colombiana foi a questão da secessão do Panamá, num ato de agressão imperialista dos Estados Unidos. Tudo começa em 1822, com o pleito do coronel William Duane pelo direito de construir um canal cortando o istmo do Panamá. O governo colombiano negou, mas alguns anos depois concedeu o direito a um empresário inglês, que não levou o projeto adiante. Em 1836, o empresário estadunidense Charles Biddle consegue a permissão para a construção de uma ferrovia e uma estrada de rodagem, com privilégios vitalícios. Biddle morreu antes de começar a empreitada. Quase vinte depois, quando as relações entre a Colômbia (Nova Granada) e os Estados Unidos eram estáveis, um ministro colombiano assinou contrato com uma empreiteira para a construção de uma ferrovia atravessando o istmo. Uma empresa foi organizada, sob o nome de Panamá Railway Company, e foi registrada em Nova York. A empresa teria o direito de explorar a linha férrea pelo prazo de 99 anos, recebendo o governo colombiano 3% dos lucros. A construção da ferrovia custou 80 milhões de dólares, uma quantia baixa para a extensão da obra, mas o número de trabalhadores mortos por doenças e acidentes foi incrivelmente alto. A partir de 1855, a ferrovia realizava viagens regulares entre a cidade do Panamá, no Pacífico, e a nova cidade terminal no Caribe, batizada de Colón. O governo colombiano quase não tinha nenhuma autoridade sobre a ferrovia, dirigida como se fosse parte do território dos Estados Unidos e sob as leis da cidade de Nova York.

Enquanto isso, a ideia do canal não tinha sido posta de lado. Uma operação envolvendo empresas francesas atraiu a atenção de Ferdinand Lessep, o construtor do canal de Suez. Lessep aplicou a mesma metodologia das escavações utilizada em Suez, mas o solo do Panamá não era de areia, ao contrário. Os contrafortes da cordilheira dos Andes, embora avançassem para o mar, eram parte constitutiva do solo do istmo, e aquelas vértebras do continente não se deixaram vencer facilmente. Três anos após o início da obra e 300 milhões de dólares depois, menos de 15 quilômetros tinham sido escavados. A empresa francesa desistiu, pondo o projeto em ponto morto em 1891. Entra na história o jovem político Theodore Roosevelt, que exercia o cargo de assistente do secretário da Marinha na administração do presidente William McKinley. Roosevelt, que conhecia as ideias do almirante Alfred Thayer Mahan, da Marinha norte-americana, a propósito do valor estratégico do canal, advogou o direito dos Estados Unidos de controlar as obras e a posse do istmo. Com a desistência dos franceses, que oferecem o projeto aos Estados Unidos por 40 milhões de dólares, o governo colombiano passa a aceitar que o canal seja construído pelos norte-americanos. A proposta dos colombianos era que os Estados Unidos pagassem 10 milhões de dólares por uma linha de terra de aproximadamente 10 mil quilômetros de largura por 80 mil quilômetros de extensão, além de um aluguel anual de 250 mil dólares, o que acabou não se concretizando por culpa dos próprios proponentes, fazendo com que as negociações se arrastassem até 1903. No final daquele ano, um grupo de importantes lideranças do Panamá foi convidado a uma visita a Nova York. Na volta, um levante militar proclama a independência do istmo, e as forças enviadas por Bogotá para reprimir o ato de sedição não chegam sequer a desembarcar, impedidas pelo bloqueio exercido pelo couraçado *Nashville*, da Marinha dos Estados Unidos. Como era de se esperar, os norte-americanos são os primeiros a reconhecer o novo país, apoiando integralmente a posse do seu primeiro presidente, Rafael Reyes, que se torna ditador com apenas seis meses de mandato.

Durante esse período formativo do Estado nacional colombiano, a região amazônica foi submetida a uma posição periférica, com uma economia extrativa débil e sem maior significação. A pequena economia se limitava ao comércio da cera de abelha, salsaparrilha, plumas, peles e um pouco de ouro. A situação começa a mudar a partir da segunda metade do século XIX, quando a extração da quina avança em direção à Amazônia, vinda das encostas dos Andes. A quina era conhecida como planta medicinal pelos índios, e a partir do século XVII os europeus passaram a explorar suas qualidades farmacológicas, utilizando sua cortiça para várias finalidades, como remédio contra a malária e na fabricação de água tônica. Os holandeses levaram as sementes para Java e organizaram uma potente agroindústria. Logo se forma a Compañia de Colômbia, para explorar a quina, na época então a maior empresa privada do país, empregando em torno de 2 mil trabalhadores. No final do século XIX, esgota-se a extração da quina, enquanto outro tipo de extrativismo, o da borracha, agora ganhava força na região dos rios Caquetá

A SOCIEDADE EXTRATIVISTA

e Putumayo. Por volta de 1884, o preço da quina começava a cair no mercado internacional, além das dificuldades para transportar o produto até o porto da cidade de Belém. A falta de portos de lenha na área do Putumayo dificultava a navegação a vapor. A quina desempenhou importante papel na incorporação dos rios Caquetá e Putumayo ao território colombiano, além de ter inaugurado o método de utilizar como mão de obra escrava os povos indígenas. O resultado foi a extinção de várias etnias. O pior, no entanto, ainda estava por vir.

A primeira década do século XX marca o início da febre do látex nos altos rio da Colômbia e do Peru, e um nome salta para o primeiro plano, o do empresário peruano Julio César Arana, de infame memória. Arama começou em Iquitos, de pés descalços, vendendo coisas na rua. Acabou vendendo chapéus-panamá e outros artigos pelos rios, associando-se com seu cunhado, Pablo Zumaeta. Começaram a trocar as mercadorias pela borracha, que revendiam em Iquitos. Durante 25 anos andou pela selva, passando privações, sofrendo os rigores, com as distâncias e o isolamento, e passou a odiar a mata, os índios, os miseráveis que ali mourejavam. Compreendeu que aquela terra era sua por direito. Os rios Javari, Purus e o Acre foram o seu mercado, e lá ele supriu todas as demandas: carne enlatada, aguardente, sal, açúcar e água de colônia francesa. O lucro era de 400%, e o capital que acumulou permitiu que entrasse no negócio da borracha em grande estilo.

Arana estabeleceu-se na localidade de La Chorrera, apresou e escravizou índios, e acabou sócio de investidores ingleses na firma The Peruvian Amazon Company. De 1904 em diante, o rio Putumayo se transformou no cenário de um dos episódios mais atrozes, escandalosos e repugnantes da história da Amazônia. Sob as ordens diretas de Arana, foram escravizados e trucidados em massa as populações indígenas da área, a maioria pacífica. E não apenas os índios, mas seringueiros colombianos, considerados competidores perigosos aos negócios do senhor Arana. O mais grave é que os métodos da The Peruvian Amazon Company eram bastante comuns no período, mas apenas os de Arana se tornaram conhecidos. Relatórios contemporâneos calculam que cerca de 30 mil indígenas foram forçados a trabalhar nos seringais de Arana. A maioria pagou com a vida.

O Peru, depois do Brasil, é o Estado nacional que mais esforços realizou para a conquista e a colonização da Amazônia, onde exerceu até mesmo uma política expansionista que não se inibiu de invadir territórios legalmente pertencentes à Colômbia. Terra de caudilhos por excelência, pode-se dizer que durante o século XIX, logo após o processo de independência, o país foi governado por decretos dos ditadores do momento, refletindo um governo de minoria sobre a imensa massa indígena analfabeta e excluída. A lista de tiranos é longa, com figuras como Augustín Gamarra, homem violento, arbitrário, que tratou seus oponentes com prisões e julgamentos sumários. Após Gamarra, vieram Luis José de Orbegoso, Felipe Santiago Salaverry, Ramón Castilla e José Rufino Echeñique. Não bastassem os ditadores, o Peru ainda sofre um de seus maiores reveses, com a participação na Guerra do Pacífico, que envolveu o Chile, o país agressor, e a Bolívia, que também saiu do conflito com perdas de território.

A Guerra do Pacífico começou com uma simples disputa de fronteira. O Chile promulgou uma constituição em 1833, e incluía em seu território o deserto do Atacama, ao norte. Uma série de incidentes foi se transformando num conflito que arrastou a Bolívia e o Peru para a guerra. A Guerra do Pacífico foi um dos mais sangrentos momentos da história da América do Sul, com enormes perdas para todos os envolvidos. Em 1879, a guerra rapidamente vai se transformando num desastre para Bolívia e Peru. O presidente do Peru, que comandava as operações militares, deixa o país e vai para a Europa, supostamente em busca de créditos para a compra de navios de guerra. A ausência do presidente cria um vazio político, gerando insatisfação nas tropas, acabando no motim das unidades de infantaria de Lima, que se associa a um levante popular na capital. Nicolas Pérola, que estava no exílio, regressa e toma o poder, declarando-se chefe supremo da nação. A anarquia dura mais de um ano, até que as tropas chilenas entram em Lima, praticando pilhagens e atos de vandalismo. Na Bolívia, a situação não é menos estável: o comandante das operações é afastado por incompetência, enquanto as forças chilenas ocupavam várias cidades do país e ameaçavam La Paz. O custo da guerra foi enorme para a população peruana, que sofreu pesadas baixas, tanto entre seus soldados como entre os civis. A retirada chilena em 1884 não trouxe completamente a normalidade, e as hostilidades e os litígios continuaram até o século XX. A Bolívia perdeu definitivamente a sua saída para o mar, com a entrega do porto de Antofagasta, e o Peru perdeu Arica. Pode-se dizer que os estragos provocados pelas hostilidades nunca foram realmente ressarcidos. Os canaviais e as plantações de algodão no litoral peruano foram destruídos completamente; os depósitos de guano danificados; os lucros com a produção do nitrato desapareceram; e a economia do país quebrou. O custo da guerra também se fez sentir na instabilidade política que se instalou por todo o século XIX e quase todo o século XX, com uma sequência de ditadores de todos os calibres. Num quadro tão hostil a programas de colonização e desenvolvimento, a região amazônica não poderia estar entre as preocupações principais dos regimes que foram ocupando o governo em Lima. Mas o Peru não podia escapar de seu destino amazônico. Excetuando a faixa territorial que vai das encostas ocidentais dos Andes até o Pacífico, a maior parte do território peruano está na região amazônica. O Peru, mais do que qualquer outro país sul-americano, é o país matriz dos rios da bacia amazônica, o guardião das nascentes.

Desde tempos imemoriais, a Amazônia peruana foi objeto de colonização. Especialmente por parte da população andina, embora o caráter e a intensidade tenham variado ao longo da história. Nos primórdios do século XX, a economia do país estava voltada quase que exclusivamente para a exportação de minérios, atingindo na primeira década do século um crescimento de 175%, ofuscando os outros produtos de exportação, como os do setor agrário, que caiu 45%, e a extração da borracha, que experimentou surtos de crescimento, como se pode constatar pela importância que ganhou a cidade de Iquitos, uma das mais ativas na exportação daquela matéria-prima. Quando a economia da borracha se esvaiu, a região voltou ao marasmo, até que nos anos 1940 se implementou a migração das áreas andinas para as partes altas da Amazônia, tendo como causas principais a desigualdade na distribuição das terras andinas, o baixíssimo rendimento daquelas glebas e o próprio crescimento da população andina, que não podia ser absorvida pelas formas tradicionais da economia da serra.

Os governos que se sucederam naquelas décadas nada fizeram para oferecer alternativas às desigualdades da região andina, o que vai repercutir no caráter da colonização da Amazônia. É que, para os latifundiários andinos, a região amazônica devia funcionar como uma válvula de escape para evitar a reforma agrária. Os grandes proprietários exerciam pressão e estimulavam o processo de colonização como alternativa, o que, ao mesmo tempo, acabava sendo um grande negócio para eles. Para justificar a migração das populações andinas pobres, criou-se a ideia da saturação das terras andinas e o esgotamento de sua capacidade produtiva. O movimento migratório foi tão intenso nas décadas de 1940 e 1950 que as tentativas de ordenar o espaço amazônico foram atropeladas e resultaram ineficientes. Para completar, nos anos 1950 o preço do café subiu no mercado internacional, e o estado fomentou, através de créditos, a implantação de fazendas de café na região. Nos anos 1960, a crise agrária se agrava, e o governo de Fernando Belaúnde Terry (1963-1968) prioriza a colonização da Amazônia e lança a "Carretera Marginal de la Selva", para articular transversalmente a região e promover o apoio estatal aos projetos de ocupação econômica da selva, no que a propaganda oficial chamava de "un nuevo espírito de conquista del Peru por los peruanos".

Na década de 1970, com a intensificação da Guerra Fria, o país mergulha na instabilidade política, mas o Peru tem experiências muito particulares, que não se repetiram em outros países do continente. Alguns dos pronunciamentos militares são nacionalistas, e o Peru faz uma reforma agrária, atingindo diretamente os grandes proprietários andinos e da região costeira. Mas, como medida complementar à reforma agrária, a colonização da Amazônia teve de ser intensificada. Um novo modelo de ocupação dos espaços é estabelecido, através dos "Projetos de Assentamento Rural", e vários atos federais são assinados, garantindo os direitos de posse da terra pelas comunidades indígenas. Porém, um foco de tensão logo surgiria, com a prospecção e a extração de petróleo. Onde os campos de extração se instalaram, as populações tradicionais e os povos indígenas pagaram caro.

Diferentemente de Colômbia e Venezuela, o Equador é um país essencialmente de selva tropical chuvosa, com parte de seu território banhado por rios que fazem parte e são constitutivos da bacia amazônica. Os grandes afluentes ocidentais, o Napo, o Curaray, o Pastaz e o Morona, cortam o coração do país, e dos picos nevados dos Andes correm as águas que vão formar o Marañon. De outro lado, o Equador sempre esteve profundamente integrado ao mundo andino, província que era do Império Inca e ponto de contato com esta civilização e as diversas etnias da região amazônica. E foi exatamente a partir de Quito que partiram muitas das ações, tanto de missionários como de militares, para as selvas. Mas a história política equatoriana repete o mesmo padrão de caudilhos e ditadores de seus vizinhos, retardando o desenvolvimento de uma sociedade democrática e as implantações de políticas públicas voltadas para o desenvolvimento social. De todos os países da região, o Equador é o mais vulnerável, muitas vezes sucumbindo às pressões dos grandes grupos econômicos internacionais, como as indústrias farmacêuticas e de cosméticos, que enquanto faziam a defesa da preservação da floresta implantaram programas de coleta de espécimes vegetais e animais, invadiram a selva com especialistas em etnobotânica, coletaram milhares de informações entrevistando pajés, pagaram quantias ridículas aos coletores (US$ 40,00) e registraram patentes milionárias em detrimento dos conhecimentos tradicionais, num verdadeiro ato de pirataria.

O que se depreende do processo histórico desses países amazônicos é que a implantação do subsistema extrativista seguiu a lógica da expansão colonial. Num primeiro momento, o interesse se voltou para a coleta da quina e do cacau, sendo substituído a seguir pela extração do látex. O cacau teve importância nos primórdios da colonização espanhola, mas a quina começa em 1874 e o látex em 1900. O modelo de empresa extrativista que será dominante no século XX, cujos negócios infames de Júlio César Arana serão o seu exemplo mais típico, forma-se a partir das reduções realizadas pelos missionários, como a dos capuchinhos em 1896, que se apossam das terras do Putumayo, Caquetá, Amazonas e Vaupés. Os capuchinhos repetem a velha intolerância europeia, tratando os povos indígenas com brutalidade, proibindo os idiomas nativos e classificando os pajés como emissários do demônio. Aqueles que fossem flagrados falando seus idiomas maternos eram espancados e o uso de roupas era obrigatório. Nos internatos, onde as agressões aos costumes tradicionais ainda eram mais severas, as crianças indígenas eram alvo fácil para epidemias de sarampo e gripe, que dizimaram centenas delas. Os salesianos fariam o mesmo em pleno século XX, em suas missões no alto rio Negro. Os missionários legaram a ideia de que os povos indígenas são inferiores, refratários ao cristianismo. Somente a força podia salvá-los da selvageria. Entre salvar almas e gerar mão de obra escrava foi fácil avançar. E a falta de políticas de Estado agregada à constante instabilidade dos regimes, com a sucessão de ditaduras e ações caudilhescas, influenciou a mentalidade dos empresários extrativistas, cada um repetindo em seus feudos o mesmo espírito voluntarista e autocrático. Uma das heranças da colonização ibérica, que os regimes ditatoriais elaboraram com perversa competência, foi a instituição de estruturas burocráticas, resultando em diversas formas de hierarquização das sociedades. Essa tradição deu ao sistema extrativista vários níveis de intermediários entre a extração e a manufatura da matéria-prima. No caso da borracha, seis tipos de intermediários agiam numa hierarquia perfeita, onde o nível mais baixo era o do seringueiro, tudo sob a égide do sistema de aviamento, que se baseava na dívida, na relação pessoal do patrão com o trabalhador, sempre pela coerção e pela violência.

O sistema extrativista empurrou milhares de trabalhadores para regiões distantes da Amazônia, invadiu terras indígenas, assegurou a posse de territórios para os Estados nacionais. Gerou uma elite frágil e subserviente, pasto fácil para novas opções econômicas que estavam por vir. O sistema de aviamento, braço das relações de trabalho do extrativismo, sobreviveu e prosperou nos empreendimentos "modernos" do garimpo, na extração ilegal de madeira e na transformação de áreas de floresta em campo para criação de gado. A associação dessa forma "atrasada" de exploração dos trabalhadores com os grupos econômicos e políticos que viriam para a Amazônia sob a inspiração dos regimes militares que queriam "modernizar" a região resultou em forças poderosas que criaram corpo e ocuparam o vazio deixado pelas instituições do poder civil. E, ainda pior, em países como a Colômbia, o sistema extrativista passaria às mãos dos narcotraficantes, com plantações intensivas de coca e maconha, acentuando os métodos de coerção e violência contra os trabalhadores e as populações das regiões afetadas. A aliança bastarda entre o narcotráfico e a guerrilha agravará ainda mais o problema, com o massacre de comunidades recalcitrantes e o aprofundamento do regime de violenta coerção.

Os métodos do extrativismo também foram absorvidos por outros atores sociais que apareceram no complexo tecido social da Amazônia. A chegada dos capitais transnacionais, que concentraram as propriedades nas mãos de grandes empresas e transformaram as velhas unidades extrativistas em empresas agropecuárias, impõe uma velha mentalidade apresentada como moderna. As estatais que exploram o petróleo, as empresas de mineração e de exploração florestais, todas elas se apropriaram, de uma forma ou de outra, das velhas relações de trabalho do extrativismo, reavivando o sistema de aviamento e os recrutamentos forçados da mão de obra, ressuscitando em pleno mundo moderno a escravidão.

Mas o grande ator social será realmente o narcotraficante, que no fundo é também extrativista, capaz de gerar lucros jamais sonhados, nem mesmo nos momentos mais delirantes do ciclo da borracha, com os Estados nacionais fazendo vista grossa ao problema, pelas altas divisas que a droga gera, sem se importarem com as consequências sociais e ambientais que viriam a acontecer. O narcotráfico ocupa praticamente toda a Amazônia colombiana, e é recebido como uma benção pelos agricultores. Empobrecidos e endividados nos bancos de fomento, ameaçados de ter suas terras penhoradas, os agricultores encontraram uma saída no cultivo da coca, que transformavam em pasta base e vendiam aos traficantes, recebendo quantias que nenhuma plantação de cacau ou criação de porcos poderia render.

O mercado da droga cresceu rapidamente e com ela a demanda. Aqueles agricultores que hesitavam, temendo as consequências legais, aderiram finalmente ao plantio da coca, abandonaram os cultivos tradicionais. A coisa adquiriu uma velocidade frenética e os lucros compensaram as ansiedades e o temor. Em pouco tempo, os endividados puderam saldar suas dívidas, que cresciam geometricamente, e entrar na sociedade de consumo, adquirindo bens até então fora do alcance dos agricultores: satélites, televisores, carros. E começaram a gastar como os velhos barões extrativistas, bebendo do bom e do melhor, dormindo com prostitutas perfumadas, perdendo enormes quantias nos jogos de azar. Mas o preço da coca caiu em meados de 1970, e a farra acabou: os que ganharam muito perderam tudo; os que pouco ganharam voltaram a ser miseráveis.

O crescimento do narcotráfico na Amazônia atraiu outros protagonistas que se beneficiaram da "planta dos deuses". Os guerrilheiros, que pretendiam impor ordem no mercado da folha e da pasta, defendendo os interesses dos pequenos produtores, acabaram por se aliar, primeiro com os intermediários, mais tarde com os próprios cartéis, auferindo enormes dividendos. Idealistas nos anos 1960 e 1970, lutadores pela emancipação do povo pobre e trabalhador, a guerrilha se globaliza ao se associar ao tráfico da droga, consolidando seu poder e modernizando seus equipamentos militares, tudo graças ao dinheiro obtido com a proteção bem remunerada aos agricultores e aos traficantes nos centros de processamento. As alianças de proteção aos agricultores se romperiam em algumas regiões, criando novas alianças de agudas consequências para o cenário nacional e continental. Dessas alianças nasceram as milícias, os grupos paramilitares, os esquadrões da morte, que aumentaram ainda mais os índices de violência que hoje imperam na selva colombiana, e, de certo modo, em toda a região amazônica, em que outros atores que não o narcotráfico estão atuando livremente. A facilidade de lucros altos e a generalização dos ganhos que não discriminavam ninguém envolveram todo o tecido social e o caráter da sociedade extrativista tradicional. A ostentação voltou a ser moda, assim como a corrupção e o suborno foram as normas da administração local. Comerciantes, fazendeiros, oficiais do Exército, policiais, administradores — todos tiveram sua parte.

As regiões amazônicas da Colômbia, do Peru, da Bolívia e do Equador são hoje como um vulcão em erupção. Os processos de ocupação do passado, embora violentos, deram lugar a intensos surtos de desenvolvimento capitalista e de produção de droga, com doses de violência, e o valor da vida humana caiu ainda mais. Além dos agricultores, os diversos povos indígenas também foram ameaçados por essas novas forças sociais, que viram sua existência posta à prova ante a brutal avalanche econômica que o narcotráfico, a guerrilha, os paramilitares e o capital voraz trouxeram. Os valores culturais acumulados em séculos e o patrimônio cultural dos povos indígenas começam a se decompor, a desaparecer, varridos para sempre pelas novas relações sociais.

O FIM DAS ILUSÕES

Após diversos incidentes de fronteira, ocorridos durante o ciclo da borracha, alguns países hispânicos optaram por militarizar sua política de ocupação da Amazônia. Mas o fim da economia da borracha e a crise geral do extrativismo em muito dificultarão a expansão das sociedades nacionais desses países para a selva. E, como já desempenhavam um papel secundário durante o período de maiores lucros dos negócios da borracha, o estabelecimento de uma crise de longo prazo acabou por reduzir os projetos desses países para seus territórios amazônicos.

A SOCIEDADE EXTRATIVISTA

A Bolívia, por exemplo, experimenta no período uma instabilidade política tão intensa que quase tornará crônica a debilidade de seus agentes governamentais para cuidar de uma região problemática como a Amazônia.

A Venezuela, com um Estado bastante limitado em suas possibilidades e mais voltado para outras áreas com mais condições de desenvolvimento, passou a considerar a Amazônia uma reserva territorial para o futuro. Essa postura governamental permitiu a intensificação do trabalho de missionários católicos e protestantes, como os da missão New Tribes, que aceleraram o processo de desagregação cultural dos povos indígenas da área. Nos anos 1960, os venezuelanos elegeram um governo social-cristão, que estabeleceu para a região uma proposta de colonização de fronteira, através de um programa denominado Conquista del Sur.

Já a Colômbia, durante o período chamado de La Violencia, acabou por introduzir na política regional um componente novo: a guerrilha. Na região do Caquetá, entre 1950 e 1951, bandos de jagunços (*chusmeros*) e policiais passaram a atacar colonos e comerciantes progressistas, o que levou esses grupos sociais atingidos pelos ataques a se organizarem em movimento guerrilheiro. Com o golpe militar de 1953, sob a ditadura do general Gustavo Rojas Pinilla, a guerrilha radicaliza-se, mas o envio de tropas do Exército consegue desarticular o movimento. O pensamento crítico e o radicalismo desses colonos, com a consequente criação do Sindicato dos Trabalhadores Agrícolas de El Paujil, fazem com que a Colômbia apresentasse o movimento camponês provavelmente mais avançado da região amazônica.

O Peru também tentou algumas tímidas experiências de colonização, mas é no final dos anos 1950 que o governo de Lima vai supor ter encontrado a vocação de seu território amazônico: petróleo. E, mais uma vez, para azar dos índios, o Estado peruano vai implantar bases de prospecção de petróleo que se tornarão operacionais em pouco tempo.

De resto, as Amazônias não brasileiras atravessaram o período da grande crise extrativista experimentando problemas idênticos aos nossos.

A QUEBRA DO MONOPÓLIO

Trinta anos antes do apogeu do ciclo da borracha, numa operação de contrabando à qual a lenda empresta lances de ação e de espionagem, o aventureiro inglês Henry Alexander Wickham conseguiu uma partida de 70 mil sementes de seringueira e enviou-as para Londres. Plantadas experimentalmente em Kew Garden, o jardim botânico de Londres, as mudas foram transferidas, mais tarde, para o sudeste da Ásia, região da faixa equatorial e com clima semelhante ao amazônico. As mudas cresceram, transformaram-se em seringais, ordenados como um bosque europeu, e começaram a produzir.

O monopólio estava quebrado por plantações racionalizadas e, a partir de 1910, começariam a provocar dificuldades aos coronéis brasileiros, até dar-lhes o golpe de misericórdia, que viria com o fim da Primeira Guerra Mundial. Os coronéis de barranco, que acreditaram na exclusividade, sentiram-se, de repente, traídos pela natureza infiel. A borracha, matéria-prima de interesse dos mercados industriais altamente desenvolvidos, era agora dominada pelos plantadores do Ceilão, que ofereciam, em abundância, um produto final livre de impurezas, e estavam no negócio como extensão direta dos mercados mundiais.

O seringalista brasileiro, ainda no regime extrativista, não podia concorrer com os capitalistas da Malásia, porque o anacrônico extrativismo jamais concorre com o capitalismo. Os mercados mundiais transferiram sua preferência para o látex do Oriente, de preço e custo operacional mais baixos. A Amazônia ficava sem os compradores, assistindo à cotação do preço cair e dependendo de um país essencialmente agrário, que mal despertava para a indústria.

Henry Wickham, o carrasco dos barões do látex, não era um aventureiro romântico típico da era vitoriana, embora tenha tentado ser durante toda a sua vida. Entronizado na lenda escura da quebra do monopólio com tinturas de espião, protagonista do mais espetacular ato de biopirataria da história da economia moderna, era na verdade um homem nada sábio e pouco talentoso, embora persistente como ninguém. Os contemporâneos dizem que era simpático e bem-falante, não recuava frente aos obstáculos terríveis dos trópicos, em busca de seu sonho particular.

Súdito da Inglaterra vitoriana em seu auge como potência colonial, Henry Wickham nasceu no dia 29 de maio de 1846, em Grove Cottage, Haverstock

Hill, Inglaterra, filho de um advogado e uma chapeleira do País de Gales. Era um grande tempo para se estar vivo, se você fosse inglês das classes altas e parte do clube. Não era o caso do jovem Henry. No entanto, os ingleses acreditavam que o fardo do homem branco era levar a civilização através do mundo, utilizando as ferramentas do missionarismo cristão e a ideia do livre-comércio.

Em 1854, seu pai contrai o cólera e vem a falecer aos 35 anos, mudando a vida de sua família. Para sustentar os filhos pequenos, a mãe retorna à profissão de chapeleira e abre uma loja em Sackville Street. Não era exatamente um empreendimento de sucesso, porque a moda naquela época era de chapéus ornados com plumas de pássaros exóticos, muitos oriundos das distantes terras tropicais. As penas eram caras e pesavam no orçamento, limitando o número de profissionais que podiam oferecer a novidade. Como primogênito, Henry deveria assumir parte das responsabilidades de prover a família, mas ele acabou se criando na rua, revelando-se um estudante negligente. Seu único interesse, além da vadiagem pelas ruas do bairro, era o desenho, aptidão que demonstrou desde cedo.

Quando Henry Wickham era jovem, as maiores celebridades da época, sucedâneos dos cantores de rock e artistas de televisão, eram os exploradores. A Inglaterra estimulava expedições científicas, evidentemente ligadas aos interesses econômicos do império, mas que eram vistas como expressão da cultura. Os exploradores eram agentes da Europa Ocidental na conquista das terras "incultas", de gente sem lei ou sem rei. Os missionários traziam a luz de Cristo e os cientistas disseminavam o conhecimento entre os ignorantes. Em 1856, sai o livro de Richard Burton, *A narrativa pessoal de peregrinação a Medina e Meca*, que causa grande sensação. Embora não fosse o primeiro cristão a entrar disfarçado na Cidade Santa dos muçulmanos, o livro era surpreendente por documentar um mundo diferente. Naquele mesmo ano, Burton e seu amigo Speke tentariam encontrar as nascentes do rio Nilo. Um encontro com nativos hostis resultou na morte de um explorador e em graves ferimentos para Burton e Speke, embora tenham retornado a Londres como heróis.

Em agosto de 1866, aos 20 anos, Henry Wickham parte para a Costa do Mosquito, na Nicarágua. Viajava inspirado pelos feitos heroicos dos exploradores, mas levava consigo uma ambição bem menos grandiosa: esperava caçar pássaros e exportar as preciosas plumas para a chapelaria de sua mãe. Aquela parte da Nicarágua era desprezada pelos espanhóis, apenas algumas etnias indígenas viviam nas restingas, mas Henry se viu pela primeira vez em meio à natureza tropical e seus pássaros de plumagem brilhante, algumas de aparência metálica, que fascinavam o jovem aventureiro. Mas ele não conseguiu coletar as plumas e as penas que tanto sonhava em fornecer à sua mãe. Os tiros de espingarda explodiam os pequenos e delicados pássaros, danificando as penas. Ao contrário dos nativos, que apenas capturavam alguns espécimes para fabricar adornos e deixavam os pássaros vivos, Henry matava os animais e os preparava como exemplares para algum centro de pesquisa. O mesmo procedia com as plantas. Ali ele viveu um ano de enormes dificuldades, convivendo mais com nativos que com os europeus. Embora jamais tenha abandonado seus preconceitos de raça superior, aprendeu a respeitar os locais que o acolheram com generosidade e o protegeram, enquanto viveu na Nicarágua. De volta à Inglaterra, tenta publicar um livro sobre a Costa do Mosquito, mas não encontra editor, finalmente regressando à América em 1868, desta vez para a Venezuela, mais precisamente para o rio Orinoco. Nas primeiras décadas do século XIX, milhões de europeus migraram para o Novo Mundo, mas apenas cerca de 10 mil pessoas foram se aventurar em terras venezuelanas.

Para Henry, agora era o sonho da borracha, matéria-prima nativa da Amazônia, incapaz de florescer em outra parte do planeta. A vida se mostrou ainda mais dura e os sonhos de riqueza, mais distantes. Logo contraiu malária. A febre era tão alta que ele delirava à sombra de uma árvore, observado por urubus. Foi salvo pela caridade dos nativos, que o carregaram para uma aldeia e o trataram até recobrar a saúde.

A falta de condições para estabelecer um seringal obrigou Henry a ir descendo em direção ao território brasileiro, indo parar em Santarém. É nessa cidade que ele vai se familiarizar com a *Hevea brasiliensis*, encontrar uma pequena comunidade de língua inglesa composta por confederados evadidos dos Estados Unidos após o fim da Guerra da Secessão, conseguir alguma terra e construir uma casa para morar. Em 1875, ele está com toda a família, já casado com Violet Wickham, filha de um livreiro londrino, instalado em sua propriedade em Santarém.

A vida na Amazônia em meados do século XIX é precária. Alguém que não fosse nativo podia se perder e morrer em meio ao luxuriante cenário, porque na selva, num piscar de olhos, a beleza pode se transformar em morte. Uma lista de pragas bíblicas parece prestes a atacar os incautos: amebianas, disenterias, febre amarela, dengue, cólera, tifo, hepatite e beribéri. Mas a área de Santarém sempre atraiu os europeus, e por ali passaram Alfred Wallace, Henry Bates e Richard Spruce. Para Henry Wickham, no entanto, nada dos louros conquistados por aqueles mestres, apenas o trabalho pesado, a fome e as doenças, que foram dizimando sua família. A primeira vítima foi sua mãe, poucos meses após chegar à Amazônia. Está enterrada em Santarém.

Quase que por acaso, Wickham entra para a história. Após o fracasso em transplantar a borracha para o Oriente, através de amostras coletadas por um seringueiro inglês — Charles Farris, que vivia em Cametá, no Pará —, o diretor do Kew Garden lembra-se da figura de Wickham, que lhe havia escrito uma carta em 1873, mas que não se dignara a responder por se tratar de um amador e pessoa de baixo estrato social. Assim, em abril de 1876, o navio SS *Amazonas* fazia a sua segunda viagem na linha Liverpool–alto Amazonas. Em Manaus, o encarregado de receber o dinheiro das mercadorias transportadas desapareceu e deixou o comandante em maus lençóis. Mesmo assim, o navio partiu, rumando para Belém, de onde regressaria a Liverpool. Em Santarém, esperava Henry Wickham com a proposta de embarcar clandestinamente 70 mil sementes de seringueira, coletadas sob encomenda do diretor do Kew Garden. O comandante reluta, mas a simpatia e as promessas de Wickham superam os temores do comandante, já que era proibida a exportação de sementes da *Hevea brasiliensis*. O carregamento passa sem problemas pela fiscalização alfandegária de Belém e a operação termina qualquer lance extraordinário.

As sementes, bem conservadas, floresceram e foram transplantadas para a Ásia, onde cresceram e destruíram a civilização do látex, levando a Amazônia à bancarrota em pouco mais de uma década. Mas Henry Wickham não recebeu de imediato a notoriedade que esperava, ou o reconhecimento que julgava merecer. Afinal, ele e sua esposa tinham agido como contrabandistas, que trabalhavam em nome de contrabandistas ainda mais poderosos, e que assim o faziam em nome do império britânico. O pagamento pelo serviço foi irrisório, 700 libras, mal deu para pagar algumas dívidas, e nenhuma das promessas de ganhar um posto no Kew Garden foi cumprida, obrigando Henry e sua mulher a emigrar mais uma vez, agora para Queensland, Austrália, onde viveriam novas amarguras.

Entre 1913 e 1922, quando as plantações inglesas suplantaram a produção amazônica, Henry Wickham assistiu a tudo da margem. Quando da Primeira Guerra Mundial, ele está de volta à Inglaterra e se engaja na Guarda Nacional da cidade de Londres, onde se torna conhecido como um bom atirador. No dia 3 de junho de 1920, finalmente chega o reconhecimento e Henry Wickham recebe o título de Cavaleiro, por "serviços relacionados com a indústria da borracha no Extremo Oriente". A honraria não o arrancou do estado de pobreza em que se encontrava, até ser patrocinado por um excêntrico milionário norte-americano, Edgar Byrum Davis, que enriquecera com a borracha. Vive seus últimos anos sozinho, sem maiores dificuldades materiais. Estava separado da mulher e era um homem amargo. Numa segunda-feira chuvosa, no dia 27 de setembro de 1928, Henry Wickham morreu placidamente de senilidade, aos 82 anos. *The Times* a registrou de forma sumária:

> Sir Henry Alexander Wickham [...] foi o homem que, em face de extraordinárias dificuldades, logrou contrabandear sementes da hévea do alto Amazonas, lançando o fundamento das vastas plantações da indústria da borracha. Pioneiro em todos os sentidos, ombros largos e compleição robusta, com bigodes longos e curvos, sua capacidade física era tão grande quanto a sua determinação. Com tais características, ele conseguiu superar as muitas aventuras que enfrentou em suas caminhadas. Era um conversador perfeito e suas histórias não apenas eram interessantes quanto instrutivas.[1]

Violet faleceu um mês depois.

RETRATO DE UM DESASTRE

Se bem que a memória folhetinesca tenha o "fim" do ciclo como uma repetição dramática da corrida inicial, a depressão foi um envolvente processo, bastante claro em seus sintomas, mas não o suficiente para que a elite do extrativismo o reconhecesse e esboçasse uma resistência. Quando a situação

---

1. *The Times*, Londres, 28 de setembro de 1928, p. 19.

começou a ficar asfixiante, sem alternativas à vista, o governo federal tentou medidas de proteção no sentido de evitar a bancarrota regional.

A partir de 1910, a queda do preço já era visível e os recursos em solvência, precários. Em 1920, quando o capitalismo mundial atravessava um de seus momentos de frenesi, as orgulhosas metrópoles, Belém e Manaus, eram cidadelas vencidas e em processo de liquidação. Quanto às medidas de salvação do governo federal, estas não constituíam sequer paliativo. Os conceitos monetaristas que dominavam a política econômica federal, ideologia cara aos estados brasileiros, acabariam vencendo e abandonando os extrativistas.

Com a crise do fim do monopólio, a região torna-se um imenso território empobrecido, abandonado, atolando-se aos poucos no marasmo tão característico das terras que viveram um fausto artificial. Por falta de interesse econômico, as comunicações são cortadas, os vínculos com a Europa se desvanecem e, pela primeira vez, a região derrotada foi obrigada a se interessar pelas coisas do Brasil.

A REINTEGRAÇÃO DIFÍCIL

Depois da Primeira Guerra Mundial, nos conflitantes anos do entreguerras, os estados amazônicos, de bolsos vazios, procuram compreender a sua sorte dentro da sociedade brasileira. Durante o período colonial, era pouca sua ligação com o resto do país. No tempo da borracha, perduravam laços políticos formais, já que o interesse econômico estava nos mercados internacionais. Surpreendidas pela miséria, premidas pela decadência, as províncias falidas procuravam em pânico se inteirar de um Brasil convulso, contraditório, a caminho de diversas transformações estruturais. A Amazônia tentava entrar em compasso com o país exatamente no momento mais delicado. E, como sua elite não estava afeita às lutas palacianas dos senhores da terra contra a burguesia industrial emergente, a região iria sofrer um abandono de meio século, em que seus problemas se tornaram crônicos, seus orgulhosos e empobrecidos chefes políticos, eternos pedintes e frequentadores das antessalas dos ministérios. A Amazônia saía da ostentação para padecer as agruras da falta de importância política e insignificância eleitoral. Um trauma que colocou a região na posição reboquista da qual nunca mais se livrou.

Os estados do sul, com suas elites representando os blocos de poder em luta, orientariam a economia nacional para que uma parte do excedente global fosse reinvestida no mercado interno. Essa inversão era institucional e preocupada essencialmente com a produção de bens que estavam sendo substituídos, num mercado de produtos importados, por nacionais.

A produção agrícola seria, então, a grande fonte de excedente acumulado transferido para a indústria, num mercado adverso para a relação campo-cidade. Isto é, a produção agrícola sustentaria a arrancada industrial do país, na medida em que, nos anos finais da década de 1920, pioraram as relações de intercâmbio entre o campo e o complexo urbano em rápida expansão. Sendo a borracha um bem do extrativismo, um bem do "campo", deveria participar desse processo de capitalização estimulado no plano nacional. Mas a borracha perdia a corrida no preço de procura, e o Brasil — sem uma indústria capaz de sorver sua demanda, com um mercado que necessitava mais dos capitais que a borracha eventualmente poderia oferecer do que propriamente do produto *in natura* — agregaria o drama do extrativismo como um drama a ser resolvido pelos investimentos públicos.

A EXPERIÊNCIA DA FORD MOTOR COMPANY

A partir do final da Primeira Guerra Mundial, os ingleses, novos senhores da borracha, com suas plantações no Ceilão, na Malásia, na Índia e em Bornéu, decidiram restringir a produção e aumentar os preços da matéria-prima. Outros produtores, como os holandeses, que cultivavam a planta nas Índias Holandesas, e os franceses, com seus seringais na Cochinchina, não tinham capitais nem recursos humanos para competir. A produção brasileira da hévea caíra 50% e o preço 90%, ou seja, a borracha da Ásia dava agora as cartas.

Num primeiro momento, entre 1915 e 1920, os preços na verdade caíram muito, desapontando os produtores ingleses. Mas em 1922 é posto em prática o chamado Stevenson Rubber Scheme, para a valorização da borracha, ampliando a receita dos países exportadores e incrementando os dispêndios dos países importadores. Esse não era um quadro favorável aos

Estados Unidos, o maior consumidor de borracha do mundo, e que nunca se dera o trabalho de verticalizar a produção de suas indústrias.

A borracha era o quarto item de importação dos Estados Unidos, e a matéria-prima agora entrava num processo de competição entre monopólios e frações poderosas do grande capital internacional. Em 1923, vários grupos empresariais ligados à borracha realizaram um encontro em Washington, para tornar públicos os aspectos negativos da política dos ingleses. Henry Ford estava presente e os empresários estimavam que as importações norte-americanas de borracha crua cresceriam em 150 milhões de dólares já naquele ano. A reunião não sensibiliza o governo dos Estados Unidos, que, mesmo com a pressão da poderosa indústria automobilística, não apresenta nenhuma nota de protesto junto ao governo inglês. Mas os empresários não ficam parados. O presidente norte-americano Warren G. Harding, a fim de apaziguar o ânimo dos empresários, apresenta ao Congresso a liberação de uma verba no valor de US$ 500 mil para a realização de um estudo de viabilidade no desenvolvimento de plantações de seringueiras nas Filipinas ou na América Latina.

Por volta de 1900, a borracha, enquanto matéria-prima, se baseava na demanda de uma indústria nova em processo de crescimento rápido, como era a indústria dos pneumáticos. Nos primeiros trinta anos do século XX, as indústrias começam a amadurecer e a crescer menos aceleradamente. É evidente que em 1900 era impossível imaginar o impacto do automóvel na sociedade industrial, na vida das pessoas, na organização das cidades e até na cultura. Os que os ingleses não queriam entender é que competição, e não monopólio, é a forma mais comum na cadeia de produção das matérias-primas. E, quando a cadeia produtiva da borracha se desenvolveu, os Estados Unidos não podiam rapidamente estabelecer suas plantações, pois não tinham nenhuma experiência de país colonial. As Filipinas poderiam ter servido, e mesmo algumas plantações foram tentadas, mas era tarde para concorrer com a Inglaterra e outros países europeus. Restava, portanto, o Brasil.

A Amazônia dos anos 1920 mal acordara do desastre. As finanças públicas entravam em colapso, já que dependiam da arrecadação proporcionada pela exportação. O Pará, que em 1910 dependia em 61% da receita da exportação do látex, vê sua queda para 11% em 1920. A dívida pública no Amazonas, em 1920, era de Rs. 18.072.857$000, enquanto o Pará contabilizava Rs. 28.159.776$000.

Para salvar a pele, as oligarquias regionais tentariam de tudo, inclusive alienar, para grupos internacionais, parte do território de seu país — como tentou fazer o governo do Amazonas, que tomou um empréstimo de um grupo norte-americano cuja garantia eram terras públicas, estratagema felizmente vetado pelo governo federal, de quem necessitava o aval.

O certo é que a débâcle dizia muito às oligarquias. O fausto recente fazia sentido apenas aos privilegiados das capitais do Pará e do Amazonas. Para os trabalhadores, não fazia nenhuma diferença o fim da economia do látex. O fim não significou nenhuma mudança na qualidade de vida dos seringueiros, dos operários, dos agricultores. Por isso, as oligarquias paraenses se rejubilaram quando a Ford Motor Company adquiriu terras na margem direita do rio Tapajós, situada entre os rios Cupary e Tapacurá. No dia 3 de outubro de 1927, o governador Dionísio Bentes assina a Lei nº 2.592, pela qual o estado do Pará aprova, "para todos os efeitos, o termo de opção pelo prazo de dois anos da concessão de 1 milhão de hectares de terras, assinado pelo industrial W.L. Reeves Blakeley e o de transferência ao mesmo de parte da concessão de terras de Jorge Dumont Villares, nos municípios de Itaituba e Aveiros".

A Fordlândia, como ficaram conhecidas as instalações da Companhia Ford Industrial do Brasil, situava-se num terreno acidentado, que só permitia a atracação de navios de grande calado nos meses de cheia, além de outros problemas. A empresa então solicitou uma permuta de terras, transferindo-se, mais tarde, para a localidade de Belterra. As dificuldades perseguiram o empreendimento desde o início: as plantações racionalizadas, com as árvores organizadas em fileiras, serviram de pasto para fungos e pragas, que as dizimaram antes de entrar em produção. Outro grave obstáculo era o recrutamento de mão de obra, uma questão que no auge da economia do látex também não tinha sido resolvida, mesmo com a intensa importação de migrantes nordestinos. Para completar, os trabalhadores da região não gostavam do sistema de trabalho, nem da comida servida nos refeitórios. Aconteceu até uma revolta por causa da comida, pouco saborosa, preparada sob os cuidados de nutricionistas norte-americanos.

Em 1941, Edsel Bryant Ford, filho de Henry Ford, veio pessoalmente encerrar as atividades da Companhia Ford Industrial do Brasil. A Ford tinha investido enormes somas na tentativa de estabelecer controle na produção da borracha, mas a experiência malogrou. Os motivos: ignorância quanto ao meio ambiente, mão de obra escassa e a competição das plantações asiáticas.

MEDIDAS DE POUCO IMPACTO

Assim, o organismo paternalista criado para contornar a crise, a Superintendência da Defesa da Borracha, morreria abandonado. Para as elites políticas brasileiras que lutavam pelo poder, a Amazônia deveria permanecer novamente fechada, conservada com pequenas migalhas para evitar a deterioração completa. Qualquer medida objetiva ficava para o futuro, já que outras áreas brasileiras mais viáveis ao desenvolvimento imediato clamavam por soluções. Além do mais, as exigências da Amazônia extrapolavam, como ainda extrapolam, os recursos e limitações estruturais do Brasil.

Nada de gráficos descendentes ou medidas inúteis — a memória prefere um apocalipse. Belém, por ser maior e ter uma economia mais tradicional, que remontava aos tempos coloniais, resistiu melhor. Mas, no resto da região, a ruína chegou rapidamente. Numa manhã calorenta de Manaus, apareceram os quadros da falência: suicídios, debandada de aventureiros, navios lotados de arrivistas em fuga, passagens esgotadas, famílias inteiras em mudança, palacetes abandonados. Os que permaneceram, ou não tiveram forças para escapar, foram contaminados pelos sintomas da miséria crescente durante os trepidantes anos 1920, como o mato assaltava as ruas calçadas com paralelepípedos importados.

REFLEXOS DO TENENTISMO NA AMAZÔNIA

A brutal recessão que se seguiu acabou por gerar um clima de instabilidade. Em 1924, o governo do Amazonas foi deposto pelo tenente Ribeiro Júnior. O fato foi além da política; era como se todos se vingassem dos humilhantes sofrimentos. As tropas do jovem tenente Ribeiro Júnior, engrossadas pelos funcionários públicos e miseráveis braçais, tomaram conta de Manaus. O clima de corrupção que a estagnação alimentara agonizava nos decretos de expropriação do tenente libertário. Palacetes foram invadidos e saqueados, até que, novamente, a situação voltou a ser controlada, pelo poder, com tropas do Pará. É um acontecimento típico da década de 1920, posterior ao governo Epitácio Pessoa, quando o poder federal, que se mantivera sempre surdo aos apelos de industrialização, é obrigado a rever suas posições e reconhecer a realidade industrial.

O empresário da borracha, que já estava despojado de seu domínio, descobre-se uma anomalia econômica em 1920. E a região, não podendo concorrer com as manobras do mercado internacional contra os seringais racionalizados, entrou em colapso e ficou perseguindo o sonho do extrativismo. A mais dolorosa melancolia: ter de refletir de maneira opaca a luta da burguesia brasileira pelo poder, quando somente soubera refletir os contornos culturais europeus para o consumo colonial.

A AMAZÔNIA ULTRAPASSA AS POSSIBILIDADES DO BRASIL

Enquanto o sul amadurecia, promovendo a instalação de uma economia competitiva, inicialmente de maneira tímida, e depois, com rápidas mudanças, num processo que se completaria em 1930, os empresários extrativistas viviam mergulhados no delírio da monocultura, com uma estrutura tão antiga que só por um milagre de mau gosto pôde se manter durante trinta anos.

Essa defasagem constante e tão característica da experiência amazônica oferecia amargos frutos. Quando os coronéis acordaram do delírio e tentaram uma aliança, mesmo precária, com as classes hegemônicas no poder, sentiram que o panorama era outro e exigia funções novas para o extrativismo. A elite amazônica não tinha alcance ideológico para preencher essa exigência, nem o Brasil contava com recursos para mudar a órbita da região rumo a uma trajetória de autossustentação, semelhante ao fenômeno sulista. A borracha, ao contrário do café, não era o tipo de matéria-prima que permitia o mínimo de dinamismo próprio em relação ao mercado mundial. Ou era mantida sob subordinação direta, ou estava voltada ao desprezo. Ou ligava-se a borracha a uma estrutura dinâmica, que o Brasil não tinha, ou atolava-se no marasmo.

O Brasil de 1920 era um país agrário, sem indústrias de bens duráveis, como a automobilística, que carreava a maior parte da produção mundial da borracha. Era um país que se preocupava mais com a saúva e o amarelão que com parques industriais. Daí os decretos de 1912 tentando programar, pela primeira vez, a valorização da Amazônia, prevendo uma larga gama de serviços e investimentos públicos, mas que seriam, no ano seguinte, barrados em sua execução pela negativa do Congresso Nacional em conceder a verba necessária. Decretos de um Executivo preocupado com o mundo rural, mais que foram contidos por um Legislativo de forte tendência urbana.

A impotência nacional em ajudar a Amazônia nesse transe fez com que a crise aguda gerada pela quebra do monopólio fosse sentida pelos mesmos efeitos da retirada abrupta de um sistema colonial, deixando a colônia saqueada e sem perspectivas no futuro.

SOLIDÃO E ABANDONO

A elite amazônica descobria agora que, como controlava apenas o mercado de exportação da matéria-prima, não a produção, a economia da borracha havia se transformado num negócio extremamente especulativo, com as margens de lucro dependendo da flutuação dos preços e na sagacidade do empresário em negociar a borracha na hora certa. Vendendo apenas matéria-prima, a economia da borracha inibia o processo de acumulação e domínio tecnológico, além de ter limitado a criação de um mercado interno. Os barões do látex não podiam prever que a economia extrativista drenaria capital e trabalho dos outros setores, impedindo o florescimento da agricultura e da indústria na região. Além do mais, a falta de poder político nacional das elites amazônicas não atraiu apoio para programas que combatessem a devastação causada pela quebra do monopólio e a queda dos preços da borracha.

A Amazônia transitava entre a solidão dos abandonados e as raras manifestações da caridade nacional. Durante esses anos, a região sofreu uma assustadora redução populacional e o índice de liquidez caiu praticamente a zero. A massa rural regredia para o sistema do trabalho de subsistência e para o regime de troca. A desolação era completa. Os que permaneceram no vale depois do desastre foram obrigados a resistir com todas as forças. Diariamente, pelas páginas do *Jornal do Comércio*, de Manaus, famílias faziam publicar notas de despedida e saíam apressadas. Em poucas semanas, a cidade de Itacoatiara encolheu de 2 mil habitantes para trezentos abandonados. Iquitos, no Peru, voltou a ser uma aldeia quase totalmente habitada por índios. Cerca de 2 milhões de habitantes sofriam, atingidos pela tragédia em toda a Amazônia. Seringueiros viram-se livres, mas nunca puderam retornar para o Nordeste. Em Manaus, a classe média, proletarizada, necessitava de crédito aberto do comércio e, com o alto índice de desemprego, atingia níveis de indigência. Os palacetes começavam a ruir, abandonados, e as ruas enchiam-se de buracos. Toda a infraestrutura de serviços urbanos começou a entrar em colapso e o êxodo das populações interioranas acelerava esse processo. A Paris equatorial era agora uma Port-au-Prince ridícula, vivendo num isolamento de enlouquecer.

Em *Apóstolo e Santo Moderno*, Djalma Batista traça um quadro da situação em Manaus nos anos 1930:

> Os moços não tinham horizontes e os velhos só possuíam olhos, lacrimejantes, para a bancarrota. O Amazonas submergia ao peso do determinismo histórico. Os próprios homens de letras, desesperados na luta contra o meio, isolaram-se, emudeceram, só alguns permaneceram fiéis às cogitações da inteligência. Os estabelecimentos oficiais de ensino entraram a se despovoar de alunos e professores, estes porque não eram pagos (Plácido Serrano, para viver e não abandonar a liça, se desfazia dos próprios livros), e aqueles porque não tinham estímulo e muitos nem dispunham de elementos com que se apresentar na classe. Uma geração toda naufragou intelectualmente.[2]

GETÚLIO VARGAS NA AMAZÔNIA

Em 1940, o ditador Getúlio Vargas visita a região e pronuncia em Manaus o "Discurso do rio Amazonas". O ditador foi recepcionado com um banquete

---
2. BATISTA, 1946, p. 7.

no salão nobre do Ideal Clube e suas palavras queriam marcar o fim da indigência, mas não resistiram a três aniversários. A Amazônia abandonada era "a terra do futuro, o Vale da Promissão na vida do Brasil de amanhã".

Falava de "exploração nacional das culturas, concentração e fixação do potencial humano", pois a marcha para o oeste integraria a região "no campo econômico da nação, como fator de prosperidade e energia criadora".

O único ato concreto de Vargas foi o desmembramento, em 1943, dos estados do Pará, Amazonas e Mato Grosso, para a criação dos territórios do Amapá, Rio Branco e Guaporé. O Acre era território federal desde a República Velha.

OS NOVOS TERRITÓRIOS: FUTUROS ESTADOS

No dia 13 de setembro de 1943, numa demonstração de que sua política de "marcha para o oeste" era mais do que retórica, o ditador Getúlio Vargas decretou a criação de três novos territórios. O mais extenso desses territórios, inicialmente batizado com o nome de Guaporé — recebendo em 1956 o nome de Rondônia, em homenagem ao general Cândido Mariano da Silva Rondon, o grande defensor dos índios —, entrava para a geografia brasileira com muito mais que seu território de 234.044 km².

Limitando-se a norte e nordeste com o Amazonas, a leste e sudeste com Mato Grosso, ao sul com a Bolívia e a nordeste com o Acre, trazia uma rica história que se estendia aos tempos anteriores à colonização, começando com a expedição chefiada pelo sargento-mor Francisco de Melo Palheta, que ali chegou em agosto de 1723, depois de dez meses de viagem desde Belém, de onde partira com as ordens de assegurar o domínio português na região dos rios Madeira, Mamoré e Guaporé. Em 1745, foi descoberto ouro, atraindo um sem-número de aventureiros, obrigando os governantes a cuidar da preservação do território. Constrói-se uma série de fortalezas ao longo do curso dos principais rios, sendo o Forte Príncipe da Beira o mais impressionante entre as construções defensivas. Inaugurado em 20 de agosto de 1783, o forte ocupa um terreno de mais de 900 metros, com muralhas de 10 metros de altura, quatro baluartes com canhões, residências confortáveis para os oficiais e praças, armazéns e depósitos de armas. Mas

O grande estímulo para a definitiva ocupação da região veio com a estrada de ferro Madeira-Mamoré, entre 1909 e 1913, construída pelo consórcio May, Jeckyll & Rodolph, subsidiária da Madeira-Mamoré Railway Company.

Do canteiro de obras surgiu a cidade de Porto Velho, no início uma típica cidade norte-americana, já que a maioria de seus primeiros habitantes era de engenheiros e funcionários oriundos dos Estados Unidos. Quando da implantação dos grandes projetos econômicos do regime militar, Rondônia sofreu um enorme impacto ambiental, tendo perdido quase 40% de sua cobertura de selva. No dia 22 de dezembro de 1981 foi criado o estado de Rondônia, sendo empossado no cargo de governador o coronel Jorge Teixeira de Oliveira, uma das muitas figuras sinistras que passaram pela Amazônia naquele período autoritário.

O território do Rio Branco, logo a seguir Roraima, tem os limites norte e nordeste com a Venezuela, o leste com a Guiana, o sudeste com o Pará e o sul e sudoeste com o Amazonas, com uma superfície de 230.101 km². Sua história se confunde com as lendas do El Dorado e da cidade encantada de Manoa, atraindo toda a sorte de conquistadores e aventureiros. Em 1740, o português Francisco Xavier de Andrade fixou a área como território português, mais tarde merecendo a visita do chefe da comissão de limites de Portugal, o geógrafo Lobo D'Almada, que se aventurou pelo rio Branco, o Uraricoera, até a foz do Araricapará. O visitante mais curioso a percorrer as selvas de Roraima foi o escritor inglês Evelyn Waugh, que em dezembro de 1932 ali esteve cheio de tédio e sarcasmo, tendo deixado impressões como as que se seguem:

> Todos os que ali estiveram chamaram a atenção para o aparente vazio das capoeiras. A vida real, assim escreveram os naturalistas, acontece a centenas de pés acima nas copas das árvores; é lá que você encontrará todas as flores, papagaios e macacos, sempre lá em cima sob a luz do sol, nunca descendo, exceto quando desaba uma tempestade. Ocasionalmente encontramos no chão alguns restos de pétalas de flores que estão lá em cima, longe de nosso olhar. Eu não tenho o olhar treinado de um naturalista e sem dúvida perdi muita coisa que deveria ter registrado; certamente vi pouquíssimas coisas; uma onça escapando bem na nossa frente, algumas cutias, um grande roedor que talvez servisse para uma medíocre refeição; algumas tartarugas que os

rapazes cuidadosamente capturaram para a dispensa; um número inacreditável de formigas; formigas de todos os tamanhos e formas, sozinhas e em intermináveis caravanas; elas estavam em todas as partes; era impossível encontrar um mísero pedaço de chão sem formigas; você não podia atirar o resto de sua caneca sem afogar uma.[3]

A paisagem de Roraima é bem distinta, com montanhas elevadas pertencentes ao sistema do Parima, e savanas extensas. A descoberta de ouro, em 1972, despertou uma verdadeira febre, provocando a invasão de milhares de garimpeiros. Os mais prejudicados foram os ianomâmis, grupo indígena que se mantinha em semi-isolamento, donos de uma das mais antigas culturas das Américas, que por viverem num estágio social próximo ao neolítico não tiveram como resistir, sofrendo enormes perdas culturais e populacionais. Nas disposições transitórias da Constituição brasileira de 1988, constava a transformação em Estados Federados dos territórios de Roraima e Amapá.

O território do Amapá, com 137.419 km^2, limita-se a nordeste com o oceano Atlântico, a sudeste, sul e sudoeste com o Pará, e a nordeste com a Guiana Francesa e a República do Suriname. Embora sendo o menor de todos os novos territórios, sua história era rica e marcada por conflitos entre os colonizadores franceses e portugueses.

Em 1893, é descoberto ouro no rio Calçoene, com a consequente invasão da área por aventureiros. Entre 1886 e 1896, no ocaso do império e começo da República, os conflitos de brasileiros e franceses vão se perpetuando. Primeiro, com a proclamação da República do Cunani, sob a presidência do geógrafo francês Jules Gros, homem bastante imaginoso, embora carente de senso de proporção. Gros nomeou ministério, criou títulos honoríficos, emitiu selos e moedas, procurando apoio político internacional. Editou um jornal, *Les Nouvelles de France et des Colonies, Journal Officiel de la Republique La Guyane Indépendant,* fez armas e bandeira do novo Estado. Nada foi capaz de evitar o ridículo em que a República do Cunani caiu, sendo objeto de troça e tratada nas rodas diplomáticas como uma caricatura. Uma década depois da efêmera República do Cunani, o governador de Caiena

---
3. WAUGH, 1985, p. 41.

toma uma atitude impensada e manda o pequeno navio de guerra *Bengali*, tripulado por marinheiros e fuzileiros navais, invadir o território ocupado pelos brasileiros. Estes, sob o comando de Francisco Xavier da Veiga Cabral, enfrentam os invasores e levam o Brasil e a França à mesa de negociações.

Francisco Xavier da Veiga Cabral, o Cabralzinho, é uma das mais curiosas personalidades da história da Amazônia. Paraense de Belém, nasceu em 1861, de origem bastante humilde. Seu nome aparece pela primeira vez em 1891, quando toma parte de um pronunciamento militar para depor o governador do Pará, o capitão-tenente Duarte Huet Pinto Guedes. O golpe, que tinha conotações de restauração monárquica, foi debelado em poucas horas. Derrotado, Cabralzinho tem de se mudar para o Amapá, um território ainda disputado por Brasil e França. A febre do ouro, que toma conta do território a partir de 1893, atrai uma grande leva de aventureiros, que negociavam o metal encontrado com um representante das autoridades francesas.

Em 10 de novembro de 1894, o francês é destituído por três brasileiros, que passam a dominar a região do rio Calçoene. Era um triunvirato formado pelo cônego Domingos Maltez, Desidério Coelho e Cabralzinho. Os brasileiros não tinham nenhum interesse separatista, e afirmavam que desejavam incorporar aquela terra ao Brasil. Os franceses respondem nomeando um negro ex-escravo, Trajano Benites Benoir, que é logo preso pelos brasileiros. A canhoneira francesa *Bengali* é enviada para resgatar Trajano e repor a ordem. O capitão Lunier desembarca trazendo um velho pescador, para que este indicasse quem era Veiga Cabral. Assim relata Veiga Cabral o incidente, em depoimento publicado no jornal *Folha do Norte*, de 1905:

> Fui simplesmente vestido, fumando um cigarro. O capitão Lunier, ao ver-me, dirigiu-se a mim e deu-me voz de prisão. Ora, quem não deve não teme. Não aceitei a intimação, o capitão empurrou-me e ordenou à sua gente que fizesse fogo sobre mim, no que foi imediatamente obedecido; abaixei-me, e as balas passaram sem me ofender, ficando cravadas nas paredes da casa de minha residência. Lunier, então, puxou do revólver, mas não lhe dei tempo para uso e deitei-o por terra, ficando de posse do revólver. O capitão levantou-se e ordenou novamente fogo, imediatamente obedecido, e mais uma vez deixei de ser ferido. Meus amigos vieram então, armados, em meu auxílio,

travando-se um combate. Matei o capitão Lunier com seu próprio revólver. Um tenente veio sobre mim, porém eu fiz fogo sobre ele, matando-o logo. O sargento teve igual sorte. Por seu lado os meus amigos não perdiam tempo e faziam nutrido fogo [...] Esmagados pela superioridade numérica, tiveram os brasileiros de retirar para a mata, voltando os franceses à canhoneira e para Caiena, levando consigo mortos, feridos e o negro Trajano.[4]

No dia 10 de abril de 1897 foi assinado o tratado de arbitramento da questão do Amapá.

A BATALHA DA BORRACHA

Há apenas um intervalo nesses anos de marasmo: o esforço de guerra em 1942, no sentido de aumentar o estoque de borracha dos Aliados. Com a queda de 97% das áreas produtoras asiáticas nas mãos dos japoneses, os Estados Unidos, através de acordos com o governo brasileiro, desencadearam uma operação em larga escala na Amazônia: a Batalha da Borracha. A operação provocou indícios e possibilidades de um retorno aos velhos tempos. Foram anos de euforia econômica, o dinheiro voltava a circular em Manaus e Belém, fazendo surgir até uma tímida especulação imobiliária, muito proveitosa, já que era bom negócio alugar casa para funcionários de diversos organismos que lidavam com a produção da hévea.

Ao mesmo tempo que o país atravessava um duro racionamento motivado pela Segunda Guerra Mundial, na Amazônia, novos empregos e bons salários começavam a ser oferecidos por diversos escritórios ligados aos investimentos públicos da campanha da borracha. Se bem que os gêneros alimentícios escasseassem e um pequeno, mas ativo, mercado negro estivesse em franca atividade, havia uma distribuição controlada pelos norte-americanos, impedindo que faltassem no mercado artigos de primeira necessidade. Quando a guerra acabou, ainda que os planos de assistência médica e higiene tivessem contribuído para melhorar as condições de vida

---

4. *Jornal Folha do Norte*, s.d. Acervo da Biblioteca Pública de Belém.

da população interiorana, o preço pago em vidas humanas para a Batalha da Borracha foi incalculável.

Segundo uma comissão de inquérito do Congresso Constituinte, cerca de 20 mil trabalhadores morreram nos seringais, configurando um número de baixas maior do que as sofridas pela Força Expedicionária Brasileira (FEB) na Itália durante a guerra. A campanha da borracha não era, na verdade, um plano de valorização regional de longo prazo, embora assim se apresentasse, mas consequência do esforço de manter a demanda de borracha e de outras matérias-primas da selva em nível satisfatório às exigências do mercado internacional dominado pelos Estados Unidos. Depois de 1946, os seringais foram novamente abandonados para que outros investimentos federais tivessem prosseguimento, como a Usina de Volta Redonda e a Companhia Hidrelétrica do São Francisco, para somente citar dois exemplos.

SINAIS DE RECUPERAÇÃO

Em 1953, foi criada a Superintendência do Plano de Valorização da Amazônia (SPVEA), com o objetivo de se aplicar em projetos de desenvolvimento 3% do total dos impostos recolhidos em todo o Brasil. A SPVEA falhou completamente em sua tarefa de desenvolver a região, porque considerou o atraso da Amazônia, e sua pequena integração ao país, menos como resultado global da expansão do capitalismo no Brasil que do resultado da falta de infraestruturas sociais e de estradas e vias de acesso. A SPVEA insistia no extrativismo, bem como em linhas de crédito bancário, direcionando esses créditos quase apenas para a borracha, excluindo outras atividades, como a juta e a pimenta-do-reino.

Esses dois produtos, implantados na Amazônia por imigrantes japoneses, ganham expressão a partir dos anos 1950. A pimenta-do-reino estendeu-se pela Zona Bragantina, no Pará, tornando a Amazônia o maior produtor dessa especiaria até 1970, quando as plantações foram atacadas por pragas. A juta, introduzida na várzea dos rios, ganhou espaço no baixo Amazonas, especialmente em Santarém e Parintins, mas também com forte presença em Manacapuru. A produção da fibra impõe-se a partir de 1941, quando alcança 1.100 toneladas, subindo para 39 mil em 1960, até atingir 54 mil em 1964. Na década seguinte, as fibras sintéticas reduziram a demanda da fibra de juta.

Em 1958, quando a estrada Belém-Brasília começa a ser aberta, alguns empresários brasileiros e internacionais mostram-se interessados em adquirir terras na região. Ao mesmo tempo, iniciava-se o processo de apropriação de recursos naturais por grupos econômicos internacionais, com a implantação do projeto de mineração no Amapá, a Indústria e Comércio de Minérios S.A. (Icomi), e a concessão de dezenove castanhais nativos para a Jari Florestal.

A AMAZÔNIA DA REDEMOCRATIZAÇÃO

Duas gerações, que representaram diferentes posturas na vida regional, vivenciaram a crise do extrativismo. A primeira geração foi a do naufrágio: conservadora e comprometida com a economia extrativista. A segunda geração, que toma corpo em plena Segunda Guerra Mundial e vai assumir o poder político da região com a bandeira do desenvolvimentismo, era a geração da política de massa e representava o jogo das aspirações populares e nacionalistas estancadas pelo golpe militar de 1964.

Com a queda de Getúlio Vargas e o restabelecimento da democracia representativa, organizaram-se eleições livres, e o povo, na Amazônia, votou nos representantes do otimista Brasil que saía da guerra e olhava para os interesses populares. Com o modelo desenvolvimentista, a Amazônia começaria a sair do atoleiro. A máquina burocrática seria desemperrada e uma reforma nos métodos de arrecadação fiscal ativaria as rendas dos estados regionais. Além do mais, as novas administrações procuravam reorganizar a economia extrativista, aproveitando a demanda internacional de fibras de juta, pimenta-do-reino, castanha-do-pará e madeiras de lei. A tributação do comércio e a nova política fiscal dotavam a administração pública dos estados de maior poder operacional. Sob o impulso desses governos, é criada, em 1955, a Faculdade de Filosofia do Pará, e, em 1962, a Faculdade de Filosofia do Amazonas. Essas escolas superiores seriam o embrião das duas futuras universidades estaduais.

Os governos mais representativos desse período foram, no Amazonas, os de Plínio Coelho e Gilberto Mestrinho, e, no Pará, o de Aurélio do Carmo. Os políticos amazonenses eram do Partido Trabalhista Brasileiro (PTB); o paraense, do Partido Social Democrático (PSD).

Mas o projeto de desenvolvimento posto em prática pelo governo Juscelino Kubitschek apenas manteria a região numa posição de reserva. Os anos 1950, com uma economia internacional que havia enfrentado uma guerra, e saído mais organizada e ainda mais exigente, mostra uma tendência para fazer da economia brasileira um novo espaço para os grupos multinacionais. A Amazônia, pelas grandes potencialidades hidrológicas, minerais e madeireiras, torna-se um local privilegiado para a implantação de projetos econômicos.

Depois do golpe militar de 1964, a Amazônia foi ocupada pelo capital nacional e internacional, com incentivo do governo federal. Mas para isso os militares tiveram de cassar, perseguir e exilar as lideranças democráticas e populares da região.

ASPECTOS CULTURAIS

As gerações que se seguiram ao fim do monopólio da borracha e ao desaparecimento abrupto da civilização do látex lutaram contra a pior sequela da decadência econômica: a inércia. E essas gerações não podiam mais voltar atrás, regressar aos tempos luminosos e alienados do passado recente, aos encantos enganadores da arte pela arte. Afinal, a derrocada dos Tempos da Borracha coincidiu com a erupção vulcânica do Movimento Modernista de 1922, com o esforço de construir uma arte de expressão brasileira que refletisse a aventura americana de um povo mestiço e pluricultural, onde a Amazônia desempenhava um papel simbólico importantíssimo. Da aventura modernista ficaram nomes como os do poeta Raul Bopp (1898-1984), com o poema *Cobra Norato*; e seu precursor, Francisco Pereira da Silva (1892-1971), com *Poemas amazônicos*; o romance de Abguar Bastos (1902-1998), com

Certos caminhos do mundo; e o conto mítico em Alfredo Ladislau (1904-1925), com *Terra imatura*. Na música, o compositor Waldemar Henrique (1905-1991) deixou um precioso cancioneiro. Nas artes plásticas está a contribuição surrealista de Ismael Nery (1900-1934).

A geração que vem depois da Segunda Guerra Mundial perde completamente a inocência da descoberta modernista. Nas palavras de um contemporâneo, tratava-se de uma

> geração cismarenta e recolhida no acanhado recinto dos bares e cafés da cidade, em reuniões de circunstância para matar o tempo, fugindo, assim, ao tédio devorador; geração, portanto, "flutuada", como a poderemos chamar dado o seu caráter oscilatório entre as seduções comodistas daqueles que se rotulam os remanescentes do chamado período luminoso e a posição esquerdista que se propõe assumir em face do próprio ambiente.[5]

Assim, era uma geração engajada e ao mesmo tempo conciliadora, mas produziu uma arte que pela primeira vez carregava uma autenticidade amazônica.

No romance, há a figura do peruano Ciro Alegria (1909-1967), com obras como *La Serpiente de Oro* e *El mundo es ancho y ajeno*. Carregando a mesma força literária, o romancista Dalcídio Jurandir (1909-1979), com *Chove nos campos de cachoeira* e *Linha do parque*. No conto, Álvaro Botelho Maia (1893-1969) e suas narrativas cruas do extrativismo no livro *Banco de canoa*. Na poesia, há a obra de Bruno de Menezes (1893-1963), sabor e sensualidade afro-amazônica em *Batuque*, e o lirismo universal de Mário Faustino (1930-1962) em *O homem e sua hora*. No campo científico, os primeiros trabalhos de investigação com rigor acadêmico são desenvolvidos por cientistas como o entomólogo Adolpho Ducke (1876-1959), o zoólogo Eládio da Cruz Lima (1900-1942), o etnólogo Curt Nimuendajú (1883-1945) e o biólogo e etnólogo Manuel Nunes Pereira (1893-1988). Em 1952, com a criação do Instituto Nacional de Pesquisas da Amazônia (Inpa), com sede em Manaus, o governo brasileiro reforça a pesquisa científica na região.

---

5. TUFIC, 1958, p. 37.

No campo da medicina tropical, os nomes de Djalma Batista (1916-1980), Leônidas Deane (1914-1993) e Maria von Paumgartten Deane (1916-1995) estiveram ligados a diversos avanços científicos. Na historiografia, o nome mais importante é o de Arthur César Ferreira Reis (1906-1993), autor de uma vasta obra, com estudos polêmicos como *A Amazônia e a cobiça internacional*. Nas ciências sociais, Mário Ypiranga Monteiro (1909-2002), autor de *O Teatro Amazonas* e *A cultura amazônica*, e Osvaldo Orico (1901-1981), autor de *A cozinha amazônica*.

O mais expressivo artista que a Amazônia produziu nesse período foi o maestro e compositor Cláudio Santoro (1919-1989), nascido em Manaus, com formação no Conservatório de Música do Rio de Janeiro, onde viria a ensinar violino e harmonia. É considerado um dos grandes nomes da música brasileira do século XX. Autor de concertos, sinfonias, missas, cantatas e da ópera *Alma*, além de música experimental dodecafônica e incidental concreta, a obra de Santoro se projeta internacionalmente pelo vigor e pela ousadia, perpassando alguns dos caminhos musicais de seu tempo, como o serialismo e a escola nacionalista, até atingir a maturidade com peças como a *Décima sinfonia*, que evoca a sua terra natal.

10. A fronteira econômica

SUBDESENVOLVENDO A AMAZÔNIA

Tomemos um período redondo: 1965-2000. Nesses 35 anos, a Amazônia foi aberta à expansão do capitalismo, de acordo com as diretrizes de uma economia política elaborada por uma série de governos militares, seguida fielmente pelos governos civis da Nova República e posteriores, que pretendiam promover na região um modelo de desenvolvimento modernizante. O predomínio de investimentos e a presença do governo federal na região se tornaram cada vez mais extravagantes na proporção de seus resultados. Meio milênio de distintas economias extrativistas apenas enriqueceu brevemente uma parcela das oligarquias locais, deixando para trás uma terra mais empobrecida. Se a história da Amazônia tem sido um permanente desafio às noções de progresso, natureza e homem, tão caros ao pensamento europeu e que serviram para sustentar conceitos como os de desenvolvimento e subdesenvolvimento, esses 35 anos que fecharam o milênio representaram um grande teste para esse desafio. Infelizmente, o que se vê é o autodenominado moderno Estado brasileiro, demonstrando diariamente a sua incapacidade em dar uma basta em tantos absurdos, em impedir a deterioração do meio ambiente e barrar os projetos econômicos que tornam a vida de camponeses, índios e trabalhadores um exercício de horror.

OS ESTADOS DE SEGURANÇA NACIONAL

No dia 1º de abril de 1964, militares e políticos brasileiros derrubaram o presidente João Goulart. O movimento, sob pretexto de livrar o Brasil do comunismo e da corrupção, transformou-se numa ditadura que durou vinte anos. Na América Latina, países como Argentina, Peru, Bolívia, Chile, entre outros, também passaram pela mesma experiência. Em 1970, a democracia era uma exceção ao sul do rio Grande. Mas até mesmo países que conseguiram manter suas instituições passaram por um período repressivo, adotando legislações paranoicas. No lugar da democracia foi instalada na América Latina a era da segurança nacional, materializada num corpo jurídico que foi adotado praticamente por todos os países do continente, exceto Cuba.

A OPERAÇÃO AMAZÔNIA

Em 1966, seguindo a lógica de argumentos geopolíticos, os militares e seus tecnocratas decidiram ocupar e integrar a região Amazônica através de uma nova estratégia de desenvolvimento regional, instituindo a Operação Amazônia. Para os militares, a Amazônia era um vazio demográfico, perigoso de ser controlado e alvo da cobiça de outras nações se não fosse urgentemente ocupado pelo Brasil. Além da cobiça internacional, a Amazônia era um cenário ideal para movimentos subversivos, como indicavam alguns exemplos bem visíveis do outro lado da fronteira colombiana.

AVANÇO DAS LUTAS SOCIAIS NA AMAZÔNIA COLOMBIANA

No mesmo ano da Operação Amazônia, os camponeses da região amazônica da Colômbia, após ocupação militar violenta do governo, decidem organizar um programa agrário, com base no apoio ao movimento guerrilheiro das Forças Armadas Revolucionárias da Colômbia (Farc), propondo os seguintes pontos:

1. Reforma agrária revolucionária, respeitando a propriedade dos camponeses ricos que trabalharem a terra;
2. Títulos de propriedade para todos os que estiverem trabalhando na terra: colonos, posseiros, arrendatários, parceiros, agregados, meeiros etc.; [...]
5. Proteção às comunidades indígenas e devolução de suas terras, usurpadas por latifundiários;[1]

A Operação Amazônia, portanto, era algo que chegava no momento certo. Para levar adiante o projeto de ocupação e dotar a região de capital social básico, o governo militar brasileiro não mediu esforços. O transatlântico *Rosa da Fonseca*, fretado especialmente, saiu de Belém para Manaus levando a bordo um expressivo grupo de empresários internacionais, técnicos e funcionários governamentais. Desse passeio pelas águas do rio Amazonas, uma estratégia foi montada, além da criação de um conjunto de instituições governamentais que ficariam encarregadas de planejar, gerenciar e coordenar as novas ações federais. Foram criados órgãos como a Sudam, Basa, Suframa e Incra, através dos quais seus burocratas e técnicos movimentavam vultosos recursos, e a ditadura militar misturava numa só política o projeto de desenvolvimento com as ideias de ocupação e integração.

O RETALHAMENTO DA AMAZÔNIA BRASILEIRA

Para evitar qualquer reação das forças tradicionais da Amazônia, esse modelo de desenvolvimento autoritário retalhou politicamente a região, pondo as novas instituições para fazer essa divisão na prática. Além de usurpar a autoridade dos estados regionais sobre os seus territórios, a ponto de o governo do Pará exercer seus poderes apenas sobre 20% do estado, órgãos como a Sudam, por exemplo, exercitando a política financeira de incentivos fiscais, canalizaram os grandes projetos agropecuários, minerais e energéticos para a Amazônia Oriental, enquanto a Suframa, usando os incentivos fiscais para instalar um enclave exportador, fez de Manaus e da Amazônia

---

1. MONTENEGRO, 1989, p. 15.

Ocidental um nicho de projetos industriais eletroeletrônicos e projetos agropecuários de menor porte.

Nos primeiros anos da Operação Amazônia, o governo de Brasília tentou atrair investidores para projetos agropecuários através de doações financeiras e renúncia fiscal. A partir do presidente Emílio Garrastazu Médici, o governo passou a investir diretamente em megaprojetos, criando novas fontes de recursos através de iniciativas como o Plano de Integração Nacional (PIN), o Programa de Redistribuição de Terras e de Estímulo à Agroindústria do Norte e do Nordeste (Proterra) e o Programa de Polos Agropecuários e Agromineiras da Amazônia (Poloamazônia). No início da década de 1970, em plena época do chamado "milagre econômico", a Amazônia era então não mais uma região de economia extrativista, mas basicamente uma área de agropecuária, mineração, metalurgia e siderurgia. Já no final de 1966, mais de mil investidores tinham instalado projetos de criação de gado ao longo da estrada Belém-Brasília. A agropecuária seria, no início, o principal atrativo.

NA CONTRAMÃO DA DITADURA

Uma inusitada contradição histórica ocorreu no Amazonas durante o golpe civil-militar de 1964. No mês de junho daquele ano, o governador eleito, Plínio Ramos Coelho, foi deposto e preso em plena praça pública, na frente de uma enorme multidão, na abertura do Festival Folclórico de Manaus. Desde a deflagração do golpe, em 1º de abril, que Plínio Coelho, do Partido Trabalhista Brasileiro (PTB), tentava se segurar no poder, fazendo prisões arbitrárias de estudantes e velhos militantes comunistas, seguindo uma tradição manauara de adesismo. Não funcionou, e os militares, aparentemente por não encontrarem ninguém que lhes agradasse, foram buscar o novo governador na Suíça. Por um dessas ironias da história, convidaram o historiador Arthur César Ferreira Reis, autor de uma vasta obra sobre a Amazônia colonial e do best-seller nacionalista *A Amazônia e a cobiça internacional*. Evidentemente, o inesperado governador não se enquadrou exatamente nos parâmetros dos militares golpistas. O seu lastro era uma inusitada amizade com o ditador do momento, o marechal Humberto Castello Branco, que lhe devotava respeito intelectual.

Estava em missão em Genebra, quando recebeu a notícia, e desembarcou em Manaus movido pelos mesmos ideais que o levaram a Belém, ainda na era Vargas, para criar a Superintendência do Plano de Valorização da Amazônia (SPVEA), órgão federal que tinha como objetivo o desenvolvimento econômico do grande vale, em profunda depressão desde a quebra do monopólio do látex. O trabalho de Arthur Reis gerou consequências importantes para a região, pois de seu trabalho na SPVEA ganhamos o Inpa, um moderno sistema de navegação de cabotagem, e o Plano de Desenvolvimento da Amazônia, que até hoje se encontra em alguma gaveta do Congresso Nacional. Em Manaus, enquanto o país vivia os sobressaltos de uma ditadura discricionária, que iria caçar os mandatos de deputados e senadores, prender os oposicionistas e censurar e perseguir artistas e jornalistas, Arthur Reis caminhava na contramão. E o Amazonas conheceu um governo de espírito republicano, preocupado em criar quadros, tirar o estado do isolamento, incentivar seus artistas e intelectuais, e promover o desenvolvimento econômico. Como foi possível? Aconteceu que Arthur Reis trouxe à luz parte do Plano de Desenvolvimento da Amazônia elaborado pela SPVEA e enviado ao Congresso, onde se perdeu.

Durante seu governo, enfrentou e venceu um de seus maiores desafios como governador. Os ministros do Planejamento e da Agricultura convocaram os governadores das unidades federativas da Amazônia Legal para uma reunião secreta no Rio de Janeiro. (Esse episódio pode ser compreendido adiante, no tópico sobre o malfadado Instituto do Trópico Úmido.)

No estado do Amazonas, Arthur Reis inaugurou uma administração moderna, e com planejamento e metas, que mudou o Amazonas para sempre. O desafio de governar o Amazonas num momento de exceção foi assumido com serenidade, mas, como bem disse Luiz de Miranda Correia, que foi seu grande amigo, Arthur Reis detestava dois tipos de gente: burros e corruptos. Exatamente nesta ordem. E burro e corrupto são coisas que sempre foram fartas nestas terras tropicais. O combate que lançou contra a privatização descarada do aparelho de Estado pode ser hoje constatado no livro *Amazonas: sumário dos inquéritos* (1965). Todos os dias, os jornais de Manaus estampavam na primeira página os tais sumários, denunciando publicamente aqueles que tinham surrupiado a coisa pública. O povo de Manaus acompanhava bestificado, e logo se batizou o desfile de falcatruas, roubalheiras e mamatas publicadas dia após dia de "coluna social". De fato, nomes que antes frequentavam os salões, ou os palácios e gabinetes, agora eram denunciados por ter malversado os bens públicos. Era uma lista tão escandalosa que um secretário de Saúde roubou o dinheiro do hospital dos hansenianos e ainda achava a coisa mais natural, só para citar uma das pérolas da época.

Arthur Reis mandou a Polícia Militar fechar a Assembleia Legislativa, o Tribunal de Justiça e o jornal *O Trabalhista*. Este último sob a alegação de que a impressora havia sido furtada da Imprensa Oficial, e os dois órgãos por excesso de honestidade em causa própria de seus pares. É inadmissível o ato de fechar assembleias, tribunais e jornais, pois trata-se de uma atitude típica de ditaduras. Vale ressaltar, no entanto, que o governo Arthur Reis nunca levantou a mão contra os que pensavam diferente dele, e contra artistas e opositores. Seu governo perseguia os corruptos porque era republicano. E, porque era republicano, respeitava a liberdade de expressão. Coisas sobre as quais os governos populistas não eram tão convictos.

O INSTITUTO DO TRÓPICO ÚMIDO

Desde a administração do presidente João Goulart, em 1962, que já se denunciava o controle de empresas estrangeiras, especialmente norte-americanas, no Brasil. Um estudo mostrava que vinte das 55 maiores empresas do país eram estrangeiras, e o presidente Goulart lançou um programa de nacionalização. A ideia de que a Amazônia podia ser tomada pelos interesses estrangeiros começou a ganhar forma. Mas a primeira denúncia concreta, que causou um grande impacto na opinião pública nacional, aconteceu em 1965, praticamente barrando temporariamente a farra entreguista da ditadura militar. Em junho daquele ano, uma delegação da Academia Nacional de Ciências dos Estados Unidos estaria se reunindo com o ministro da Agricultura, na sede do ministério no Rio de Janeiro. A delegação vinha propor a criação de um centro de pesquisas para o estudo da floresta e implantação de agronegócios na Amazônia. O centro de pesquisas teria sede em Porto Rico, possessão norte-americana, e nenhum brasileiro participaria da direção, contrariando a tradição dos acordos bilaterais. A proposta tinha total apoio do Departamento de Estado e mandara um representante para a reunião. Informado do que estava acontecendo, o governador do Amazonas, o historiador Arthur César Ferreira Reis, já sabendo do teor do encontro, entrou na sala levando, como se fossem assessores, jornalistas do *Jornal do Brasil* e *O Globo*. Ao ser anunciado o projeto, o professor Arthur Reis se levantou e denunciou o projeto como uma ameaça à soberania do Brasil, abandonando a reunião.

No dia seguinte, toda a imprensa brasileira destacava a notícia. Na entrevista, o professor Arthur Reis denunciava a conivência do ministro do Planejamento, Roberto Campos, além de expor duas agências norte-americanas, o Instituto Hudson e a Rand Corporation, de conduzir pesquisas na Amazônia sem autorização. Roberto Campos ironizou a acusação, dizendo que se opor a cientistas estrangeiros era coisa de subdesenvolvido. O marechal Castello Branco, o ditador do momento, negou que o governo estivesse entregando a Amazônia aos norte-americanos. Escreve Arthur Reis:

> Houve um momento, desejo recordar porque isso me falou profundamente ao coração pelas repercussões que obteve a minha atitude, em que tive de assumir uma responsabilidade, inédita em nossa terra, perante o Brasil. Foi quando me opus, como simples cidadão e como governante, acobertado pela expressão unânime dos legisladores amazonenses — e aqui lhes deixo o meu agradecimento, e de toda a coletividade de nossa terra, a uma perigosa iniciativa estrangeira, visando à implantação, na Amazônia brasileira, de instituições científicas, com técnicos e pesquisadores estrangeiros, programa próprio, comando vindo de fora e disponibilidade de capital e de instrumental que não eram nossos. A aventura era ousada, e partia do pressuposto de que não tínhamos capacidade para inventariar o que era a nossa Amazônia, uma vez que se decidira, lá fora, desconhecer a existência de nossas instituições científicas, de nossos pesquisadores, de nossos cientistas e da tradição que possuímos e podíamos oferecer ao exame mais

rigoroso dos melhores nomes da ciência universal. A reação que se operou em todo País, numa admirável manifestação, que refletia a existência de uma consciência brasileira nítida e objetiva, serviu para que a ousadia fosse impedida de materializar-se. Não sou xenófobo, mas não admito que se despreze a nossa experiência e a nossa inteligência pragmática.[2]

Tanto a Rand Corporation como o Instituto Hudson desenvolviam estudos sobre a Amazônia para a Força Aérea dos Estados Unidos. E, naquele mesmo ano de 1965, Herman Kahn, diretor do Instituto Hudson, apresentou uma pesquisa financiada pelo Conselho de Segurança Nacional da Casa Branca, na gestão de Lyndon B. Johnson, propondo a construção de diques nos rios amazônicos, criando enormes lagos nas bacias dos rios Amazonas e Orinoco. A ideia original partira de Nelson Rockefeller, ainda durante a Segunda Guerra Mundial, com o intuito de ligar o vale amazônico com os campos petrolíferos da Venezuela.

O esquema megalomaníaco de Herman Kahn ia mais longe que a ideia de Rockefeller. Seus grandes lagos sul-americanos consistiam num sistema de cinco lagos artificiais, o maior e o mais importante ligando o rio Amazonas ao Orinoco através do rio Negro. Os planos de Kahn focavam exclusivamente no desenvolvimento econômico, ignorando os danos gravíssimos que as inundações causariam ao meio ambiente. As barragens deveriam gerar eletricidade exclusivamente para mover as mineradoras e as fábricas, enquanto as áreas alagadas seriam utilizadas por navios de grande calado que ligariam diretamente a Amazônia com os mercados do mundo.

O escândalo da tentativa de internacionalizar a Amazônia ganhou mais corpo quando a imprensa revelou que a Força Aérea dos Estados Unidos retomara o projeto de aerofotogrametria do território brasileiro, suspenso pelo presidente Getúlio Vargas. Um Congresso Nacional emasculado dera a autorização em 1964, e os voos estavam sendo realizados sem problemas, cobrindo áreas onde se suspeitava a existência de minerais. Quando da vigência do acordo, antes da suspensão por Vargas, os negativos eram revelados confidencialmente nos Estados Unidos e entregues às autoridades

---

2. REIS, 1967, p. 222.

brasileiras. Mas, no final dos anos 1960, já se sabia que mapas tinham sido entregues a grupos econômicos norte-americanos e canadenses. A ironia é que a ditadura militar cedeu concessões que já eram do conhecimento das grandes corporações, mas que o próprio governo brasileiro desconhecia. E assim a U.S. Steel entrou no Pará, "por acaso". Um geólogo disse que deu sem querer uma martelada na terra e descobriu um dos maiores depósitos de ferro do mundo. Justamente na serra dos Carajás. Nada menos que 18 bilhões de toneladas de ferro de alta qualidade. E bem na terra dos xikrins, dos mudjetires, dos parakanãs e dos misteriosos krénns-akarores.

Que a Amazônia da ditadura militar tenha sido o objeto de cobiça dos Rockefeller, Kleberg e Swift não foi nenhum acidente histórico.

OS PRIMEIROS GRANDES PROJETOS

Uma das primeiras empresas a aderir, utilizando os incentivos fiscais, foi a King Ranch of Texas. Essa famosa companhia, associada à Swift-Armour do Brasil, estabeleceu uma fazenda de 180 mil acres em Paragominas, Pará.

Em 1967, o marechal Castello Branco, o primeiro presidente militar após 1964, em recepção no Palácio das Laranjeiras, no Rio de Janeiro, concedeu 3,5 milhões de hectares ao empresário norte-americano Daniel Ludwig, para dar início ao Projeto Jari, também no estado do Pará. Estavam presentes na solenidade, além do ministro do Planejamento, Roberto Campos, outro empresário, o sr. Augusto Trajano de Azevedo Antunes, um pioneiro de projetos como aquele, já que estava à frente de um dos primeiros empreendimentos em grande escala na Amazônia, a mineradora Indústria e Comércio de Minérios S.A. (Icomi), no Amapá, responsável desde 1956 pela exportação de manganês. Em 1980, como que fechando um ciclo, a estatal Companhia Vale do Rio Doce lançou-se ao Projeto Carajás, província mineral no território paraense, para a exploração de vários minérios. Em 1974, a Vale do Rio Doce, em associação com a companhia japonesa C. Itoh, tinha anunciado a construção de uma fábrica de alumínio em Belém e uma usina hidrelétrica em Tucuruí. Mas os japoneses foram gentilmente dispensados pelo governo brasileiro de gastar qualquer centavo na hidrelétrica de Tucuruí, sob o pretexto de que iriam apenas consumir 30% de energia elétrica, o que lhes deu uma poupança de 700 milhões de dólares. Em 1975, quando as obras da hidrelétrica começaram, ela estava orçada em 2,5 bilhões de dólares, mas, ao ser inaugurada, nove anos depois, já estava custando 5,4 bilhões, sendo que 500 milhões de dólares foram para a empreiteira Camargo Correia como lucro líquido. Essa movimentação de bilhões de dólares foi chamada pelo sociólogo Lúcio Flávio Pinto de "fator amazônico",

> [...] fator que faz com que nós, pobres, geremos um surto de dinheiro, que nós não conseguimos avaliar, para aquela gente que vem para cá, que recebe subsídio do Estado. O subsídio da energia da Albrás, por exemplo, vai representar, no prazo de vigência do contrato, que é de vinte anos, mais de 1 bilhão de dólares, outro bilhão de dólares para a Alumar, ou seja, os japoneses vão ter de volta o capital de risco que eles investiram a cada dois anos, só com o subsídio da tarifa de energia. Então esses empresários vêm para cá, absorvem, monopolizam fantásticas somas de dinheiro subsidiadas, têm um lucro fantástico na relação de troca de mercadoria — o lingote de alumínio embarcado no porto de Vila do Conde, quando chega no Japão, vale 2 vezes mais na primeira transformação industrial. [...]
>
> Hoje ainda é impossível calcular o valor global dessa sangria. A Amazônia não conseguiu se situar como agente no mercado internacional, na nova divisão internacional desse mercado. Ela é apenas um paciente nesse momento, ela é apenas uma bola de pingue-pongue, que vai de um lado para o outro conforme batem os dois jogadores, os dois extremos da mesa, mas ela não tem vontade, não tem iniciativa, é um agente passivo. Esse jogo é um jogo de altíssimo nível, de grandes interesses e, com relação a alguma mercadoria, interesse até fundamental.[3]

A TRANSAMAZÔNICA

Enfatizando os empreendimentos agropecuários, mas sem esquecer os demais interesses, o governo federal investiu também em infraestrutura,

---

3. PINTO, 1991, p. 176.

construindo estradas e modernizando os sistemas de comunicação e transportes. No dia 1º de setembro de 1970, as obras da Transamazônica foram iniciadas, abrindo um período de perplexidade quanto à sua necessidade. A justificativa principal dos militares era a integração nacional, mas o traçado da Transamazônica, ligando o Nordeste miserável à Amazônia pobre, não ajudava muito a reforçar os argumentos governamentais. A Transamazônica era algo tão absurdo que até mesmo o ex-ministro Roberto Campos, um dos mentores do modelo de integração da Amazônia, considerou uma futilidade a construção da estrada, criticando duramente a falta de viabilidade econômica do projeto. Em menos de dez anos, a selva reivindicou de volta quase todo o trajeto da Transamazônica.

A ZONA FRANCA DE MANAUS

A partir de 1967, um decreto presidencial transformou Manaus em Zona Franca, imediatamente instalando uma série de indústrias e anunciando uma oferta de 50 mil empregos. No que tange à divisão do trabalho, as indústrias da Zona Franca operavam as fases finais de montagem e acabamento do produto — fases estas que exigiam um número maior de mão de obra.

Aproveitando a legislação, essas indústrias se estabeleceram numa área da cidade de Manaus, no chamado Distrito Industrial, onde receberam terrenos a preços irrisórios, totalmente urbanizados, como nenhum conjunto habitacional supostamente para pessoas de baixa renda recebeu. E, assim, entrou em atividade um parque industrial de "beneficiamento", produzindo em toda a sua capacidade e operando numa área onde as facilidades eram, na verdade, uma conjuntura favorável.

Para completar, como extensões de grandes complexos, as indústrias da Zona Franca são administradas de maneira direta e seu capital pouco é afetado pela disponibilidade local. A participação de capital oriundo do tradicional extrativismo foi mínima e era possível notar, por volta do final da década de 1970, grandes comerciantes do extrativismo de outrora, hoje atrelados como sócios minoritários, com cargos simbólicos nas empresas altamente subsidiadas instaladas em Manaus.

Eram indústrias que tudo trouxeram de fora, da tecnologia ao capital majoritário, e que do Amazonas somente aproveitaram a mão de obra barata e os privilégios institucionais. Com essa estrutura industrial altamente artificial, a Amazônia Ocidental teve o seu quinhão da política de integração nacional. A promessa de 50 mil empregos não se cumpriu, mas ajudou a provocar uma explosão demográfica em Manaus. De cerca de 150 mil habitantes em 1968, a cidade pulou para 600 mil em 1975.

As transformações sociais e culturais da Zona Franca em Manaus são bastante distintas daquelas que aconteceram durante o ciclo da borracha. Enquanto a cidade era a capital mundial da borracha, Manaus rapidamente se consolidou como centro urbano, e desenvolveu os primeiros sistemas de serviços públicos, como eletricidade, e distribuição de água e esgotos. Naquele período, a cidade teve suas ruas pavimentadas, o seu crescimento planejado, viu crescer o número de hospitais e abriu-se para as influências culturais cosmopolitas. Também criou uma universidade e construiu uma casa de óperas. É claro que todas aquelas vantagens eram direcionadas aos ricos, àqueles que lucravam com o comércio do látex. No entanto, o desenvolvimento de Manaus durante o ciclo acompanhou o crescimento populacional, sem degradação dos serviços. O oposto ocorreu com a Zona Franca de Manaus.

O aceno de 50 mil empregos atraiu uma população de migrantes que nunca mais cessou de aportar em Manaus. A rápida instalação de empresas comerciais, as lojas de artigos importados que pululavam pelo centro histórico da cidade, a chegada de empresas multinacionais no Distrito Industrial, as firmas de consultoria, os institutos de pesquisas, as novas sucursais de instituições públicas, a horda de turistas em busca de aparelhos eletrônicos baratos e a vaga de migrantes em busca de novas oportunidades transformaram a cidade num inferno. Especialmente porque tal demanda chegava num momento em que a estrutura da cidade estava decadente. Em 1960, Manaus ainda conseguia acomodar seus 200 mil habitantes, embora tudo estivesse à beira do colapso. As telecomunicações eram impraticáveis, a distribuição de luz e água precária e os prédios públicos estavam quase em ruínas. Em 1984, a cidade continuava com a mesma infraestrutura apodrecida, e Manaus começava a inchar, com inúmeras favelas surgindo por todos os lados.

O fenômeno do crescimento desordenado de Manaus faz parte dos problemas gerados pelos programas de desenvolvimento postos em práticas pelo governo federal, desde 1964. Um dos problemas óbvios é o aumento da população urbana na Amazônia, configurando uma das maiores fronteiras urbanas do mundo. O Censo de 1980 mostrava que metade da população amazônica vivia em cidades. Dez anos depois, 58% da população estava urbanizada. Capitais como Manaus, Belém e Porto Velho sofreram declínio de importância regional, conforme certos aglomerados urbanos espalhados pelo interior se organizaram e estabeleceram ligações diretas com os centros econômicos nacionais e internacionais. Mas as capitais tradicionais da região continuam a desempenhar seu papel local, por sediar as sucursais das agências federais, controlar os orçamentos públicos estaduais e manter as máquinas administrativas e burocráticas. No entanto, enfrentam novos desafios, como as massivas imigrações, a criação de mais favelas e o crescimento do setor informal na periferia urbana.

A partir dos anos 1990, a região assistiu a uma mudança urbana bastante drástica, que foi o declínio da cidade de Belém em relação a Manaus. A cidade de Belém, que representava 43,9% da população regional em 1950, caiu para 23,0% em 1990, enquanto Manaus experimentava uma verdadeira explosão demográfica. A vitória da capital amazonense na velha competição entre as duas cidades foi apenas aparente. Mesmo com todo o capital nacional e internacional chegando em Manaus, enquanto as elites de Belém não conseguiam reverter o processo, a capital do Amazonas saiu perdendo como centro urbano. Belém pôde se dar o luxo de preservar seu patrimônio urbano, sua arquitetura eclética, seus parques neoclássicos e suas avenidas sombreadas por mangueiras, enquanto Manaus se deixou atacar pela especulação imobiliária e viu muitos de seus marcos arquitetônicos desaparecerem, em troca de uma arquitetura medíocre. Enquanto a capital paraense soube impor sua cultura e as tradições de sua civilização, a cidade de Manaus foi culturalmente colonizada pela massa de imigrantes oriundos das partes mais atrasadas do país, pessoas originárias do mundo rural, onde não havia nenhuma mobilidade social, nenhuma educação, nenhuma esperança.

É impossível prever o que vai ser culturalmente da cidade de Manaus no futuro, depois que o processo da Zona Franca passar. Belém ainda tem sua importância regional, embora não mais exerça liderança e tenha perdido o posto de portão da Amazônia. É em Belém que ainda estão algumas das agências governamentais importantes, enquanto a cidade de Manaus tende a se transformar num polo tecnológico, num centro de biodiversidade de alta tecnologia. Para que isso aconteça, a capital do Amazonas deve superar a tentação populista, oferecer uma rápida integração das massas de imigrantes através de processos educacionais e culturais, acumulando, ao lado do capital financeiro, um capital intelectual com massa suficiente para fazer de sua população mais do que reserva de mão de obra e energia humana escravizada em prol da expansão global do capitalismo.

A INSTITUCIONALIZAÇÃO DO GENOCÍDIO

A crescente preocupação com a expansão para a Amazônia da frente econômica nos anos 1970, que expôs as populações indígenas a doenças, sofrimentos e morte, levou muitos cientistas sociais a publicar diversos estudos sobre a questão, responsabilizando os projetos da ditadura militar brasileira para a região. Um dos mais importantes foi o ensaio do antropólogo Shelton Davis, *Victims of the Miracle* [As vítimas do milagre], que não pôde ser editado no Brasil. A reação da ditadura foi proibir a entrada do autor em território nacional. O estudo de Shelton Davis, no entanto, marcou um momento na história da antropologia dos povos indígenas da América do Sul, ao expor a estreita cumplicidade entre órgãos do Estado e grupos econômicos multinacionais na composição do modelo de desenvolvimento aplicado na Amazônia, que expropriava sistematicamente recursos dos povos indígenas, que não eram os únicos, mas os mais fracos e desprotegidos. Os projetos megalomaníacos dos militares brasileiros vitimavam as populações tradicionais da região, os migrantes pobres do Nordeste, e milhões de famintos e miseráveis das grandes cidades do sul do país. Os sofrimentos causados aos mais fracos e excluídos se agregavam ao começo das agressões ao meio ambiente, gerando a reação em cadeia que levaria ao inexorável processo de aquecimento global e mudanças climáticas catastróficas no planeta.

A FRONTEIRA ECONÔMICA

O certo é que em quase todas as partes da Amazônia os projetos de desenvolvimento com base no regime da segurança nacional causaram danos irreparáveis aos povos indígenas, levando alguns à extinção. O mais graves é que os militares e tecnocratas, aliados aos grandes capitalistas, não foram os únicos responsáveis — também antropólogos e jornalistas contribuíram para que a situação se agravasse. Dois casos, entre muitos outros numa lista de horrores perpetrados contra as populações indígenas, ilustram bem a ação dos projetos desenvolvimentistas, que não escondiam seus posicionamentos ideológicos no campo da Guerra Fria.

No Brasil, desde o final dos anos 1950, as acusações contra o Serviço de Proteção aos Índios (SPI) apareciam na imprensa, mas nenhuma investigação era levada a efeito. A questão indígena era tratada com sensacionalismo, como o casamento de um sertanista com uma índia, a Diacuí, ou as espetaculosas missões de "pacificação". Os escândalos e os rumores foram se acumulando, até que em 1967 o ministro do Interior, general Albuquerque Lima, ordena uma investigação. O resultado é um documento de 5.115 páginas, em vinte volumes, que afirmava ter "encontrado evidência generalizada de corrupção e sadismo, que ia desde o massacre de tribos inteiras por dinamite, metralhadora e pacotes de açúcar com arsênico ao rapto de uma menina de 11 anos para servir de escrava sexual de um sertanista". O relatório fazia uma extensa descrição de como latifundiários e sertanistas do SPI usaram armas convencionais para exterminar muitas aldeias, mas também praticaram guerra bacteriológica ao introduzirem entre as tribos da selva amazônica o sarampo, a gripe, a varíola e a tuberculose. O relatório revelava os métodos usados por latifundiários e sertanistas para infectar os índios: enviavam um mestiço doente para o meio das aldeias. Os povos indígenas, por não terem imunidade para essas doenças, morriam em grande número, e rapidamente.

Surpreendeu a todos que um general da ditadura militar, num período de censura violenta, abrisse ao mundo o conteúdo de um relatório tão chocante. Mas o general Albuquerque Lima era uma exceção: pertencia ao núcleo nacionalista do Exército, e não concordava com a total subserviência do país aos interesses internacionais, especialmente no caso da Amazônia. Por isso, não apenas divulgou amplamente o documento, como abriu as portas do Brasil para que comissões internacionais viessem ver com seus próprios olhos as medidas que estavam sendo tomadas para coibir os absurdos e dar boas condições de vida aos índios. E mais: extinguiu o Serviço de Proteção aos Índios e criou a Fundação Nacional do Índio (Funai); mandou punir com severidade todos os funcionários e seus cúmplices responsáveis por atos criminosos; e convidou a Cruz Vermelha Internacional para monitorar a situação. Infelizmente, em 1970, com a ascensão ao poder do novo ditador, Emílio Garrastazu Médici, a corrente nacionalista de Albuquerque Lima perdeu influência e em seu lugar entrou o coronel José Costa Cavalcanti, que declarou ter horror a coisa de índio, pois dá azar. Para provar que não estava brincando, decidiu gastar 500 milhões de dólares na construção da rodovia Transamazônica.

Desde os anos 1950, ainda na ditadura de Vargas, os tecnocratas federais sonhavam cortar a Amazônia com estradas de rodagem. Em seu discurso de lançamento da Transamazônica, o ditador Garrastazu Médici declarou que "o problema da Amazônia é que precisa ser conhecida. Para isso é vital que a façamos mais acessível e mais aberta. Assim, a política de meu governo será primariamente direcionada para realizar um gigantesco processo de integração com o duplo objetivo de colonização e exploração".[4]

A construção da Transamazônica trouxe graves consequências para os povos indígenas, ao simbolizar a abertura da região para outras rodovias, símbolos da pujança do milagre econômico. Enquanto os planos dos tecnocratas e dos militares ganhavam contornos megalomaníacos, uma orgulhosa etnia vivia sua vida cotidiana de caça e pesca nas selvas do médio rio Negro, no estado do Amazonas. Eram os waimiris-atroaris, do ramo caribe, que se estabeleceram no território que vai do rio Mapuera, no estado do Pará, aos rios Urubu, Jatapu e Uatumã, afluentes dos rios Negro e Amazonas.

Povo orgulhoso de suas tradições, com uma cultura perfeitamente integrada ao mundo da floresta tropical, os waimiris-atroaris escreveram com bravura uma das mais belas páginas de resistência e perseverança da história da Amazônia. Nenhuma etnia lutou tanto nos tempos recentes para defender seu território. Os embates sangrentos entre índios e brancos

---

4. DAVIS, 1977, p. 54.

foram endêmicos no rio Negro. Os waimiris-atroaris repeliram sempre com violência os brancos que trespassavam sua terra, e há um extenso registro de choques e mortes por quase todo o século XX. Geralmente, os embates se davam nos meses do final do ano, quando os brancos entravam para colher castanha, sangrar as seringueiras, e caçar jacarés e onças. Mas a história dos conflitos com o waimiris-atroaris é longa.

Em 1663, uma missão religiosa entra pelo rio Urubu e é massacrada. Uma expedição punitiva, comandada por Pedro da Costa Favela, queimou trezentas aldeias, assassinou setecentos índios e aprisionou quatrocentos. Nos duzentos anos seguintes, os waimiris-atroaris, mesmo em desvantagem tecnológica e militar, conseguiram manter seu território e recusaram a presença de missionários. Em 1942, durante a batalha da borracha, mais uma vez o território é invadido por seringueiros, com o apoio do governo, como parte do esforço de guerra. O SPI abre um posto no rio Camanaú e tenta atrair os waimiris-atroaris. A resposta foi um ataque fulminante ao posto, que não deixou sobreviventes. Em fevereiro de 1943, outra tentativa do SPI é rechaçada, com mais onze mortos. Impossibilitados de dobrar a vontade dos waimiris-atroaris, seguem-se mais duas décadas sem maiores confrontos, apenas escaramuças com algum ribeirinho mais ousado, que se aventurava em busca de castanhas, e acabava encontrando pequenos grupos de índios, resultando em mortes anônimas que as densas florestas esconderam.

Até que a ditadura militar decidiu construir a estrada BR-171, atravessando por inteiro o território dos waimiris-atroaris. Tal qual a Transamazônica, que ia do nada a parte alguma, a BR-171 pretendia ligar Manaus até a Venezuela, uma rota que mesmo hoje, quase quatro décadas depois, e apesar de todo o processo de globalização, não tem absolutamente nenhum interesse econômico. A estrada serve para transportar mercadoria para o estado de Roraima (a maior parte do comércio continua sendo feita pela rota dos rios Negro e Branco, ou por via aérea), mas é muito mais utilizada por turistas que vão para as ilhas Margarita.

Apresentada à imprensa em 1968, desde o começo os militares do 6º Batalhão de Engenharia (6º BEC) estavam encarregados de executar a obra. O processo de atração e a tentativa de pacificação dos waimiris-atroaris começaram imediatamente, envolvendo diversos órgãos federais, como Funai, Incra, DNER, DER-Am, o Batalhão de Infantaria da Selva e a Igreja Católica através da prelazia de Roraima. Os sertanistas da Funai avaliaram que 3 mil índios habitavam a área, e trabalharam com este número. Baseavam-se em levantamento realizado pelo sertanista Gilberto Pinto, que participou de uma festa entre os waimiris-atroaris e teve a pachorra de contar os participantes.

O processo de atração não foi bem-sucedido e resultou em tragédia: a expedição do padre João Calleri, missionário italiano, à época com 34 anos, foi massacrada em 1968, supostamente na maloca do cacique Maroaga. Em janeiro de 1973, quatro funcionários da Funai foram mortos em ataques dos waimiris-atroaris. No dia 18 de novembro de 1974, quatro operários que desmatavam um terreno foram atacados e mortos, numa ação dos waimiris-atroaris conhecida como o Massacre dos Maranhenses. No dia 28 de dezembro, sob a liderança do cacique Maroaga e seu aliado, o cacique Comprido, os waimiris-atroaris atacaram o posto do Alalaú II e mataram o sertanista Gilberto Pinto. Seguiu-se um período de trégua, em que os índios desapareceram.

Àquela altura, o cacique Maroaga era uma celebridade na imprensa brasileira, chefe de um povo que vivia na idade da pedra, usava armas rudimentares, e ainda assim desafiava o poder do Exército brasileiro. Maroaga era pintado como um assassino frio, possivelmente um homem branco, um bandido venezuelano que se refugiara no Brasil e ganhara a confiança dos índios. Na verdade, Maroaga era um waimiri-atroari, um grande chefe, um homem sábio. Ainda cheio de vigor em seus 60 anos, Maroaga era de natureza afável, gostava de conversar sobre pescarias e caçadas, agia com paciência, controlava os mais arrebatados e preferia a diplomacia à ação. Negociou sempre com aqueles poucos brancos em quem confiava, mas jamais arredou o pé. Nunca aceitou missionários religiosos em suas aldeias e sempre rechaçou a influência da civilização. Num dos momentos mais intensos dos combates dos waimiris-atroaris contra a construção da estrada, Maroaga chegou a atacar um subúrbio de Manaus. Depois do desaparecimento de Gilberto Pinto, nunca mais foi visto. Também o cacique Comprido, que era uns vinte anos mais jovem que Maroaga, foi alvo de campanha difamatória e procurado como criminoso.

Para os militares, os waimiris-atroaris eram quistos a ser removidos do caminho do progresso. De acordo com a ideologia da segurança nacional, todos aqueles que tentassem impedir a consecução de objetivos nacionais permanentes eram inimigos e deveriam ser eliminados. O chefe Comprido não durou muito mais que Maroaga, e provavelmente morreu numa das epidemias de sarampo que grassaram na área após a inauguração da BR-174. Os waimiris-atroaris, que os sertanistas tinham estimado em 3 mil indivíduos, caíram para menos de 332 pessoas. Era a vitória da civilização contra aqueles bárbaros seminus, segundo os militares brasileiros. Após a série de ataques dos waimiris-atroaris, suas aldeias foram atacadas por aviões e helicópteros das forças armadas brasileiras, as populações trucidadas com metralhadoras de grosso calibre e granadas. As lideranças foram caçadas e eliminadas. Há suspeitas de que o padre Calleri tenha sido morto por agentes do Serviço Nacional de Informações (SNI), órgão de espionagem do governo brasileiro. E, como não bastassem os ataques aéreos e as ações isoladas, que surpreendiam as aldeias, cuidou-se de completar o serviço negando aos waimiris-atroaris o tratamento adequado nos casos de epidemias. As autoridades médicas, tanto federais como estaduais, negaram-se a atender aos apelos dos sertanistas da Funai, sob o pretexto de que não havia hospitais em Manaus para cuidar do grande número de doentes. Mais uma vez, a guerra bacteriológica fazia seu trabalho junto a um grupo de indígenas do continente americano, aproveitando-se da deficiência imunológica desses povos quanto às moléstias de origem eurasiana.

Os trabalhadores da estrada trouxeram uma série de moléstias desconhecidas para os waimiris-atroaris, como a gripe, a tuberculose, o sarampo e as doenças venéreas. A partir de 1974, as epidemias começaram a dizimar em massa os índios, tornando desnecessários os ataques com arma de fogo. Em 1987, quando do levantamento da cota de inundação do reservatório da hidrelétrica de Balbina, os técnicos localizaram oito malocas em ruínas. Alguns índios que acompanhavam os técnicos disseram que todos haviam sido mortos pelo Exército. Nunca se apurou nada.

Os waimiris-atroaris ganharam a guerra. Sua reserva foi reconhecida e demarcada, a estrada só pode ser usada durante o dia e até hoje missões religiosas são proibidas. Há escolas nas aldeias e seu idioma é ensinado por professores nativos, em cartilhas e livros didáticos em waimiri-atroari, para crianças e jovens que saberão conviver pacificamente com a sociedade nacional.

Na mesma época e quase simultaneamente, os ianomâmis, parentes dos waimiris-atroaris pelo ramo caribe, estavam passando por um assalto que, se não era semelhante, resultou igualmente em morticínio.

Em 1968, foi publicado nos Estado Unidos um livro de antropologia que se tornaria um grande best-seller, *Yanomamo: The Fierce People* [Ianomâmi: o povo feroz], por Napoleon Chagnon. O livro venderia 4 milhões de exemplares, tornando o seu autor o antropólogo norte-americano mais famoso do mundo. O livro contava a vida em guerra permanente de um povo da idade da pedra, que bem podia ser o último representante de como era a humanidade na pré-história. O povo ianomâmi, definido pelos relatos do antropólogo como sinônimo de agressividade, ganhou fama instantânea.

Napoleon Chagnon era discípulo do grande geneticista James Neel, do Departamento de Genética Humana da Universidade de Michigan. James Neel foi contratado no final dos anos 1960 pela Comissão de Energia Atômica dos Estados Unidos para comparar os genes mutantes entre os sobreviventes de Hiroshima e Nagasaki, usando os ianomâmis como grupo de controle. A pesquisa buscava entender o desenvolvimento natural de genes mutantes em seres humanos, além de preencher as lacunas dos estudos em animais de laboratório e em pessoas. Um dos resultados do programa foi o estabelecimento dos padrões de radiação nos Estados Unidos. Mas, para conseguir seus objetivos, era preciso retirar grandes quantidades de sangue dos ianomâmis, em troca de pequenos objetos, como facas e panelas.

Os cientistas estavam particularmente interessados na reação do organismo ianomâmi frente às pressões de doenças e de como estas e as guerras dizimavam as populações. O dinheiro abundante abriu as portas da Venezuela para os cientistas norte-americanos, e em 1968 os ianomâmis experimentaram a primeira epidemia de sarampo de sua história. Coincidentemente, a epidemia começou exatamente após James Neel mandar inocular os índios com vacinas que, se eram aprovadas para aplicação em crianças norte-americanas saudáveis, eram contraindicadas para pessoas imunocomprometidas e populações indígenas. O resultado foi a morte de 20% da população ianomâmi venezuelana. Não podemos esquecer que, na época, a população ianomâmi era de 25 mil indivíduos.

Os ianomâmis, do ramo linguístico caribe, representam a maior sociedade aborígene ainda intacta do planeta, com uma hierarquia social tênue e nenhuma metalurgia, organizada em grandes casas comunitárias circulares, chamadas shabono. Quase não têm objetos pessoais, plantam em terrenos que desmatam e queimam, mas a maior parte de sua subsistência vem da caça e da coleta, tal qual a humanidade fazia na pré-história. Vestem-se de forma sumária; as mulheres com uma cinta de algodão e os homens com um fio onde amarram o pênis. Seus costumes incluem a prática da guerra ritual, única entre as demais etnias da Amazônia, mas o índice de homicídio é um dos mais baixos. Até o sangue ianomâmi é diferente. Eles possuem um gene mutante exclusivo, não encontrado em nenhum outro grupo humano, além da ausência do fator Diego, o antígeno encontrado nos povos mongóis, incluindo todos os povos indígenas das Américas. É bem provável que a origem dos ianomâmis seja asiática, mas a pele é clara e os olhos cinzentos, o que já lhes deu o apelido de índios brancos. Uma das hipóteses diz que são descendentes dos primeiros caçadores paleolíticos que atravessaram o estreito de Bering 15 mil anos atrás.

Na apresentação de seu livro, Chagnon classifica os ianomâmis como "brutais, cruéis e traiçoeiros", gente cuja moral é a antítese dos ideais da civilização cristã e ocidental. O antropólogo acredita estar fazendo uma viagem no tempo, ao passado remoto da humanidade, afirmando que os ianomâmis representavam o modelo primitivo de fazer guerra, de estrutura econômica e de competição sexual.

Quando Chagnon começou suas pesquisas, em 1964, a região onde viviam os ianomâmis era praticamente desconhecida, o que parecia atrair todo tipo de gente excêntrica, em busca de um povo único ainda não tocado pela civilização. Um antropólogo alemão, do Instituto Max Planck, cometeu suicídio enquanto fazia trabalho de campo. O naturalista norte-americano Charles Brewer, que adorava armas e brigas, aliou-se aos garimpeiros e organizou festas com celebridades do porte de um David Rockefeller e uma Margaux Hemingway em meio a aldeias ianomâmis. Outro antropólogo, de nacionalidade francesa, teve de ser desarmado e amarrado, após um surto psicótico. O próprio Napoleon Chagnon, sob o efeito de alucinógenos, fez-se passar por um poderoso pajé, negociando uma mulher com um dos caciques ianomâmi. E o discípulo de Claude Lévi-Strauss, Jacques Lizot, antropólogo da Universidade de Paris, após viver trinta anos entre os ianomâmis, publicou ensaios revelando as inovações sexuais de alta sofisticação daquele povo altamente erótico. Na verdade, era Lizot quem cultivava uma intensa vida sexual entre os selvagens. O sofisticado francês, considerado um dos maiores conhecedores do idioma ianomâmi, contribuiu também para enriquecer o léxico, pois em muitas aldeias a palavra para coito anal é *Lizo-mou*, ou seja, "fazer como o Lizot".

O impulso que gerou a chegada de Napoleon Chagnon às aldeias ianomâmi partiu de uma convicção errônea do grande geneticista James Neel. Em 1938, Neel explicou como o cabelo ruivo era herdado, e logo ganhou fama internacional ao descobrir o gene da talassemia, uma forma fatal de anemia que ataca pessoas de descendência grega ou italiana. A constatação brilhante de James Neel foi a de que o gene era uma mutação positiva contra a malária, abrindo o campo de estudo para a dinâmica das doenças e a seleção natural. Ele poderia ter recebido o Prêmio Nobel, não fossem suas ideias eugênicas e racistas. Para ele, a sociedade democrática, ao conceder liberdade de reprodução e assistência aos fracos e desvalidos, viola a seleção natural. Em Michigan, nos Estados Unidos, fez campanha para abortar fetos com defeitos físicos, afirmando que impedir o nascimento de aleijados daria uma economia de 75 mil dólares por indivíduo ao estado. Mesmo pequenos defeitos, perfeitamente tratados pela atual medicina, deveriam ser abortados, para não degradar o patrimônio genético da humanidade.

O mais curioso é que, enquanto os eugenistas viam como ápice da criação os brancos e louros europeus, os arianos, Neel considerava os povos indígenas os verdadeiros representantes da raça pura. Em 1957, ele visitou os xavantes, no Brasil central, e concluiu que ali estavam aqueles que caracterizavam os ancestrais da humanidade, que haviam otimizado através de muitas gerações a seleção dos mais fortes e mais aptos. A partir de então, passou a buscar na genética a resposta para as suas inquietações, perseguindo a ideia de isolar o gene da liderança, isto é, aquele que daria a base biológica da liderança. Cabiam em sua teoria povos indígenas como os ianomâmis, porque ele acreditava que seus líderes lutavam pelo controle do maior número de mulheres, e que essas lutas selecionavam o gene dos mais aptos a sobreviver. Por isso, em populações tão pequenas, o gene da liderança tinha mais chances de se reproduzir, como entre certas espécies de macacos o macho-alfa afasta os outros machos de seu harém.

Napoleon Chagnon, que vinha de uma família muito pobre e lutou com dificuldade para fazer seus estudos, também desenvolveu posições de extrema direita. A teoria de Neel está ilustrada na antropologia de Napoleon Chagnon. O lema dos anos 1960 era "faça amor, não faça a guerra", mas Neel e Chagnon provaram que para fazer amor era preciso fazer a guerra. Para esses apóstolos da Guerra Fria e do anticomunismo, os ianomâmis formavam uma explicação perfeita para o caráter natural do comunismo: ao guerrearem por mulheres, esses índios provavam que mesmo numa sociedade sem propriedade privada havia hierarquia. Para completar o quadro, assim como os ianomâmis, os violentos comunistas iam acabar vencendo, caso a democracia continuasse tolerando que os jovens cabeludos se drogassem e evitassem lutar na Guerra do Vietnã.

James Neel nunca conseguiu isolar o gene da liderança, e Napoleon Chagnon foi completamente desmoralizado. Estudos posteriores mostraram que os ianomâmis nem de longe são os povos mais agressivos da Amazônia — os dados de Chagnon eram fabricações grosseiras e suas conclusões eram distorcidas pela ideologia. E pior: na ânsia de provar que a estrutura populacional dos ianomâmis era totalmente ditada pela seleção natural — uma sociedade dominada por chefes agressivos e polígamos, que raramente chegavam aos 50 anos e constituíam um exemplo a ser seguido —, Neel e Chagnon quase levaram seus modelos à extinção. Para provar que a salvação da humanidade estava nos cromossomos dos ianomâmis, eles inocularam vacinas de sarampo do tipo Edmonston A e B. Estas vacinas não eram indicadas para uso entre pessoas com sistema imunológico comprometido ou populações indígenas.

O sarampo era a doença perfeita para o experimento, já que é a mais universal das moléstias, e cujos sintomas são uniformes e muito fáceis de diagnosticar. Doença de massas, o sarampo ataca 100% nas áreas onde não é endêmico, conferindo depois imunidade para o resto da vida. Chagnon poderia ter utilizado a vacina Schwarz, disponível na época, que estava sendo indicada para uso em populações indígenas. O problema é que só a velha

Edmonston trazia um vírus ativo, que se aproximava do vírus selvagem do sarampo em todos os sintomas. Centenas de ianomâmis morreram em 1968, a epidemia seguindo os passos dos cientistas.

Tal qual o regime nazista, Neel e Chagnon registraram todas as suas atividades, gravando, fotografando e filmando. Os ianomâmis foram a etnia mais filmada e fotografada dos anais da antropologia, mas em 1993 a juíza venezuelana Nilda Aguillera expulsou Chagnon e seus comparsas das terras ianomâmi. O escândalo gerou círculos concêntricos, começando nos morticínios no meio da floresta até os altos escalões da política na Venezuela. No dia 4 de fevereiro de 1992, o pronunciamento militar intentado pelo então tenente-coronel Hugo Chávez, que cercou o palácio do governo com tanques e teve seu quartel-general atacado por aviões de combate, trazia entre os seus motivos o escândalo dos ianomâmis. Mais tarde, eleito presidente, Hugo Chávez vai tomar uma série de medidas favoráveis às etnias venezuelanas, expulsando organizações supostamente religiosas norte-americanas, como o Summer Institute of Linguistics.

Terence Turner, antropólogo da Universidade de Chicago e especialista em Amazônia, assim se expressou sobre o caso: "Não temos o direito de condenar os garimpeiros, os militares, os missionários ou os governos da América do Sul, se não tivermos a coragem de olhar o papel que os nossos próprios antropólogos desempenharam no caso da tragédia ianomâmi."[5]

A AGRESSÃO AO ECOSSISTEMA

Esse modelo de desenvolvimento regional baseado em grandes projetos, imposto por um regime autoritário, acabou por trazer graves consequências para a Amazônia e seu povo. As principais distorções hoje são bastante óbvias, mas o cerceamento da liberdade de expressão, a repressão e o sistemático assassinato de lideranças populares impediram que fossem denunciadas e combatidas na época.

---

5. TIERNEY, 2000, p. 11.

O problema mais em evidência hoje, produzido diretamente por tal modelo imposto pelo regime militar, é o da degradação ambiental em processo acelerado. Segundo os mais conservadores levantamentos, apenas na Amazônia brasileira, aproximadamente 11% da cobertura vegetal da região foi destruída irremediavelmente até o ano de 2001. A pecuária e o uso do solo predominam nessas áreas por toda a região. Entre 1990 e 2003, o rebanho bovino na Amazônia cresceu de 26,6 milhões de cabeças para 64 milhões, um aumento de 140%, segundo fontes do Instituto Brasileiro de Geografia e Estatística (IBGE). Mas as sociedades nacionais que possuem a Amazônia ainda não se deram conta dos conflitos de interesses em desenvolvimento na região e dos danos irreversíveis causados ao meio ambiente.

Entre 1965 e 1970, a Amazônia foi a rota final de milhares de imigrantes do sul do Brasil. O governo militar tratava de resolver o problema agrário que crescia no extremo sul num momento em que as tradicionais fronteiras de São Paulo e Paraná estavam esgotadas. O sistema agrário do sul passava por um processo de modernização das práticas agrícolas acompanhadas de créditos e incentivos fiscais, levando um grande número de pequenos proprietários rurais a vender suas terras. No começo dos anos 1960, o sul estava expelindo mais gente do que podia absorver. Pará, Maranhão e Rondônia foram os estados que receberam um grande número de colonos. Numa única década, a fronteira deslocou e empurrou para a Amazônia 10 milhões de pessoas.

Sobre essa questão, deve-se ter uma visão correta, evitando cair no catastrofismo de certos defensores de nossa integridade, que não foram convidados por nós a fazer nossa defesa, mas que insistem em soluções salvacionistas, sem nenhuma base científica, que reduzem a Amazônia, da mesma forma que os militares o fizeram, a um território sem tradição cultural ou histórica, que precisa ser ocupado por suas boas intenções. O ambientalista Thomas W. Fatheuer comenta que

> A ecologização total da Amazônia esvazia a região de suas características sociais. É fácil de compreender por que, no modelo de equilíbrio ecológico, todas as intervenções humanas são classificadas como prejudiciais. Exagerando: o homem aparece, a não ser que seja índio, como destruidor, como

predador. Ele nem poderia deixar de sê-lo. A crítica ao desenvolvimento da Amazônia se volta, assim, não contra um modelo histórico, econômico e socialmente determinado de apropriação, mas contra todo e qualquer aproveitamento humano".[6]

Mas a pressão humana está totalmente estabelecida e consolidada pelos projetos de colonização e as investidas dos grupos agropecuários. Os impactos ambientais nessas áreas são mais intensos que nas fronteiras de ocupação por causa da maior fragmentação da floresta e das atividades industriais urbanas.

No final dos anos 1970, a fronteira amazônica já se encontrava fechada, com as melhores terras ocupadas, extensos latifúndios em mãos de especuladores e grupos agropecuários gozando de incentivos fiscais. Com o fim da ditadura, o governo da Nova República poderia ter realizado a reforma agrária, expropriando as terras das mãos dos especuladores, na maioria sem titulação legal ou até mesmo falsa. Seguem-se a velha omissão e o oportunismo do poder público brasileiro, que não cuidou de evitar o caráter destrutivo da expansão agrícola, e se absteve de realizar um efetivo controle social, permitindo que os desmatamentos prosseguissem.

Provavelmente, a mais séria das omissões foi a falta de controle sobre o processo de ocupação. Já no começo dos anos 1980, as melhores terras estavam registradas em nome de latifundiários e especuladores. Para as terras restantes, os colonos precisavam ter à disposição novas tecnologias que impactassem menos o meio ambiente, porém o governo brasileiro não apenas foi negligente como, em muitos casos, também contrário às novas medidas.

A GUERRILHA DO ARAGUAIA

Como estratégia para derrubar a ditadura militar e promover a revolução socialista no país, o Partido Comunista do Brasil (PCdoB) enviou 69 militantes para a região do rio Araguaia, entre as cidades de Marabá e Conceição do

---

6. FATHEUER, 1993, p. 39.

Araguaia. Quase todos esses militantes eram gente da cidade, acostumada a fazer política nos meios urbanos do Rio de Janeiro e de São Paulo.

Chegaram à região e, depois de superar o enorme impacto cultural, começaram a se infiltrar em comunidades camponesas de remotas localidades, como Xambioá, Itaipavas, Palestina, São Geraldo e São João do Araguaia, onde davam aulas de alfabetização, prestavam pequenos atendimentos médicos e tentavam ganhar o povo para a causa da revolução.

Em 1972, a ditadura militar considera um acinte a presença daqueles jovens na região, embora a guerrilha fosse localizada, não gozasse de grande apoio popular e militarmente não representasse perigo algum. Um decreto presidencial passa ao Conselho de Segurança Nacional a jurisdição de todas as atividades de colonização e projetos industriais implantados na Amazônia, restringindo o poder dos governadores e demais autoridades civis locais. E, para debelar a guerrilha, desencadeia a chamada Operação Presença, deslocando milhares de soldados e utilizando métodos convencionais de combate. Vale ressaltar que a censura violenta nos meios de comunicação do país impedia que a opinião pública tomasse conhecimento dos eventos no Araguaia.

Durante um ano, o Exército nada consegue. Promove ações que caem no ridículo e seus comandantes passam a ser motivos de piada entre os outros oficiais do Exército brasileiro. Em 1973, sob o comando do capitão Sebastião Rodrigues de Moura, o capitão Curió, pequenos grupos de paraquedistas, seguindo a receita anti-insurreição que os militares dos Estados Unidos tinham aperfeiçoado no Vietnã, desenvolveram uma campanha de terror entre a população civil, ao mesmo tempo que ofereciam uma série de atendimentos, com postos médicos e odontológicos, bem como o fornecimento de carteiras de trabalho e de identidade.

Em 1974, a guerrilha estava esmagada e quase todos os seus componentes mortos — na verdade assassinados após rendição. A morte daqueles jovens, no entanto, não foi em vão. Naquele mesmo ano, movimentos sindicais ligados aos trabalhadores rurais da Amazônia começavam a sacudir a região, exigindo justiça e terra.

OS CONFLITOS DE TERRA

Outra consequência terrível da política dos grandes projetos foi a expulsão dos camponeses e trabalhadores do extrativismo de suas posses e glebas. Milhares de famílias foram tiradas de seus lares e empurradas para a desagregação. Os conflitos de terra aumentaram de intensidade, a partir de 1970, gerando focos críticos, como a região do "bico do papagaio", no sul do Pará, ou os estados de Rondônia e Acre.

O crescimento da organização desses trabalhadores mereceu um reforço no sistema repressivo, com ameaças, prisões, deportações e, finalmente, o assassinato puro e simples, com a conivência da polícia. Centenas de líderes camponeses tombaram sob as balas dos jagunços, como foram os casos dos sindicalistas Wilson Pinheiro e Chico Mendes, no Acre.

Além dos trabalhadores, os povos indígenas sofreram inúmeras agressões e violências. Os parakanãs, por exemplo, perderam seu território para a Transamazônica e a hidrelétrica de Tucuruí. Os arawetés e os assurinis ficaram ameaçados pelo complexo hidrelétrico de Altamira. Em toda a Amazônia, os povos indígenas sofreram enormes abusos por parte do Estado brasileiro, tendo esses anos de desenvolvimento econômico representado o ocaso para diversas culturas.

Tanto a questão dos índios como os conflitos fundiários indicam que o modelo de desenvolvimento foi direcionado deliberadamente para uma ocupação territorial por parte de proprietários não residentes na região. Também representarem a tendência de os projetos agropecuários predominarem sobre os industriais, o que significa a negação da Amazônia aos seus próprios habitantes. No final, esses grandes projetos acabaram por se tornar um esforço governamental para tentar fazer a indústria nacional sair da crise que se abateu a partir de 1981, provocando na Amazônia apenas um espasmo capitalista.

A CULTURA POPULAR NA PÁTRIA DO MITO: O FESTIVAL FOLCLÓRICO DE PARINTINS

Como área econômica periférica, mas dotada de unidade histórica e dinâmica cultural, a Amazônia já teve tempo de desenvolver instrumentos políticos e sociais capazes de articular, após algum tempo, uma reação competitiva em relação a tais "modelos externos". Porque sua economia é vez por outra condenada à autossuficiência, especialmente nos períodos em que perde sua inserção no mercado internacional, a Amazônia parece tender ao isolamento. Nada mais falso. A Amazônia foi inventada para estar ligada ao mercado internacional — foi esta a principal diretriz do processo de colonização. Por isso, é uma região que facilmente desenvolve seu relacionamento com o exterior, se há vantagem nisso, como comprovam o garimpo e o narcotráfico, após o colapso dos grandes projetos. Mas o melhor exemplo de sua capacidade de mobilização, e de estabelecer um diálogo entre a sua própria tradição e o mundo externo, é a realização do Festival Folclórico de Parintins.

Realizado anualmente nos dias 28, 29 e 30 de junho, desde 1965, o Festival organiza-se em torno da competição entre dois grupos folclóricos, os bumbás Garantido, da cor vermelha, e Caprichoso, da cor azul. Numa época em que tudo é espetáculo, certas manifestações populares coletivas tornaram-se uma espécie de chamariz para as manifestações de puro exibicionismo televisivo. Mas o Festival Folclórico de Parintins é não apenas um grande espetáculo de massas, que sabe usar a seu favor os veículos da comunicação, como se transformou na maior e mais importante manifestação cultural dos povos da Amazônia na virada do século XX para o XXI. Um espetáculo que aparentemente tem mais a ver com a indústria cultural do que com a cultura tradicional ou rústica. E é isso que impressiona, porque o Festival de Parintins tem o dom de fazer com que duas coisas supostamente incompatíveis permaneçam lado a lado num mesmo sistema canônico. Dança dramática tradicional e espetáculo de massas como duas faces de uma mesma moeda, em que tradicionalismo e métodos de produção cultural em série se confundem num único resultado.

Por isso, o Festival de Parintins, como manifestação de folclore, é algo que não cessa de surpreender, de escandalizar os puristas. Aliás, investir contra Parintins, especialmente usando conceitos populistas, é remar contra a corrente, é desviar a atenção do principal. Primeiro, porque é uma manifestação popular autêntica, pois busca a forma clássica, e faz a releitura de uma das mais enraizadas formas de dança dramática popular, que é o boi-bumbá, cujas raízes se perdem na aurora da civilização latina. É, também, um grande espetáculo de massas, que não recua frente à tecnologia ou ante aqueles preceitos que dizem que entre o povo nada muda ou pode mudar.

O melhor de tudo é que o Festival de Parintins faz anualmente a revisão orgulhosa do imaginário amazônico, seduzindo todos os brasileiros e muitos estrangeiros. E se ainda conserva fragmentos de um mundo rústico, em aparente processo irreversível de extinção, o que se vê é um espetáculo que clama a plenos pulmões a vontade de um povo. Trata-se de uma ousadia.

Que persista o caráter ousado do Festival de Parintins. Em suas jornadas, mais do que subserviência aos ditames da tradição estagnada, o que logo fascina é o aspecto simbiótico das imagens que a coreografia monumental desenvolve na arena. Nesse sentido, a coreografia é como uma filha mais velha da tradição latina, que vem da Roma Antiga; é ela mesma uma persistência conservadora. E os espetáculos populares de Roma, desde os seus primórdios, com sua vocação para grandes espaços abertos, exigiam dos espectadores, por sua duração e desenvolvimento, dotes de paciência. E é preciso ter paciência e estar intimamente envolvido para que se possa sobreviver ao carnaval ou ao Festival Folclórico de Parintins.

O Festival de Parintins, mesmo na sua vocação para o gigantismo operístico, tem seu caráter tradicional e folclórico ressaltado pelo fato de que cada uma das versões anuais é concebida nos parâmetros do boi-bumbá típico, mas cada uma dessas versões anuais é uma releitura distinta, fiel apenas ao desejo de cada um dos bumbás envolvidos de surpreender o outro e arrancar-lhe a primazia da surpresa.

Mas a percepção de que o Festival de Parintins encerra uma nova linguagem não é facilmente absorvida pelos puristas. De um lado, para o povo que se engaja nos folguedos, vale muito mais o que está representado ou não do que a fenomenologia dos velhos bumbás itinerantes, que percorriam as ruas mal iluminadas das cidades amazônicas dos anos 1950. De outro lado, esse é um pecado mortal para os imobilistas. Ou seja, o olhar do observador supostamente crítico, por ser conservador, é exigente, mas pobre, já que se contenta com o visível, quer a nitidez, clama pelo previsível. Ora, os brincantes de Parintins se rebelaram há muito contra essa camisa de força reducionista. De outro lado, as políticas culturais do Estado desistiram de acompanhar a cada vez mais complexa economia de certas festas populares, como o carnaval de rua do Rio de Janeiro e São Paulo, ou certas festas do Centro-Oeste. Como as manifestações folclóricas jamais poderão ser confundidas com artes cênicas, e como a elite intelectual tem demorado para reconhecer a superação do conceito de folclore, a compreensão do Festival de Parintins ainda tem encontrado dificuldades em se desvencilhar da noção de que não passa de uma deformação superdimensionada pela cultura de massas para ser encarada pelas políticas culturais como uma forma de expressão e conhecimento do mundo. O mais curioso é que foi exatamente a superação do conceito estagnado de cultura popular que trouxe para o foco da crítica a questão das chamadas culturas rústicas, ou seja, depois da enorme exuberância do carnaval, o exótico passou a invadir a cultura dita refinada e veio plasmar a sua visualidade, decretando a morte da cultura popular que nunca escapa do primitivismo. Assim, quando já não é mais a busca da permanência, mas o fenômeno da expressão no espaço e no tempo, que ilumina a cultura popular no Brasil hoje, tanto os bumbás de Parintins como os desfiles no Sambódromo são obras do velho e antigo mundo rústico que agora se recuperam enquanto linguagem e expressão.

Mas a junção final entre a obra de arte popular integral do limiar do século XXI e a autêntica recepção pelo público ainda está por se realizar. A superação da estética renascentista, teleológica e vinculada à física newtoniana, pela estética do final de milênio, entrópica paralela a física einsteiniana, embora efetiva desde o início deste século fragmentário, ainda não se efetivou nas psicologias do cotidiano, e é aqui que entram as políticas culturais. Boi-bumbá e carnaval, já foi dito, permaneceram fora dos sistemas canônicos porque não cumprem as exigências dos conceitos folclóricos originários da era vitoriana. Mas as manifestações populares perderam a ingenuidade, já não pedem licença a ninguém e se dão o luxo de buscar inspiração e técnica nas chamadas expressões nobres, como o grande teatro, a ópera e o balé.

O boi-bumbá sempre foi utilitário, e se passou a ser grande produção é porque, a partir do final do século XX, as manifestações do rústico ganharam uma batalha importante. A descompressão política trazida pelo Estado democrático tirou a polícia das manifestações populares, e em Parintins, como tem acontecido sempre, o povo ocupou imediatamente o espaço. Uma questão de reafirmação da identidade cultural, pois como disse o poeta João de Jesus Paes Loureiro:

> Em Parintins vem ocorrendo o desdobramento histórico dos ideais de busca de autonomia artístico-cultural reconhecido no Movimento Modernista brasileiro de 1922: o Brasil espelhando-se no Brasil. Naquela fase, a cultura nacional procurou inspirar-se na regional, alimentando-se [...] dos mitos e temáticas amazônicas. No caso do boi de Parintins, face às novas possibilidades oferecidas pelos meios de comunicação social, especialmente a TV, é a cultura regional que se vale de qualidades expressivas da cultura nacional.[7]

A CULINÁRIA AMAZÔNICA

A cozinha amazônica é a mais original vertente da culinária americana. É a contribuição de raiz, com a sua morfologia pré-colombiana e o seu sabor pescado nas profundezas das águas tépidas dos grandes rios, seus condimentos garimpados nas sendas perdidas da grande floresta. É uma cozinha que evoca paladares ancestrais, quando o mundo era jovem e os povos do grande vale construíam suas civilizações sem a presença dos brancos. Um naco de tucunaré, um pedaço de paxicá de peixe-boi ou um bocado de sarapatel de tartaruga remete à velha morada dos deuses das terras do sem-fim.

Já se disse que hoje os deuses selvagens foram banidos da região, o status ontológico da Amazônia passou a ser traduzido pelo potencial de energia elétrica de uma cachoeira ou a viabilidade econômica de uma mina de manganês. Tartarugas e peixes-bois estão em processo de extinção, graças a essa ideologia míope de progresso que nos chega truncada e mal assimilada por tecnocratas de pouca imaginação e políticos conformistas.

---

7. LOUREIRO, 1995, p. 172.

Mas a cozinha amazônica é a mais patente prova da superioridade cultural das civilizações indígenas na Amazônia. Durante mais de duzentos anos, entre 1530 e 1790, os europeus constataram a sua própria inferioridade. Para sobreviver, tiveram de se adaptar aos costumes da terra, despir seus trajes de veludo e suas armaduras pesadas, e reencontrar as roupagens da primeira criação. É possível que essa superioridade cultural tenha arranhado seriamente o narcisismo europeu, porque os colonizadores pareciam desbotados tapuias, estirados nus nas confortáveis redes de cipó tucum, atendidos por perfumadas cunhãs que lhes ministravam elaborados cafunés.

A mesa amazônica no período colonial era puramente indígena, um festim permanente de peixes moqueados, caças e frutas da estação. Embora ainda não fosse moda, tomar o vinho do açaí era costume muito apreciado. Mesmo na alimentação de autoridades e soldados, poucos traços restavam da culinária portuguesa, e há casos de funcionários coloniais retornados ao reino que quase morreram de tanta nostalgia, especialmente pelas iguarias inventadas pela cozinha indígena.

Olhando aquela Amazônia pagã e pondo de lado os preconceitos salvacionistas dos missionários católicos, o que se vê é menos um sinal de decadência que de sabedoria dos colonizadores. Num clima equatorial úmido, com um verão constante, por que se aprisionar em roupas pesadas de casimira ou veludo? O natural era cair na tentação de seguir os nativos, que transitavam em trajes de Adão e respondiam aos argumentos do pecado original com um olhar de sedução.

Ah! Como devia ser uma delícia viver naquela Amazônia indígena, não fossem os aspectos cruéis e discricionários da sociedade colonial. O próprio padre Antônio Vieira não cessou de denunciar as barbaridades cometidas contra os índios, mas foi uma pena que ele não conseguisse perceber o lado vitorioso das culturas indígenas.

Na Amazônia dos primeiros tempos, seria impensável uma cena como a dos puritanos da América do Norte convidando os índios para um jantar de Ação de Graças. Para começar, eram os índios que estavam sempre convidando os brancos, como tinham feito com Francisco Orellana em seu trajeto pelo rio Amazonas, embora quase sempre a retribuição fosse a captura e a escravização dos índios. Em segundo lugar, os índios certamente teriam uma péssima impressão da cozinha europeia, ao provarem um pedaço do insípido peru, prato típico dos norte-americanos no jantar familiar do dia de Ação de Graças.

Diz um velho axioma que comer é conhecer. Por isso mesmo todas as grandes culinárias do mundo são formas de conhecimento, sistemas de sinais culturais transmitidos através do paladar e da inteligência. Um tempero sutil ou agressivo, a ênfase em certos aspectos do reino animal e a apresentação dos pratos são formas explícitas e reveladoras de uma civilização. Sendo o ato de comer algo tão vital quanto o sexo, as convenções e construções culturais que se tecem em torno dessas duas atividades, por envolver sensações primárias, são em geral desafios para as comunidades humanas. A culinária portuguesa anterior aos descobrimentos era um conjunto de cozinhas cujas receitas se baseavam na carne, na proteína animal. Depois das grandes navegações, ela se torna uma culinária também marítima e não é à toa que em língua portuguesa (como o norueguês) é possível denominar todos os peixes e crustáceos dos oceanos. O que se nomeia se digere.

Na medida em que a Amazônia nasce da expansão europeia, e vai se consolidando concomitante às transformações das culinárias espanhola e portuguesa, o povo da região acabou por nos beneficiar. A mesa amazônica é extensão direta das navegações e do amor europeu pelo sólido e pelas grandes misturas. Na América do Sul, embora a versão do banquete puritano tenha sido a deglutição do bispo Sardinha, os europeus encontraram gente refinada nos tratos da boca e do sexo.

Com os povos indígenas da Amazônia os europeus aprenderam a moderação nos condimentos, no uso do sal e nas virtudes do alimento consumido ainda fresco, sem defumações ou secagem ao sol. Alguns grupos nômades se alimentavam preferencialmente com frutos, bulbos, raízes, túberas e palmitos, além da caça assada na fogueira ou secada ao sol e ao vento. Outros, os que realmente fundamentaram a cozinha amazônica e a arte culinária brasileira, porque viviam sedentariamente em suas malocas, seus caçadores e pescadores usavam técnicas refinadas de captura de presa, suas cozinhas já contavam com forno e fogão, e a refinada cerâmica lhes assegurava uma alimentação que transcendia a mera subsistência.

Os grupos aruaques, por exemplo, sempre se destacaram por suas receitas de peixe, suas bebidas fermentadas e pelo uso de utensílios de cerâmica ricamente ornamentados. Uma parte sólida da cozinha amazônica é herança direta dos aruaques, que sempre prepararam pratos ainda hoje de grande reputação entre os caboclos amazônicos. Outros povos, como os goitacás, buscam no alimento a conquista de poderes sobrenaturais enquanto os tukanos se alimentam com uma variedade enorme de grãos, ervas e frutas, mas são rigorosos na seleção de peixes. Estes, por exemplo, jamais comem a piraíba, uma espécie de peixe de grande porte, que chega a atingir quatro metros e é capaz de devorar um homem. Segundo um mito tukano, quando a Maloca dos Mortos fica lotada, algumas almas são atiradas no rio e se transformam em piraíbas. Assim, um tukano não come uma piraíba porque poderá estar comendo a própria avó.

Os povos indígenas da Amazônia não legaram apenas a rede que nos embala o sono e alguns animais amansados pelas suas mãos. Eles também nos deram uma cozinha que merece ser celebrada com reverência e um necessário sensualismo. É o banquete da cozinha gerada no coração dos mitos, temperadas pelas mãos das amazonas guerreiras, saboreadas por guerreiros incansáveis e legada generosamente a nós por essas culturas que se desvanecem. A Amazônia estará viva enquanto soubermos saborear com deleite um pato no tucupi, uma cuia de tacacá, uma caldeirada de jaraqui ou um tambaqui assado na brasa.

O NARCOTRÁFICO

É curioso constatar que entre 1800 e 1950, período em que o comércio se torna realmente mundial, a folha da coca e seus produtos derivados eram naturalmente aceitos como mercadorias lícitas, tal qual o café e o tabaco. Comerciar a folha da coca era tão honesto quanto vender os derivados do café e do tabaco.

Durante a primeira metade do século XX, especialmente o entreguerras, qualquer pessoa adulta podia adquirir certos narcóticos nas farmácias sem risco de ser molestado pela polícia. Nem os farmacêuticos ou fabricantes eram criminalizados. Não há estatísticas para os efeitos dessa facilidade de consumo e a saúde das pessoas, mas é muito provável que o número de viciados não fosse alarmante. O que não se podia prever é que uma decisão nos Estados Unidos de proibir a produção, venda e o consumo de bebida alcóolica, fruto do puritanismo, viesse ter consequências no comércio da coca.

A proibição, que durou de 1920 a 1933, não chegou a afetar a indústria das bebidas alcóolicas, nem se espalhou pelo mundo, mas a lei seca, ao desafiar a criatividade dos que não podiam viver sem um gole, acabou disseminando por todo o país as mais diversas formas clandestinas de se consumir bebidas. Esses locais, de vez em quando invadidos pela polícia, desempenharam um papel fundamental para a difusão do blues e do jazz. Infelizmente as consequências não se limitaram ao campo da música popular.

A proibição deu outra dimensão ao crime. O consumo de bebidas alcóolicas está fortemente enraizado nos costumes da civilização ocidental. A produção de vinhos, licores e destilados é um segmento tradicional do mercado; não seria o puritanismo norte-americano que lograria destruir essa arraigada cultura. A verdade é que a demanda caiu muito pouco, e apenas entre os consumidores mais pobres. A sede dos endinheirados estimulou o surgimento de um mercado negro, formando-se uma cadeia para trazer o produto da fonte ao consumidor. Isso exigia uma nova organização criminal, que tivesse estratégia, controle da distribuição, logística e capacidade de contornar sem atrito os agentes da lei. E a atividade ilícita ganhou uma nova estrutura: o crime organizado como empresa.

Nunca mais bandidos roubando trens no distante Oeste ou duplas do tipo Bonnie & Clyde assaltando bancos em cidadezinhas poeirentas. O crime ganhava a estatura de grande empreendimento, hierarquizado, especializado, feito grandes corporações como a General Motors ou o Morgan Trust. Se tomarmos o conceito sociológico da vida social das coisas, essas novas corporações criminais se capacitaram para suprir toda a cadeia de mercado, da fonte ao consumidor, garantindo segurança aos clientes e proteção aos seus operadores. Revogada a proibição, essas corporações criminosas migraram para outras "commodities", como o lenocínio, o jogo e o descaminho. Seus códigos éticos eram restritivos e durante anos resistiram ao tráfico de drogas, à atividade de latinos, de gente inferior.

Enquanto isso, a cadeia produtiva da folha da coca seguia indiferente ao que ocorria nos Estados Unidos. Afinal, era um sistema produtivo antigo, milenar, consumido desde o Império Inca como um chá milagroso, do imperador ao camponês. Nesse sentido, a folha de coca estava mais do que legitimada como parte do mercado mundial de matérias-primas. Novamente usando o exemplo do café e do tabaco, a folha de coca era produto originado no mundo antigo, embora em regiões exóticas, periféricas, territórios colonizados pelos europeus. A coca era endêmica nos Andes, domesticada pela longa história das populações andinas, por isso é difícil entender o motivo de não ter mantido seu prestígio no mercado mundial. Pior: demonizada e banida.

O começo da queda provavelmente tem início em 1866, com a sintetização do alcaloide, chamada de cocaína. A descoberta mostra o interesse da indústria farmacêutica, que, além do chá, passa a vender a cocaína como remédio nas farmácias. A medicina se encanta com as propriedades anestésicas do alcaloide. É o breve momento de sucesso antes da queda. O centro da industrialização da folha da coca e de seus derivados se solidifica na Alemanha. Berlim passa a ser a grande produtora e exportadora dos produtos. Ao mesmo tempo, no Japão, crescem alguns produtos à base de cocaína, não exatamente com escopo medicinal, mas recreativo.

Os Estados Unidos não ficariam de fora da exploração desse novo produto, especialmente pelo fato de ser produzido no que eles consideravam sua área de influência. Antes de tudo, tornam-se os maiores consumidores de cocaína, ao ponto de durante a Primeira Guerra Mundial as autoridades acusarem os inimigos alemães de exportadores de drogas.

Nos anos 50 do século XX, percebe-se novamente o puritanismo beligerante dos norte-americanos em ação, atacando a cocaína e as demais drogas, apesar de terem inventado, nos anos psicodélicos, a cultura da droga, e consumindo largamente a maconha e demais drogas sintéticas. A relação de amor e ódio dos Estados Unidos com as drogas é um caso à parte. Mas a estranha simbiose cultural entre individualismo e belicismo não seria a composição adequada para a permanência da cocaína na legalidade.

A declaração de guerra à cocaína pelos Estados Unidos, recrudescida nas últimas décadas do século passado, provoca uma mudança substancial nos produtores da droga. O mercado norte-americano se torna o maior do mundo, o que por si só explica o volume de negócios ilícitos em cidades como Los Angeles, Chicago, Nova York, Miami, Washington etc. O estreito contato entre os traficantes latino-americanos e as organizações mafiosas, de convivência difícil e radicais distinções de métodos operacionais, obrigará os latinos a evoluir para suplantar a máfia tradicional. Relegando ao passado as famílias mafiosas, os latinos criam gigantescas organizações, transnacionais, mas solidamente fincadas na América Latina. Por volta do final do século XX a indústria da cocaína faturava entre 50 a 100 bilhões de dólares, montante maior do que o produto interno bruto de muitos países. O novo modelo delimitou um novo território de produção, destilaria e exportação, mantendo os Andes como matriz tradicional e o ocidente amazônico como área de plantio.

A nova rota do produto estava finalmente estabelecida e sua organização industrial ganhou o porte das multinacionais. É curioso tanto o fumo como o álcool, que produzem efeitos deletérios no corpo humano, terem conseguido se manter abrigados na legalidade da distinção cultural. O poder econômico dos cartéis, o domínio efetivo de territórios, o controle dos mercados, o poder que emana sem qualquer impedimento, até mesmo de dentro de prisões de segurança máxima, desafiam a própria supressão desse mercado através da pura repressão.

A proibição da bebida alcoólica deu em Al Capone, uma criatura operística, modesta em ganhos e poder, em comparação com os senhores dos cartéis, frios e cruéis, como os especuladores do mercado financeiro, que se nutrem da proibição e da guerra. Demonizada, a cocaína é a vingança da periferia, que das escarpas andinas e das entranhas sombrias da selva amazônica desembarca no epicentro do poder, vitoriosa pela lógica suprema do mercado capitalista.

Em 1975, o general Ramón Arturo Rincón Quiñones, do Exército colombiano, foi assassinado quando trabalhava na investigação de ramificações dos negócios da cocaína dentro de sua própria corporação. Segundo a imprensa de Bogotá, os mandantes do crime estavam entre os oficiais do próprio Ministério da Defesa. Essa teia de corrupção e conivência, que começou a esgarçar as estruturas da sociedade colombiana a partir dos anos 1970, era fruto da valorização do produto, que chegava a ser vendido em Nova York por 20 mil dólares o quilo, facilmente produzido com folhas que não custavam mais que 200 dólares na selva.

Mas a Colômbia era uma novata no ramo. O Peru, com uma cultura andina na qual a mastigação da folha da coca é parte essencial, já estava com laboratórios montados na selva amazônica desde o ciclo da borracha. Eis por que, nos anos 1970, foi o único país a publicar suas estatísticas. Segundo os peruanos, 4 milhões de quilos de coca eram anualmente consumidos pelos índios, e 770 mil quilos eram negociados legitimamente com os fabricantes de Coca-Cola, sendo outros 66 mil quilos para a indústria farmacêutica. Acontece que a produção anual peruana era de 15 milhões de quilos, significando que, aproximadamente, 75% eram destinados ao tráfico ilegal. Em 1979, as autoridades peruanas calcularam que os traficantes tinham faturado, exportando coca para os Estados Unidos, cerca de 2 bilhões de dólares. Nenhuma atividade legal oferecia tamanho lucro, já que as exportações legítimas tanto do Peru como da Colômbia não excediam juntas 1 bilhão de dólares.

Mas o que se deve ressaltar é que, na Amazônia, uma indústria tão importante como a da cocaína necessariamente acaba ficando nas mãos da elite política e social que domina as áreas de cultivo e produção. De outro lado, o contexto da indústria da cocaína nos anos 1970 era o das leis de segurança nacional, por onde se pode perceber a existência de formas de pressão geradas pelos centros de consumo e a presença de uma corrente subterrânea que ligava a economia do narcotráfico amazônico com as tendências semelhantes de outras áreas da América do Sul e com a ampliação do negócio doméstico da cocaína nos Estados Unidos.

Os efeitos perversos da economia da cocaína decorrem da rápida substituição dos cultivos tradicionais pelo da coca; encarecimento dos mesmos produtos agrícolas que precisam ser importados; e surgimento e influência de grupos de novos-ricos fora da lei, afetando a estrutura social, e a poluição ambiental devido ao despejo dos componentes químicos usados no refino do produto.

CRISES DA MODERNIDADE

Certamente a Amazônia, como prova a sua própria história, é uma região acostumada com a modernidade. Nos quinhentos anos de presença da cultura europeia, experimentou os métodos mais modernos de exploração. Cada uma das fases de sua história regional mostra a modernidade das experiências que foram se sucedendo: agricultura capitalista de pequenos proprietários em 1760 com o marquês de Pombal, economia extrativista exportadora em 1890 com a borracha, e estrutura industrial eletroeletrônica em 1970 com a Zona Franca de Manaus. Os habitantes da Amazônia, portanto, não se assustam facilmente com problemas de modernidade, o que vem provar que a região é bem mais surpreendente, complexa e senhora de um perfil civilizatório que o falatório internacional faz crer. Não é por outro motivo que a Amazônia continua um conveniente mistério para os brasileiros.

Afastando-se os entulhos promocionais, as falácias da publicidade e a manipulação dos noticiários de acordo com os interesses econômicos, nota-se que a Amazônia vem sendo quase sempre vítima, repetidamente abatida pelas simplificações, pela esterilização de suas lutas e pela neutralização das vozes regionais. Sem a necessária serenidade, e visão crítica da questão a partir de um projeto de sociedade nacional, os brasileiros deixam-se levar pela perplexidade quando não sucumbem definitivamente à propaganda.

A questão da região amazônica é sem dúvida fundamental para entendermos bem a diversidade do Brasil. Mas nem sempre foi possível o acesso ao passado da grande planície. Por isso, chamo atenção para o trabalho de reestruturação dos arquivos públicos brasileiros. Como o que foi feito em Belém, permitindo que os pesquisadores tivessem acesso a informações até então inéditas, algo muito importante para o estudo da formação do Brasil e da integração da Amazônia ao Estado brasileiro.

O Brasil é fruto de um conjunto de paradoxos, entre pobreza e riqueza, modernidade e arcaísmo. É necessário analisá-los para entender a formação do país. É preciso levar em conta também as particularidades do modelo colonial português.

Não podemos esquecer que na sua origem a Amazônia não pertencia ao Brasil. Na verdade, os portugueses tinham duas colônias na América do

Sul: uma descoberta por Pedro Álvares Cabral, em 1500, e governada pelo vice-rei do Brasil; a outra, o Grão-Pará, descoberto por Vicente Yañes Pinzon em 1500, logo após a terceira viagem de Colombo à América, quando batizou o rio Amazonas de mar Dulce, mas efetivamente ocupada pelos portugueses a partir de 1630. Esses dois Estados se desenvolveram distintamente até 1823, data em que o império do Brasil começou a anexar o seu vizinho. A violência era naquela altura a única via possível, tão diferentes eram as estratégias, a cultura e a economia dessas duas colônias. A Amazônia então não era uma fronteira: é um conceito que foi inventado pelo império e retomado pela república.

No Grão-Pará e Rio Negro, a economia era fundada na produção manufaturada, a partir das transformações do látex. Era uma indústria florescente, produzindo objetos de fama mundial, como sapatos e galochas, capas impermeáveis, molas e instrumentos cirúrgicos, destinados à exportação ou ao consumo interno. Baseava-se também na indústria naval e numa agricultura de pequenos proprietários. O marquês de Pombal nomeara seu próprio irmão para dirigir o país, com o intento de reter o processo de decadência do império português que dava mostras de ser incapaz de acompanhar o desenvolvimento capitalista.

Nesse contexto, os escravos tinham uma importância menor do que nos outros lugares. O país desfruta, além disso, de uma cultura urbana bastante desenvolvida, com Belém, construída para ser a capital administrativa. Ou a sede da capitania do Rio Negro, Barcelos, que conheceu um importante desenvolvimento antes de Manaus, e para a qual recorrera-se ao arquiteto e urbanista de Bolonha Giuseppe Antonio Landi. Em compensação, a colônia chamada Brasil dependia amplamente da agricultura e da agroindústria, tendo, portanto, uma forte proporção de mão de obra escrava.

Em meados do século XVIII, tanto o Grão-Pará como o Brasil conseguem criar uma forte classe de comerciantes, bastante ligados à importação e exportação, senhores de grandes fortunas e bastante autônomos em relação à metrópole. Mas enquanto os comerciantes do Rio de Janeiro deliberadamente optaram pela agricultura de trabalho intensivo, como o café, baseando-se no regime da escravidão, os empresários do Grão-Pará intensificaram seus investimentos na indústria naval e nas primeiras fábricas de beneficiamento de produtos extrativos, especialmente o tabaco e a castanha-do-pará.

A anexação da Amazônia marcou o começo de um novo processo, o qual, provavelmente, aos olhos das elites do Rio de Janeiro, só poderia ser à força. Para as elites do Grão-Pará, o incidente das cortes, liberais internamente, mas recolonizadoras para fora, e a intimidade com as ideias da Revolução Francesa, adquirida na tomada e ocupação de Caiena, fizeram perceber que a via da república era mais adaptada à América que um regime monárquico. Os ministros do jovem e impetuoso imperador brasileiro não podiam admitir tal coisa. Entre 1823 e 1840, o que se vê é um processo de provocação deliberada seguida por uma severa convulsão social e a consequente repressão. Se é que se permite a comparação um tanto audaciosa, foi de certo modo como se o Sul tivesse ganhado a Guerra de Secessão nos Estados Unidos. Com a repressão, a Amazônia perdeu 40% dos seus habitantes. A anexação destruiu todos os focos de modernidade. Entre o império e as oligarquias locais, nenhum diálogo era então possível.

Se o Brasil é geralmente dado no exterior como um país de emoções, de irracionalidade, um país primitivo ou até folclórico, não podemos esquecer, no entanto, que ele herdou da colonização portuguesa uma grande capacidade de organização e de planejamento, assim como uma preocupação afirmada com os detalhes. Os portugueses sempre fixaram objetivos para si mesmos. Previam cada um de seus passos no continente latino-americano. Não consta na crônica da conquista a existência de portugueses em busca da fonte da juventude, tampouco puseram um pé na água para declarar, como fizeram os espanhóis, que se tinham apossado do oceano Atlântico inteiro. Se o império não tivesse tido que se haver com a Amazônia, ou, como disse José Honório Rodrigues, se não tivesse passado o tempo inteiro reprimindo revoltas populares, podemos estar certos de que o processo de expansão territorial do Brasil teria atingido as margens do Pacífico. A Amazônia passou, portanto, a ser uma fronteira entre uma zona de cultura brasileira predominante e um subcontinente onde se fala francês, holandês, espanhol e português. Além disso, 32 idiomas são praticados no Rio Negro, verdadeiras línguas e não dialetos. Temos de um lado dessa fronteira uma cultura brasileira em plena expansão, e, do outro, culturas originais, pré-colombianas, vivas até hoje, as quais, vale lembrar, estiveram muito tempo na frente das outras, em particular do ponto de vista da técnica, antes de ser submersas pelo processo de integração.

Mas a tragédia da região não poderá ser também a sua redenção? A oposição arcaísmo × modernidade não estaria sendo vista ao avesso? A experiência da modernidade já foi feita na região. Mas os tecnocratas e o governo central foram incapazes de favorecer a aceitação de experiências locais no processo de integração econômica. Isso aparece claramente com o exemplo da criação de gado: a chegada do boi só foi uma tal catástrofe para a Amazônia porque o modelo agropecuário foi imposto a um estado, o Acre, onde não havia tradição de criação de gado, e que por causa disso perdeu sua cobertura florestal tradicional. Por que não usaram, em vez disso, as zonas tradicionais de pasto, como as existentes no baixo Amazonas, na região de Óbidos, Alemquer e Oriximiná, ou em Roraima, cuja superfície é superior à de todos os pastos europeus reunidos? Esse é exatamente um caso em que a integração econômica foi feita em detrimento da história e da tradição locais. E, no entanto, a arrogância não ficou apenas com os tecnocratas do governo militar. Um contingente imenso de salvadores da Amazônia estabeleceu suas agendas com base em conclusões apressadas.

Por exemplo, as soluções de neoextrativismo propostas por Chico Mendes destinavam-se apenas a dois ou três municípios. Alguns quilômetros além, não serviam mais. Era, portanto, absurdo focalizar-se nelas e apresentá-las como soluções de uso geral na região, como fizeram alguns ecologistas e certos movimentos de defesa locais. Nos parâmetros políticos de 1985, quando a ideia foi gerada, a luta por tais reservas extrativistas estava perfeitamente explicada. No entanto, foi um conceito que muito foi alargado desde então, a ponto de se tornar uma das mais usadas medidas "de preservação" do governo Sarney e, em termos políticos amplos, como espécie de proposta geral para a região, pois o futuro da Amazônia estaria em sua total regressão à economia extrativista.

Se o extrativismo imprimiu a face econômica da Amazônia, foi capaz também de formar uma sociedade peculiar e uma cultura, determinando uma estrutura social com interesses bem definidos. Estou convencido de que Chico Mendes, meditando sobre o caráter dessa sociedade, especialmente sobre a decadência do proprietário extrativista, desenvolveu as primeiras ideias sobre o projeto tático das reservas extrativistas. Era uma forma de mobilizar os seringueiros para a defesa da propriedade extrativista, já que os proprietários estavam enfraquecidos, postos à margem pelo modelo econômico agropecuário e especulador.

Os proprietários extrativistas, entre eles os seringalistas, raramente se preocupavam com a terra. Eles controlavam a produção extrativa, financiavam a safra. Não eram exatamente senhores da terra, ou fazendeiros, mas apenas "dominadores" das áreas de matéria-prima, como castanha, piaçava, madeira, batata, sorva e borracha. Era, por certo, uma classe com características rurais no trato das relações de trabalho, mas a sua criatividade estava na capacidade de dinamizar a produção extrativa. Essa classe estabeleceu o controle da terra, abrangendo grandes áreas produtivas. O seu controle dos meios de produção limitava-se, basicamente, ao controle das áreas extrativas, já que no relacionamento com a natureza o proprietário extrativista não avançava o seu controle, não havia a preocupação do cultivo, da pesquisa, e a mão de obra era apenas considerada força de trabalho. Essa característica especial do proprietário extrativista deu ao trabalhador da frente extrativista algumas peculiaridades que o fez, por exemplo, diferente do camponês do latifúndio nordestino, ainda que este tenha sido a matriz humana daquele.

No extrativismo, a produção assumia um interesse vital, não durava o ano todo, e do trabalhador era exigido não apenas uma massa de produto produzido, mas também arrancar esse produto pelo sobretrabalho. É que no extrativismo, como forma arcaica de produção, o valor de troca estava muito próximo do valor de uso. O cálculo do salário, portanto, estava intimamente ligado à quantidade da produção do trabalhador. Era uma força de trabalho que valia quanto pesava, determinada inclusive pela necessidade de ser mantida na produção à custa de abusos sociais, como a obrigatoriedade do consumo no comércio do proprietário e a sistemática estrutura policialesca do patrão impedindo o trabalhador de abandonar a produção.

Uma economia como a extrativista, que nem sequer formou uma oligarquia firme em seus propósitos, não poderia servir de modelo de restauração salvadora. Os proprietários extrativistas foram saindo de cena, consumindo o melhor de sua energia e capacidade criadora no exercício de sobreviver a qualquer custo. Durante o tempo em que estiveram parasitando a natureza da região, os extrativistas relacionaram-se com os grupos hegemônicos do país através de uma lamentável sublimação política. Fingiam que tinham o poder, encenavam os seus desejos e, no final, acabavam por conciliar, seguindo a reboque com a sensação do dever cumprido.

Chico Mendes não estava fazendo nenhum tipo de apologia restauradora de uma página negra da história regional ao propor a luta pela transformação dos seringais acreanos em reservas. Ele sabia que tais reservas eram soluções muito localizadas, que não respondiam nem ao menos ao problema do Acre, quanto mais de uma área continental, diversificada, como a Amazônia brasileira. Tratava-se, como era de se esperar, de um objeto tático, que visava a barrar a invasão da economia especulativa e promover um alerta para a destruição de uma região cujos recursos biológicos nem mesmo estão plenamente conhecidos.

Falar, portanto, que o destino da Amazônia é a regressão ao extrativismo, mesmo a um extrativismo idílico, socializado e místico, é mais uma vez atropelar a própria Amazônia. De qualquer modo, vamos supor que fosse possível fazer da Amazônia uma imensa reserva extrativista, um enorme playground para todos os diversos pirados da terra. Bem, esse é o sonho nada improvável da poderosa indústria farmacêutica internacional, dos grupos econômicos que trabalham com a biotecnologia, com a engenharia genética e a etnobiologia. Assim, mais uma vez, deseja-se que a Amazônia ofereça o que tem, mas que fique em seu lugar, como território primitivo, de gente primitiva, que não deve jamais ter acesso a essas tecnologias e ao controle econômico de seus produtos.

O certo é que se o extrativismo na Amazônia não está morto, deve ser definitivamente erradicado por qualquer plano que respeite o processo histórico e a vontade regional. Mesmo porque a Amazônia não deve ser reserva de nada, nem celeiro, nem estoque genético ou espaço do rústico para deleite dos turistas pós-industriais.

Se o modelo econômico brasileiro insiste em destruir riquezas que nem sequer foram computadas, movido por puro imediatismo econômico, não se deve agravar mais a região impondo-se soluções aparentemente ditadas pelo espírito da solidariedade. Especialmente porque contra os abusos é possível resistir, mas não há nada que se possa fazer contra a solidariedade.

Na realidade, a Amazônia foi reinventada pelo Brasil, que lhe propôs a sua própria imagem. Os moradores da Amazônia sempre se espantam ao ver que, talvez para vendê-la e explorá-la melhor, ainda apresentam sua região como habitada essencialmente por tribos indígenas, quando há muito tempo existem cidades, uma verdadeira vida urbana, e uma população erudita que teceu laços estreitos com a Europa desde o século XIX. Aliás, nisso residem as maiores possibilidades de resistência e de sobrevivência dessa região. Com efeito, os povos indígenas da Amazônia nada conseguirão se não se apoiarem nessa população urbana, a única que se expressa nas eleições e exerce pressão sobre a cena política. É pelo jogo das forças democráticas que o problema da exploração econômica da Amazônia poderá encontrar uma solução. Portanto, é preciso reforçar as estruturas políticas regionais. A Amazônia conta com uma população de 20 milhões de habitantes e 9 milhões de eleitores, o que não é pouca coisa.

Embora se orgulhe de ter "absorvido" a Amazônia, o Brasil não aniquilou suas peculiaridades. Continua havendo uma cozinha, uma literatura, uma música da Amazônia. As trocas entre ambas as culturas são muitas, e isso é bom. A exploração da Amazônia pode esclarecer com proveito o projeto de modernidade do Brasil. As favelas, a má distribuição de renda e a desigualdade social decorrem menos da pobreza de certas regiões, que obriga seus moradores a emigrar, do que das opções políticas adotadas pelos grandes latifundiários e donos de grandes empresas, ou seja, por aqueles que detêm o capital, os donos do império brasileiro.

Vale sempre lembrar que em mais de um século de existência a revista *Punch* jamais se dignou a falar do Brasil. Somente o tremendo alarido em torno dos problemas ambientais na região amazônica seria capaz de atrair a atenção desse bastião de sarcasmo britânico. Nessa única citação brasileira, uma espécie de editorial deliciosamente desabusado, a revista congratulava-se com o cinismo dos ambientalistas europeus e norte-americanos por finalmente ter encontrado o Brasil, bizarro país tropical em acelerado processo de autodestruição, mestiço e pobre, um perfeito substituto em termos de saco de pancadas para o Japão, o país que mais sistematicamente tem agredido o meio ambiente, mas que por ser rico e tecnologicamente avançado não pode ficar na alça de mira dos bem-pensantes.

O texto da *Punch* é mais que um sintoma, é um claro reflexo do grande fenômeno promocional em que se transformou o ecologismo, e um típico produto das aceleradas mudanças políticas que estão ocorrendo no mundo. Os agressivos efeitos de um modelo econômico imposto à Amazônia nos anos 1960, com resultados desastrosos, especialmente para as populações tradicionais, ganharam sons exacerbados nos últimos anos, produzindo uma multiplicidade de vozes, de denúncias, de ameaças, de propostas, sempre envergando o escudo da solidariedade, que acabou por obscurecer ainda mais o problema brasileiro da Amazônia.

DO SERINGAL À FAVELA

As cidades tradicionais da Amazônia eram culturalmente integradas, embora marcadas pelas cíclicas crises econômicas e pelo abandono político por seus centros nacionais. As populações cultivavam uma rica mescla de tradições culturais indígenas e ibéricas, alicerçadas por uma pequena e sólida rede educacional. Eram cidades que usufruíam de uma cultura orgânica, coerente, perfeitamente inteligível para a esmagadora maioria de sua população. Abruptamente, nos anos 60 do século XX, desaba uma série de regimes militares no continente. Em cada país foi implantado o que se denominou regimes de segurança nacional, caracterizados por supressão das liberdades de expressão, desprezo pelos direitos humanos e projetos econômicos baseados no capitalismo selvagem. Muitos dos projetos econômicos mais pareciam ações do colonialismo europeu na África no século XIX, como o feroz neoliberalismo no Chile, a intensificação das investidas petroleiras nas terras indígenas do Peru e o esfacelamento estratégico da Amazônia brasileira.

Esse programa de abrangência continental fez da Amazônia o cenário da maior urbanização predatória do planeta, o que foi um desastre em qualquer quadrante do horizonte. O caso mais emblemático aconteceu entre 1968 e 1970. A cidade de Manaus passou de cerca de 300 mil habitantes para 600 mil, e deve chegar aos 3 milhões antes de 2020. Sabemos o que isso significa: não há mais retorno. A favelização gera mais favelização. Boa parte das cidades pequenas, médias e grandes sofreram na Amazônia explosões demográficas semelhantes, gerando terríveis consequências, especialmente por se tratar de explosões demográficas provocadas não pelo aumento exponencial da taxa de natalidade dos nativos, o que teria sido possível se houvesse planejamento e acompanhamento. Pena que essa explosão foi causada por uma maciça imigração. Nenhuma cidade amazônica estava preparada para isso. O Distrito Industrial de Manaus, por exemplo, planejado para absorver 50 mil operários com baixos salários, tornou-se um polo de atração para os deserdados dos bolsões de miséria mais próximos da capital amazonense. Essa massa de imigrantes provinha de áreas do mundo rural, território dos latifúndios, onde não contavam com educação, sistema de saúde, trabalho ou segurança. Esse tipo de massa carrega um dilaceramento cultural profundo, e, por isso, em sua nova terra de eleição, não consegue estabelecer vínculos ou compreender a cultura que os recebe, sem que os poderes públicos e a sociedade proporcionem meios de recepção e integração. Infelizmente, isso não aconteceu. Levas e mais levas de imigrantes sem qualificação, analfabetos, sem documentos, despidos de identidade, foram espalhados em invasões que se transformaram em favelas — algumas viraram "cidades". No final do século XX, aportavam na região aproximadamente 140 famílias por dia, que logo se transformam numa massa de lumpesinato que vai soterrando os nativos e colonizando culturalmente os espaços conquistados. O tecido social da região se esgarça e torna ainda mais essa humanidade pasto para a exploração. De outro lado, em áreas como o leste do Peru, o sul da Colômbia e o oeste do estado do Pará, as pequenas e históricas cidades perderam suas estruturas econômicas e sua demografia. Hoje a cidade paraense de Juruti tem mais habitante mourejando na periferia de Manaus que em suas ruas.

Nessa realidade sombria, fruto da desídia dos poderes públicos e da inércia da sociedade civil, a percepção política e a integridade da cultura se degradaram. O sistema educacional foi incapaz de evitar o esquecimento do passado, porque não conseguiu passar aos que chegaram o que era ser gente da Amazônia, os valores amazônicos.

Aliás, ninguém, nenhuma instituição ou segmento social, percebeu o que se passava e logrou impedir a catástrofe. As mentes foram invadidas por essa avalancha de cultura imediatista, deixando no caminho uma camada de rusticidade, de ignorância sobre o que é viver numa estrutura urbana, terreno fértil para a atual permissividade. No interior dessa nova composição social desapareceram as tradições culturais, o respeito pela paisagem e pela configuração da sua própria cidade. Surgiu uma massa indistinta, despersonalizada, sem autoestima, movida pelas emoções mais primitivas, vítima da indústria cultural que lhe injeta o que há de mais vulgar. Essa população é primariamente escrava da televisão, que lhe oferece entretenimento, meias verdades como informação e normas de conduta que só desagregam os valores já em si rotos.

No caso das vilas e cidades das barrancas dos rios, a situação ainda é mais dramática. Embora o isolamento não seja mais tão desesperador como até os anos 1960, e a oferta educacional tenha se ampliado com a presença de campus avançados das universidades públicas e até particulares, a dilaceração cultural se processa pela exposição direta às comunicações de massa, sem que antes essa população tenha atravessado as etapas históricas que permitissem exercer discernimento crítico. De resto, as cidades do interior seguem sem bibliotecas públicas, cinemas e teatros, e são expostas compulsoriamente ao lixo da indústria cultural. Portanto, o mal está feito. O estigma da incivilidade que se colou à região cada vez fica mais difícil de ser superado. As suas manifestações podem ser vistas em quase todos os momentos da vida amazônica. Manifestações de brutalidade, a ascensão do crime organizado ao lado dos crimes violentos por motivos fúteis, a falta de educação, os parcos hábitos de higiene, o desrespeito deliberado aos códigos de postura que regem a vida nas cidades e a escolaridade insuficiente transformaram o convívio em mero exercício de sobrevivência. E uma sociedade que apenas sobrevive mergulhou na barbárie.

SEJA FEITA A VONTADE DO SENHOR

A presença de missionários, especialmente cristãos, já faz parte da história da Amazônia. Desde a chegada dos europeus que a responsabilidade pela ocupação do território foi dividida entre os soldados e os religiosos. Para o bem e para o mal, os agentes da religião atuaram entre os nativos na conquista de suas almas e no preparo de seus corpos para que se resignassem aos desígnios de Deus e se submetessem ao poder de El Rei.

Embora nem sempre funcionassem de forma semelhante, as diversas ordens religiosas católicas estiveram presente e tomaram decisões em nome dos povos da Amazônia, e defenderam interesses que se chocavam com os do poder dito temporal. Justiça seja feita, foram os representantes do cristianismo que pela primeira vez levantaram a voz para denunciar as condições trágicas dos nativos sob o julgo dos colonizadores. Não há como não mencionar os padres Bartolomeu de Las Casas e Antônio Vieira — sem esquecer que este mesmo Vieira e seu confrade jesuíta, padre Baltazar Barreira, formularam engenhosas teorias para justificar o tráfico de escravos, especialmente de negros africanos. Mas isso foi no período colonial. Na segunda metade do século XX, surgiu um novo tipo de missionarismo cristão estabelecendo-se nos mais distantes rincões da Amazônia, com uma diferente relação com o mundo dos negócios. Foi uma verdadeira invasão, que começou na selva, entre as etnias, e transbordou para os centros urbanos, ocupando as periferias e as favelas da América do Sul.

No século XIX, o colonialismo europeu, tanto católico como reformado, instituiu missões de novo tipo na África, em suas respectivas colônias. Criaram escolas, combateram as práticas religiosas tradicionais como formas de paganismo e impuseram os seus idiomas para extinguir os falares tribais. O modelo colonial desenvolvido na África, cujo conteúdo ideológico e político não era ostensivo nas antigas missões, recebeu novos retoques modernizadores na sua adoção no continente americano. Para começar, os novos territórios não eram mais formalmente coloniais; haviam passado por movimentos de independência nos últimos cem anos e se transformaram em estados nacionais, que cultivavam ciosamente suas identidades. Não era, assim, uma tarefa simples; não se tratava mais de populações mergulhadas em culturas tribais, mas habitantes de repúblicas. Para completar, essas nações quase sempre se opunham aos objetivos e planos dos Estados Unidos, país de origem dos novos emissários da palavra de Deus.

Os missionários fundamentalistas de nova forma, praticantes do que hoje se conhece como evangelismo de resultados, apareceram nos anos 1920, no Novo México, na reserva dos índios pueblos. Esse povo estava em situação desesperadora — de um lado, o ataque de pastores da Igreja batista; do outro, os agentes do Bureau of Indians Affairs (BIA), órgão de assuntos indígenas do governo federal norte-americano. Os batistas queriam que os pueblos abandonassem seus costumes e aceitassem o cristianismo. O BIA os pressionava para que deixassem suas terras. A situação era insustentável: estavam malnutridos, as crianças doentes e os adultos desesperançados, mas firmes em repudiar os pastores batistas e seus discursos repetidos em tons histéricos, repletos de ameaças de danação eterna no fogo do inferno.

Um dia, uma caravana de carros chega à reserva pueblo, de onde desembarca um homem de meia-idade, de olhar tímido, e mais três jovens. Ninguém podia imaginar que ali estava um dos homens mais ricos do mundo. Seu nome era John D. Rockefeller Jr., e com ele estavam seus filhos, John, Laurence e Nelson. Era um passeio que faziam, e ali assistiriam a uma apresentação de dança dos pueblos, pela qual haviam pagado 30 dólares. Os Rockefeller eram proprietários da Colorado Fuel and Iron Company, que operava nas montanhas do Colorado, ao norte dali. Os dançarinos pueblos não tinham a menor ideia de que ali estava o homem que financiava os pastores batistas.

Revelava-se no deserto do Novo México o padrão do novo modelo missionário, suas ligações com a plutocracia e o poder econômico. Essa aliança tem sido fundamental para a penetração de seus militantes, que, vistos de perto, não exatamente preenchem o estereótipo de fanáticos que lutam contra a maré montante do racionalismo e a visão científica do mundo, e a contradizem frontalmente, pois acreditam que é necessário converter todo mundo para que a profecia da segunda vinda se cumpra.

A partir de meados dos anos 1960, o esforço de ocupar a América Latina ganha um grande impulso, graças ao apoio político e financeiro de Nelson Rockefeller, o então adolescente de 18 anos que havia assistido à dança dos pueblos. Durante a Segunda Guerra Mundial, Nelson Rockefeller, mesmo contra a vontade do governo brasileiro, desenvolveu e financiou o Amazon Development Plan, do qual os missionários evangélicos eram peças fundamentais, ao lado de geólogos e engenheiros, com estreita presença de agentes da CIA. Logo a região foi tomada por missões religiosas norte-americanas, espalhando-se por toda a Amazônia. Organizações missionárias como a Worldwide Evangelization

Crusade (WEC), a New Tribes Mission e o Summer Institute of Linguistics (SIL International). E quase que imediatamente começam a aparecer na imprensa histórias de religiosos que manipulavam contadores Geiger e não exemplares da Bíblia, e outros que colecionavam pedras ou exemplares da flora. Essas missões eram bem equipadas, com transporte fluvial e aéreo.

Nos meses que antecederam o golpe de 1964, os Estados Unidos se esforçaram para que o Brasil não escapasse de sua influência. O apoio ao golpe militar hoje é fato comprovado. Mas enquanto a Igreja Católica e a Igreja Luterana, embora tivessem inicialmente apoiado o golpe, logo tomaram a dianteira no confronto contra as ações do regime militar, as confissões evangélicas sorrateiramente entravam nas periferias das cidades e até mesmo nos pequenos povoados do interior do país. Os evangélicos ocupavam um vácuo religioso deixado por um catolicismo politizado ainda mal aclimatado no tradicionalismo brasileiro. Em 1968, o *Jornal do Brasil* denunciava um detalhe desconhecido do massacre sofrido pelo povo cinta-larga, no Mato Grosso. De acordo com a notícia, todos os funcionários do Serviço de Proteção aos Índios, lotados nos postos avançados daquela região, eram missionários de nacionalidade norte-americana, e que os índios haviam recusado o cristianismo. Esses elementos seriam membros do SIL, cujo nome verdadeiro é Wycliffe Bible Translator, e teriam sido omissos à ação dos grileiros de terra que haviam perpetrado o crime. Na época, negaram ter acontecido qualquer genocídio na área.

Com o crescimento exponencial dessas organizações fundamentalistas no Brasil, e pela América Latina, as igrejas acabaram escapando do controle original, generalizando-se como verdadeiras corporações da fé, coletoras de dízimos, disseminadoras do conformismo, fontes de conservadorismo e da política de direita, combatentes ferozes do Estado laico. Na verdade, esse bilionário segmento da piedade não necessita mais das conexões comprometedoras do passado. Trabalham com um mercado inesgotável de criaturas fragilizadas pela baixa escolaridade, pelo subemprego e demais mazelas do subdesenvolvimento.

Mas não há como esconder suas origens nem a quem servem. Nasceram no coração da plutocracia, comungam dos antigos propósitos de segurar a marcha da história, de manter esses territórios no circuito de uma teologia que desconfia das liberdades democráticas.

A TEORIA DA SUSTENTABILIDADE ECONÔMICA

Hoje é muito comum falar no conceito de desenvolvimento sustentável. Até mesmo a linguagem da publicidade utiliza o termo para vender seus produtos. Esvaziado de seu significado mais profundo, o termo rapidamente se transformou num jargão que parece tudo explicar. Para os formuladores do conceito, a questão da sustentabilidade é crucial para a sobrevivência da Amazônia, já que, devido ao caminho que o processo de ocupação econômica está seguindo, nada restará da selva como hoje a conhecemos. No caso da Amazônia, um ecossistema muito volátil, embora guarde a maior diversidade de espécies vivas que o planeta já teve em qualquer era, o avanço das frentes destrutivas tem configurado uma catástrofe, queimando e passando a motosserra em espécimes que jamais chegaremos a conhecer.

O planeta Terra tem cerca de 4,5 bilhões de anos, e pode seguir por mais 5 bilhões de anos. Os planetas do Sistema Solar são estéreis. Somente nossa Terra originou organismos e fez evoluir vida inteligente. Mas, nas próximas décadas do século XXI, veremos desaparecer milhares, talvez milhões de espécies. A maioria das vidas que se extinguirão está na Amazônia, que também será destruída, como selva e ecossistema. Mesmo que visões pessimistas e apocalípticas não sejam aceitas, é preciso compreender que em pouco mais de uma geração esse quadro se cumprirá. O fim da Amazônia arruinará o solo, mudará o clima em escala global e resultará numa extinção mais radical de espécies que a que ocorreu no Cretáceo, 64 milhões de anos atrás. Naquele passado remoto, a colisão de um corpo celeste com a Terra escureceu os céus e matou 50% das espécies existentes. A vida vai resistir e sobreviver à doença capitalista, como sobreviveu ao impacto do asteroide. É nesse quadro de iminente catástrofe que se inscreve a teoria do desenvolvimento sustentável.

A primeira regra da sustentabilidade, no seu aspecto econômico, social ou ecológico, é a que diz que o meio ambiente deve se manter através dos tempos com as mesmas características fundamentais. Parece ter sido o caso da relação estabelecida pelos povos indígenas com a Amazônia, mantendo o equilíbrio através das práticas de sistemas tradicionais que se desenvolveram em milênios de seleção natural. Infelizmente, não há dados para julgar o quanto o meio ambiente mudou com a intervenção indígena, mas é possível inferir que se ajustou, sem traumas, ao manejo das sociedades tribais. É certo que o meio ambiente tem sua dinâmica própria e se transforma mesmo sem a intervenção humana, mas, no caso da Amazônia, nos dias de hoje, há muito poucos lugares que não foram desequilibrados pela pressão das frentes econômicas, exercendo transformações brutais na região.

O que leva à segunda regra, que enuncia uma taxa de uso dos recursos naturais renováveis abaixo de sua taxa de renovação. O problema dessa segunda regra é que ela esbarra entre a natural demanda das sociedades humanas e a lógica do sistema capitalista, que nada tem a ver com demanda natural. Vale dizer que no cálculo da produção, fabricação e comercialização dos produtos deveriam estar computados os valores dos recursos naturais, na mesma proporção dos insumos e do capital variável.

Provavelmente, a aplicação dessa segunda regra põe em xeque a terceira, que propõe ao sistema econômico uma rentabilidade razoável e estável através do tempo para que o manejo sustentável continue atraente para aqueles que nele se engajam. Não é por nada que alguns dos exemplos de sustentabilidade ocorrem em comunidades pré-capitalistas, com pouco ou nenhum contato com as economias das nações abrangentes ou com o mercado internacional. Porque os produtos dessas comunidades se sustentam economicamente, mas não seriam rentáveis se inseridos no mercado capitalista, os projetos de sustentabilidade limitada podem ser exibidos como uma vitória.

Allan A. Wood, professor do Instituto Amazônico de Investigações (Imani), da Universidade Nacional de Colômbia, em Letícia, em seu ensaio "La búsqueda de sostenibilidad en los sistemas productivos amazônicos", trata o conceito de sustentabilidade sem nenhuma dramaticidade, tornando a questão mais científica, considerando a questão como uma economia que não advém da rentabilidade, mas da capacidade de prover todos os recursos, que pode incluir renda. O dinheiro, assim, é parte necessária de qualquer unidade de reprodução do sistema produtivo e de suas unidades de produção. Ou seja, a sustentabilidade ocorre quando o fator econômico existe enquanto utiliza recursos escassos ou frágeis na produção de bens e serviços de valor para determinada sociedade. Vista desta perspectiva, a sustentabilidade econômica encontra seu ápice ao aceitar a rentabilidade, sua gradação, até mesmo a não rentabilidade. Por isso mesmo, a teoria serve de advertência e alerta que, faltando a sustentabilidade econômica em determinada situação dada, se os interesses envolvidos não encontrarem uma saída que satisfaça ao conjunto de interesses, há o desaparecimento dos recursos, seguidos da descapitalização e perda de mercado, resultando em pobreza que leva a destruição ambiental e conflitos sociais.

Como podemos perceber, não há uma solução de sustentabilidade que não esteja baseada na dinâmica das forças sociais, na tecnologia e nas formas socioculturais heterogêneas. Por muitos séculos, o colonialismo e o capitalismo trataram de subdesenvolver a Amazônia, despovoando-a na busca de mão de obra, destruindo sua diversidade biológica e fazendo terra arrasada de suas culturas milenares. Para que o conceito de sustentabilidade se torne alternativa de sobrevivência, é preciso evitar a tentação do primitivo, a ressurreição de experiências desastrosas do passado, como o extrativismo. Para o futuro da Amazônia, não há diferença em criar uma reserva-extrativista ou desmatar a selva para plantar soja; ambas são parte da mesma retórica, da mesma inconsequência. No Acre, reservas extrativistas, justamente por não encontrarem mais uma saída factível para seus produtos extrativistas, se voltaram para a criação de gado, aumentando o desmatamento e a pobreza.

O conceito de sustentabilidade é uma grande conquista da ciência, e deve valer para todos os projetos econômicos, no interior da selva amazônica ou no Japão. Na Amazônia, deve deixar o gueto das comunidades primitivas e ganhar outros segmentos mais avançados, capazes de desenvolver tecnologias e pactuar os requisitos de proteção ao nosso planeta. No Japão, a sustentabilidade também deve estar presente como um compromisso de que a preservação da natureza não é exclusiva das sociedades emergentes do terceiro mundo, mas uma obrigação de toda a humanidade.

A humanidade merece sobreviver?

Bibliografia

ABREU, Capistrano de. *Capítulos de História Colonial*. Brasília: Conselho Editorial do Senado Federal, 1998. (Coleção Biblioteca Básica Brasileira).
AB'SABER, Aziz Nacib. A Cidade de Manaus. In: *Boletim Paulista de Geografia*, São Paulo, v. 15, 1953.
_____. *Amazônia*: do discurso à práxis. São Paulo: Edusp, 1996.
ACUÑA, Cristóbal de. *Nuevo Descubrimiento del Gran Rio de Las Amazonas*. Buenos Aires: Emecé, 1942.
AGASSIZ, Luiz; AGASSIZ, Elizabeth. *Viagem ao Brasil, 1865-1866*. Belo Horizonte: Itatiaia; São Paulo: Edusp, 1975. (Coleção Reconquista do Brasil).
ALLEGRETTI, Mary H. Reservas extrativistas: parâmetros para uma política de desenvolvimento sustentável na Amazônia. In: Anderson, Anthony et al. *O destino da floresta*: reservas extrativistas e desenvolvimento sustentável na Amazônia. Rio de Janeiro: Relume Dumará, 1994.
ALMEIDA, Alfredo Wagner Berno de. *Carajás*: a guerra dos mapas. Belém: Falangola, 1994.
ALMEIDA, Anna Luiza Osório de. *The Colonization of the Amazon*. Austin, TX: University of Texas Press, 1992.
ÁLVARES, Maria Luiza Miranda; SANTOS, Eunice Ferreira dos; D'INCAO, Maria Angela. *Mulheres e modernidade na Amazônia*. Belém: Cejup, 1997.
AMAZONAS, Lourenço da Silva Araújo e. *Dicionário Topográfico, Histórico, Descritivo da Comarca do Alto-Amazonas*. Manaus: Associação Comercial do Amazonas, 1984.

AMORIM, Antonio Brandão de. Lendas em Nheengatu e Português. In: *Revista do Instituto Histórico e Geográfico Brasileiro*, Rio de Janeiro, t. 100, v. 154, n. 2, 1926.

ANDERSON, Anthony et al. *O destino da floresta*: reservas extrativistas e desenvolvimento sustentável na Amazônia. Rio de Janeiro: Relume Dumará, 1994.

ANDERSON, Robin L. *Colonization as exploitation in the Amazon Rain Forest, 1758-1911*. Gainesville, FL: University of Florida Press, 1999.

ARANHA, Bento de Figueiredo Tenreiro. Scenas da Cabanagem no Amazonas (Província do Grão-Pará). In: *Revista do Instituto Histórico e Geográfico e Etnográfico do Pará*, Belém, 1900.

ARAÚJO, André Vidal de. *Estudos de pedagogia e antropologia sociais*. Manaus: Governo do Estado do Amazonas, 1967.

_____. *Introdução à sociologia da Amazônia*. Manaus: Sérgio Cardoso, 1956.

_____. *Sociologia de Manaus*: aspectos de sua aculturação. Manaus: Edições Fundação Cultural do Amazonas, 1974.

ARNAUD, Expedito. *Aspectos da legislação sobre os índios do Brasil*. Belém: Museu Paraense Emilio Goeldi, 1973. (Publicação avulsa, n. 22).

AZEVEDO, João Lúcio de. *Estudos de História Paraense*. Belém: Tavares Cardoso e Irmão, 1893.

_____. *História de Antônio Vieira*. v. I. São Paulo: Alameda, 2008.

_____. *Os jesuítas do Grão-Pará, suas missões e a colonização*. Belém: Tavares Cardoso e Irmão, 1901.

BAENA, Antônio Ladislau Monteiro. *Compêndio das eras da província do Pará*. Belém: Universidade Federal do Pará, 1975.

BALÉE, William. *Cultural Forests on the Amazon*. Tuscaloosa: University of Alabama Press, 2013.

_____. *Footprints of the Forest*. Nova York: Columbia University Press, 1994.

BARATA, Manoel. *Formação histórica do Pará*. Belém: Universidade Federal do Pará, 1973.

BARATA, Mário. *Poder e independência no Grão-Pará, 1820-1823*. Belém: Conselho Estadual de Cultura do Pará, 1975.

BARBOSA, Ruy. *A transação do Acre no Tratado de Petrópolis*: Polêmicas. Rio de Janeiro: Tipografia do Jornal do Commercio, 1906.

_____. *O direito do Amazonas ao Acre septentrional*. v. 2. Rio de Janeiro: Tipografia do Jornal do Commercio, 1910.

BASTOS, A. C. Tavares. *O vale do Amazonas*. 3 ed. São Paulo: Companhia Editora Nacional, 1975. (Coleção Brasiliana, v. 106).

BATES, Henry Walter. *The Naturalist on the River Amazon*. Califórnia: University of California Press, 1962.

BATISTA, Djalma. Apóstolo e santo moderno. In: *Revista da Academia Amazonense de Letras*, Manaus, 1946.

_____. Da habitabilidade da Amazônia. In: Instituto Nacional de Pesquisas da Amazônia, *Cadernos da Amazônia*, Rio de Janeiro, n. 4, 1965.

_____. *Letras da Amazônia*. Manaus: Livraria Palácio Real, 1938.

_____. *O complexo da Amazônia*. Rio de Janeiro: Conquista, 1976.

BÁKULA, Juan Miguel. *La Política Internacional entre el Perú y Colombia*. Bogotá: Editorial Temis S.A., 1988.

BECERRA, Rogério. *Informe sobre la esclavización de indígenas por traficantes e caucheros en el río Outumayo*. Bogotá: ANCAG, 1896.

BECKER, Bertha. *Amazônia, hoje e sempre*. 2003. Disponível em: <www.memorialdomeioambiente.org.br/projeto/down/bertha_becker.doc,2003>. Acesso em: 8 out. 2018.

_____. *Amazônia: geopolítica na virada do III milênio*. Rio de Janeiro: Garamond, 2004.

BELTRAN, Clara Lopez. "Explorando el Oriente de Bolivia: Los Viajeros en el Siglo XIX". In: VANGELISTA, Chiara. *Fronteras, etnias, culturas, América Latina, siglos XVI-XX*. Quito: Aby-Yala, 1996.

BENCHIMOL, Samuel. *Estrutura geo-social e econômica do Amazonas*. Manaus: Governo do Estado do Amazonas, 1966.

_____. *Inflação e desenvolvimento econômico*. Manaus: Sérgio Cardoso, 1956.

_____. *O cearense na Amazônia*. Rio de Janeiro: Edição do Conselho de Imigração e Colonização, Imprensa Nacional, 1946.

_____. *Problemas de desenvolvimento econômico*. Manaus: Sérgio Cardoso, 1957.

BENOLIEL, Jacob Paulo Levy. Discurso na 1ª Reunião de Incentivo ao Desenvolvimento da Amazônia. Manaus, 1967.

BERREDO, Bernardo Pereira. *Annaes historicos do Estado do Maranhão, em que se dá noticia do seu descobrimento, e tudo o mais que nelle tem succedido desde o anno em que foy descuberto até o de 1718 offerecidos ao Augustissimo Monarca D. João V, Nosso Senhor*. São Luís: Typographia Maranhense, 1749.

BIARD, Auguste. *Le Pèlerin de L'Enfer Vert*. Paris: Phébus, 1995.

BITTENCOURT, Agnello. *Aspectos sociais e políticos do desenvolvimento regional*. Manaus: Sérgio Cardoso, 1962.

_____. *Corografia do Estado do Amazonas*. Manaus: ACA – Fundo Editorial, 1985.

_____. *Dicionário amazonense de biografias*. Rio de Janeiro: Conquista; Manaus: Academia Amazonense de Letras, 1973.

_____. *O homem amazonense e o espaço*. Rio de Janeiro: Artenova, 1969.

_____. *Planeta e animais bizarros do Amazonas*. Manaus: Governo do Estado do Amazonas, 1966.

BITTENCOURT, Agnello et al. *Eduardo Gonçalves Ribeiro e o 1º centenário de seu nascimento*. Manaus: Sérgio Cardoso, 1962.

BIOCCA, Ettore. *Yanoàma*: dal Racconto di una Donna Rapita dagli Indii. Bari: De Donato, 1973.

BLUNTSCHLI, Hans. *A Amazônia como organismo harmônico*. Manaus: Instituto Nacional de Pesquisas, 1962.

BORGES, Ricardo. *Vultos Notáveis do Pará*. Belém: Conselho Estadual de Cultura, 1970.

BRAGA, Genesino. *Fastígio e sensibilidade do Amazonas de ontem*. Manaus: Sérgio Cardoso, 1960.

_____. *Chão e Graça de Manaus*. Manaus: Edição da Fundação Cultural do Amazonas, 1975.

BRANFORD, Sue; GLOCK, Oriel. *The Last Frontier*: fighting over land in the Amazon. Londres: Zed Books, 1985.

BROWDER, John. O.; GODFREY, Brian J. *Rainforest Cities*: Urbanization, Development and Colonization of the Brazilian Amazon. Nova York: Columbia University Press, 1997.

BRUNA, Emilio. M.; KAINER, Karen A. A Delicate Balance in Amazonia. In: *Science*, v. 307, n. 5712, p. 1044-1045, 2005.

BRUNER, Aaron et al. Effectiveness of Parks in Protecting Tropical Biodiversity. In: *Science*, v. 291, n. 5501, p. 125-128, 2001.

BUNKER, Stephen G. *Underdeveloping the Amazon*: Extraction, unequal exchange and the failure of the Modern State. Chicago: The University of Chicago Press, 1988.

BURNS, E. Bradford. *Manaus, 1910*: retrato de uma cidade em expansão. Separata de: *Journal of Inter-American Studies*, v. 7, n. 3, p. 400-421, 1965. Trad. de Ruy Alencar. Manaus: Governo do Estado do Amazonas, 1966.

CAMACHO, Vicente Olarto. *Las crueldades de los peruanos en el Putumayo y en el Caquetá*. Bogotá: Imprenta Nacional, 1932.

BIBLIOGRAFIA

CAMPBELL, David G. *A Land of Ghosts*. Nova York: Houghton Mifflin Harcourt, 2005.

CAMPOS, Hermenegildo Lopes de. *Climatologia Médica do Estado do Amazonas*. Manaus: Associação Comercial do Amazonas, 1988.

CAPELA, José das Neves. *Amazônia humana*: população e renda. Manaus: Governo do Estado do Amazonas, 1966.

CAPOBIANCO, J. P. et al (orgs.). *Biodiversidade na Amazônia Brasileira*. São Paulo: Estação Liberdade e Instituto Socioambiental, 2001.

CARVAJAL, Frei Gaspar de. *Relación del nuevo o descubrimiento del famoso río grande que descobrió por muy gran ventura el capitán Francisco de Orellana*. Madri, 1946; México, 1955.

CARVALHO, José Porfírio Fontenele de. *Waimiri Atroari*: a história que ainda não foi contada. Edição do autor, 1982.

CASCUDO, Luís da Câmara. *Em memória de Stradelli*. 2 ed. Manaus: Governo do Estado do Amazonas, 1967.

CASEMENT, Roger. *Correspondence Respecting the Treatment of British Colonial Subjects and Native Indians Employed in the Collection of Rubber in the Putumayo District, Presented to Both Houses of Parliament by Command of His Majesty*.Londres: HM Stationary Office, 1912.

CASTELLO BRANCO, Humberto de Alencar et al. *Operação Amazônia e a integração nacional*. Manaus: Secretaria de Imprensa e Divulgação, 1967.

CASTRO, Edna; HEBÉTTE, Jean. *Na trilha dos grandes projetos: modernização e conflito na Amazônia*. Belém: Cadernos do NAEA, 1989.

CASTRO, Edna; MARIN, Rosa. *Amazônias em tempo de transição*. Belém: Universidade Federal do Pará, 1989.

CASTRO, Plácido de. *Apontamentos sobre a Revolução Acreana*. Rio de Janeiro, 1930.

CHAGNON, Napoléon. *Studying the Yanomamo*. Nova York: Holt, Rinehart and Winston, 1974.

CID, Pablo. *As Amazonas amerígenas*. Rio de Janeiro: Bruno Buccini, 1971.

CLEARY, David (org.). *Cabanagem, documentos ingleses*. Belém: Secretaria Executiva da Cultura, 2002.

COLBY, Gerard; DENNETT, Charlotte. *Thy Will be Done: the conquest of the Amazon. Nelson Rockefeller and Evangelism in the Age of Oil*. Nova York: Harper Collins Publishers, 1995.

COLLIER, Richard. *The River that God Forgot*. Nova York: E. P. Dutton, 1968.

COLLUCCI, Francesco; PALLOTTA Franco. *Cara Amazzonia...* Milão: Sugarco Edizione, 1989.

CONDMINE, Charles-Marie de La. *Voyage sur l'Amazone.* Paris: François Maspero, 1981.

CORREA, Luiz de Miranda. *A borracha do Amazonas e a Segunda Guerra Mundial.* Manaus: Governo do Estado do Amazonas, 1966.

_____. *O nascimento de uma cidade.* Manaus: Governo do Estado do Amazonas, 1966.

CORTESÃO, Jaime. *História do Brasil nos velhos mapas.* Rio de Janeiro: Instituto Rio Branco e Ministério das Relações Exteriores, 1956. 2 v.

_____. *Raposo Tavares e a formação territorial do Brasil.* Lisboa: Portugalia, 1965. 2 v.

COSTA, Craveiro. *A conquista do deserto ocidental.* 2 ed. São Paulo: Companhia Editora Nacional, 1974. (Coleção Brasiliana, v. 191).

COSTA, Francisco de Assis. *Grande capital e agricultura na Amazônia*: a experiência Ford no Tapajós. Belém: Universidade Federal do Pará, 1993.

COSTA, Selda Vale da. O Saber na selva. In: *Folhas Soltas,* Manaus, p. 39-46, 2000.

CRULS, Gastão. *A Amazônia que eu vi*: Obidos, Tumucumaque. São Paulo: Companhia Editora Nacional, 1954. (Coleção Brasiliana).

_____. *Amazônia Misteriosa.* Rio de Janeiro: Organizações Simões, 1955.

_____. *Hiléia Amazônica.* São Paulo: Companhia Editora Nacional, 1955.

CRUZ, Ernesto. *História do Pará.* Belém: Universidade Federal do Pará, 1963. 2 v.

_____. *Nos bastidores da Cabanagem.* Belém: Barra, 1944.

CRUZ, Oswaldo; CHAGAS, Carlos; PEIXOTO, Afrânio. *Sobre o saneamento da Amazônia.* Manaus: P. Daou, 1972.

CUNHA, Euclides. *À margem da História.* 4 ed. Porto: Lelo & Irmão 1926.

_____. *Um paraíso perdido*: Reunião dos ensaios amazônicos. Rio de Janeiro: Vozes/MEC, 1976.

D'ABBEVILLE, Claude. *História da missão dos padres capuchinhos na ilha do Maranhão e suas circunvizinhanças.* São Paulo: Martins, 1945. (Coleção Biblioteca Histórica Brasileira.)

D'INCAO, Maria Angela; SILVEIRA, Isolda Maciel da. *A Amazônia e a crise da modernidade.* Belém: Museu Paraense Emilio Goeldi, 1994.

DANIEL, João. Tesouro descoberto no Rio Amazonas. 2 v. In: *Anais da Biblioteca Nacional,* Rio de Janeiro, t. I, v. 95, 1975.

DAVIS, Shelton H. *Victims of the Miracle.* Cambridge: Cambridge University Press, 1977.

DAVIS, Wade. *One River*: Explorations and discoveries in the Amazon rain forest. Nova York: Simon and Schuster, 2010.

_____. The Rubber Industry's Biological Nightmare. In: *Fortune*, v. 136, n. 3, p. 86-93, agosto de 1997.

DEAN, Warren. *A luta pela borracha no Brasil*. São Paulo: Nobel, 1989.

DESPRES, Leo A. *Manaus*: social life and work in Brazil's Free Trade Zone. Nova York: State University of New York Press, 1991.

DIAS, Edinea Mascarenhas. *A ilusão do Fausto*: Manaus – 1890-1920. Manaus: Valer, 1999.

DINIZ, Cristovam. *Universidades da Amazônia brasileira*: o pecado e a penitência. Belém: Universidade Federal do Pará, 1996.

DIXON, Robert; AIKHENVALD; Alexandra. *The Amazonian Languages*. Cambridge Language Surveys, 1999.

DOMÍNGUEZ, Camilo; GÓMEZ, Augusto. *Amazonia colombiana, visión general*. Bogotá: Biblioteca Banco Popular, 1985. (Textos universitários).

_____. *Nación y etnias*: Los conflictos territoriales en la Amazonia — 1750-1933. Bogotá: Disloque, 1994.

DONADIO, Alberto. *La guerra con el Peru*. Bogotá: Planeta Colombiana, 1995.

ELLIOTT, J. H. *The Old World and the New*. Londres: Canto, 1970.

ÉLERES, Paraguassu. *Intervenção territorial federal na Amazônia*. Belém: Imprensa Oficial do Pará, 2002.

EMMI, Marília. *A oligarquia do Tocantins e o domínio dos castanhais*. Belém: Universidade Federal do Pará, Núcleo de Altos Estudos Amazônicos, 1999

ESTADO DO AMAZONAS. *Movimentos revolucionários de 30 de dezembro de 1892 e de 26 e 27 de fevereiro de 1893*. Rio de Janeiro: Companhia Tipográfica do Brasil, 1894.

FATHEUER, Thomas W. *Wer zoertoert, wer rettet Amazonien?* Lataincamerika Nachrichten, 1993.

FAULHABER, Priscila (org.). *Conhecimento e fronteira*: história da ciência na Amazônia. Belém: Museu Paraense Emilio Goeldi, 2001.

FEARNSIDE, P. M. *A floresta amazônica nas mudanças globais*. Manaus: INPA, 2003.

_____. Agricuture in Amazonia. In: PRANCE, G.T.; LOVEJOY, T.E. (orgs.). *Key Enviromments of Amazonia*. Oxford, Pergamon Press, p. 393-418, 1985.

_____. Deforestation in Brazilian Amazonia: the effect of population and land tenure. In: *Ambio*, n. 22, p. 537-545, 1993.

_____.Soybean Cultivation as a Treat to the Environment in Brazil. In: *Environment Conserv*, n. 28, p. 632, 1997.

FERNANDES, Eurico. *A contribuição do índio à economia da Amazônia*. Manaus: Governo do Estado do Amazonas, 1966.

FERREIRA, Alexandre Rodrigues. *Viagem Filosófica pelas Capitanias do Grão-Pará, Rio Negro, Mato Grosso e Cuiabá*. Dois volumes de iconografias: zoologia e botânica. Rio de Janeiro: Conselho Federal de Cultura, 1972.

_____. *Viagem Filosófica pelas Capitanias do Grão-Pará, Rio Negro, Mato Grosso e Cuiabá*. Dois volumes de iconografias: geografia, antropologia e zoologia. Rio de Janeiro: Conselho Federal de Cultura, 1972.

_____. *Viagem Filosófica pelas Capitanias do Grão-Pará, Rio Negro, Mato Grosso e Cuiabá*. Antropologia. v. 1. Rio de Janeiro: Conselho Federal de Cultura, 1974.

_____. Diário da Viagem Filosófica pela Capitania de São José do Rio Negro. In: *Revista do Instituto Histórico e Geográfico Brasileiro*, Rio de Janeiro, t. 48, 1885.

FERREIRA, Manoel Rodrigues. *A ferrovia do diabo*: história de uma estrada de ferro na Amazônia. São Paulo: Melhoramentos, 1961.

FERREIRA FILHO, Cosme. *Por que perdemos a batalha da borracha*. Manaus: Governo do Estado do Amazonas, 1966.

FIGUEIREDO, Napoleão. *Amazônia*: tempo e gente. Belém: Seduc, 1977.

FLORENCE, Hercules. *Viagem fluvial do Tietê ao Amazonas*. São Paulo: Melhoramentos, 1948.

FONSECA, Dante Ribeiro da et al. (org.). *História Regional (Rondônia)*. Porto Velho: Edição dos autores, 2003.

FREITAS PINTO, Renan. *A viagem das ideias*. Manaus: Valer, 2006.

_____. Como se produzem as zonas francas. In: *Trabalho e produção capitalista*. Belém, Universidade Federal do Pará/Naea, p. 19 a 38, 1987. (Série Seminários e Debates, n. 13).

FRITZ, Samuel. *O Diário de Samuel Fritz*. Manaus: Editora da Universidade Federal do Amazonas, 2006.

FURTADO, Celso. *Brasil*: a construção interrompida. Rio de Janeiro: Paz e Terra, 1992.

GALLO, Giovanni. *Marajó, a ditadura da água*. Santa Cruz do Arari, PA: Edições O Nosso Museu, 1981.

GALVÃO, Eduardo. *Encontro de sociedade tribal e nacional*. Manaus: Governo do Estado do Amazonas, 1966.

_____. *Estudos de antropologia na Amazônia*. Manaus: Governo do Estado do Amazonas, 1967.

_____. *Santos e visagens*. 2 ed. São Paulo: Companhia Editora Nacional, 1976. (Coleção Brasiliana, v. 284).

GARCIA, Beatriz. *The Amazon from an International Law Perspective*. Cambridge: Cambridge University Press, 2011.

GARCIA, Etelvina. *Zona Franca de Manaus*: história, conquista e desafios. Manaus: Edição da SUFRAMA/Norma, 2004.

GARFIELD, Seth. *In Search of the Amazon*: Brazil, the United States, and the Nature of a Region. Duke University Press, 2013.

GAULD, Charles A. *Farquhar, o último titã*: um empreendedor americano na América Latina. São Paulo: Editora de Cultura, 2006.

GIL, Juan. *Mitos y utopías del descubrimiento*: El Dorado. Madri: Alianza Editorial, 1989.

GIRALDO, Manuel Lucena. *Laboratório Tropical*. Caracas: Monte Ávila, 1992.

GIRÃO, Raimundo. *Pequena História do Ceará*. Fortaleza: Universidade Federal do Ceará, 1984.

GOES, Synesio Sampaio. *Navegantes, bandeirantes, diplomatas*: aspectos da descoberta do continente, da penetração do território brasileiro extra-Tordesilhas e do estabelecimento das fronteiras da Amazônia. Brasília: Fundação Alexandre Gusmão, 1991.

GONDIM, Neide. *A invenção da Amazônia*. São Paulo: Marco Zero, 1994.

GOODLAND, Robert; IRWIN, Howard. *A selva amazônica*: do inferno verde ao deserto vermelho? Belo Horizonte: Itatiaia; São Paulo: Edusp, 1975.

GOUROU, Pierre. *O futuro dos trópicos úmidos*. Manaus: Governo do Estado do Amazonas, 1966.

GOVERNO DO ESTADO DO ACRE. Programa Estadual de Zoneamento Ecológico-Econômico do Estado do Acre. Zoneamento Ecológico-Econômico: recursos naturais e meio ambiente – documento final, Rio Branco, Acre, 2000.

GREENBLATT, Stephen. *Possessões maravilhosas*. São Paulo: Edusp, 1996.

GROSS, Daniel. Protein Capture and Cultural Development in the Amazon Basin. In: *American Anthropologist*, n. 77, p. 526-549, 1975.

HALL, Mark. *Amazônia, desenvolvimento para quem?* Desmatamento e conflito social no programa Grande Carajás. Rio de Janeiro: Zahar, 1991.

HARDENBURG, W. E. *The Putumayo, the devil's paradise*. Londres: Adelphi, 1897.

HARRIS, Mark. *Rebelions on the Amazon*: The Cabanagem, Race, and Popular Culture in the North of Brazil, 1798-1840. Cambridge Latin American Studies. Cambridge: Cambridge University Press, 1969.

HATOUM, Milton. *Relato de um certo Oriente*. São Paulo: Companhia das Letras, 1989.

HÈBETTE, Jean. A ocupação camponesa de uma área de fronteira e sua dinâmica social: o caso de Pau-Seco/ Cametau. In: *Atas do Seminário Agricultura Familiar e Desenvolvimento Rural na Amazônia Ocidental. Agricultures Paysannes et Developpement: Caraibe – Amérique Troipicale, Hors Série*. Poin-à-Pitre, Universidade das Antilhas e da Guiana, 1991.

HEMMING, John. *Amazon Frontier*: the defeat of the Brazilian Indians. Cambridge, Mass.: Harvard University Press, 1987.

_____. *Red Gold*: the conquest of the Brazilian Indians. Cambridge, Mass.: Harvard University Press, 1978.

HEMMING, John. *The Search for Eldorado*. Londres: Phoenix Press, 1978.

HENMAN, Anthony. *Mama Coca*. Bogotá: La Oveja Negra, 1980.

HERIARTE, Maurício de. *Descrição do estado do Maranhão, Pará, Corupá e do Rio das Amazonas*. 1662. Viena: Imprensa do filho de Carlos Gerold, 1874.

HERREN, Ricardo. *La Conquista Erótica de las Índias*. Barcelona: Planeta, 1992.

HOBHOUSE, Henry. *Seeds of Change*: Five plants that transformed mankind. Nova York: Harper & Row, 1992.

HOLANDA, Sérgio Buarque de. *Visão do Paraíso*. 2 ed. São Paulo: Companhia Editora Nacional e Edusp, 1969. (Coleção Brasiliana, v. 333).

HOORNAERT, Eduardo (coord.). *História da Igreja na Amazônia*. Petrópolis: Vozes, 1992.

HUGH-JONES, Stephen. Yesterday's Luxuries, Tomorrow's Necessities: Business and Barter in Northwest Amazonia. In: HUMPHREY, C; HUGH-JONES, S. (org.). *Barter, Exchange and Value: An Anthropological Perspective*. Cambridge: Cambridge University Press, 1992.

HURAULT, Jean-Marcel. *Français et indiens en Guyane, 1604-1972*. Paris: Union Générale d'Editions, 1972.

HURLEY, Henrique Jorge. *A Cabanagem*. Belém: Livraria Clássica, 1936.

_____. *Traços Cabanos*. Belém: Oficina do Instituto Lauro Sodré, 1936.

IANNI, Octavio. *A ditadura do grande capital*. Rio de Janeiro: Civilização Brasileira, 1981.

_____. *Colonização e contrarreforma agrária*. Petrópolis: Vozes, 1979.

IÑIGUEZ, L. B.; TOLEDO, L. M. (orgs). *Espaço e doença*: Um olhar sobre a Amazônia. Rio de Janeiro: Fiocruz, 1977.

INSTITUTO MOREIRA SALLES. *Cadernos de literatura brasileira*: Márcio Souza. São Paulo, IMS, v. 19, 2005. 172 p., il. Fotografia. (Cadernos de Literatura Brasileira, v. 19).

JACKSON, Joe. *The Thief at the End of the World*: Rubber, power, and the seeds of empire. Nova York: Viking, 2008.

JAMES, William. *Personal correspondence, 1861-65*. William James Collection, Houghton Library, Harvard College Library.

JOBIM, Anisio. *A intelectualidade no Extremo Norte*. Manaus: Livraria Clássica, 1934.

JORNA, Peter; MALAVER, Leonor; OOSTRA, Menno. *Etnohistoria del Amazonas*. Quito: Abya-Yala, 1991.

KIEMEN, Mathias C. *The Indian Policy of Portugal in the Amazon Region, 1614-1693*. Washington, D.C.: The Catholic University of America Press, 1954.

KLAUTAU, Aldebaro. *Amazônia é Brasil*. Belém: Universidade Federal do Pará, 1964.

LA CONDAMINE, Charles Marie de. *Journal du voyage fait par ordre du roi, a l'Équateur, servant d'introduction historique a la Mesure des trois premiers degrés du méridien*. Doc. Bibl. De l'Institut, Paris.

LARTHRAP, Donald W. *The Upper Amazon*. Londres: Thames and Hudson, 1970.

LAVALLÉ, Bernard. *Au nom des indiens: une histoire de l'évangélisation en Amérique espagnole*. Paris: Payot, 2014.

LE COINTE, Paul. *O estado do Pará*: a terra, a água e o ar. São Paulo: Companhia Editora Nacional, 1945.

LEONEL, Mauro. *Carretas, Indios y Ambiente en la Amazonia*. Copenhague: IWGIA, 1992. (Documento n. 13).

_____. *A morte social dos rios*: conflitos, natureza e cultura na Amazônia. São Paulo: Perspectiva/Iamá/Fapesp, 1998.

LÉVI-STRAUSS, Claude. Un autre regard. *L'Homme*, Paris, a. 33, n. 126-128, p. 7-11, 1993.

LIMA, Araújo. *Amazônia, a terra e o homem*. 4 ed. São Paulo: Companhia Editora Nacional, 1975. (Coleção Brasiliana, v. 104).

LIMA, Cláudio Araújo. *Plácido de Castro, um caudilho contra o Imperialismo*. 4 ed. Rio de Janeiro: Civilização Brasileira, 1973.

LITTLE, Paul E. *Amazonia*: territorial struggles on perennial frontiers. Baltimore: The John Hopkins University Press, 2001.

LIZOT, Jacques. Population, ressources et guerre chez les Yanomami. In: *Libre*, Paris, n. 2, p. 111-115, 1977.

LOBO, Luís. *História militar do Pará*. Biblioteca do Exército, 1943.

LOCKART, James; SCHWARTS, Stuart B. *Early Latin America: a history of colonial Spanish America and Brazil*. Cambridge: Cambridge University Press, 2005.

LOUREIRO, Antonio. *A Grande Crise (1908-1916)*. Manaus: T. Loureiro e Cia., 1986.

_____. *História da Medicina e das Doenças no Amazonas*. Manaus: Edição do autor, 2004.

_____. *O Amazonas na Época Imperial*. Manaus: T. Loureiro e Cia., 1989.

LOUREIRO, João de Jesus Paes. *Cultura amazônica*: uma poética do imaginário. Belém: Cejup, 1995.

LOUREIRO, Violeta Refkalefsky. *Amazônia*: estado, homem, natureza. Belém: Cejup, 1992.

MACHADO, Maria Helena P. T. (org.). *Brazil Through the Eyes of William James*. Edição bilíngue. David Rockefeller Center for Latin American Studies, Harvard University, 2006.

MACLACHLAN, Colin M. The Indian Lab or Structure in the Portuguese Amazon. 1700-1800. In: AUDEN, Dauril (org.). *Colonial Roots of Modern Brazil*: Papers of the Newberry Library Conference. Berkeley: University of California Press, 1973.

MALIGO, Pedro. Land of Metaphorical Desires: The Representation of Amazonia in Brazilian Literature. In: MARCH, Kathleen N. (org.). *Wor(l)ds of Change*: Latin America and Iberian Literature. Nova York: Peter Lang, 1998.

MAHAR, Dennis J. *Deforestation in Brazil's Amazon Region*: magnitude, rate and causes. Nova York: The World Bank, 1988.

_____. *Frontier development policy in Brazil*: a study of Amazonia. Londres: Praeger Publisher, 1979

MANN, Charles C. *1491*: new revelations of the Americas before Columbus. Nova York: Alfred Knopf, 2005.

MARAJÓ, Barão de. *As Regiões Amazônicas*. Belém: Secretaria de Estado da Cultura, 1992.

MARGULIS, S. *Quem são os agentes dos desmatamentos na Amazônia e por que eles desmatam?* Brasília: Banco Mundial, 2002.

MARIZ, Vasco. *Cláudio Santoro*. Rio de Janeiro: Civilização Brasileira, 1994.

MATA, João Nogueira da. *Biografia da borracha*. Manaus: Gráfica Rex, 1978.

MATTA, Dr. Alfredo Augusto da. *Flora Médica Brasiliense*. Manaus: Imprensa Oficial, 1913.

MAUÉS, Raymundo Heraldo. *Uma outra "invenção" da Amazônia*: religiões, histórias, identidades. Belém: Cejup, 1999.

MEDINA, Domingo A. From Keeping it Oral to Writing to Mapping. In: WHITEHEAD, Neil L. (org.) *Histories and Historicities in Amazonia*. Lincoln: University of Nebraska Press, 2003.

MEGGERS, Betty J. *Amazônia, a ilusão de um paraíso*. Rio de Janeiro: Civilização Brasileira, 1977.

_____. *América pré-histórica*. Rio de Janeiro: Paz e Terra, 1979.

MEIRA, Márcio. *O livro das canoas*. São Paulo: Fapesp, 1994.

MEIRA, Silvio. *A epopeia do Acre*. Rio de Janeiro: Editora Forense Universitária, 1974.

MEIRA FILHO, Augusto. *Evolução histórica de Belém do Grão-Pará*. Belém: Grafisa, 1976.

MEIRELES FILHO, J. *Amazônia, o que fazer por ela?* São Paulo: Editora Nacional, 1986.

_____. *O livro de ouro da Amazônia*: mitos e verdades sobre a região mais cobiçada do planeta. Rio de Janeiro: Ediouro, 2004.

MENDES, Armando. *A invenção da Amazônia*. Belém: Universidade Federal do Pará, 1972.

_____. *Amazônia econômica*: problema brasileiro. A Noite Editora, São Paulo, 1939.

_____. *Viabilidade econômica da Amazônica*. Belém: Universidade Federal do Pará, 1971.

MENDES, Chico. *Chico Mendes por ele mesmo*. Rio de Janeiro: Federação do Órgãos para Assistência Social e Educacional – FASE, 1989.

MENEZES, Anderson de. *História da Faculdade de Direito do Amazonas, 1909-1959*. Manaus: Tipografia Fenix, 1959.

MENEZES, Bruno de. *Obras completas de Bruno de Menezes*. Belém: Secretaria Estadual de Cultura, 1993. (Coleção Lendo o Pará, v. 14).

MENZIES, Gavin. *1421*: the year China discovered America. Nova York: William Morrow, 2002.

MEUNIER, Jacques e Savarin. *The Amazonian Chronicles*. São Francisco: Mercury House, 1994.

MEUNIER, Jacques. *Voyages sans alibi*. Paris: Flammarion, 1994.

MILLAR, George. *Orellana descubre el Amazonas*. Santiago: Ercilla, s/d.

MILLARD, Candice. *The River of Doubt*: Theodore Roosevelt's darkest journey. Nova York: Doubleday, 2005.

MIRANDA, Bertino de. *A cidade de Manaus, sua história e seus motins políticos.* Manaus: Associação Comercial do Amazonas, 1984.

MOLANO, Alfredo. *Selva adentro*: una historia oral de la colonización del Guaviare. Bogotá: El Áncora, 1987.

MONTEIRO, Mário Ypiranga. *Fundação de Manaus.* 3 ed. Manaus: Conquista/ Academia Amazonense de Letras, s/d.

_____. *Roteiro do folclore amazônico.* Manaus: Sérgio Cardoso, 1964-1974. 2 v.

_____. *O Espião do Rei.* Separata de: *Planície.* Manaus: Edição do autor, 1950.

_____. *A Catedral Metropolitana de Manaus, sua longa história.* Manaus: Planície, 1958. (Coleção Muiraquitã).

_____. *Teatro Amazonas.* Manaus: Governo do Estado do Amazonas, 1965-1966. 3 v.

MORA, Santiago. *Amazonía*: pasado y presente de un territorio remoto. Bogotá: Uniandes/Ceso/Fondo de Promoción de la Cultura del banco Popular, 2006.

MORAN, E. F. Deforestation and land use in the Brazilian Amazon. In: *Human Ecology,* v. 21, n. 1, p. 1-21, 1993.

MONTENEGRO, Luiz. Algumas características antropológicas em uma amostra da população de Manaus. Separata de: *Revista de Antropologia,* São Paulo, v. 12, 1965.

MONTENEGRO, Roberto Ramirez. Caquetá: colonización, haciendas y conflitos sociales em el siglo XX. In: CASTRO, Edna; MARIN, Rosa. *Amazônias em tempo de transição.* Belém: Universidade Federal do Pará, 1989.

MORAES, Péricles de. *Os intérpretes da Amazônia.* Manaus: Valer, 2001.

MORAN, Emilio F. (org.). *The Dilemma of Amazonian Development.* Boulder: Westview Press, 1983.

MOREIRA, Ismael Pedrosa; MOREIRA, Ângelo Barra. *Mitologia tariana.* Manaus: Instituto Brasileiro do Patrimônio Cultural, 1994.

MOREIRA NETO, Carlos de Araújo. *Índios da Amazônia*: de maioria a minoria (1750-1850). Petrópolis: Vozes, 1988.

NERY (Barão), Frederico José de Sant'Anna. *Le Pays des Amazones.* Paris: Lib. Guillaumin, 1899.

NETTLE, Daniel ; ROMAINE, Suzanne. *Vanishing voices*: the extinction of the world's languages. Nova York: Oxford University Press, 2000.

NOBRE, Carlos A.; NOBRE, Antônio D. O balanço de carbono da Amazônia brasileira. In : *Estudos Avançados,* São Paulo, v. 16, n. 45, p. 81-90, 2002.

NOGUEIRA, Ricardo José Batista. *Amazonas, um estado ribeirinho.* Manaus: Editora da Universidade Federal do Amazonas, 1999.

BIBLIOGRAFIA

OLIVEIRA, Ariovaldo Umbelino de. *Amazônia*: monopólio, expropriação e conflitos. Campinas: Papirus, 1989.

OLIVEIRA, Suely Baçal. *Restruturação Produtiva e Qualificação Profissional na Zona Franca de Manaus*. Manaus: Editora da Universidade Federal do Amazonas, 2000.

OLIVEIRA FILHO, João Pacheco de. O caboclo e o brabo: Notas sobre duas modalidades de força de trabalho na expansão da fronteira amazônica no século XIX. In: *Encontros com a Civilização Brasileira*, Rio de Janeiro, v. 11, 1979.

ORICO, Osvaldo. *Cozinha amazônica*. Belém: Universidade Federal do Pará, 1972.

_____. *Mitos ameríndios e crendices amazônicas*. Rio de Janeiro: Civilização Brasileira, 1975.

ORNIG, Joseph R. *My Last Chance to Be A Boy*. Baton Rouge: Louisiana State University Press, 1998.

OSBORN, Harold. *South American Mythology*. 3 ed. Londres: The Hamlyn Publishing Group, 1975.

PAGDEN, Anthony. *The Fall of Natural Man*: The American Indian And The Origins Of Comparative Ethnology. Cambridge: Cambridge Paberback Library, 1989.

PALACIO CASTAÑEDA, Germán A. *Fiebre de tierra caliente*: una historia ambiental de Colombia – 1850-1930. Bogotá: ILSA, 2006.

PEREIRA, Nunes. *Moranguetá, um Decameron Indígena*. Rio de Janeiro: Civilização Brasileira, 1967. 2 v.

_____. *Panorama da Alimentação Indígena*. Rio de Janeiro: Livraria São José, 1974.

_____. *Um naturalista brasileiro na Amazônia*. Manaus: Imprensa Oficial, 1942.

PETERS, John F. *Life among the Yanomami*. Canadá: Broadview Press, 1998.

PINEDA-CAMACHO, Roberto. *Los Meandros de La Historia en Amazonia*. Quito: Abya-Yala/MLAL, 1990.

PINTO, Emanuel Pontes. *Rondônia, evolução histórica*. São Paulo: Expressão e Cultura, 1993.

PINTO, Lúcio Flávio. *Amazônia, a fronteira do caos*. Belém: Falangola, 1991.

_____. *Jari*: Toda a verdade sobre o projeto de Ludwig. São Paulo: Marco Zero, 1986.

PINTO, Renan Freitas. *Viagem das ideias*. Manaus: Valer, 2006.

PLOTKIN, Mark J. *Tales of a shaman's apprentice*. Nova York: Viking, 1993.

_____. *Medicine Quest*: In Search of Nature's Healing Secrets. Nova York: Viking, 2000.

PORRO, Antonio. *O povo das águas*: Ensaios de etno-história amazônica. Petrópolis: Vozes; São Paulo: Edusp, 1996.

PRIORE, Mary del; GOMES, Flávio (org.). *Os senhores dos rios*. São Paulo: Elsevier, 2003.

RAFFLES, Hugh. *In Amazonia*: a natural history. Princeton: Princeton Paperbacks, 2002.

RAIOL, Domingos Antônio. *Motins políticos*. Belém: Universidade Federal do Pará, 1970. 3 v.

REIS, Arthur Cezar Ferreira. *A Amazônia e a cobiça internacional*. 4. ed. Rio de Janeiro: Companhia Editora Americana, 1972.

_____. *A Amazônia e a integridade do Brasil*. Manaus: Governo do Estado do Amazonas, 1966.

_____. *A autonomia do Amazonas*. Manaus: Edições Governo do Estado do Amazonas, 1965.

_____. *A política de Portugal no vale amazônico*. Belém: Secretaria de Estado da Cultura/SEJUP, 1993. (Coleção Lendo o Pará).

_____. *Como governei o Amazonas*. Manaus: Governo do Estado do Amazonas, 1967.

_____. *Limites e demarcações na Amazônia brasileira*. Belém: Secretaria de Estado da Cultura/SEJUP, 1993. (Coleção Lendo o Pará). 2 v.

_____. *História do Amazonas*. Manaus: Oficina Tipográfica de A. Reis, 1931.

_____. Início da reação nativista. In: *Anais da Biblioteca e Arquivo Público do Pará*, Belém, t. 9, p. 1-40, 1969.

_____. *O seringal e o seringueiro*. Rio de Janeiro: Edição do autor, 1953.

_____. *Síntese de história do Pará*. Belém: Universidade Federal do Pará/Amazônia Edições Culturais, 1972.

_____. *Súmula de história do Amazonas*. Manaus: Governo do Estado do Amazonas, 1965.

REIS, Gustavo Morais Rêgo. *A Cabanagem*. Manaus: Governo do Estado do Amazonas, 1965.

RIVIÈRE, Peter. *O indivíduo e a sociedade na Guiana*. São Paulo: Edusp, 2001.

ROCHA NETO, Olinto Gomes et al. *Principais produtos extrativos da Amazônia e seus coeficientes técnicos*. Brasília: Ministério do Meio Ambiente, 1999.

ROCQUE, Carlos. *Grande Enciclopédia da Amazônia*. Rio de Janeiro: Amazônia Edições Culturais, s/d. 6 v.

RODRIGUES, João Barbosa. *Antologia da cultura amazônica*. Rio de Janeiro: Amazônia Edições Culturais, s/d. 6 v.

_____. *Poranduba amazonense*. Rio de Janeiro: Anaes da Biblioteca Nacional, 1890.

ROOSEVELT, Anna. *Amazonian indians*: from prehistory to the present. Tucson, AZ: The University of Arizona Press, 1994.

ROQUETTE-PINTO, E. *Rondônia*. 6 ed. São Paulo: Companhia Editora Nacional, 1975. (Coleção Brasiliana, v. 39).

CLÜSENER-GODT, Miguel; SACHS, Ignacy (org.). *Brazilian perspective on sustainable development of the Amazon region*. Paris: Unesco, 1995.

SABATINI, Silvano. *Massacre*. São Paulo: CIMI – Conselho Indigenista Missionário, 1998.

SALAS, Mariano Picon. *De la Conquista a la Independencia*. Cidade do México: Fondo de Cultura Económica, 1965.

SALAZAR, A. P. *Amazônia*: globalização e sustentabilidade. Manaus: Valer, 2004.

SALAZAR, João Pinheiro. *O novo proletariado industrial de Manaus e as transformações sociais possíveis (estudo de um grupo de operários)*. Tese de doutorado apresentada ao Programa de Pós-Graduação em Sociologia da Universidade de São Paulo, 1992.

SALLES, Vicente. *Memorial da Cabanagem*: Esboço do pensamento político-revolucionário no Grão-Pará. Belém: Cejup, 1992.

_____ . *O negro no Pará*. Belém: Universidade Federal do Pará; Rio de Janeiro: Fundação Getúlio Vargas, 1971.

SALLES, Waldemar Batista de. *O Amazonas e suas riquezas naturais*. Manaus: Sérgio Cardoso, 1967.

SAMPAIO, Ouvidor. *As Viagens do Ouvidor Sampaio*. Edição fac-similar. Manaus: Associação Comercial de Manaus, 1985.

SANTO OFÍCIO. *Livro da Visitação do Santo Ofício da Inquisição ao Estado do Grão-Pará (1763-1769)*. Petrópolis: Vozes, 1978.

SANTOS, Francisco Jorge dos. *Além da conquista*: guerras e rebeliões na Amazônia pombalina. Manaus: Editora da Universidade Federal do Amazonas, 1999.

SARAGOÇA, Lucinda. *Da "Feliz Lusitânia" aos confins da Amazônia (1615-1662)*. Lisboa: Edições Cosmos; Santarém: Câmara Municipal de Santarém, 2000.

SCHMINK, Marianne; WOOD, Charles H. *Conflitos sociais e a formação da Amazônia*. Belém: Editora da Universidade Federal do Pará, 2012.

SEED, Patrícia. *Ceremonies of Possession in Europe's conquest of the new world (1492-1640)*. Nova York: Cambridge University Press, 2006.

SERRE, Agnès. *Belém, une ville amazonienne*: aménagement du territoire et organizations populaire. Paris: L'Harmattan, 2001.

SHUGAAR, Antony; GUADALUPI, Gianni. *Latitude Zero*: tales of Equator. Nova York: Carroll & Graf, 2001.

SILVA, Amizael Gomes da. *Conhecer Rondônia*. Porto Velho: Edição do autor, 1999.

_____. *Amazônia Porto Velho*. Porto Velho: Edição do autor, 1991.

SILVA, Francisco Gomes da. *Cronografia de Itacoatiara*. Manaus: Edição do autor, 1997.

SILVA, Luiz Osiris da. *A luta pela Amazônia*. São Paulo: Fulgor, 1962.

SILVA, Marilena Corrêa. *As metamorfoses da Amazônia*. Manaus: Editora da Universidade Federal do Amazonas/Valer, 2000.

SILVA, Roberto Gama e. *Olho Grande na Amazônia Brasileira*. Rio de Janeiro: Rio Fundo, 1991.

SILVEIRA, Ítala Bezerra. *Cabanagem, uma luta perdida...* Belém: Secretaria de Estado da Cultura do Pará, 1994.

SIMÕES, Mario F. (org.). *O Museu Goeldi no ano do sesquicentenário*. Belém: Museu Paraense Emílio Goeldi, 1973. (Publicação avulsa).

SIMÕES, Veiga. *Daquém & Dalém Mar*. 2 ed. Manaus: Tipografia da Livraria Palais Royal, 1917.

SIOLI, Harald (org.). *The Amazon*: Limnology and landscape ecology of a mighty tropical river and its basin. Dordrecht: DR W.Junk Publishers, 1984.

SLACK, Charles. *Noble Obsession*. Nova York: Hyperion Books, 2003.

SLATER, Candace. *Dance of the Dolphin*. Chicago: The University of Chicago Press, 1994.

_____. *Entangled Edens*: visions of the Amazon. Berkeley: University of California at Berkeley Press, 2002.

SMITH, Nigel. *Enchanted Amazon Rain Forest*. Gainesville: University of Florida Press, 1996.

SOBRINHO, Pedro Vicente Costa. *Comunicação alternativa e movimentos sociais na Amazônia Ocidental*. Belém: Editora da Universidade Federal do Pará, 2001.

SOUBLIN, Jean. *Cayenne 1809*. Paris: Karthala, 2003.

_____. *Histoire de l'Amazonie*. Paris: Éditions Payot & Rivages, 2000.

SOUZA, Márcio. *O empate contra Chico Mendes*. São Paulo: Marco Zero, 1991.

_____. *A expressão amazonense*. São Paulo: Alfa-Ômega, 1977.

SOUZA, João de Mendonça de. *O Grande Amazonas*. Edição do autor, s.d.

SOUZA JR., José Alves de. *Tramas do cotidiano*: religião, política, guerra e negócios no Grão-Pará do Setecentos. Belém: Universidade Federal do Pará, 2012.

SPIX, Johann Baptist Von; MARTIUS, Karl Friedrich Von. *Viagem pelo Brasil*. Ed. condensada. Brasília: Instituto Nacional do Livro, 1972.

STANNARD, David E. *American Holocaust*: The Conquest of the New World. Nova York: Oxford University Press, 1992.
STEDMAN, John Gabriel. *Joana, or the Female Slave*. Londres: L. Relfe, 1804.
STEIN, Barbara H.; STANLEY, J. *La Herencia Colonial de América Latina*. Cidade do México: Siglo XXI, 1970.
STERLING, Thomas. *The Amazon*. Amsterdam: Time-Life Int., 1973.
STOKES, JR, Charles E. *The Amazon Bubble*: World Rubber Monopoly. Edição do autor, 2000.
STRADELLI, Ermano. *La Leggenda del Jurupary e outras lendas amazônicas*. Caderno n. 4. São Paulo: Instituto Cultural Ítalo-Brasileiro, 1954.
SUÁREZ-ARAÚZ, Nicomedes. Amazonian Literature: A Fountain Of Memory And Amnesia. In: *Amazonian Literary Review*, Northampton, Massachusetts, v. 2, Smith College, 1999.
SYLVEIRA, Symão Estácio da. Relação sumária das cousas do Maranhão dirigida aos pobres deste Reino de Portugal. In: HOLANDA, Sérgio Buarque de. *Visão do Paraíso*. 2 ed. São Paulo: Companhia Editora Nacional e Edusp, 1969. (Coleção Brasiliana, v. 333).
TAGLIANI, Lino. *Mitologia y Cultura Huitoto*. Quito: Cicame e Abya-Yala, 1992.
TAUSSIG, Michael. *Shamanism, Colonialism And The Wild Man*: A Study In Terror And Healing. Chicago: University of Chicago Press. 1987.
TEIXEIRA, Marco Antônio Domingues; FONSECA, Dante Ribeiro da. *História Regional (Rondônia)*. Porto Velho: Rondoniana, 2003.
THOMAS, Hugh. *Rivers of Gold*: The Rise of the Spanish Empire, from Columbus to Magellan. Nova York: Random House, 2003.
TIERNEY, Patrick. *Darkness in El Dorado*: How Scientists and Journalists Devastated the Amazon. Nova York: W.W.Norton & Company, 2000.
TOCANTINS, Leandro. *Amazônia, natureza, homem e tempo*. Rio de Janeiro: Conquista, 1963.
_____. *Euclides da Cunha e o paraíso perdido*. Manaus: Governo do Estado do Amazonas, 1966.
_____. *Brasil, alguns valores essenciais*. Manaus: Governo do Estado do Amazonas, 1965.
_____. *Região, vida e expressão*. Manaus: Governo do Estado do Amazonas, 1965.
_____. *Formação histórica do Acre*. Rio de Janeiro: Conquista, 1961. 3 v.
TOPIK, Steven; MARECHAL, Carlos; FRANK, Zephyr (orgs.). *From Silver to Cocaine*. Durham: Duke University Press, 2006.

TREECE, Dave. *Bound in Misery and Iron*. Londres: Survival International, 1987.

TUFIC, Jorge. Para servir de prefácio. In: _____. *Pequena Antologia Madrugada*. Manaus: Sérgio Cardoso, 1958.

TURNER, Jack. *Spice*: The History of a Temptation. Nova York: Alfred A. Knopf, 2004.

UGARTE, Auxiliomar Silva. Margens míticas: a Amazônia no imaginário europeu do século XVI. In: DEL PRIORE, Mary; GOMES, Flavio dos Santos. *Os senhores dos rios*. Rio de Janeiro: Elsevier, 2003.

UGGÉ, Enrique. *Mitología Sateré-Maué*. Quito: Abya-Yala, 1991.

URE, John. *Invasores do Amazonas*. Rio de Janeiro: Record, 1986.

VARGAS, Getúlio. Discurso do Rio Amazonas, Departamento de Imprensa e Propaganda, Rio de Janeiro, 1944.

VALE, Brian. *Independence or Death!*: British Sailors and Brazilian Independence, 1822-1825. Nova York: I. B. Tauris, 1996.

VANZOLINI, Paulo Emílio. *Zoologia sistemática e a origem das espécies*. São Paulo: Instituto de Geografia – USP, 1970.

_____. Paleoclimates, Relief, and Species Multiplication in Equatorial Forests. In: MEGGERS, B.J.; AYENSU, E.S.; DUCKWORTH, W.D. (orgs.). *Tropical Forest Ecosystems in Africa and South America*: A Comparative Review. Washington, D.C.: Smithsonian Institute Press, 1973.

VEGA, Inca Garcilaso de la. *Comentários Reales de los Incas*. Lima: Universo, 1971.

VELHO, Otávio Guilherme. *Frentes de expansão e estrutura agrária*. São Paulo: Zahar, 1972.

VERÍSSIMO, José. *Estudos amazônicos*. Belém: Universidade Federal do Pará, 1970.

VIEIRA, Padre Antonio. *Sermões*. Porto: Lello & Irmão, 1945.

VIEIRA, I.C. et al. *Diversidade biológica e cultural da Amazônia*. Belém: Museu Paraense Emílio Goeldi, 2000.

WAGLEY, Charles. *Uma comunidade amazônica*. São Paulo: Companhia Editora Nacional, 1957. (Coleção Brasiliana, v. 290).

WALLACE, Alfred Russel. *Viagem pelo Amazonas e rio Negro*. São Paulo: Companhia Editora Nacional, 1939. (Coleção Brasiliana, v. 156).

WAUGH, Evelyn. *Ninety-Two Days*: A Journey in Guiana and Brazil. Londres: Penguin Travel Library, 1985.

WEINSTEIN, Barbara. *The Amazon Rubber Boom, 1850-1920*. Stanford: Stanford University Press, 1983.

WHITTEN Jr., Norman E et al. *Amazonia Ecuatoriana*: La Otra Cara del Progreso. Quito: Abya-Yala, 1989.

WILKENS, Henrique João. A *Muhuraida, ou O triunfo da fé*. Ed. anotada. Rio de Janeiro: Biblioteca Nacional, 1993.

WOOD, Charles H.; SCHMINK, Marianne. *Contested Frontiers in Amazonia*. Nova York: Columbia University Press, 1992.

WRIGHT, Robin. *História indígena e do indigenismo no Alto Rio Negro*. Paraná: FAEP; Campinas: Unicamp, 2005.

YUNGJOHANN, John C. *White Gold*: The Diary of a Rubber Cutter in the Amazon, 1906-1916. Oracle, AZ: Sinergetic Press, 1989.

ZÁRATE, Carlos; FRANKY, Carlos (orgs.). *Imani Mundo*: estúdios en la amazonia colombiana. Bogotá: Universidade Nacional de Colombia, 2001.

Índice onomástico

A
Abguar Bastos, 300
Abraham Crijnssen, 121
Abreu e Lima, 213
Academia Brasileira de Letras, 261
Academia Clementina de Bolonha, 178
Academia de Ciências de Paris, 234
Academia Nacional de Ciências dos Estados Unidos, 308
Adalbert von Preussen, 164
Adam Smith, 68
Adolpho Ducke, 301
Aerssen van Sommelsdyck, 121
Agostinho das Chagas, 102
Ajuricaba (tuxaua), 18, 56, 57, 139, 141-145, 158, 159, 183
Al Capone, 340
Albuquerque Lima, 317, 318
Alexander von Humboldt, 85, 133, 163, 237
Alexandre de Sousa Freire, 129
Alexandre Moura, 95
Alexandre Rodrigues Ferreira, 147, 169, 172, 178, 180, 181, 183, 184
Alfred Thayer Mahan, 270
Alfred Wallace, 164, 165, 236, 283
Alfredo Ladislau, 301
Alice (irmã de William James), 167
Allan A. Wood, 356
Allonso Perez de Salazar, 102
Almino Afonso, 200
Alonso de Herrera, 131
Álvaro Botelho Maia, 301
Álvaro Neto, 96, 97
Amazon Conservation Team, 62
Amazon Development Plan, 353
Ambrosio Aires, 222, 223
Ambrosio de Alfinger, 88
Amu (tuxaua), 57-59
Amurians ("Grande Chefe"), 84
Anacleto da Costa, 57-59
Anacleto Ferreira, 57, 58
André de Artieda, 102
André de Toledo, 101
André Masséna, 187
Andrew Benton, 253
Angélico de Barros (capitão), 135
Angélico de Barros Gonçalves (alfaiate), 59

Angelim, ver Eduardo Francisco Nogueira
Angelo Brunelli, 178, 179
Aniceto (filho de Félix Clemente Malcher), 217
Anna da Fonte, 58
Anna Roosevelt, 43
Anthony Pagden, 87
Antonia Jeronima da Silva, 150
Antonio (índio), 150
Antônio Arnau de Vilela, 134
Antônio Bittencourt, 232
Antonio Corrêa de Lacerda, 191
António da Fonseca, 96
Antônio de Albuquerque, 123
Antônio de Azambuja, 102
Antônio de Berrío, 132
Antônio Gonçalves Dias, 166
Antonio José de Sousa Manuel de Meneses (conde de Vila Flor), 190, 191
Antonio José de Sucre, 263
Antônio José Landi, 152, 169, 178-180, 183, 184
Antonio Maximiano de Cabedo, 210
Antônio Vieira, 105, 113, 114, 131, 133, 335, 352
Antonio Vinagre, 216, 218, 220, 224, 227
Aparia (chefe tribal), 83, 84
Apolinar Diaz de la Fuente, 266, 267
Apolinária (índia tapuia), 59, 60
Apolinário Maparajuba (Pureza e Firmeza), 221, 224
Aristóteles, 68, 70
Arius Montanus, 38
Arthur César Ferreira Reis, 189, 302, 306, 307-309
Auguste de Saint-Hilaire, 180
Auguste Plane, 257

Augustín Gamarra, 272
Augusto Meira Filho, 152
Augusto Trajano de Azevedo Antunes, 311
Augusto Ximenes de Villeroy, 231
Aurélio do Carmo, 300
Auxiliomar Silva Ugarte, 77
Aziz Nacib Ab'saber, 33, 34

B
Baltazar Rodrigues de Melo, 98
Banco da Amazônia (Basa), 9, 305
Bank of London and South America, 258
Barão de Mauá, 244
Bartolomeu de Las Casas, 105, 110, 352
Bartolomeu Dias, 40
Behtipeke (mãe-das-peneiras), 71
Belchior Mendes de Morais, 158
Bento da Costa, 102
Bento Maciel Parente, 98-100, 110
Bento Rodrigues de Oliveira, 102
Bernardo da Silva Ramos, 200, 231
Bernardo de Souza Franco, 223
Bernardo José da Gama (visconde de Goiana), 207-210
Bernardo Lobo de Sousa, 213-216, 218, 219
Bernardo Pereira de Berredo, 96, 97
Biblioteca e Arquivo Comunal de Bolonha, 178
Biblioteca Nazionale Marciana, 40
bispo de Olinda, 230
Boaventura Bentes, 210, 212
Bonnie & Clyde, 338
Bradford Burns, 257
Bruno de Menezes, 227, 301
Bureau of Indians Affairs (BIA), 353

C
C. Itoh, 311
Camargo Correia, 312

ÍNDICE ONOMÁSTICO

Camões, ver Luís Vaz de Camões
Cândido Mariano da Silva Rondon, 69, 70, 240, 293
Capistrano de Abreu, 128
Carl Friedrich Philip von Martius, 164
Carlos IX, 112
Carlos V, 88
Carvalho Leal, 231
Charles Biddle, 269
Charles Brewer, 323
Charles Farris, 283
Charles Frederick Hartt, 166
Charles Goodyear, 247, 248
Charles Jenks Smith, 219
Charles Marie de La Condamine, 85, 152, 163, 164, 234
Charles Rennie Mackintosh, 247
Charles Wagley, 158
Charles Waterton, 164
Chico Mendes, 24, 330, 345, 347
CIA (Central Intelligence Agency), 353
Ciro Alegria, 301
Claude Lévi-Strauss, 38, 324
Cláudio Santoro, 302
Clube Republicano, 231
Colégio Amazonense Pedro II, 231
Colorado Fuel and Iron Company, 353
Comissão de Energia Atômica dos Estados Unidos, 322
Comissão Mista Brasileiro-Peruana de Reconhecimento do Alto Purus, 166
Companhia de Jesus, 113, 147, 148
Companhia de Navegação e Comércio do Amazonas, 244
Companhia Ford Industrial do Brasil, 288
Companhia Geral do Comércio do Grão--Pará e Maranhão, 151
Companhia Peruana do Amazonas, 239, 240

Companhia Vale do Rio Doce, 311
Comprido (cacique), 320, 321
Conde da Barca, 190
Congresso dos Estados Unidos, 165
Conselho das Missões, 60
Conselho de Segurança Nacional, 329
Conselho de Segurança Nacional da Casa Branca, 310
Conselho Federal Suíço, 123
Conservatório de Música do Rio de Janeiro, 302
Constança Rodrigues (esposa de João Barbosa Rodrigues), 166
Cristóbal de Acuña, 53, 102, 104, 105, 113
Cristóvão Colombo, 76, 234, 343
Cristóvão de Lisboa, 99
Cruz Vermelha Internacional, 318
Curt Nimuendajú, 301

D

Dalcídio Jurandir, 301
Daniel Ludwig, 311
Daniel Parish Kidder, 164
David Rockefeller, 323
De Angelis, 257
de La Mousse (padre), 123
Delfim Netto, 225
Denelly, 170
Desidério Coelho, 296
Diacuí (índia), 317
Diego de Lepe, 77
Diego de Ordaz, 131
Diogo Botelho, 97
Diogo de Campos Moreno, 103
Dionísio Bentes, 288
Djalma Batista, 292, 302
dom Sebastião, 94, 147
Domingos (sapateiro), 219
Domingos Antônio Raiol, 207, 208, 261

Domingos de la Brieba, 101
Domingos Maltez, 296
Domingos Onça, 219
Domingos Simões da Cunha, 212
Domingos Soares Ferreira Penna, 261
Duarte Huet Pinto Guedes, 296
duque de Buckingham, 101
duque de Norfolk, 240

E
E. J. Hobsbawm, 56
E. P. Thompson, 56
Edgar Byrum Davis, 284
Edsel Bryant Ford, 288
Eduardo Francisco Nogueira (Angelim), 145, 216, 217, 220-222, 224, 227
Eduardo Ribeiro, 246, 249
Edward Grey, 239
Eládio da Cruz Lima, 301
Eleazar López Contreras, 264, 265
Elènor de la Ville (marquês de Férolles), 123
Elisabeth (esposa de Jean Louis Rodolphe Agassiz), 165
Emílio Garrastazu Médici, 306, 318
Epitácio Pessoa, 290
Ermanno Stradelli, 166, 246
Escola Universitária Livre de Manaus, 261
Estevão Cardoso, 58
Euclides da Cunha, 19, 166, 252, 253
Eulálio Gomes da Silva Chaves, 261
Evelyn Waugh, 294

F
Faculdade de Filosofia do Amazonas, 299
Faculdade de Filosofia do Pará, 299
Feijó (regente), 226, 227

Felipe IV, 103
Felipe Matos Cotrim, 102
Felipe Patroni, 191, 192
Felipe Santiago Salaverry, 272
Félix Clemente Malcher, 217-221, 227
Ferdinand Lessep, 269
Fernando Belaúnde Terry, 274
Fernando da Costa de Ataíde Teive, 149, 179
Fernando de Guzmán, 89, 90, 92
Festival Folclórico de Manaus, 306
Festival Folclórico de Parintins, 331, 332
Filipe (tapuia), 219
Fluvial do Alto Amazonas, 198
Fluvial Paraense, 198
Forças Armadas Revolucionárias da Colômbia (FARC), 304
Fra Mauro, 40
Francis Bacon, 66
Francis Louis Nompar de Caumont Laporte, 164
Francisca (índia escrava), 56-61
Francisco Caldeira de Castelo Branco, 95-98
Francisco Coelho de Carvalho, 99
Francisco Cordovil Camacho, 100
Francisco da Cunha Meneses (conde de Castro Marim), 187
Francisco da Mota Falcão, 134
Francisco da Silva Cravo, 217
Francisco de Benalcázar, 125
Francisco de Frias, 96
Francisco de Melo Palheta, 293
Francisco de Mendonça Gurjão, 129
Francisco de Sousa Coutinho, 186
Francisco Fernandez de Bobadilla, 266, 268
Francisco Gonçalves, 133

ÍNDICE ONOMÁSTICO

Francisco Orellana, 52, 78, 80-86, 88, 101, 163, 335
Francisco Pereira da Silva, 300
Francisco Pizarro, 52
Francisco Soares d'Andrea, 223
Francisco Velozo, 133
Francisco Vinagre, 220, 227
Francisco Xavier da Veiga Cabral (Cabralzinho), 296
Francisco Xavier de Andrade, 294
Francisco Xavier de Mendonça Furtado, 129, 146, 151, 179, 186
Francisco Xavier Ribeiro de Sampaio, 140
Franz Keller, 165
Frederick Lowe, 164
Frederico José de Sant'anna Nery, 261
Friedrich Nietzsche, 22
Fundação Nacional do Índio (Funai), 318, 320, 321

G

Gabriel Malagrida, 148
Garcilaso de la Veja, 93
Gaspar de Carvajal, 53, 81, 82-84, 86, 87, 110, 113, 163
Gaspar de Freitas, 97
Gaspar de Queirós, 214
Gaspar de Sousa, 95
Gaspar João Geraldo de Gronsfeld, 152
Gaston de Orléans (conde d'Eu), 230
General Motors, 338
Gentil Rodrigues de Souza, 231
George de Spires, 88
George Earl Church, 165, 242
George Rude, 56
Getúlio Vargas, 31, 243, 292, 293, 299, 307, 310, 311, 318

Ghillean T. Prance, 252
Gilberto Mestrinho, 300
Gilberto Pinto, 320
Giraldo José de Abranches, 149
Giuseppe Antonio Landi, ver Antônio José Landi
Gonzalo de Oyón, 126
Gonzalo Fernández de Oviedo, 87
Gonzalo Pizarro, 78-81, 83, 88
Gregorio Garcia, 38
Grover Cleveland, 264, 265
Guaimiaba (Cabelo de Velha, líder tupinambá), 98
Gustavo Moraes Rego, 222
Gustavo Rojas Pinilla, 279

H

Ha San, 39
Hans Bluntschli, 157, 158
Hegel, 24
Hellfire Club, 260
Henri Anatole Coudreau, 165, 237
Henrique João Wilkens de Mattos, 166, 169, 172
Henry Alexander Wickham, 280, 281, 283, 284
Henry Bates, 165, 235, 236, 283
Henry Fielding, 162
Henry Ford, 287, 288
Henry Lister Maw, 164
Herbert Huntington Smith, 165
Herculano Marcos Inglês de Sousa, 261
Herman Kahn, 310
Hernán Cortés, 125
Hernández Girón, 126
Hoei-Shin, 38, 41
Hong Bao, 40

Huayna Cápac, 125
Hugo Chávez, 326
Humberto Castello Branco, 307, 309, 311

I
Ideal Clube, 293
Igreja de Santa Luzia, 218
Imprensa Régia, 172
Indústria e Comércio de Minérios S.A. (Icomi), 299, 311
Inez de Atienza, 90, 92
Instituto Amazônico de Investigações (Imani), 256
Instituto Brasileiro de Geografia e Estatística (IBGE), 327
Instituto Hudson, 309, 310
Instituto Max Planck, 323
Instituto Nacional de Colonização e Reforma Agrária (Incra), 305, 320
Instituto Nacional de Pesquisas da Amazônia (Inpa), 301, 307
Instituto Smithsoniano, 62
Isabel de Bragança, 230
Isaías Medina Angarita, 264
Ismael Nery, 301

J
Jácome Raimundo de Noronha, 101-103
Jacques Lizot, 324
James Cook, 39
James Inglis, 216, 217, 219
James Monroe, 264, 265
James Neel, 322, 324-326
James Porcel, 100
Jean de Bonnefous, 257
Jean Louis Rodolphe Agassiz, 165, 166, 236
Jean-Andoche Junot, 187

Jerez de los Caballeros, 268
Jerônimo de Albuquerque, 97
Jerônimo Francisco Coelho, 199
Jessé de Forest, 122
João André Schwebel, 152
João Barbosa Rodrigues, 166
João Batista Campos, 192-194, 207-218, 226, 227
João Calleri, 320, 321
João da Maia da Gama, 129, 142, 143
João Daniel, 105, 106, 113, 141
João das Regras, 206
João de Abreu Castelo Branco, 129
João de Jesus Paes Loureiro, 334
João de São José Queiroz, 166
João de Sousa (comerciante), 116
João de Sousa d'Azevedo (major), 140
João de Sousa de Azevedo (sogro de Giuseppe Landi), 179
João Felipe de Betendorf, 113
João Goulart, 304, 308
João IV, 100, 104, 130, 133
João Lúcio de Azevedo, 133
João Maldonado, 163
João Miguel Aranha, 219
João Nogueira da Mata, 257
João Paes do Amaral, 143
João Rodrigues Palheta, 134
João Sampaio, 139, 140
João V, 137, 178
João VI, 192, 234, 235
Joaquim Antonio de Macedo, 188
Joaquim Catrambi, 243
Joaquim Clemente da Silva Pombo, 189
Joaquim Filipe dos Reis, 211
Joaquim José da Silva Santiago, 213
Joaquim Nabuco, 200

ÍNDICE ONOMÁSTICO

Joaquim Pedro da Silva, 211
Joaquim Santiago, 219
Joaquim Sarmento, 200
Joaquín Crespo, 264
Johann Baptist von Spix, 164
Johann Natterer, 164
John C. Yungjohann, 252, 253, 256
John D. Rockefeller III (filho de John D. Rockefeller Jr.), 353
John D. Rockefeller Jr., 353
John Gabriel Stedman, 169-172, 183,184
John Harris, 240
John Hemming, 52
John Locke, 66
John Pascoe Grenfell, 193, 194
Jonas da Silva, 261
Jorge Dumont Villares, 288
Jorge Teixeira de Oliveira, 294
José Bonifácio, 193
José Cândido da Gama Malcher, 261
José Coelho de Miranda Leão, 209
José Costa Cavalcanti, 318
José da Serra, 129
José de Carvajal y Lancaster, 116
José de Morais, 113
José de San Martin, 263
José de Sousa, 143
José do Patrocínio, 199
José dos Inocentes, 212
José Eustasio Rivera, 261
José Félix Pereira de Burgos, 197
José Honório Rodrigues, 344
José Joaquim Machado de Oliveira, 212
José Maria da Silva Bittencourt, 207
José Maria Nabuco de Araújo, 216
José Paes de Carvalho, 231
José Rufino Echeñique, 272

José Sarney, 345
José Silvestre Rebelo, 197
José Solano (marquês), 266, 267
José Veríssimo, 261
Juan Alvarez Maldonado, 89
Juan de Dios Barrientos, 241
Juan de Palácios, 101
Juan Vicente Gómez, 263
Jules Crevaux, 165, 237
Julio Benevides, 238
Júlio César Arana, 238, 239, 271, 275
Juscelino Kubitschek, 300
Justo Chermont, 231

K

Karl Marx, 24, 225, 227
King Ranch of Texas, 311
King's College, 87

L

La Ravardière, 95, 122
Laurence Rockefeller (filho de John D. Rockefeller Jr.), 353
Lauro Sodré, 231
Leandro Gemac de Albuquerque, 142
Lêda Boechat Rodrigues, 232
Leonardo Malcher, 199
Leônidas Deane, 302
Leopoldo da Bélgica, 240
Lima Bacury, 199
Lobo D'Almada, 153, 156
Lope de Aguirre, 17, 89, 90-93, 126, 170
Louis Agassiz, 166, 236
Louis Henri Fourgeoud, 169
Louis le Maire, 122
Lucinda Saragoça, 131
Lúcio Flávio Pinto, 312

Luís de Sousa, 98
Luis José de Orbegoso, 272
Luís Vaz de Camões, 172, 177
Luís Zagalo, 189
Luiz de Miranda Correia, 307
Luiz Galvez Rodrigues de Arias, 241
Lunier (capitão), 296, 297
Lyndon B. Johnson, 310

M
Macedo Costa, 229, 230
Machiparo (chefe), 83
Madeira-Mamoré Railway Limited, 243
Manoel da Esperança, 137
Manoel da Mota Siqueira, 135
Manoel de Souza Novais, 149
Manoel Dias, 59
Manoel Joaquim do Paço, 190
Manoel Jorge Rodrigues, 220
Manoel Marques, 188
Manoel Pires, 133
Manuel Bernardino de Souza Figueiredo, 211
Manuel Bernardo de Melo e Castro, 186
Manuel da Gama Lobo d'Almada, 151
Manuel de Almeida Carvalho, 190
Manuel de Sousa d'Eça, 96
Manuel Félix de Lima, 116
Manuel Nunes Pereira, 301
Manuel Roman, 265, 266
Manuel Taqueirinha, 223
Manule Centurión, 268
Marcel Proust, 261
Marcelino José Cardoso, 210, 211
Marcos Martins, 208, 209
Margaux Hemingway, 323
Maria Amélia (amante de Lobo de Sousa), 219
Maria Bárbara de Bragança, 116
Maria I, 180
Maria von Paumgartten Deane, 302
Mariano Melgarejo, 242
Mário Faustino, 301
Mário Ypiranga Monteiro, 154, 302
Mark J. Plotkin, 62
Maroaga (cacique), 320, 321
marquês de Abrantes, 187
marquês de Pombal, 115, 129, 146, 147, 150, 151, 202, 342, 343
marquês del Socorro, 187
Matias de Albuquerque, 97
Matsu (deusa taoista dos mares), 40
Maurício de Heriarte, 113, 141
May, Jeckyll & Rodolph (subsidiária da Madeira-Mamoré Railway Company), 294
Mazzarino (cardeal), 122
Michel de Montaigne, 67, 112
Miguel de Siqueira Chaves, 142
Milton Hatoum, 26
Miranda Leão, 199
Morgan Trust, 338
Moritz Richard Schomburgk, 164
Museu Paraense Emílio Goeldi, 261

N
Napoleão, 188
Napoleon Chagnon, 322-326
Nelson Rockefeller (filho de John D. Rockefeller Jr.), 310, 353
New Tribes Mission, 354
Nicolas Pérola, 272
Nicolás Suarez, 238
Nicolau da Costa, 57, 58, 60
Nilda Aguillera, 326
Noé, 38

O

Obal, 38
Ofir, 38
Olímpio da Silveira, 241
Operação Amazônia, 31, 304-306
Organização dos Estados Americanos (OEA), 197
Osvaldo Orico, 302

P

P&T Collins, 242
Pablo Zumaeta, 271
Panamá Railway Company, 269
Parque Nacional Yabarana, 54
Partido Caramuru, 209
Partido Comunista do Brasil (PCdoB), 328
Partido Social Democrático (PSD), 300
Partido Trabalhista Brasileiro (PTB), 300, 306
Patriota (crioulo), 218
Paul Ehrenreich, 165
Paulino de Brito, 261
Pedro Álvares Cabral, 343
Pedro Baião de Abreu, 102, 103
Pedro da Costa Favela, 102, 103, 134, 319
Pedro de Alcântara, 226
Pedro de Anzures, 79, 80
Pedro de Bragança, 192
Pedro de Freitas, 96
Pedro de Ursúa, 52, 89, 90-92, 93
Pedro I, 193, 201, 206, 226
Pedro II, 196, 206, 230, 231, 242, 249
Pedro Mártir de Anglería, 77
Pedro Pires, 133
Pedro Teixeira, 52, 96, 98, 100-104, 115, 136

Percival Farquhar, 243, 244
Pereira Vilaça, 193
Peter Suetman, 131
Philipp von Hutten, 89
Pieter van der Heyden, 142
Pinheiro Machado, 232
Plácido de Castro, 241, 246, 256, 292
Plano de Desenvolvimento da Amazônia, 307
Plano de Integração Nacional (PIN), 306
Plínio Ramos Coelho, 300, 306
Poncet de Brétigny, 123
princesa Isabel, 230
príncipe Castro, 187
Programa de Polos Agropecuários e Agrominerais da Amazônia (Polamazônia), 306
Programa de Redistribuição de Terras e de Estímulo à Agroindústria do Norte e Nordeste (Proterra), 306
Projeto Jari, 311
Projeto Radar da Amazônia (Radam), 64
Projeto Rondon, 240
Pu He Ri, 39

Q

Quentin de Quevedo, 242

R

Rafael Nuñez, 268
Rafael Reyes, 270
Raimundo Monteiro, 261
Ramón Arturo Rincón Quiñones, 340
Ramón Castilla, 272
Rand Corporation, 309, 310
Raul Bopp, 300
Raymundo (frei), 134

Real Audiência de Quito, 102
Real Museu de Lisboa, 180
rei Salomão, 79
Renan Freitas Pinto, 136
René de Montbarrot, 122
René Descartes, 225
Ribeiro Júnior, 289
Ricardo Franco de Almeida Serra, 166
Richard Burton, 281
Richard Evans Schultes, 65, 256
Richard Spruce, 85, 165, 235, 283
Robert Christian Avé-Lallemant, 165
Robert Hermann Schomburgk, 164
Robert Southey, 85
Roberto Campos, 309, 311, 313
Roger Casement, 240
Roger North, 100, 101
Romualdo de Seixas (marquês de Santa Cruz), 191
Romualdo de Souza Coelho, 215
Rosaura (filha do tuxaua Amu), 57-59
Royville, 122, 123
Ruy Vaz de Siqueira, 134

S
Sabina (índia), 149, 150
Salisbury (lorde), 265
Sampaio (ouvidor), 151
Samuel Fritz, 53, 136, 137
Santo Ofício, 99, 147-150
Sardinha (bispo), 336
Scots Brigades, 169
Sebastião José de Carvalho e Melo, ver marquês de Pombal
Sebastião Rodrigues de Moura (capitão Curió), 329
Serviço de Proteção aos Índios (SPI), 240, 317-319, 354
Serviço Nacional de Informações (SNI), 321
Shelton Davis, 316
Sheng Hui, 39
Silvério Nery, 249
Silviano Santiago, 52
Silvino Santos, 262
Simão (padre), 93
Simeon Jimenez, 53
Simón Bolívar, 263
Sindicato dos Trabalhadores Agrícolas de El Paujil, 279
Soares Andréa, 227
Sociedade Antiescravagista e de Proteção de Aborígenes, 240
Speke (amigo de Richard Burton), 281
Stevenson Rubber Scheme, 286
Summer Institute of Linguistics (SIL International), 326, 354
Superintendência da Zona Franca de Manaus (Suframa), 305
Superintendência do Desenvolvimento da Amazônia (Sudam), 31, 305
Superintendência do Plano de Valorização da Amazônia (SPVEA), 31, 298, 307
Swift-Armour do Brasil, 311
Symão Estacio da Sylveira, 113

T
Tavares Bastos, 198
Teatro Amazonas, 248, 257, 261, 302
Teatro da Paz, 261
Tenreiro Aranha, 199, 202, 236
Teodoro (frei), 135
Teodósio da Veiga, 134, 144
Terence Turner, 326
The Goodyear Tire & Rubber Company, 247

ÍNDICE ONOMÁSTICO

The Peruvian Amazon Company, 271
Theodor Koch-Grunberg, 166
Theodore Roosevelt, 24, 269, 270
Theodureto Carlos de Faria Souto, 200
Thomas Edson, 248
Thomas Roe, 95
Thomas W. Fatheuer, 327
Tomás Cipriano de Mosquera, 268
Trajano Benites Benoir, 296, 297
Transamazônica, 19, 313, 318, 319, 330
Tratado de Paris, 188

U
U.S. Steel, 311
Universidade da Califórnia, 21
Universidade de Chicago, 326
Universidade de Coimbra, 191
Universidade de Harvard, 165
Universidade de Manaus, 262
Universidade de Michigan, 322
Universidade de Paris, 324
Universidade Federal do Amazonas, 262
Universidade Nacional de Colômbia, 356

V
Vasco da Gama, 40
Vaticano, 230
Vertaumont, 123
Vicente Yañes Pinzon, 76, 343
Vicq d'Azyr, 182
Victor Hugo, 251
Victor Hugues, 188
Violet Wickham, 282
Vital de Oliveira, 229, 230
Voltaire, 112, 113

W
W.L. Reeves Blakeley, 288
Waldemar Henrique, 301
Walt Hardenburg, 239, 240
Walter Raleigh, 79, 85, 94, 132
Warren G. Harding, 287
Warren Lansford Hasting, 259
William Chandless, 165
William Duane, 269
William Edwards, 164
William James, 166-168
William John Burchell, 164
William Lewis Herndon, 165
William McKinley, 270
William Smyth, 164
Wilson Pinheiro, 330
Worldwide Evangelization Crusade (WEC), 353

Y
Yungjohann Hillman, 252

Z
Zheng He, 39, 40
Zhou Man, 40
Zhu Di, 39, 41

Este livro foi composto na tipografia
Minion Pro, em corpo 11/15, e impresso em
papel off-white no Sistema Digital Instant Duplex
da Divisão Gráfica da Distribuidora Record.